浙江省普通本科高校"十四五"重点立项建

会计学国家一流专业建设点系列教材

学基础

als of Accounting

主 编 贾 勇 李冬姝

中国财经出版传媒集团

经济科学出版社

Economic Science Press

·北京·

图书在版编目（CIP）数据

会计学基础/贾勇，李冬姝主编．－－北京：经济
科学出版社，2024.5
浙江省普通本科高校"十四五"重点立项建设教材
会计学国家一流专业建设点系列教材
ISBN 978 - 7 - 5218 - 5872 - 3

Ⅰ.①会… Ⅱ.①贾…②李… Ⅲ.①会计学 - 高等
学校 - 教材 Ⅳ.①F230

中国国家版本馆 CIP 数据核字（2024）第 088331 号

责任编辑：于 源 刘 悦
责任校对：隗立娜
责任印制：范 艳

会计学基础

KUAIJIXUE JICHU

贾 勇 李冬姝 主编

经济科学出版社出版、发行 新华书店经销
社址：北京市海淀区阜成路甲 28 号 邮编：100142
总编部电话：010 - 88191217 发行部电话：010 - 88191522
网址：www. esp. com. cn
电子邮箱：esp@ esp. com. cn
天猫网店：经济科学出版社旗舰店
网址：http：//jjkxcbs. tmall. com
北京季蜂印刷有限公司印装
787 × 1092 16 开 24 印张 470000 字
2024 年 5 月第 1 版 2024 年 5 月第 1 次印刷
ISBN 978 - 7 - 5218 - 5872 - 3 定价：68. 00 元
（图书出现印装问题，本社负责调换。电话：010 - 88191545）
（版权所有 侵权必究 打击盗版 举报热线：010 - 88191661
QQ：2242791300 营销中心电话：010 - 88191537
电子邮箱：dbts@ esp. com. cn）

前　言

　　《会计学基础》是会计学、财务管理和审计学专业本科生认识"会计"的入门课程，是核心基础课之一，也是其他经管类专业必修的一门学科基础课。本教材涵盖会计的基本概念、原理、方法和应用等方面的内容，对于培养学生形成良好的会计思维、树立正确的职业理念和价值观具有重要的基础性作用。

　　时至今日，智能时代以前所未有的速度影响着会计实践和会计教学。"电算化""信息化""智能化"等，每一次变革对会计信息生成和会计信息应用都产生了巨大的冲击。纵观会计发展历史，"经济越发展，与时代发展需求相匹配的会计越重要"。数字经济、高质量发展和中国式现代化建设离不开"新型"卓越会计人才的保障和支持。针对智能时代对"会计"产生的全面和深入影响，结合新时代一流卓越会计人才培养和课堂教学需求，基于新文科改革模式探索，本教材的内容和形式具有以下特色。

　　（1）切合会计实践的现状，融合学科发展前沿，将内容分为"原理""应用"和"展望"三个篇章。按不同篇章特点，层次递进融合"智能时代"特征。

　　①原理篇：智能时代虽然优化了会计数据的获取和加工方式，颠覆了会计信息的价值创造，但没有改变会计信息生成的基本逻辑。本篇主要介绍会计的含义和职能、会计基本假设、会计核算对象、会计要素、会计账户、会计等式以及复式记账法等会计基本理论和方法。

　　伴随新一轮科技革命和产业变革深入发展，"智能＋会计"对会计概念、职能、目标等产生的影响成为会计理论界讨论的热点之一，教材中在相关知识点补充了"智能化"影响的最新研究成果。

　　②应用篇：本篇包括两部分内容。

　　第一部分，以生产制造企业主要经济业务为例，分析"借贷记账法"在实务中的应用，并举例说明"智能化"背景下"业财融合"会计实践。

　　第二部分，介绍实务中的会计信息"载体"、会计信息"生成"和会计信息"呈现"。信息化环境下，会计工作在职能职责、组织方式、处理流程、工具手段等方面发生着重大而深刻的变化，教材内容尽量呈现信息化环境下的会计信息"载体"、会计信息"生成"和会计信息"呈现"的最新变化。

　　③展望篇：本篇主要介绍"大智移云物区"等新技术推动智能财务的实践及未来展望，"智能化"背景下财务共享中心的发展现状及未来发展趋势，新的生产要素，"数据资产"的确认、计量和报告。

（2）教材内容注重将价值塑造、知识传授和能力培养三者结合为一体，将家国情怀、诚信品质、科学思维和创新意识等育人元素巧妙地融入，在传授专业知识、培养专业能力的同时，着力将正确的价值观、前沿的会计理念和科学的会计思维传导给学生。

本教材是多位会计学和信息化领域资深教师辛勤劳动的成果，也是杭州电子科技大学会计学院会计学和财务管理两个国家一流本科专业建设点的阶段性成果。编写人员包括贾勇、李冬姝、沈将来、梁雯、马壮和孟晓俊，其中，贾勇和李冬姝担任主编，负责教材内容设计、编排、修改和编辑定稿。教材编写过程中，孟晓俊老师以其丰富的教学经验和教学资源给予了大力的帮助和支持，特别表示感谢！林飘、蔡刘月、王诗晨、汝晨溪、陈梦柳、鲁佳钰、张钰茜、晁潜、郭嘉雯、高苡晨和吴晓等几位研究生参与了繁重的素材收集和文稿校对工作，谢会丽、董春红和李翠红分别从理论层面、实务层面和技术层面对教材的编写提供了宝贵的建议，向所有参与教材编写以及提供建议和帮助的老师、学生和朋友表示感谢。

教材编写过程中参考了"智能会计""智能财务"领域的最新研究文献以及国内同行编写的精品教材，深受启发。在此向有关作者表示感谢。

由于编者水平有限，缺陷和遗漏在所难免，敬请读者批评指正。

编　者

2024 年 6 月

目　录

原　理　篇

应 用 篇

展　望　篇

原　理　篇

第一章　总　　论

☞ **学习目标** ☜

1. 了解会计发展历史，思考社会进步、经济发展、技术变革与会计发展的关系，了解信息化、智能化对会计发展的影响和推动。

2. 掌握会计的概念和特征，理解会计的职能和作用，初步建立会计思维。

3. 了解"智能"与"会计"的结合对会计职能、会计目标的影响。

4. 明确会计核算的对象，理解会计信息生成的基本环节，掌握会计基本假设和会计基础。

5. 理解并掌握会计信息质量要求，了解会计监督及其对会计信息质量的提升作用。

6. 了解会计职业和会计职业道德的概念，掌握《会计职业道德规范》的内容和含义，理解遵守会计职业道德规范的意义，树立正确的职业道德观。

7. 了解会计人员应具备的专业能力及新时代对会计人员的发展要求。

☞ **本章导入** ☜

全球第一大电信设备商，同时也是全球领先的信息与通信基础设施和智能终端提供商——华为公司利用其横跨 5 个时区的 7 个财务共享中心，通过全球范围内 7×24 小时的循环结账，可以给其全球数百家子公司算"总账"。难以想象，一家拥有 19 万余名员工、业务遍及 170 多个国家和地区的超大型企业，"月度财务报告"3 天完成初稿、5 天发布终稿，"年度财务报告"只需 11 天就完成初稿。华为公司通过其财务共享中心每天 24 小时自动调动结账数据，无缝连接 170 多个系统，每小时可处理 4 000 万行数据。华为财经文档中心自主研发设计的智能文档处理系统从送单核销到贴标分拣平均时间为 6 秒，准确率达 99.97%，原来需要 12 个人的高强度工作，现在只需要 5 个人就可以完成。①

"智能时代"带来的不仅是会计核算效率的提高、会计核算成本的下降、会计数据处理准确性的增强，更是会计信息价值的提升。华为公司财务共享中心通过数据调度优化、交易核算自动化、数据质量监控和 ERP 优化等措施，

---

① 资料来源：华为技术有限公司官方微信账号。

实现了全球核算的实时可视。端到端作业可视、风险实时监控，跨空间、跨区域协同作战，立体指挥决策，财务融入业务。先进的智能技术应用，深度的业财融合实践，使会计"信息"的"数据"价值得到极大提升。

从原始社会的会计萌芽"实物记事""绘画记事""结绳记事""刻契记事"等，到今天的"财务共享""财务云"，环境变迁、社会进步、经济发展、技术变革一次次推动会计的进步与发展。时至今日，会计思想、会计方法、会计工具、会计组织、会计制度等都发生了翻天覆地的变化。

什么是会计？会计的职能和目标是什么？会计核算对象、会计信息生成的基本环节、会计基本假设和会计基础是什么？会计有哪些核算方法？会计信息需要满足哪些质量要求，如何保障？本章将一一揭示。

☞ **本 章 概 览** ☜

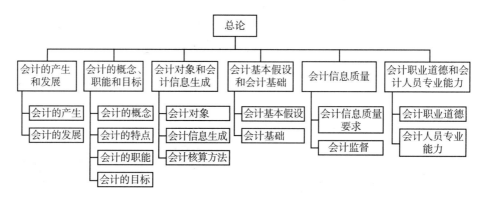

第一节　会计的产生和发展

会计无处不在。因为具有先天的"数据"和"信息"特征，会计是企业管理决策重要的信息来源，成为企业管理活动的重要组成部分；会计是国家宏观经济调控的重要依据，影响国家的经济和社会秩序；会计作为国际通用的商业语言，是国际经济交流合作的前提和基础。会计存在于所有组织、所有行业，无论是企业等营利性组织，还是学校、医院、政府机构等非营利性组织，无论是传统的制造业，还是新兴的互联网行业，都离不开会计信息。我国《会计法》规定，会计工作应当贯彻落实党和国家路线方针政策、决策部署，维护社会公共利益，为国民经济和社会发展服务。

经济越发展、会计越重要。然而，会计的内涵随着社会变迁发生了翻天覆地的变化。只有了解会计的产生和发展历程，才能更好地理解什么是"会计"。

一、会计的产生

社会生产是人类最早的会计思想、会计行为——原始计量、记录思想与行为产生的根本前提条件，如果没有生产行为的发生，也不可能有原始计量、记录行为的发生。不过，应当明确，人类并非一有生产行为的发生，便立即产生了计量、记录行为，人类最早出现的计量、记录行为是社会生产发展到一定阶段的产物。[①] 生产力水平发展到一定阶段，出现生产剩余物品，继而形成了人类社会经济活动中的生产、分配、消费、储备和交换等问题，产生了原始计量、记录行为的现实需要。实物记事（计数）、绘画记事（计数）、结绳记事（计数）、刻契记事（计数）等这些原始计量记录行为就是会计萌芽阶段的表现形式。从绘画到图画式文字，再到象形文字，原始人在数的概念和计数制度方面不断地探索并取得了一个又一个重要成果，这些为会计的产生准备了必要条件。[②]

中国考古最早发现的一批刻画符号与绘图记事符号证实，处于史前智人阶段母系氏族社会的中国人已经能够通过创造与应用这些符号进行计量记录。最初的创制者是部落主事人，她们通过所刻画的计量记录符号及其规则与方法，在部落里筹划与安排以食品为主的生活资料的采集、储备以及分配与消费，从而保障了部落成员的生存与后代的繁衍，杜绝了"人食人"现象，使人类的生产与生活处于正常状态，这便是中国史前人类创造计量记录符号的目标，是中国会计的历史起点。[③]

会计伴随社会进步、经济发展、技术变革不断发展与完善，从其产生到今日经历了漫长的历程，从记账方法上看，有原始计量与记录、单式簿记、复式簿记三个阶段；从时间上看，由古代会计、近代会计发展到现代会计。

二、会计的发展

（一）古代会计

伴随私有制和国家的产生，发生了会计史上的第一次大变革，会计从原始计量记录时代进入单式簿记的时代。

严格的独立意义上的会计特征，是到奴隶社会的繁盛时期表现出来的。奴隶社会取代原始社会后，在原始计量的基础上，逐步形成最早的会计制度。夏代时已经确立贡赋征收制度，由此推测当时已经出现反映财政收入的会计，并设置专门的职官负责会计核算。中国有关会计事项记载的文字，最早出现于商朝的甲骨文，涉及田猎收获、战事俘获、贡品收纳、祭祀牺牲等活动，并已广泛应用文字和数字。而"会计"称号的命名则起源于西周。西

---

① 郭道扬：《第一讲 会计的历史起点》，载于《中国农业会计》1992年第6期，第37页。

② 王建忠、柳士明：《会计发展史》，东北财经大学出版社2016年版，第38页。

③ 郭道扬、谭超：《〈中国会计通史〉导论》，载于《会计与经济研究》2022年第1期：第3～26页。

周已建立完善的国家行政管理机构。据《周礼》记载，西周国家设立"司会"一职对财务收支活动进行"月计岁会"，又设司书、职内、职岁和职币四职分理会计业务，其中司书掌管会计账簿，职内掌管财务收入账户，职岁掌管财务支出类账户，职币掌管财务结余，并建立了定期会计报表制度、专仓出纳制度、财物稽核制度等。这表明在西周前后，我国初步形成会计工作组织系统，并已形成文字叙述式的"单式记账法"。从奴隶社会的繁盛时期到宋代，单式簿记应运产生并发展完善。

春秋战国时期是我国历史上从奴隶社会转变为封建社会的重要时期，生产力的发展促进了经济的发展。在这个时期，人们逐渐明晰"会计"的含义，并最终确立了"会计"的命名。在各级政权机构和武装力量中设置主掌财计核算的职官，会计核算中使用不同的凭证和账册，会计报告已形成制度。当时颁行的法律也有许多关于会计的条款，核算时以算筹作为计算工具。此外，货币计量单位已为账目登记和会计报告所使用，度量衡制度具备相当水平，所以春秋战国时期既是我国奴隶制瓦解、封建制建立发展的开端，也是我国会计发展的重要起点。[①]

秦汉时期，在记账方法上建立起超越文字叙述式的另一种"单式记账法"，以"入、出"为会计记录符号，以"入－出＝余"为结算的基本计算公式，即"三柱结算法"。

唐宋时期，会计理论上产生了《元和国计簿》《太和国计簿》《会计录》等具有代表性的会计著作；会计方法上创立了"四柱结算法"，"四柱"是指"旧管""新收""开除""实在"，相当于现代会计的期初结存、本期收入、本期支出和期末结存，存在"旧管＋新收－开除＝实在"的恒等关系。"四柱结算法"把我国的簿记发展提升到一个较为科学的高度。宋代还建立了我国会计史上第一个独立的政府会计组织——"三司会计司"，提高了会计机构的地位。

私有制和国家的产生同样也是西方会计产生和发展的基础，但无论从发生的时代还是经济规模以及会计的普及性来说，早期中国的会计水平远远发达于西方国家。古代中国是一个开放的国度，中国的会计思想深深地影响了西方，为世界会计学的发展作出了重要贡献。[②]

(二) 近现代会计

1. 西方近现代会计

11～13 世纪，十字军东征，使意大利沿海城市成为与东方贸易的连接中心；阿拉伯数字代替罗马数字，使会计表达能力变得简洁；航海业的迅速

---

① 王建忠、柳士明：《会计发展史》，东北财经大学出版社 2016 年版，第 73 页。
② 尹悦然：《中西方会计史比较研究》，载于《山东理工大学学报（社会科学版）》2009 年第 5 期，第 16 页。

发展，促使商人们开始进行海上合伙长途贩运；商业贸易对资本的需求，推动了借贷活动和银行信用的发展。这些客观条件促使了复式簿记在意大利沿海城市产生。

1494 年，意大利数学家卢卡·帕乔利（Luca Pacioli）在他出版的《算术、几何、比及比例概要》一书中，全面系统地介绍了威尼斯簿记法，即借贷记账法，并介绍了以日记账、分录账和总账三种账簿为基础的会计核算方法。尽管帕乔利本人不是复式记账的创始人，但他进一步完善并从理论上总结了复式记账。该书推动了复式簿记在欧洲各国的广泛传播。该著作的出版，被人们看作会计发展史上，也是会计理论发展史上的一个里程碑，为现代会计的发展奠定了基础。

18 世纪末和 19 世纪初发生产业革命，世界的贸易中心转移到英国，生产力空前发展，由此引起了生产组织和经营形式的重大变革，"股份有限公司"出现了。股份公司导致资本的所有权和经营权分离，绝大多数股东不再直接参与经营管理，但出于自身的利益，都非常关心公司的经营成果。从维护业主利益出发，"查账"成为一种社会性的需求，随之出现了"自由职业"身份（实际上是为公司股东服务）的"特许"或"注册"会计师协会。从此，会计的服务对象扩大了，会计的核算内容得以发展，会计的作用获得了社会的承认。1853 年，世界上第一个会计师协会——爱丁堡会计师协会成立。这也是会计发展史上的一个里程碑。

工业革命的成功、铁路业的迅速增长与发展、政府有关商业法规的制定、企业所得税的开征以及股份有限公司的发展等一系列经济事件的发生，促进了新的会计思想和会计技术方法的产生。到了 20 世纪，会计的理论、方法和技术等各个方面都有了突飞猛进的发展。会计由原来的簿记发展到现代会计，簿记只是会计的记录部分。这一时期，英国著名会计学家，现代会计学理论奠基人之一的狄克西（Lawrence Robert Dicksee）的《高等会计学》（1903 年）以及乔治·利司尔（George Liste）的《会计学全书》（1903 年）和皮克斯利（Francis William Pixley）的《会计学》（1908 年）三大著作的出版，奠定了会计学的基础。

20 世纪 30 年代初的经济危机促使了对会计实务进行规范的需求。为适应证券市场发展的需要，提高会计信息在不同企业的可比性，西方各国先后研究和制定了会计原则（后改称为会计准则）。

20 世纪 60 年代后期，随着信息论、系统论和控制论的发展，会计的面目又焕然一新。一方面，电子计算机被应用到会计领域，引起并继续促进会计方式的彻底革命，使会计的性质、职能和作用发生了很大的变化，尤其是"会计是个信息系统"这一观点提出后，人们更加重视解决会计应当怎么做，即会计规范的问题；另一方面，由于现代管理科学理论的渗透以及"标准成本""预算控制"理论的应用，使传统的会计逐渐形成了相对独立的两个分支："财务会计"和"管理会计"。财务会计是根据会计规范（会计准则、制度等），按照一定的程序，对生产经营活动进行核算和监督，并向企业外部信息使用者提供有助于他们决策有用的信息。管理会计主要服务于企业内部管理，利用相关信息，有机融合财务与业务活动，在规划、决策、控制和评价等方面发挥重要作用。管理会计的诞生，是会计发展史上的又一个里程碑。

2. 我国近现代会计

明末清初，随着手工业、商业的进一步发展，我国商人进一步设计了"龙门账"，把全部账目划分为"进（各项收入）""缴（各项支出）""存（各项资产）""该（各项负债及资本）"，其相互关系为"进 – 缴 = 存 – 该"，分别编制"进缴表"和"存该表"，双轨计算盈亏，并在办理结算时验证两方差额是否相等，这种检查账目平衡的方法形象地称为"合龙门"，"龙门账"也由此而来。"龙门账"的诞生标志着中式簿记由单式记账向复式记账的转变，是我国商业会计的先端。

清末，又出现了"天地合账"。一切账项，都要在"来"账和"去"账上分别登记，以反映账项的来龙去脉。账簿采用垂直书写，分上下两格，上格记收，为"天"，下格记付，为"地"，上下两格所记金额必须相等，称为"天地合"。

唐宋的"四柱结算法"、明末清初的"龙门账"、清末的"天地合账"反映了我国历史上传统中式簿记的特色。中国会计制度经历了从文字叙述式到定式表达式，从单式簿记到复式簿记的演变过程。单式簿记经历从三柱结算法到四柱结算法的沿革，而复式簿记则经历了从"龙门账"到"四脚账"的演进。[①]

19世纪末，西式复式记账方法传入中国。蔡锡勇的《连环帐谱》是中国出版的第一部研究借贷复式簿记的专著。谢霖和孟森的《银行簿记学》是继《连环帐谱》之后，由我国学者撰写的第二部会计著作。这些专著的出版给借贷记账法在我国的应用奠定了理论基础。我国实际运用借贷记账法始于1908年创办的大清银行。

至北洋政府时期，北洋政府财计部门发起和组织了一次政府会计改革活动，借鉴西方借贷记账方法，结合当时中国财计制度的具体情况改革了原来的中式会计方法体系。这次会计改革的主要内容包括财计组织机构、财经法令、会计制度以及会计方法等。改革促使中国政府会计开始摆脱封建财计模式的束缚，向着新式财计模式过渡，会计史上称这次会计改革为"民三"（即民国三年）会计改革，为在我国推行新式会计方法起到重要作用[②]。在此时期，先后颁布了中国历史上第一部《会计法》和《审计法》，改良的中式

---

① 郭道扬：《"会计"的足迹——从"龙门账"到"四脚账"》，载于《新理财》2017年第1期，第94页。

② 郑汉中：《北洋政府时期的会计改革》，载于《财会月刊》1995年第8期，第39页。

簿记开始形成。

新中国成立后，我国借鉴苏联会计模式，建立了适应计划经济体制的企业会计制度和预算会计制度。改革开放后，经济的高速发展，给会计事业带来了前所未有的机遇。为了适应改革开放和经济发展的需要，我国财政部于1992年发布了《企业会计准则》，自1993年7月1日起施行。《企业会计准则》的发布，标志着我国会计模式从计划经济体制会计模式向社会主义市场经济体制会计模式的根本转变。《企业会计准则》颁布实施后，财政部又陆续制定了30多个具体会计准则征求意见稿。截至2001年末，我国颁布实施了《企业会计准则——关联方关系及其交易的披露》等16项具体会计准则，初步形成了由基本会计准则和具体会计准则共同构成的会计准则体系。

关于会计记账方法，20世纪50年代，我国展开了收付记账法和借贷记账法的争论；60年代，商业部提出的增减记账法问世并在全国推广；70年代末和80年代初，又展开了增减记账法与借贷记账法之争；至1992年，《企业会计准则》将借贷记账法作为一项基本准则。

2005年，财政部在全国总结多年会计改革经验的基础上，集中力量制定完成了企业会计准则体系，实现了与国际财务报告准则的趋同。2006年2月财政部颁布了《企业会计准则——基本准则》和38项具体准则以及《企业会计准则——应用指南》，取代了1992年开始陆续颁布的《企业会计准则》和16项具体会计准则，并要求从2007年起在上市公司范围内施行。2010年财政部发布了《中国企业会计准则与国际财务报告准则持续趋同路线图》，明确了我国企业会计准则的国际趋同立场。经过几十年的改革开放，我国经济与世界经济紧密相连，是世界经济体系中的重要力量，会计准则的"国际趋同"，是全球化背景下的大势所趋。但"趋同不等于等同，趋同应当互动"，我国的企业会计准则要适应我国的政治、经济、法律和文化环境。2006年以来，财政部陆续制定或修订了企业会计准则、解释及应用指南，在一定程度上展现了我国与国际会计准则实现趋同的发展历程和成果。截至2023年末，我国颁布实施了1项基本准则、42项具体准则、17项准则解释，以及具体准则的应用指南、会计处理规定及有关准则实施的贯彻落实通知等。"十四五"时期，我国将全面梳理并修订企业会计准则体系，以更好指导企业会计准则制度建设规范化发展。

我国《会计改革与发展"十四五"规划纲要》明确提出要全面参与企业会计准则国际治理体系建设，实现在企业会计准则国际治理体系各个层级中有中方代表参与、在双边多边会计交流合作国际场合中发出中国声音、在支撑参与国际治理的各项基础能力建设工作中夯实制度基础；持续深化多边双边会计交流合作，积极发展全球会计领域伙伴关系，不断扩大会计国际交流合作范围等。这一目标顺应了国际会计发展趋势和我国会计改革发展实际，既是我国持续深化改革开放和促进资本市场发展的客观需要，也是我国积极参与全球治理体系改革和建设、不断提升我国在国际会计领域话语权和影响力的内在要求。① 紧密跟踪国际财务报告准则项目进展和国内实务发展，找准企业会计准则国际趋同和解决我国实际问题之间的平衡点和结合点，更好地促进我国企业创新和经济高质量发展。要密切跟踪研究国际财务报告准则的最新发展，在重要准则项目和重大技术问题上积极表达我国的观点和关切，讲好中国会计故事，发出中国会计声音，主动引领国际财务报告准则的发展方向。立足我国实际、满足中国社会经济发展的需要，是我国企业会计准则建设的根本宗旨。要以切实解决我国会计实务问题为主导，坚持"趋同不是简单地等同"和"趋同是一种互动"等重要原则，在趋同过程中切实维护国家利益，有效评估国际财务报告准则在我国具体实务中的适用性，及时有效地解决我国会计实务问题和有关诉求，不断完善企业会计准则建设质量，更好服务我国经济高质量发展。②

从 20 世纪 80 年代开始，伴随我国改革开放和经济建设发展需要，会计学术界开始将管理会计引入中国，经历了从引进、普及、反思、提升、转型的过程。以厦门大学余绪缨教授为代表的一批学者专家率先强调管理会计的重要性，并呼吁中国管理会计学科的建设和发展问题。2014 年，为贯彻落实党的十八大和十八届三中全会精神，深入推进会计强国战略，全面提升会计工作总体水平，推动经济更有效率、更加公平、更可持续发展，根据《会计改革与发展"十二五"规划纲要》，财政部发布《关于全面推进管理会计体系建设的指导意见》。伴随国际化竞争日益激烈，中国"成本红利"的逐渐消失，经济进入高质量发展阶段，管理会计对于企业的重要性日益提升。为了帮助企业更好地开展管理会计实践，财政部于 2016 年发布《管理会计基本指引》，并于 2017 年发布《管理会计应用指引》，目前已形成以 1 项管理会计基本指引为统领、以 34 项管理会计应用指引为具体指导、以 50 余项案例示范为补充的管理会计指引体系。以"业财融合""战略支撑""价值创造"为核心的"管理会计"在中国得以快速发展和广泛应用。

管理会计强调通过将管理会计的工具方法、知识理念嵌入单位相关领域、层次、环节，以业务流程为基础，将财务和业务等有机融合，从而将会计职能从记录价值向创造价值拓展，从后台部门向业务前端拓展，提升单位价值创造能力，从而推动经济转型升级，推动会计工作转型升级。

（三）信息技术在会计领域的应用与发展

从 20 世纪 50 年代开始，计算机进入会计领域，会计电算化应运而生。

---

① 会计司：全面参与会计国际治理　持续深化会计国际合作——《会计改革与发展"十四五"规划纲要》系列解读之十一，财政部官方网站，2022 年 4 月 28 日（登录日期：2023 年 7 月 7 日），http：//jsz. mof. gov. cn/zhengcefagui/202204/t20220428_3807180. htm。

② 会计司：推动改革创新　提高服务效能　实现企业会计准则体系建设与实施高质量发展——《会计改革与发展"十四五"规划纲要》系列解读之三，财政部官方网站，2022 年 1 月 5 日（登录日期：2023 年 7 月 7 日），http：//jsz. mof. gov. cn/zhengcefagui/202201/t20220105_3780968. htm。

到 70 年代，西方发达国家已经初步建立了全面的计算机管理系统，这是现代会计史上的一个重要里程碑。伴随信息技术的快速发展，互联网的出现和企业资源计划（Enterprise Resource Planning，ERP）在企业中的应用，推动了会计电算化向会计信息化的转变。ERP 系统采用集成管理技术，实现了财务与生产、采购、销售、库存等环节紧密联系、无缝连接。利用信息技术，财务与业务信息共享，会计信息采集分散到各个业务流程中，财务数据随经营活动实时进入系统，变被动的信息提供服务为主动的决策支持服务。

近年来，"大智移云物区"等新技术在会计领域掀起了一场新的会计变革。如大型企业集团基于私有云平台搭建并与企业其他系统集成的财务共享中心，小微企业基于公有云搭建的面向中小企业的云会计；再如基于机器人流程自动化（RPA）平台的应用软件财务机器人的诞生等。新技术与会计的结合，提高了会计核算的标准化、流程化，促进了财务会计、管理会计的智能化发展。

我国的会计电算化始于 1979 年，财政部在长春第一汽车制造厂启动会计电算化试点。40 余年来，经历了从电算化、信息化到数字化、智能化的发展历程。"十三五"时期，我国会计信息系统得到普遍推广应用，会计信息系统与业务信息系统初步融合，促使会计工作从传统核算型向现代管理型转变。大数据、人工智能、移动互联、云计算、物联网、区块链等新技术在会计工作中得到初步应用，智能财务、财务共享等理念以及财务机器人等自动化工具逐步推广，推动了会计工作创新发展。

目前，我国正在经历第四次工业革命的科技发展及技术快速迭代时期，大数据、人工智能、移动互联、云计算、物联网、区块链等数字技术呈迅猛发展态势，应用场景也在不断深化，使经济社会数字化转型全面开启和深入推进，为新时期会计信息化应用场景全面转向数字化带来了新的机遇，同时也带来了前所未有的挑战。"十四五"时期，我国会计信息化工作的总体目标是：服务我国经济社会发展大局和财政管理工作全局，以信息化支撑会计职能拓展为主线，以标准化为基础，以数字化为突破口，引导和规范我国会计信息化数据标准、管理制度、信息系统、人才建设等持续健康发展，积极推动会计数字化转型，构建符合新时代要求的国家会计信息化发展体系。[①]

思考：经济发展、社会进步、技术变革与会计发展的关系是什么？

[①] 会计司：加快会计数字化转型 支撑会计职能拓展 推动会计信息化工作向更高水平迈进——《会计改革与发展"十四五"规划纲要》系列解读之六，财政部官方网站，2022 年 2 月 10 日（登录日期：2023 年 7 月 7 日），http://kjs.mof.gov.cn/zhengcejiedu/202202/t20220210_3786841.htm。

第二节　会计的概念、职能和目标

一、会计的概念

会计的概念是人们对会计本质特征及其外在表象的一个综合认识。目前，国内外对会计的概念定义主要存在两种主流观点。

(一) 会计信息系统论

会计是一个以提供财务信息为主的经济信息系统。通过会计数据的收集、加工、存储、输送及利用，反映和控制企业或组织的各种经济活动。

美国会计学家 A. C. 利特尔顿在 1953 年编写的《会计理论结构》中提出了会计信息系统论的思想，书中指出，"会计是一种特殊门类的信息服务"，"会计的显著目的在于对一个企业的经济活动提供某种有意义的信息"。

1966 年，美国会计学会在纪念该学会成立 50 周年的文献《会计基本理论说明书》中明确指出，"实质地说，会计是一个信息系统"。到 20 世纪七八十年代，会计信息系统论已成为美国会计理论中的主流观点。大量的出版物和权威性的理论文献都认同这一观点。

在我国较早接受会计是一个信息系统的会计学家是余绪缨和葛家澍教授，他们认为，"会计是为提高企业和各单位的经济效益，加强经济管理而建立的一个以提供财务信息为主的经济信息系统"。因此，会计是一个以提供财务信息为主的经济信息系统的观点，逐步被学术界接受。

(二) 管理活动论

管理活动论认为，会计是经营管理的核心，是反映和控制经济活动并使之达到一定目的的一种能动行为，是有组织、管理职能的一种管理活动。

实际上，将会计作为一种管理活动并使用"会计管理"这一概念在西方管理理论学派中早已存在。"古典管理理论"学派的代表人物法约尔把会计活动列为经营的六种职能活动之一；美国人卢瑟·古利克则把会计管理列为管理化功能之一；20 世纪 60 年代后出现的"管理经济会计学派"则认为，进行经济分析和建立管理会计制度就是管理。

我国最早提倡会计管理活动论的是杨纪琬和阎达五教授。1980 年中国会计学会成立大会上，阎达五教授与杨纪琬教授合作发表了题为《开展我国会计理论研究的几点意见——兼论会计学的科学属性》的学术论文，首次提出了"会计管理"概念，视会计为一种管理活动。后来，阎达五教授继续深入研究，并于 1985 年和 1987 年分别出版了《会计理论专题》和《责任会计的理论和实践》两本专著，标志着会计管理理论初步形成。其中，《会计理论专题》更是专门论述"管理活动论"的专著。

自会计学术界提出"会计信息系统论"和"会计管理活动论"之后，这两种学术观点就展开了尖锐的交锋。我们认为，这两种观点并不矛盾，只是对会计本质认识的角度不同而已。"信息系统论"侧重于揭示会计的反映（核算）职能，而"管理活动论"则倾向于反映会计的监督（控制）职能。所以我们认为会计既是信息系统，同时又是管理活动。

此外，还有"艺术论""工具论"等观点，不一一加以阐述。

综上所述，现代会计是以货币为主要计量单位，采用专门方法和程序，对企业和行政、事业单位的经济活动过程及其结果进行准确完整、连续系统的核算和监督，以如实反映受托责任履行情况和提供有用经济信息为主要目的的经济管理活动。

专栏 1 - 1

"智能"和"会计"

大数据、人工智能、移动互联网、云计算、物联网、区块链等技术的快速发展促使智能会计产生。关于智能会计的定义众说纷纭，并衍生出智能财务、智能会计、智慧会计、智慧财务、大数据会计、区块链会计、会计智能、财务智能等诸多相关概念。不同学者对这些概念进行了不同定义，其中，智能会计、智能财务被提及的频率最高。

（1）智能会计。王爱国指出，智能会计是一种基于算力、算法和数据的认知体系，其内嵌于现实和虚拟世界，并与这个数字化的虚拟世界融为一体、和谐共生、同频共振。杨周南在第十九届全国会计信息化学术年会主题报告中指出，智能会计是基于智能化环境产生的，以会计管理活动论为理论基础，通过智能化资源、人的智能行为、智能化技术工具三要素，对广泛存在会计主体的价值运动进行智能管理以实现资源优化配置，协同微观会计与宏观经济政策的管理活动。续慧泓等对智能会计系统进行定义，指出智能会计系统是基于智能化环境产生的，以资源优化配置为目标，以价值运动为对象，联结参与价值运动的主体形成的，具有自适应、自学习能力，满足微观管理和宏观经济调控需求的智能化大会计系统。

（2）智能财务。刘梅玲等认为，智能财务是指将以人工智能为代表的"大智移云物区"等新技术运用于财务工作，对传统财务工作进行模拟、延伸和拓展，以提升会计信息质量、提高会计工作效率、降低会计工作成本、提升会计合规能力和价值创造能力，促进企业财务在管理控制和决策支持方面作用的发挥，通过财务的数字化转型推动企业的数字化转型。张庆龙在对各种定义观点进行评述的基础上将智能财务定义为：智能财务是在财务数字化转型与智能化应用过程中不断发展起来的新一代财务。它以人工智能等高科技作为基础设施与核心要素，实现人工智能与财务的全面融合，并不断赋能财务组织，提升财务组织的服务效率，拓展财务服务职能的广度和深度，最终实现财务组织价值与颠覆性创新。张敏认为，智能财务是指建立在"大智移云物"等新技术基础上，具备智能化、自动化等特征，能够实时提供高度决策相关信息并致力于提升管理的价值创造力的新型财务管理工作。

资料来源：温素彬、李慧：《渊思寂虑：智能会计"热"的"冷"思考》，载于《财会月刊》2022年第21期，第62~70页。

二、会计的特点

无论从会计是一个以提供财务信息为主的信息系统，还是从会计具有管理职能的一种管理活动角度来理解，会计本身都表现出其突出的特点。

（一）会计以货币作为主要计量单位，综合地反映会计主体的经济活动

会计是从数量方面反映经济活动的。经济活动的数量方面，通过实物、劳动、货币等具体内容形式及其变化表现出来。因此，在经济核算过程中，通常使用三种量度：实物量度、劳动量度和货币量度。实物量度是指以财产物资的实物数量（如千克、米等）为单位，劳动量度是指以时间（如工时）为单位，货币量度是指以货币的数量（如人民币元）为单位。由于实物量度和劳动量度衡量基础不同，因此，无法进行综合、汇总。所以，单独使用实物量度或劳动量度都满足不了经济管理的要求，只有能够充当一般等价物的货币才可以把各种性质相同或不同的经济业务加以综合，转换为统一的具有综合性的价值指标，总括地反映经济活动的过程和结果。因此，会计核算要以货币为主要的统一量度单位，从价值量方面反映各单位的经济活动情况，对经济活动进行综合核算和监督。在实际工作中，会计核算有时也需要使用实物、劳动计量单位进行辅助核算。

（二）会计以合法的原始凭证为依据，反映过去已经发生的经济活动

原始凭证是经济业务发生的当时填制或取得的，由经济责任人签字并对其真实性负责的最原始记录和证明。会计只有以合法的原始凭证为依据，才能取

得真实可靠的经济信息，才能对各项经济业务进行正确的计量、记录和报告。会计核算就是要反映经济活动的事实，探索并说明其真相。因此，只有在每项经济业务发生或完成后，才能取得该项经济业务完成的书面凭证，并据以记录账簿，才能保证会计所提供的信息真实可靠。即使实现了会计信息化，也要依据合法的原始凭证进行会计核算。会计的任何记录和计量都必须以会计凭证为依据，这就使会计信息具有真实性和可验证性。这一特征也是其他经济管理活动所不具备的。

（三）会计运用一系列专门核算方法

会计核算运用一系列科学的专门的核算方法，例如，设置账户、复式记账、填制和审核凭证、登记账簿、成本计算、财产清查和编制会计报表。这些专门方法相互联系、相互配合、各司其职，构成一套完整的核算经济活动过程结果的方法体系，有效地发挥着会计应有的作用。

（四）会计以连续、系统、全面地提供会计信息为基本特征

经济活动是连续不断的，为了充分反映可以用货币计量的各项经济活动，以便提供有效的数据信息，客观上还要求财务会计核算必须进行连续的、系统的、全面的反映。

连续性，是指在核算中要按经济业务发生的时间顺序不间断地进行序时记录反映全过程；系统性，是指在核算中，要对核算的内容进行科学分类，以便进行分类核算，同时还要进行数据整理、汇总反映；全面性，是指对会计主体所发生的全部经济业务都应该进行记录和反映，不能遗漏任何一项经济业务。

三、会计的职能

会计的职能，是指会计在经济活动及其管理过程中所具有的功能。马克思在《资本论》中指出，"过程越是按社会的规模进行……作为对过程的监督和观念上的总括的簿记就越是必要……"我国会计界通常把"对过程的监督"理解为监督，把"观念上的总括"理解为核算，核算和监督是会计的两大基本职能。

（一）会计的核算职能

会计的核算职能是指会计通过确认、计量、记录和报告，从数量上反映企业、行政事业等单位已经发生或完成的经济活动，为信息使用者提供经济信息的功能。

核算职能是会计最基本的职能，它贯穿经济活动的全过程。它是通过一定的会计方法，遵照公认会计原则的要求，正确地、全面地、及时地、系统地将

一个会计主体所发生的经济业务与会计事项显现出来，并通过科学的分类方法，将不同性质的经济业务与会计事项分门别类地、集中地反映出来，以达到提供决策有用信息的目标。

会计的核算职能在客观上体现为通过会计信息系统对财务会计信息进行优化的过程，这个过程又具体划分为两个基本工作阶段：一是信息确认阶段，通过这个过程进行信息筛选，去伪存真，将虚伪假冒及失真的信息揭示出来并清除出去，为整个优化信息的过程奠定基础，确保财务会计信息的真实、可靠。二是核算工作阶段，核算过程包括确认、计量、记录、报告等环节，这个过程体现为对若干会计核算方法的具体应用。

（二）会计的监督职能

会计的监督职能是对单位的经济活动进行检查监督，借以控制经济活动，使经济活动能够根据一定的方向、目标、计划，遵循一定的原则正常进行。

会计监督按监督实行的时间可以分为事前监督、事中监督和事后监督。事前监督是对将要发生的经济活动进行会计监督；事中监督是对正在发生的经济活动进行会计监督；事后监督是对已经发生的经济活动进行会计监督。事前监督与事中监督有利于及时发现问题、及时采取补救措施，防患于未然；事后监督便于全面、真实、准确地检查经济活动的全过程，提高会计监督的准确性。

会计监督按监督主体的不同可以分为单位内部监督、社会监督和政府监督，三者共同构成了"三位一体"的会计监督体系。各监督主体主要针对特定主体的经济活动和会计核算与会计资料的真实性、完整性、合法性和合理性进行审查。

会计的核算与监督职能是不可分割、辩证统一的。它们二者的关系是：会计核算是会计监督的基础，没有会计核算所提供的各种信息和资料，会计监督就失去了客观的依据；而会计监督又是会计核算质量的保障，只有会计核算，没有会计监督，就难以保证核算所提供信息的真实性、可靠性，就不能发挥会计在经济管理中的作用。

伴随社会经济发展和技术进步，会计内容、作用不断扩大，会计的职能不断延伸和拓展，例如预测、决策、评价等职能。

专栏1-2

会计职能的历史演进

（1）早期古代时期：会计是一项"核算工具"，满足自身对收支状况及结果的信息需求。

（2）近代会计时期：公司制企业所有权与经营权的分离，复式记账的产生和发展，促进会计信息的使用群体、信息需求范围和内容不断扩大，会计职能扩展到核算和监督。

（3）第二次工业革命：技术开始成为企业发展的核心推动力，公司生产组织形式日益成熟，与科学管理理论发展相辅相成，促进管理现代化，会计"管理"职能的延伸开始凸显，并逐渐产生"财务会计"与"管理会计"的分离。

（4）第三次工业革命：计算机技术在会计领域的应用，一方面，改进了会计的基本职能（促使会计核算更准确、更规范，大大提高会计核算的效率和质量；电算化环境的会计数据更难以篡改，会计核算过程中通过计算机程序对错误信息进行提示和控制，实现会计的自我监督和对经济业务的监督；外部监管者对账目的审查更方便）。另一方面，管理会计的职能逐渐显现，并伴随信息技术的不断进步，逐渐超越会计的基本职能（管理会计职能从成本会计、全面预算扩展到战略和计划制订、业务决策、风险管控等）。

（5）第四次工业革命：21世纪，"大智移云物区"等新技术的发展，将会计基本职能的发挥和延伸职能的扩展推向了新高度。"管理会计信息化"成为新的发展趋势，其目标是在企业管理系统中实现"业财一体化"。

综上所述，会计的核算、监督基本职能逐渐向管理会计的管理职能及其他派生职能扩展，体现了技术加持下信息化的不断升级促进了会计职能的发挥，会计职能随着会计环境的变化而不断演进、不断实现的基本逻辑。

资料来源：张庆龙：《下一代财务：数字化与智能化》，载于《财会月刊》2020年第10期，第3~7页。（根据文献整理）

四、会计的目标

所谓目标，是指从事某项活动预期所要达到的境地或标准。会计目标，则是指要求会计工作完成的任务或达到的标准。按照系统论的观点，会计是一个经济信息系统，而经济系统要运行，就必须有一个明确的目标以指引其运行的方向。会计目标在整个会计系统和企业会计准则体系中具有十分重要的地位，是构建会计要素确认、计量和报告原则并制定各项准则的基本出发点。确定会计目标，先要了解企业组织形式、会计信息使用者及其信息需求。

（一）企业组织形式

企业组织形式是指企业存在的形态和类型，主要有独资企业、合伙企业和公司制企业三种形式。无论企业采用何种组织形式，都应具有两种基本的经济权利，即所有权和经营权，它们是企业从事经济运作和财务运作的基础。

1. 个人独资企业

个人独资企业由一个自然人投资，财产为投资人个人所有，投资人以其个人财产对企业债务承担无限责任。个人独资企业不具有法人资格，创立便捷，决策程序简单，规模和企业存续年限受限。

2. 合伙企业

合伙企业，是指自然人、法人和其他组织依照《中华人民共和国合伙企业法》在中国境内设立的普通合伙企业和有限合伙企业。普通合伙企业由普通合伙人组成，合伙人对合伙企业债务承担无限连带责任。合伙人共同出资，合伙经营，共享收益，共担风险。普通合伙企业具有与个人独资类似的特点和约束条件，只是程度不同。合伙企业融资能力和规模相较个人独资企业大大提高，但仍然有限。有限合伙企业的合伙人与普通合伙企业不同，由普通合伙人和有限合伙人组成，普通合伙人对合伙企业债务承担无限连带责任，有限合伙人以其认缴的出资额为限对合伙企业债务承担责任。普通合伙企业中还有一类特殊的合伙企业——特殊普通合伙企业，以专门知识和技能为客户提供有偿服务的专业机构，如律师事务所、会计师事务所等。特殊普通合伙企业中，至少会有一个合伙人承担无限责任或者无限连带责任。

3. 公司制企业

公司制企业是由投资者出资，职业经理人员进行管理的企业。公司制企业依据《中华人民共和国公司法》设立登记，包括有限责任公司和股份有限公司。

有限责任公司是不通过发行股票，而由为数不多的股东集资组建的公司（一般由 2 人以上 50 人以下股东共同出资设立）。有限责任公司的资本无须划分为等额股份，股东以其认缴的出资额为限对公司承担责任。股份有限公司全部注册资本由等额股份构成并通过发行股票（或股权证）筹集资本，股份有限公司的股东以其认购的股份为限对公司承担责任。

公司制企业拥有独立的法人财产，享有法人财产权，以其全部财产对公司的债务承担责任。公司的法人治理结构包括：股东会或者股东大会、董事会、监事会和经理四个部分。

（1）股东会或者股东大会，由公司股东组成，所体现的是所有者对公司的最终所有权，是公司的最高权力机构。

（2）董事会，由公司股东大会选举产生，对公司的发展目标和重大经营活动作出决策，维护出资人的权益，是公司的决策机构。

（3）监事会，是公司的监督机构，对公司的财务和董事、经营者的行为发挥监督作用。

（4）经理，由董事会聘任，是经营者、执行者，是公司的执行机构。

法人治理结构，是现代企业制度中最重要的组织架构，体现了所有权和经营权的分离。从公司制的治理结构可以看出，股东和经理人员之间形成了一种委托代理关系。股东不直接参与企业的经营管理，委托管理层管理企业。公司制企业中，出资者（股东）成为独立于企业之外的外部主体。

公司制企业是最常见的企业组织形式，本教材的内容，除非特别指明，均围绕公司制企业探讨。

（二）会计信息使用者

站在公司制企业这一独立的法人主体角度，会计信息使用者包括外部会计信息使用者和内部会计信息使用者。

1. 外部信息使用者

会计信息的外部使用者，是企业的外部利益相关者，主要包括政府机构、投资者、债权人、供应商和客户、企业员工、社会公众等。会计信息的外部使用者不参与企业的日常运作，使用者众多，各自要解决的问题不同，对企业所提供的信息需求也各不相同。

（1）政府机构。政府及其相关机构最关心的是有限资源的合理配置情况。它们要求提供的是有关企业的投入产出能力、营运能力、发展能力以及对社会的贡献能力等方面的信息。利用这些会计信息可以帮助分析企业对资源的运用及其对社会所作的贡献，以便做出是否需要制定或修订税收、货币、财政等经济政策，是否需要利用经济手段干预市场经济秩序，是否需要调整资源配置等宏观决策。

（2）投资者。投资者是企业会计信息最主要的使用者，投资者既包括现有的投资者，也包括潜在的投资者。投资者最关心的是投资的风险以及投资回报。他们要求提供的是有关企业的获利能力、资本结构以及利润分配政策等方面的信息。利用这些会计信息可以帮助分析投资价值，以便做出最佳的投资决策。

（3）债权人。债权人最关心的是其所提供资金能否按期如数收回。他们要求提供的是有关企业偿债能力以及获利能力等方面的信息。利用这些会计信息可以帮助分析评估授信或放贷的安全性及获利性，以帮助其防范和化解信用风险，做出授信或放贷决策。

投资者和债权人作为企业资金的提供者，是与企业关系最紧密的外部主体。

（4）供应商和客户。供应商和客户最关心的是企业能否继续生存。他们要求提供的是有关企业经营能力、支付能力和获利能力等方面的信息。利用这些会计信息可以帮助分析评价企业的经营风险，以便做出诸如销售方式、商业信用等商业决策。

（5）企业员工。企业员工最关心的是企业为其提供的劳动报酬的高低、职工福利的好坏、企业财务状况是否足以提供长久以及稳定的就业机会等方面的情况。他们要求提供的是有关企业财务结构和获利能力等方面的信息。利用这些会计信息可以帮助分析企业的财务状况和经营能力，以便做出择业决策。

（6）社会公众。社会公众所关心的是企业，尤其是股份有限公司持续的、有序的发展情况。他们要求提供的是有关企业目前及未来发展等方面的会计信息，帮助他们了解企业，以便进行未来的各种决策。

面对众多的外部使用者对会计信息的具体需求，会计旨在提供"通用"的信息，主要是有关企业财务状况、经营成果、现金流量等方面的信息，以满足投资者和债权人的信息需求，同时兼顾其他会计信息使用者的需要。会计实现这一目标主要是通过对外提供的财务会计报告来完成。对于需要提供特殊资料的外部使用者，则另行提供特别报告。例如企业每年向税务机关申报所得税，必须根据税法的规定，将一般报告中与税法不同之处加以修正，另行编制特别报告。

2. 内部信息使用者

会计信息的内部使用者，泛指企业内部各级管理人员，包括董事会成员、总经理、副总经理和各职能部门经理等人员。企业内部各级管理人员大多数都具有双重身份：既是企业员工，又是企业的经营者。与上述作为外部会计信息使用者中的企业员工相区别的是，他们在企业的经营决策中扮演着重要的角色。

面对瞬息万变的市场环境，日益激烈的市场竞争，企业管理层亟须利用会计信息做出正确决策。与外部信息使用者不同，内部信息使用者关注的不是企业某一方面的情况，而是企业所有方面的信息。

（三）会计的目标

会计目标的研究一直是会计理论界的一个热点问题。西方会计界（以美国为代表）主要是从 20 世纪 60 年代开始探讨会计目标，并逐渐将其视为会计理论研究的起点，这在美国财务会计概念结构中表现得尤为突出。70 年代后美国会计界关于会计目标的研究，形成了两个流派：受托责任学派和决策有用学派。而目前我国会计理论界对于会计目标的探讨，也主要局限于这两个学派之争。

公司制企业，财产所有者将财产投入公司，企业管理者（受托人）接受出资者（委托人）的委托，负责企业的经营管理，出资者不再直接干预财产的具体经营。由于所有权和经营权分离，受托人接受委托后，负有定期向委托者报告其受托责任履行情况的义务。财务报告在委托人和受托人之间扮演着"桥梁"作用，核心是揭示过去的经营活动与财务成果，有效反映受托者的责任履行情况，即财务报告受托责任观。

资本市场为股权的交换和流通提供了交易的平台。伴随资本市场的发展，股权进一步分散，投资者关注的核心从公司财产本身更多地转向公司价值管理和资本市场股票的表现。如果公司管理层管理不善、业绩不佳，投资者往往不是直接更换公司管理层，而是通过卖出股票直接行使相关的权利，公司财务报告为此需要向投资者提供与其投资决策相关的信息，即财务报告决策有用观。

由于经济环境不同，形成了上述不同的观点。受托责任观主要形成于公司制企业发端与盛行时期，而决策有用观则源于资本市场的发展。两种观点虽各有侧重，但并不矛盾，反而有时相互补充，从而可以更好地满足信息使用者的信息需要。国际财务报告准则和各国会计准则制定机构确定财务报告目标时，尽管决策有用观地位不断上升，但往往还是尽可能兼顾受托责任观和决策有用观。

我国《企业会计准则——基本准则》中对会计目标做了明确的规定：会计目标是向财务报告使用者提供与企业财务状况、经营成果和现金流量等有关的会计信息，反映企业管理层受托责任履行情况，有助于财务报告使用者做出经济决策。可以看出，我国确定财务报告目标时，兼顾受托责任观和决策有用观。

专栏 1 - 3

"智能"与"会计"结合，会计的目标是什么？

续慧泓等在《基于管理活动论的智能会计系统研究——从会计信息化到会计智能化》一文中提出，智能会计系统是基于智能化环境产生的，以资源优化配置为目标，以价值运动为对象，联结参与价值运动的主体形成的，具有自适应、自学习能力，满足微观管理和宏观经济调控需求的智能化大会计系统。智能会计系统的目标服从于会计目标，而目标是随着环境变化和时间推移而改变的。智能会计系统的目标不仅仅局限于提供决策有用的信息，更重要的是通过价值管理活动，实现资源的优化配置。以资源优化配置为目标的智能会计系统扩展了传统会计信息系统的功能，实现了从信息加工向管理控制的集成。

你如何理解资源优化配置这一会计目标？认同这一观点吗？

资料来源：续慧泓、杨周南、周卫华等：《基于管理活动论的智能会计系统研究——从会计信息化到会计智能化》，载于《会计研究》，2021年第3期，第11~27页。

第三节 会计对象和会计信息生成

一、会计对象

会计对象是指会计核算和监督的内容，是社会再生产过程中的资金运动。

下面以制造业企业为例说明资金运动的主要内容。

制造业企业是产品的生产单位，是从事生产经营活动的经济实体。企业要独立地进行生产经营活动，必须拥有一定数量的财产、物资，这些财产物资在生产过程中的货币表现就是资金。企业资金的来源渠道有两个：一是投资者投入；二是债权人借入。资金投入企业以后，依次经过供应、生产、销售三个过程。这些资金被具体运用在生产经营活动中，表现为不同的占用形态。随着生产经营活动的进行，资金的占用形态不断转化，以货币资金—储备资金—生产资金—成品资金—货币资金形成资金的循环与周转。

供应环节，企业以货币资金建造或购买厂房、建筑物、机器设备等固定资产，并采购生产所需的原材料等，为进行产品生产准备必要的物质基础。资金的形态由货币资金转化为储备资金。

生产环节，企业为了生产产品要发生各项生产耗费，如材料的消耗，支付工资，计提厂房、机器设备等固定资产的折旧费，以及其他费用等。生产耗费具有不同的经济内容和用途，但是最终都要分配和归集到各种产品中，形成产品的制造成本。在生产过程中，资金从储备资金和货币资金形态转化为生产资金形态。伴随产品的生产完工和验收入库，资金从生产资金形态转化为成品资金形态。

销售环节，企业出售产品并收取货款，同时还要支付销售过程中发生的各项营业费用、缴纳税费、结转销售产品的成本以及与产品的购买单位发生货款的结算关系等。在销售过程中，资金从成品资金形态转化为货币资金形态。经营资金在运动中又回到原来的出发点，表明它已经完成了一个生产经营循环，又投入下一个循环。伴随资金运动，企业生产经营过程中获得的各项收入与发生的相应的成本费用相配比，形成企业的利润或亏损。

同时，企业向国家缴纳税费、向投资者分配利润和向债权人归还借款时，部分资金退出企业。

企业的经营过程是连续不断的，经营资金的循环也是不断重复的。不断重复的资金循环称为资金周转。

制造业企业资金循环简图如图 1－1 所示。

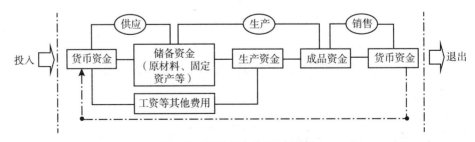

图 1－1　制造企业资金循环简图

此外，制造企业除生产经营活动形成的资金循环外，也可能由于对外投资等其他经济活动形成新的资金循环，导致资金发生增减变动、投入和退出企业。

想一想：企业所有的经济活动是否都是会计核算的对象？货币资金占用形态的改变，如企业生产车间领用原材料，是否属于会计核算的对象？

会计主体的资金运动因组织形式、所处行业等不同而有明显差异，如行政事业单位的资金由国家拨付，按预算支出，属于预算资金；商业企业仅包括供销两个环节，资金运动过程相对简单；金融行业、影视行业等其他行业的资金运动呈现明显的行业差异性。对于特定会计主体而言，会计对象是特定会计主体的经济活动引起的资金运动。

二、会计信息生成

会计信息是如何生成的？信息系统论将整个会计程序分解为确认、计量、记录和报告四个环节。

1-1 会计
信息生成的
基本环节

（一）会计确认

会计确认是指依据一定的标准，核实、辨认经济交易或事项的实质，确定其是否应进入会计系统及应予以记录的会计对象的要素项目，并进一步确定已记录和加工的会计资料是否应列入财务报告和如何列入财务报告的过程。会计确认必然要涉及"是否确认""何时确认"和"如何确认"三个问题。

任何一项交易，从进入会计信息系统进行处理到通过报表输出已加工的信息，都要经过两次确认，即初始确认和再次确认。初始确认是指对原始经济信息进行识别、判断和筛选，确定其是否输入会计核算系统，以及如何归类，运用会计技术将经济数据转化为会计信息；在初始确认的基础上，按照财务报告的目标把会计记录转化为报表要素与项目，成为对报表使用者有用的信息，这一过程为再次确认。因此，会计确认贯穿会计核算的全过程。

（二）会计计量

会计计量是指以数量（主要以货币为计量单位）对各项经济交易或事项及其结果进行计量的过程。会计计量与会计确认密不可分，人们常常把计量视为确认的一部分。会计计量包括计量单位和计量属性的确定。

货币是会计计量的主要计量单位，同时也会通过实物计量单位，如长度、重量、体积、容量等进行辅助记录。

在具体价值计量时，有多种计量属性可供选择。如企业拥有的一台设备，反映其价值量的计量属性有购买该设备的历史成本，现在购买同样一台设备的重置成本，设备未来现金流量的现值等。同样是货币计量，但不同的计量属性对应的价值量不等。基于会计目标对会计信息的质量要求，综合考虑会计信息的真实可靠和决策相关，保证会计信息的可比性，在会计准则中对某类资产的计量属性予以统一规范。

（三）会计记录

会计记录是指经过会计初始确认和计量的经济交易或事项，采用一定方法填制会计凭证、登记会计账簿的过程。会计信息载体一般有会计凭证和会计账簿。会计凭证包括原始凭证和记账凭证。原始凭证是反映经济业务发生和完成情况的证据。为了保证会计信息的真实可靠，从经济业务信息到会计信息的确认必须有据可循，原始凭证就是这个"证据"。记账凭证是经济业务信息转换的会计信息的载体，经济业务用会计语言呈现出来，也是会计确认与计量的体现。会计账簿是将分散记录的会计信息分类、汇总、整理的载体，反映了对初始确认的会计信息加工、记录的结果。

（四）会计报告

会计报告是以会计账簿记录为依据，采用表格和文字等形式，把会计凭证和会计账簿记录的会计资料进一步进行系统性加工汇总整理形成财务状况、经营成果和现金流量等的结构性表述的过程。

传输会计信息是会计核算的重要环节，必须遵循真实、可靠和相关等要求，并及时地将信息传输给会计信息使用者。企业对外提供会计信息的报告文件通常称为财务会计报告，包括财务报表和其他应当在财务报告中披露的相关信息和资料。

三、会计核算方法

会计方法是指用来核算和监督会计对象，执行会计职能，实现会计目标的手段。会计方法是从会计实践中总结出来的，并随着社会实践发展、科学技术的进步以及管理要求的提高而不断地发展和完善。为了实现不同会计分支的职能，产生了不同会计方法，主要包括会计核算方法、会计分析方法和会计检查方法。

会计核算方法，是指会计主体对已经发生的经济活动进行连续、系统、全面反映和监督所采用的方法。会计主体发生的经济活动，依照会计准则进行确认、计量、记录和报告，转化为会计信息，这个过程就是会计核算。会计核算方法是会计方法中最基本、最主要的方法，是其他各种方法的基础。会计核算方法是实现财务会计核算和监督职能的会计方法。

会计核算方法具体有：设置账户、复式记账、填制和审核凭证、登记账簿、成本计算、财产清查和编制会计报表。

（一）设置账户

账户是对会计对象的具体内容，按其不同的特点和经济管理的需要，分门别类地进行反映的项目。设置账户是对会计核算的具体内容进行分类核算和监督的一种专门方法。由于会计对象的具体内容复杂多样，要对其进行系统核算和经常性监督，就必须对经济业务进行科学的分类，每个会计账户只能反映一定的经济内容，将会计对象的具体内容划分为若干项目，即设置若干个会计账户，就可以分门别类地、连续地记录，据以取得多种不同性质、符合经营管理所需要的信息和指标。

（二）复式记账

复式记账是指对所发生的每项经济业务，以相等的金额，同时在两个或两个以上相互联系的账户中进行登记的一种记账方法。例如，生产企业用银行存款购买原材料，一方面会引起原材料的增加；另一方面会引起银行存款的减少。企业记账时会同时在银行存款和原材料两个账户中以相等的金额进行登记。采用复式记账方法，通过账户的对应关系，可以全面反映每一笔经济业务的来龙去脉，而且可以通过账户的试算平衡，防止差错和便于检查账簿记录的正确性和完整性。复式记账是经过会计实践检验的科学的记账方法。

（三）填制和审核凭证

填制和审核凭证是指为了审查经济业务是否合理合法，保证账簿记录正确、完整而采用的一种专门方法。会计凭证是记录经济业务，明确经济责任，作为记账依据的书面证明。正确填制和审核会计凭证，是核算和监督经济活动财务收支的基础，是登记账簿的重要依据。会计凭证必须经过会计部门和有关部门的审核。只有经过审核并确认是正确无误的会计凭证，才能作为记账的依据。填制和审核会计凭证，不仅可以为经济管理提供真实可靠的会计信息，也是实行会计监督的一个重要方面。

（四）登记账簿

登记账簿又称记账，就是把所有的经济业务按其发生的顺序，分门别类地记入有关账簿。账簿是用来全面、连续、系统地记录各项经济业务的簿籍，也是保存会计信息的重要工具。它具有一定的结构、格式，登记账簿必须以会计凭证为依据，利用所设置的账户和复式记账的方法，把所有的经济业务分门别类而又相互联系地加以反映，以便提供完整而又系统的核算资料。其目的主要是通过账簿所提供的数据资料来编制财务会计报告。

（五）成本计算

成本计算是按照一定对象归集和分配生产经营过程中发生的各种费用，以便确定各对象的总成本和单位成本的一种专门方法。通过成本计算，可以准确掌握成本构成情况，考核成本计划的完成情况，核算和监督发生的各项费用是否合理、合法，以便不断地降低成本，增加企业的盈利。

（六）财产清查

财产清查是对企业各项财产物资进行实物盘点、核对账目以及对各项往来款项进行查询与核对，以保证企业资产的正确使用、保证账实相符的一种会计核算方法。财产是指对企业所拥有或控制的经济资源的称谓，一般指货币资产和非货币的实物资产，如企业的银行存款、现金、设备、原材料等。在日常会计核算过程中，为了保证会计信息真实正确，必须定期或不定期地对各项财产物资、货币资金和往来款项进行清查、盘点和核对。在清查中，如果发现账实不符，应查明原因，调整账簿记录，使账存数额同实存数额保持一致，做到账实相符。通过财产清查，可以查明各项实物和现金的保管和使用情况，以及银行存款和往来款项的结算情况，监督各项财产物资的安全与合理使用。在清查中如发现账实不符，应及时查明原因，通过一定的审批手续进行处理，并调整账簿记录。财产清查的目的是保护企业财产，挖掘物资潜力，加速资金周转，提高会计核算信息的质量。财产清查是正确编制财务报表的基础。

（七）编制会计报表

会计报表是会计人员根据账簿记录，以一定的表格形式，定期总括地反映企业一定时期财务状况、经营成果和现金流量的书面文件。会计报表一般有固定的格式、填制要求与编制方法，企业在一定期间内所发生的各项经济业务，通过会计人员在账簿中的记录，最终都会以会计信息的形式反映在会计报表中。会计报表为报表使用者提供了非常重要的经济信息，以便他们进行科学决策。

以上七种会计核算方法相互联系，密切配合，缺一不可，形成一个完整的方法体系。会计方法的具体应用和会计核算流程将在后续章节中详细讲解。

第四节　会计基本假设和会计基础

1-2　会计
基本假设

一、会计基本假设

会计基本假设，是指在特定的经济环境中，根据以往的会计实践和理论，对会计领域中尚未确定的事项所做出的合乎情理的假说或设想。它不是人们的主观想象，而是人们在长期的会计实践中逐步认识和总结的，从会计实践中抽象出来并得到公认的会计基础理论之一。会计基本假设是企业会计确认、计量和报告的前提，是对会计核算所处时间、空间环境、基本程序和方法等所作的合理设定。会计基本假设不仅是会计核算的前提，也是制定会计准则和会计制度的重要指导思想。会计基本假设包括：会计主体、持续经营、会计分期和货币计量。

（一）会计主体

会计主体，是指会计工作服务的特定对象。我国《企业会计准则——基本准则》第五条指出："企业应当对其本身发生的交易或者事项进行会计确认、计量和报告。"尽管企业本身的经济活动总是与其他企业、单位或个人的经济活动相联系，但对于会计来说，其核算的范围既不包括企业所有者，也不包括其他企业的经济活动。会计核算只能反映一个特定主体的经济业务，即核算本企业的经济业务。因此，会计主体假设是为会计核算划定一个空间范围，以便将企业自身的经营活动和外界相区别，与所有者自身的经济收支相区别。

明确会计主体，才能划定会计所要处理的各项交易或事项的范围。在会计工作中，只有那些影响企业本身经济利益的各项交易或事项才能加以确认、计量和报告，那些不影响企业本身经济利益的各项交易或事项则不能加以确认、计量和报告。会计工作中通常所讲的资产、负债的确认，收入的实现及费用的发生等，都是针对特定会计主体而言的。企业之间，企业与企业所有者之间发生经济业务时，应站在特定会计主体的角度分析经济业务的性质和内容。例如，甲企业向乙企业采购原材料，如果甲企业为特定会计主体，该笔经济业务为采购业务，如果乙企业为特定会计主体，该笔经济业务为销售业务。

明确会计主体，才能将会计主体的交易或者事项与会计主体所有者的交易或者事项以及其他会计主体的交易或者事项区分开。例如，企业所有者的经济交易或者事项是属于企业所有者主体所发生的，不应纳入企业会计核算的范围。但是，企业所有者投入企业的资本或者企业向所有者分配的利润，则属于企业主体所发生的交易或者事项，应当纳入企业会计核算的范围。

会计主体与法律主体不是同一概念。一般来说，法律主体必然是会计主体，一家企业作为一个法律主体，应当建立财务会计系统，独立编制财务会计报告。但会计主体不一定是法律主体，例如，一家企业集团，母公司拥有若干子公司，企业集团在母公司的统一领导下开展经营活动。母子公司虽然是不同的法律主体（母子公司分别也是会计主体），但为了全面反映企业集团的财务状况、经营成果和现金流量，就有必要将这个企业集团作为一个会计主体，编制合并会计报表（此处的企业集团不是一个法律主体）。又如，独立核算的生产车间、销售部门、分公司等也可以作为一个会计主体来反映其财务状况，但它们都不是法律主体。

简而言之，就是会计应当仅为特定的会计主体服务。会计主体假设要求企业应当对其本身发生的交易或者事项进行会计确认、计量和报告，反映企业本身从事的各项生产经营活动。明确界定会计主体是开展会计确认、计量和报告工作的重要前提。如果不界定会计核算的空间范围，会计核算工作就无法进行。

（二）持续经营

持续经营，是指在可以预见的将来，企业将会按当前的规模和状态继续经营下去，不会停业，也不会大规模削减业务。持续经营假设是企业会计核算选择、使用会计处理方法的前提条件。若无持续经营前提，一些公认的会计处理方法就缺乏赖以存在的基础，从而也将无法采用。为此，《企业会计准则——基本准则》第六条规定，企业会计确认、计量和报告应当以持续经营为前提。

在持续经营条件下，会计确认、计量和报告应当以企业持续、正常的生产经营活动为前提。企业所拥有的资产，将在正常的经营过程中被耗用、出售或转换，而它所承担的债务，也将在正常经营过程中按期清偿。如果判定企业会持续经营，就可以假定其厂房、建筑物以及生产设备等固定资产会按照预定用途在生产经营过程中长期发挥作用，以求获得经济效益，而不是为了转让或者出售。这些固定资产可以根据历史成本进行记录，并采用折旧的方法，将历史成本分摊到各个会计期间或相关产品的成本中，日常核算中无须考虑这些资产的变现价值。

在企业的经营过程中，如果有证据表明一个企业已无法履行它所承担的义务，正常的经营活动也无法持续下去，那么，以持续经营为前提所规定的各种会计方法和程序也就不再适用，而不得不改用其他方法。非持续经营下，应以法律、法规为依据，根据清算的要求如实反映企业清算时的财务状况和财务关系，并着眼于变现能力与偿债能力，提供有助于正确处理各方权益关系的信息。换言之，当有确凿证据（通常是破产公告的发布）证明企业已经不能再持续经营下去的，该假设会自动失效，此时企业将由清算小组接管，会计核算方法随即改为破产清算会计。

（三）会计分期

会计分期，是人为地将一个企业持续经营的生产经营活动划分为一个个连续的、长短相同的期间，分期确定各个会计期间的收入、费用和利润，反映每一会计期间的期初和期末的资产、负债和所有者权益，并进行账目结算和编制会计报表，从而及时向财务报告使用者提供有关企业财务状况、经营成果和现金流量的信息。

从理论上来说，在企业持续经营情况下，要反映企业的财务状况和经营成果只有等到企业所有的生产经营活动结束后，才能通过收入和费用的归集与比较，进行准确的计算，但若等到企业所有的生产经营活动全部结束后，再通过收入与费用的归集和结转，从而据以准确地计算企业的净收益和进行利润分配，这显然是不允许的，实际上也是行不通的。因为在大多数情况下，会计人员均无法知道企业将在何时最终结束它的经营业务。而企业的经营者、投资者、债权人、政府部门及社会公众等则需要及时地了解企业的经营情况，要求企业能够定期地报告供其决策和征税依据等相关的会计信息。因此，必须人为地将这个持续经营过程划分为较短的会计期间。

我国《企业会计准则——基本准则》第七条规定："企业应当划分会计期间，分期结算账目和编制财务会计报告。"会计期间通常分为年度和中期。会计年度由连续的 12 个月构成，各个国家都根据其经济特点和管理需要，明确会计年度的起止日期。我国企业会计年度采用公历年度，即每年 1 月 1 日起至 12 月 31 日止。会计中期是指短于一个完整的会计年度的报告期间，包括半年度、季度和月度，起讫日期均采用公历日期。

会计分期对于企业选择会计核算基础和核算程序具有极为重要的影响。正因为有了会计分期，才产生了当期与以前期间、以后期间的差别，才使不同类型的会计主体有了权责发生制和收付实现制两种可供选择的会计核算基础。

（四）货币计量

货币计量，是指会计主体在会计确认、计量和报告时以货币计量反映会计主体的生产经营活动，且其币值不变。尽管财产物资可以使用不同计量单位来量度，如重量、长度、容积、台、件、工时等，但这些计量单位只能从一个侧面反映企业的生产经营情况，无法在量上进行汇总和比较，不便于会计计量和经营管理。在会计确认、计量和报告过程中只能选择货币单位进行计量，综合地反映企业的生产经营情况。这是因为货币是商品的一般等价物，是衡量一般商品价值的共同尺度，具有价值尺度、流通手段、贮藏手段和支付手段等特点。货币是会计的基本计量单位，其他单位则属于辅助性质的计量单位。

我国《企业会计准则——基本准则》第八条规定："企业会计应当以货币计量。"会计核算应以人民币为记账本位币，业务收支以人民币以外的货币为主的企业，可以选定其中一种货币作为记账本位币，但是编制的财务会计报告应当折算为人民币。

在确定货币计量假设时，必须同时确立币值稳定假设，假设币值是稳定的，不会有大的波动，或前后波动能够被抵销。这样财务会计报告中的金额加总、比较和分析才具有意义。如果发生恶性通货膨胀，币值稳定前提就和现实严重脱离，就需要采用特殊的会计，如物价变动会计来处理有关的经济业务。

在有些情况下，统一采用货币计量也有缺陷。会计仅反映那些能以货币表达的信息，如果一个信息本应纳入会计核算体系，但由于无法用货币来表达的，则只能排除在会计核算范围之外。例如，人力资源就应该作为企业的一个关键资产进行反映，但人力资源的货币计量尚无法广泛地达到实践的可操作性，因此，大部分企业是不反映人力资源的。企业可以在财务报告中补充披露有关非财务信息来弥补上述缺陷。

> 思考：货币的产生及货币计量在会计中的应用对推动会计发展作用是什么？

二、会计基础

1-3　会计基础

会计主体的生产经营活动在时间上是持续不间断的，不断地取得收入，不断地发生各种成本、费用，将收入和相应的费用进行配比，就可以确定企业生产经营活动中所产生的利润（或亏损）。

基于会计分期假设，企业应将生产经营活动划分至特定的会计期间，每一笔收入和费用必须明确所属的会计期间，才能准确地反映企业每一会计期间的利润。但实务中，企业交易或事项的发生时间与相关款项收付时间有时并不完全一致。如图 1-2 所示，某企业一项销售商品的经营活动从 20×2 年延续到 20×3 年，那么该项经济活动为企业带来的销售商品的收入应该属于 20×2 年还是 20×3 年呢？

20×2年12月25日，　　　　　　　　　20×3年1月10日，
接受订单，交付商品　　　　　　　　　　收到货款

图 1-2　销售商品与收款所属不同会计期间示意

如果按照销售行为发生、企业履行合同义务的时间，该笔销售收入属于 20×2 年的收入；如果按照企业收到销售商品货款的时间，该笔销售收入属于 20×3 年的收入。由此可见，产生了不同的会计基础。

会计基础，是会计确认、计量和报告的基础，包括权责发生制和收付实现制。

（一）权责发生制

权责发生制又称应计制，是指以取得收取款项的权利或支付款项的义务为标志来确定本期收入和费用的会计核算基础。企业在确认报告期内的收入和费用时，要求凡是当期已经实现的收入和已经发生或应当负担的费用，不论款项是否收付，都应作为当期的收入和费用；凡是不属于当期的收入和费用，即使款项已在当期收付，也不应作为当期的收入和费用。权责发生制强调收入和费用的确认均以权利已经形成或以义务已经发生为标准。

（二）收付实现制

收付实现制又称现金制，是与权责发生制相对应的一种会计基础，它是以现金的实际收付为标志来确定本期收入和费用的会计核算基础。企业在确认报告期内的收入和费用时，要求凡是本期收到现金的收入和本期支付现金的费用，均确认为本期的收入和费用，而不考虑交易或事项对应的权利或义务的归属期间。反之，凡本期未收到现金的收入和未支付现金的费用，即使该交易或事项形成的权利或义务应归属本期，也不能作为本期的收入和费用。

【例1-1】甲公司20×3年1月发生下列经济业务，要求分别用权责发生制和收付实现制计算1月的收入、费用和利润。

（1）银行存款支付本月水电费2 000元；

（2）银行存款预付第一季度房租150 000元；

（3）收到第一季度出租无形资产的租金30 000元，存入银行；

（4）销售商品100 000元，商品本月已交付给客户，约定付款日期为2月10日；

（5）预收客户的购货款20 000元，存入银行；

（6）收回上个月的赊销的商品货款150 000元，存入银行；

（7）本月应负担财产保险费1 000元，保费已于上年12月支付。

20×3年1月，分别基于权责发生制和收付实现制的收入、费用和利润计算如表1-1所示。

表1-1　　　　　　　　**两种会计基础损益计算对比**　　　　　　单位：元

业务序号	权责发生制		收付实现制	
	收入	费用	收入	费用
1		2 000		2 000
2		50 000		150 000
3	10 000		30 000	
4	100 000		0	
5	0		20 000	
6	0		150 000	
7		1 000		0
利润	57 000		48 000	

可以看出，同一期间基于不同会计基础确认的利润差异较大。

下面以企业预付保险费为例，进一步分析两种会计基础之间的差别。

【例1-2】乙公司20×2年12月31日，用银行存款24 000元购买了一份20×3年1月1日生效，有效期为两年的财产保险。表1-2中，分别计算了权责发生制和收付实现制下20×2年、20×3年和20×4年由于该笔经济业务应确认的费用。

年份	权责发生制	收付实现制
20×2	0	24 000
20×3	12 000	0
20×4	12 000	0

表1-2　　　　　　　　两种会计基础费用计算　　　　　　单位：元

按照权责发生制权利、义务的对应关系，企业20×2年支付保险费时，获得了未来两年的财产保障权利，应在获得保障的20×3年和20×4年分别确认12 000元的费用（款项支付的20×2年先确认为一项资产）；而按照收付实现制，保险费一经支付就立刻变成了费用，20×2年支付保险费的同时将24 000元全部确认为费用。可见，与收付实现制相比，权责发生制下会计处理较为复杂，但收付实现制下企业享受保障权利的期间和费用确认的期间不一致，企业的收入和费用无法实现配比。

我国《企业会计准则——基本准则》明确规定，企业在会计确认、计量和报告中应当以权责发生制为基础。基于权责发生制，企业在会计期末对所有涉及跨期影响的经济业务进行账项调整，在此基础上确定本期收入和费用，从而更加真实、公允地反映特定会计期间的财务状况和经营成果。账项调整涉及的具体业务和处理将在第四章和第六章中进行详细介绍。

除企业外，目前我国的行政事业单位预算会计通常采用收付实现制，行政事业单位财务会计通常采用权责发生制。

第五节　会计信息质量

一、会计信息质量要求

会计信息质量，是指会计信息符合会计法律、会计准则等规定要求的程度，是满足企业利益相关者需要的能力和程度。

会计信息质量要求是对企业财务报告中所提供会计信息质量的基本要求，是使财务报告中所提供会计信息对投资者等信息使用者决策有用应具备的基本特征，根据《企业会计准则——基本准则》规定，包括可靠性、相关性、可理解性、可比性、实质重于形式、重要性、谨慎性和及时性。

1-4　会计信息质量要求

（一）可靠性

《企业会计准则——基本准则》第十二条规定："企业应当以实际发生的交易或者事项为依据进行会计确认、计量和报告，如实反映符合确认和计量要求的各项会计要素及其他相关信息，保证会计信息真实可靠、内容完整。"会计信息要有用，必须以可靠为基础，如果财务报告所提供的会计信息是不可靠的，就会给投资者等使用者的决策产生误导甚至带来损失。

可靠性是高质量会计信息的重要基础和关键所在。为了贯彻可靠性要求，企业应当做到以下三点。

（1）以实际发生的交易或者事项为依据进行确认、计量，将符合会计要素定义及其确认条件的资产、负债、所有者权益、收入、费用和利润等如实反映在财务报表中，不得根据虚构的或者尚未发生的交易或者事项进行确认、计量和报告。

（2）在符合重要性和成本效益原则的前提下，保证会计信息的完整性，其中包括应当编制的报表及其附注内容等应当保持完整，不能随意遗漏或者减少应予披露的信息，与使用者决策相关的有用信息都应当充分披露等。

（3）包括在财务报告中的会计信息应当是中立的、无偏的。如果企业在财务报告中为了达到事先设定的结果或效果，通过选择或列示有关会计信息以影响决策和判断，这样的财务报告信息就不是中立的。

（二）相关性

《企业会计准则——基本准则》第十三条规定："企业提供的会计信息应当与财务会计报告使用者的经济决策需要相关，有助于财务会计报告使用者对企业过去、现在或者未来的情况做出评价或者预测。"会计信息是否有用是会计信息质量的重要标志和基本特征之一。

会计信息是否有用、是否有价值，关键是看其与使用者的决策需要是否相关、是否有助于决策或者提高决策水平。相关的会计信息应当能够有助于使用者评价企业过去的决策，证实或者修正过去的有关预测，因而具有反馈价值。相关的会计信息还应当具有预测价值，有助于使用者根据财务报告所提供的会计信息预测企业未来的财务状况、经营成果和现金流量。

会计信息质量的相关性要求，需要企业在确认、计量和报告会计信息的过程中，充分考虑使用者的决策模式和信息需要。这就要求会计人员在收集、加工、处理、传递会计信息的过程中，要按照会计信息使用者的要求，有针对性地提供会计资料，确保企业内外有关方面对会计信息的相关需要。

相关性是以可靠性为基础的，二者之间并不矛盾，不应将二者对立起来。也就是说，会计信息在可靠性前提下，尽可能地做到相关性，以满足投资者等财务报告使用者的决策需要。相关性并不是要求企业提供的会计报表完全满足所有会计报表使用者的要求。由于不同的信息使用者有着不同的需要，即使企业会计报表提供的信息再全面，也不可能满足所有报表使用者的需要。

（三）可理解性

《企业会计准则——基本准则》第十四条规定："企业提供的会计信息应当清晰明了，便于财务报告使用者理解和使用。"企业编制财务报告、提供会计信息的目的在于使用，要使使用者有效使用会计信息，应当能让其了解会计信息的内涵，弄懂会计信息的内容，这就要求财务报告所提供的会计信息应当清晰明了，易于理解。只有这样，才能提高会计信息的有用性，实现财务报告的目标，满足向投资者等财务报告使用者提供决策有用信息的要求。

会计信息应当使用明确、贴切的语言和简明扼要、通俗易懂的文字，数据记录和文字说明应能一目了然地反映交易或事项的来龙去脉。对于性质和功能不同的项目应当分项列示，对于性质和功能相同的项目应当合并列示。对于分项列示、合并列示的项目均应根据需要加以附注说明。对于交易或事项本身较为复杂或者会计处理较为复杂的信息，与使用者的决策相关的，企业应当在财务会计报告中予以充分披露。不得含有含糊其词、夸大或者缩小等性质的词句，不得有误导性陈述。

同时，可理解性也要求信息使用者应具备一定的会计基本知识。毕竟会计信息是一种专业性较强的信息产品，在强调会计信息可理解性要求的同时，还应假设使用者具有一定的有关企业经营活动和会计方面的知识，并且愿意付出努力去研究这些信息。

（四）可比性

《企业会计准则——基本准则》第十五条规定："企业提供的会计信息应当具有可比性。"具体包括下列要求。

1. 同一企业不同时期可比——纵向可比

为了便于投资者等财务报告使用者了解企业财务状况、经营成果和现金流量的变化趋势，比较企业在不同时期的财务报告信息，全面和客观地评价过去、预测未来，从而做出决策。会计信息质量的可比性要求同一企业不同时期发生的相同或者相似的交易或者事项，应当采用一致的会计政策，不得随意变更。但是，满足会计信息可比性要求，并非表明企业不得变更会计政策，如果按照规定或者在会计政策变更后可以提供更可靠、更相关的会计信息，可以变更会计政策。有关会计政策变更的情况，应当在附注中予以说明。

2. 不同企业相同会计期间可比——横向可比

不同企业同一会计期间发生的相同或者相似的交易或者事项，应当采用统一规定的会计政策，确保会计信息口径一致、相互可比。即对于相同或者相似的交易或者事项，不同企业应当采用统一规定的会计政策，以使不同企业按照一致的确认、计量和报告基础提供有关会计信息，以便投资者、债权人等会计信息使用者评价不同企业的财务状况、经营成果和现金流量及其变动情况，以便会计信息使用者全面、客观地进行不同企业的横向对比。

（五）实质重于形式

《企业会计准则——基本准则》第十六条规定："企业应当按照交易或者事项的经济实质进行会计确认、计量和报告，不应仅以交易或者事项的法律形式为依据。"企业发生的交易或事项在多数情况下，其经济实质和法律形式是一致的。但在有些情况下，会出现不一致。这时候就要求企业按照交易或事项的经济实质进行会计核算，而不应当仅仅按照它们的法律形式作为会计核算的依据。如果企业仅以交易或者事项的法律形式为依据进行会计确认、计量和报告，那么，就容易导致会计信息失真，无法如实反映经济现实和实际情况。

例如，企业按照销售合同销售商品但又签订了售后回购协议并约定回购价格，回购价格如果不低于原售价，虽然从法律形式上实现了收入，但实质上属于企业的融资行为，应按融资进行相关的会计处理。

（六）重要性

《企业会计准则——基本准则》第十七条规定："企业提供的会计信息应当反映与企业财务状况、经营成果和现金流量有关的所有重要交易或者事项。"在实务中，如果企业会计信息的省略或者错报会影响使用者据此做出决策的，该信息就具有重要性。

重要性与会计信息成本效益直接相关。坚持重要性，能够使提供会计信息的收益大于成本。对于那些不重要的项目，如果也采用严格的会计程序，分别核算、分项反映，就会导致会计信息的成本大于收益。

在评价某些项目的重要性时，涉及对重要性的判断标准。区别重要和次要并没有一个很明确的标准，对于不同的会计主体来说，重要和不重要是相对的，很大程度上取决于会计人员的职业判断。一般来说，企业应当根据所处环境和实际情况，从项目的功能、性质和金额等多方面加以判断。

例如，企业发生的金额较小，但若干个会计期间受益的支出，根据重要性要求可以一次性计入为当期损益，而不需要在受益的多个会计期间进行分摊。如企业将购买并于当期投入使用（使用年限超过 1 年）的垃圾桶的支出一次性确认为当期费用；又如我国上市公司要求对外提供季度财务报告，考虑到季度财务报告披露的时间较短，从成本效益原则考虑，季度财务报告没有必要像年度财务报告那样披露详细的附注信息，季度财务报告的附注以年初至本中期末为基础，披露自上年度资产负债表日之后发生的、有助于理解企业财务状况、经营成果和现金流量变化情况的重要交易或者事项即可。

（七）谨慎性

《企业会计准则——基本准则》第十八条规定："企业对交易或者事项进行会计确认、计量和报告应当保持应有的谨慎，不应高估资产或者收益、低估负债或者费用。"企业的经营环境面临着各种风险和不确定性，企业面临不确定因素做出职业判断时，应当保持应有的谨慎，充分估计各种风险和损失，既不高估资产或者收益，也不低估负债或者费用。

谨慎性要求体现于会计核算的全过程。谨慎性包括会计确认、计量、报告等方面谨慎稳健的内容。从会计确认来说，要求会计确认标准建立在稳妥合理的基础上；从会计计量来说，要求会计计量不得高估资产、收益和利润，也不得低估负债或费用；从会计报告来说，要求会计报告向会计信息使用者提供尽可能全面的会计信息，特别是应报告有关可能发生的经营风险。

但是，谨慎性的应用并不允许企业设置秘密准备，如果企业故意低估资产或者收益，或者故意高估负债或者费用，将不符合会计信息的可靠性和相关性要求，损害会计信息质量，扭曲企业实际的财务状况和经营成果，从而对使用者的决策产生误导，这是会计准则所不允许的。体现谨慎性要求的常见事项主要有：计提各项资产减值准备、固定资产采用加速折旧方法计提折旧等。

（八）及时性

《企业会计准则——基本准则》第十九条规定："企业对于已经发生的交易或者事项，应当及时进行确认、计量和报告，不得提前或者延后。"会计信息不仅要求可靠、相关，还必须保证时效。任何信息如不及时提供，则必将丧失其使用价值或降低其有用性。随着市场竞争日趋激烈，市场环境瞬息万变，信息使用者对会计信息的及时性要求越来越高。及时性包括三个方面：一是要求及时收集会计信息，即在经济交易或者事项发生后，及时收集整理各种原始单据或者凭证；二是要求及时处理会计信息，即按照会计准则的规定，及时对经济交易或者事项进行确认、计量，并编制财务报告；三是要求及时传递会计信息，即按照国家规定的有关时限，及时地将编制的财务报告传递给财务报告使用者，便于其及时使用和决策。如按照《上市公司信息披露管理办法》，上市公司年度报告应当在每个会计年度结束之日起 4 个月内，编制完成并披露。上市公司在上述时间范围内披露年度报告，即满足及时性的要求。

在实务中，企业有时需要在及时性和可靠性之间做出权衡。例如，企业的某项经济业务，为了及时提供会计信息，可能需要在有关交易或者事项的信息全部获得之前进行会计处理，但这样的信息披露可能会影响会计信息的可靠性；反之，如果等到与交易或者事项有关的全部信息获得之后再进行会计处理，可能会由于时效性问题，大大降低会计信息的决策有用性。出现此类情形时，企业应当以满足投资者等财务报告使用者的经济决策为判断标准，在及时性和可靠性之间做出权衡。

二、会计监督

党的二十大报告提出，高质量发展是全面建设社会主义现代化国家的首要任务。会计信息天生具有"资源配置"功能，高质量会计信息可以提升资源配置效率，有助于客观反映经济发展的过去、精准谋划经济发展的未来，从而为经济高质量发展提供支撑。会计监督是会计基本职能之一，加强会计监督，是提升会计信息质量的重要保障。

我国现行《中华人民共和国会计法》（以下简称《会计法》）已经建立结构较为完整的会计监督体系。按监督主体不同，会计监督包括内部会计监督和外部会计监督。外部会计监督包括社会监督和政府监督。内部会计监督的监督主体是各单位的会计机构、会计人员；外部社会监督的监督主体主要是注册会计师及其所在的会计师事务所；外部政府监督的监督主体主要是财政部门，还包括审计、税务和金融管理等其他部门。

会计监督主要依据：（1）财经法律、法规和规章；（2）会计法律、法规和国家统一会计制度；（3）各省、自治区、直辖市财政厅（局）和国务院业务主管部门根据《会计法》和国家统一会计制度制定的具体实施办法或者补充规定；（4）各单位根据《会计法》和国家统一会计制度规定的单位内部会计管理制度；（5）各单位内部的预算、财务计划、经济计划和业务计划等。

（一）内部会计监督

内部会计监督的监督对象是单位的经济活动，主要监督经济活动的合法性、合理性和有效性，关注单位的会计行为及其相关的财务行为、经济行为是否符合《会计法》及相关法律法规、单位内部会计管理制度的规定。内部会计监督是整个会计监督体系的核心与基础性内容。

单位通过建立并执行内部监督制度实现内部会计监督。单位内部监督制度是在单位内部采取的一系列相互制约、相互监督的制度和方法，涵盖人、财、物等诸多方面。各单位应当建立、健全本单位内部会计监督制度，并纳入本单位内部控制管理制度。

内部会计监督的主要内容包括：（1）对原始凭证进行审核和监督；（2）对伪造、变造、故意毁灭会计账簿或者账外设账行为，应当制止和纠正；（3）对实物、款项进行监督，督促建立并严格执行财产清查制度；（4）对指使、强令变造、篡改财务报告行为，应当制止和纠正；（5）对财务收支进行监督；（6）对违反单位内部会计管理制度的经济活动，应当制止和纠正；（7）对单位制定的预算、财务计划、经济计划、业务计划的执行情况进行监督等。

从约束功能来看，内部会计监督包含于单位的内部控制之中。内部控制，是指由企业董事会、监事会、经理层和全体员工实施的、旨在实现控制目标的过程。内部控制的过程涵盖：企业生产经营管理活动的全过程；企业风险控制的全过程；信息收集、整理、传递与运用的全过程。可见，内部控制不仅仅局限在会计管理的层面。良好的内部控制可以最大限度地降低企业运营过程中的各种风险。高质量的内部控制有利于保证企业合法合规经营管理、资产安全；有利于提高经营效率和效果，促进企业实现发展战略；有利于保障财务报告及其相关信息真实完整，提高会计信息质量。

财政部、证监会在《关于进一步提升上市公司财务报告内部控制有效性的通知》中提出，应加强对上市公司实施企业内部控制规范的管理、指导和监督，规范会计师事务所内部控制审计行为，提升上市公司财务报告内部控制有效性和会计信息质量，强化资本市场领域财会监督力度。财务报告内部控制，是指企业为了合理保证财务报告及相关信息真实完整而设计和运行的内部控制，以及用于保护资产安全的内部控制中与财务报告可靠性目标相关的控制。内部控制特别是财务报告内部控制，是加强财会监督、遏制财务造假、提高上市公司会计信息质量的重要基础。

（二）外部会计监督

社会监督，主要是指注册会计师及其所在的会计师事务所等中介机构接受委托，依法对单位的经济活动进行审计，并据实做出客观评价的一种监督形式。社会监督是以其特有的中介性和公正性进行监督，如上市公司对外披露的年度财务会计报告必须经过注册会计师审计，注册会计师就财务报表是否在所有重大方面按照适用的财务报告编制基础编制并实现公允反映，出具审计报告，发表审计意见。外部审计实际上是对企业内部虚假、欺骗行为的一个重要而系统的检查。

政府监督是依法对各单位进行的强制性的行政监督。企业会计工作的开展、经济业务的会计处理、会计信息的披露等都要遵循相关的法律法规和国家规定。如《会计法》是为了规范会计行为，保证会计资料真实、完整，加强经济管理和财务管理，提高经济效益，维护社会主义市场经济秩序，制定的法律。《会计法》规范了单位的会计核算、会计监督、会计机构、会计人员和法律责任等相关内容。《会计基础工作规范》是根据《会计法》的有关规定，从会计机构和会计人员、会计核算、会计监督、内部会计管理制度等方面对各单位会计基础工作制定的规范，旨在建立规范的会计工作秩序，提高会计工作水平。《企业会计准则》《小企业会计准则》《政府会计准则》等是会计人员从事会计工作必须遵循的基本原则，是会计核算工作的规范。会计准则就经济业务的具体会计处理做出规定，直接指导和规范会计核算。《上市公司信息披露管理办法》是对上市公司及其他信息披露义务人的所有信息披露行为的总括性规范，涵盖公司发行、上市后持续信息披露的各项要求。除上述规定外，企业还应遵守其他相关法律、法规和行政规章。各单位必须依照法律和国家有关规定接受财政、审计、税务和金融管理等政府部门的监督，如实提供会计凭证、会计账簿、会计报表和其他会计资料以及有关情况，不得拒绝、隐匿、谎报。

社会监督和政府监督作为会计信息质量的外部保障，两种监督形式及其结果得到法律认可，具有很强的权威性、公正性。因此，社会监督和政府监督的有效开展，可以有效地保证各单位的经济活动依法有序地进行，并可弥补单位内部的控制监督存在的各种不足，保障会计信息质量。

（三）数字技术赋能会计监督

伴随技术进步，内部会计监督可以通过建立与本单位经营管理业务相适应的信息化控制流程，实现对业务和事项的自动控制，提高业务处理效率，减少和消除人为操纵因素；但同时需要加强对计算机信息系统开发与维护、访问与变更、数据输入与输出、文件储存与保管、网络安全等方面的控制，保证信息系统安全、有效运行。

伴随技术进步，会计师事务所可以探索全流程的智能审计作业平台及辅助工具，逐步实现远程审计、大数据审计和智能审计。国家围绕注册会计师行业审计数据采集、审计报告电子化、行业管理服务数据、电子签章与证照等领域，构建注册会计师行业数据标准体系。推进审计函证数字化工作，探索建立审计报告单一来源制度，推动实现全国范围"一码通"，从源头上治理虚假审计报告问题，提升社会监督效果。

伴随技术进步，政府监督可以充分运用大数据和信息化手段，深化"互联网＋监督"。利用大数据、互联网和人工智能等科技手段，实现财政、税务、海关、金融、市场监管、行业监管、地方政府、司法机关等单位的信息共享，打通银行、海关、电力、社保、税收等行业监管数据，能够提高事前识别财务舞弊的能力，推进财会监督数据汇聚融合和共享共用，提升监管效率和水平。

第六节　会计职业道德和会计人员专业能力

一、会计职业道德

（一）会计职业和会计职业道德的概念

会计职业，是指利用会计专门的知识和技能，为经济社会提供会计服务，获取合理报酬的职业。在会计实务中，会计职业主要是指根据会计法律法规等相关规定要求，在国家机关，社会团体，企业、事业单位和其他组织中从事会计核算、实行会计监督的会计工作。

会计职业道德，是指会计人员在会计工作中应当遵循的、体现会计职业特征的、调整会计职业关系的职业行为准则和规范。会计职业道德由会计职业理想、会计职业责任、会计职业技能、会计工作态度、会计工作作风和会计职业纪律等构成。

道德自律是会计人员必须具备的品质能力。会计人员不仅要有极高的专业水准，更要有一流的职业道德水平。高水准的职业道德是新时代会计人员的必备素质，"诚信"是会计职业道德的核心。

（二）会计职业道德规范

党的十八大以来，党中央、国务院部署加快社会信用体系建设、构筑诚实守信的经济社会环境，将会计人员作为职业信用建设的重点人群，要求引导职业道德建设与行为规范。党的十九大报告明确要求"深入实施道德建设工程，推进社会公德、职业道德、家庭美德、个人品德建设"。党的二十大报告进一步提出"实施公民道德建设工程，弘扬中华传统美德……推动明大德、守公德、严私德，提高人民道德水准和文明素养""弘扬诚信文化，健全诚信建设长效机制"。

2023 年 1 月财政部印发《会计人员职业道德规范》，提出了新时代会计人员职业道德的三条要求。

（1）坚持诚信，守法奉公。牢固树立诚信理念，以诚立身、以信立业，严于律己、心存敬畏。学法知法守法，公私分明、克己奉公，树立良好职业形象，维护会计行业声誉。

（2）坚持准则，守责敬业。严格执行准则制度，保证会计信息真实完整。勤勉尽责、爱岗敬业，忠于职守、敢于斗争，自觉抵制会计造假行为，维护国家财经纪律和经济秩序。

（3）坚持学习，守正创新。始终秉持专业精神，勤于学习、锐意进取，持续提升会计专业能力。不断适应新形势新要求，与时俱进、开拓创新，努力推动会计事业高质量发展。

《会计人员职业道德规范》的"三坚三守"，强调了会计人员"坚"和"守"的职业特性和价值追求，是对会计人员"坚"和"守"的职业特性和价值追求的精简提炼与表达。三条要求逻辑清晰，层层递进。第一条"坚持诚信，守法奉公"是对会计人员的自律要求；第二条"坚持准则，守责敬业"是对会计人员的履职要求；第三条"坚持学习，守正创新"是对会计人员的发展要求。

会计诚信是社会主义核心价值观的重要组成部分，会计行业应树立会计诚信理念，持续完善会计诚信体系。会计人员树立正确的价值追求和行为规范，可以提高会计从业人员职业道德水平，提升会计职业形象和行业声誉，还有利于提高会计工作水平和会计信息质量，有利于服务经济社会高质量发展，有利于完善会计诚信体系，推动社会信用体系建设。

职业道德规范是会计人员的"灵魂"，也是会计事业健康发展的"基石"。会计人员应以"诚信"为基石，坚持道德底线；以"准则"为准绳，强化责任意识；以"学习"为保障，秉持创新意识。坚守职业道德，加强自我约束，保障会计行业的公信力，是每一个会计人的使命和担当。会计人员应将职业道德规范牢记于心，践之于行。

（三）会计人员职业道德相关规定

会计信息的提供者在提供财务报告时常常面临职业道德选择。党的二十大报告指出，"坚持依法治国和以德治国相结合，把社会主义核心价值观融入法治建设、融入社会发展、融入日常生活"。长期以来，党中央和国务院高度重视诚信建设，着力建立健全法规制度体系。《会计法》明确规定："会计人员应当遵守职业道德，提高业务素质，严格遵守国家有关保密规定。"

《会计基础工作规范》对会计人员职业道德进行了具体的规定。

（1）会计人员在会计工作中应当遵守职业道德，树立良好的职业品质、严谨的工作作风，严守工作纪律，努力提高工作效率和工作质量。

（2）会计人员应当热爱本职工作，努力钻研业务，使自己的知识和技能适应所从事工作的要求。

（3）会计人员应当熟悉财经法律、法规、规章和国家统一会计制度，并结合会计工作进行广泛宣传。

（4）会计人员应当按照会计法律、法规和国家统一会计制度规定的程序和要求进行会计工作，保证所提供的会计信息合法、真实、准确、及时、完整。

（5）会计人员办理会计事务应当实事求是、客观公正。

（6）会计人员应当熟悉本单位的生产经营和业务管理情况，运用掌握的会计信息和会计方法，为改善单位内部管理、提高经济效益服务。

（7）会计人员应当保守本单位的商业秘密。除法律规定和单位领导人同意外，不能私自向外界提供或者泄露单位的会计信息。

（8）财政部门、业务主管部门和各单位应当定期检查会计人员遵守职业道德的情况，并作为会计人员晋升、晋级、聘任专业职务、表彰奖励的重要考核依据。会计人员违反职业道德的，由所在单位进行处理。

二、会计人员专业能力

会计人员承担着提供会计信息和维护国家财经纪律等重要职责，会计人员素质的高低直接影响会计工作和会计信息质量。2018年12月31日，财政部印发了《会计人员管理办法》（以下简称《管理办法》），于2019年1月1日起施行。在《管理办法》中明确界定了会计人员的范围及相关工作岗位、会计人员从事会计工作应当符合的基本要求、单位对会计人员管理的主体责任和会计人员的监管方式。

（一）会计人员及其工作要求

会计人员，是指根据《会计法》的规定，在国家机关，社会团体，企业、事业单位和其他组织（以下统称"单位"）中从事会计核算、实行会计监督等会计工作的人员。

会计人员从事会计工作，应当符合下列要求。

（1）遵守《中华人民共和国会计法》和国家统一的会计制度等法律法规。

（2）具备良好的职业道德。

（3）按照国家有关规定参加继续教育。

（4）具备从事会计工作所需要的专业能力。

会计人员具有会计类专业知识，基本掌握会计基础知识和业务技能，能够独立处理基本会计业务，表明具备从事会计工作所需要的专业能力。

现实中的经济业务非常复杂，很多业务需要会计人员的职业判断和估计。保证会计信息质量，会计人员需要构建系统的能力框架。会计人才能力框架是从事会计工作或履行会计相关岗位职责应具备的能力和要求的组合，包括知识、技能、价值观等。会计人员具备扎实的专业基础、良好的沟通能力、强大的学习力、敏锐的创新意识、正确的价值追求和行为规范等是提升会计信息质量强有力的支撑。

（二）新时代会计人员的发展要求

会计人才是我国人才队伍的重要组成部分，是维护市场经济秩序、促进经济社会发展、推动会计改革发展的重要力量。"十四五"时期是我国全面建成小康社会、实现第一个百年奋斗目标之后，乘势而上开启全面建设社会主义现代化国家新征程、向第二个百年奋斗目标"进军"的第一个五年，会计人才工作面临新的机遇和挑战。

我国已转入高质量发展阶段，为加快构建以国内大循环为主体、国内国际双循环相互促进的新发展格局，推进国家治理体系和治理能力现代化，会计人员需要在挖掘经济增长潜能、优化经济结构，加强财会监督、防范化解重大风险，提升会计服务业发展能级和竞争力，推动经济社会持续健康发展等方面发挥更大作用。

以信息技术、数字技术、人工智能为代表的新一轮技术革命催生了新产业、新业态、新模式，对会计理论、会计职能、会计组织方式、会计工具手段等产生了重大而深远的影响，需要会计理论工作者加强会计基础理论研究，推动我国会计理论创新发展；需要会计实务工作者深入应用新技术，推动会计审计工作数字化转型；需要会计管理工作者加强会计数据相关标准建设，推动会计数据资源开发利用。

进一步推动会计工作与经济业务深度融合、推动会计智能化发展，迫切需要一批既精通专业又熟悉信息技术，既具备战略思维又富有创新能力的复合型会计人才，推动会计工作适应数字化转型，实现"提质增效"的改革发展目标。

创新型、复合型、国际化是新时代高质量发展对人才的要求。通过不断学习保持领先的专业能力，运用、引领新技术，并将其渗入经营管理中，以"数字化、智能化"赋能会计工作，是会计人员面临的新挑战。"坚持学习，守正创新"诠释了新时代对会计人员的发展要求，会计人员应以创新思维助力会计工作转型升级，推动会计事业高质量发展。

本 章 小 结

会计并不是人类生产活动伊始就产生的，会计产生于社会经济发展需要，是社会经济发展到一定阶段的产物。只有在劳动有了剩余以后，人们开始关心劳动成果和劳动耗费的比较，更关心剩余劳动成果的管理和分配，才需要对它们进行计量和记录，从而产生会计思想和会计行为。会计从产生至今经历了三个阶段：古代会计阶段、近代会计阶段和现代会计阶段，中西方的会计发展有所不同。

关于会计的概念，主流观点有两个：信息系统论和管理活动论。伴随着技术进步，会计概念不断延伸和发展。

会计有两大基本职能：核算和监督。核算和监督密不可分、相辅相成。核算是基础，监督是保障。伴随经济的发展和技术进步，会计职能不断得到延伸和拓展。

会计的目标兼顾受托责任观和决策有用观，既要反映企业管理层受托责任履行情况，也要有助于财务报告使用者做出决策。

会计对象是社会再生产过程中能以货币表现的资金及其运动。会计信息生成包括确认、计量、记录和报告四个基本环节。会计核算方法包括设置会计科目及账户、复式记账、填制和审核凭证、设置与登记账簿、成本计算、财产清查、编制会计报表。这七种方法构成了一个完整、科学的会计核算方法体系。

会计基本假设包括会计主体、持续经营、会计分期和货币计量。

会计基础包括权责发生制和收付实现制，我国企业会计准则要求采用权责发生制作为核算基础。

会计信息质量要求包括可靠性、相关性、可理解性、可比性、实质重于形式、重要性、谨慎性和及时性。为保障会计信息质量应加强企业内外部会计监督，坚守职业道德规范，建立会计诚信体系，树立正确的职业道德观。"坚持学习，守正创新"是新时代对会计人员的发展要求。

本 章 习 题

一、单项选择题

1. 会计以（　　）作为主要计量单位，综合地反映会计主体的经济活动。
A. 实物　　　　　　　　　B. 劳动工时
C. 货币　　　　　　　　　D. 以上任何一种都可以

2. 会计的基本职能是（　　　）。

A. 核算与监督　　B. 预测与决策　　C. 监督与分析　　D. 计划与控制

3. 会计基本假设包括会计主体、（　　　）、会计分期和货币计量。

A. 实际成本　　　B. 经济核算　　　C. 持续经营　　　D. 会计准则

4. 会计基本假设中，会计分期是对（　　　）的必要补充。

A. 会计主体　　　B. 持续经营　　　C. 权责发生制　　D. 收付实现制

5. 企业必须在每年年末编制财务会计报告，定期向信息使用者提供相关信息。这符合会计核算的（　　　）基本假设。

A. 会计主体　　　B. 持续经营　　　C. 会计分期　　　D. 货币计量

6. 根据权责发生制，以下属于本期费用的是（　　　）。

A. 本期支付下期的保险费　　　　　B. 本期发放上期职工工资

C. 本期支付本期的水电费　　　　　D. 本期支付上期的房屋租金

7. 企业提供的会计信息应当与财务会计报告使用者的经济决策需要相关，有助于财务会计报告使用者对企业过去、现在或者未来的情况做出评价或者预测，体现的是（　　　）会计信息质量要求。

A. 可靠性　　　　B. 可比性　　　　C. 谨慎性　　　　D. 相关性

8. 企业对售出商品很可能发生的保修义务确认为企业的负债，遵循的会计信息质量要求是（　　　）。

A. 可靠性　　　　B. 权责发生制　　C. 谨慎性　　　　D. 客观性

9. 企业应当提供简单明了的会计信息，便于财务会计报告使用者理解和利用，体现的会计信息质量要求是（　　　）。

A. 可理解性　　　B. 相关性　　　　C. 重要性　　　　D. 可比性

10. 会计核算应以实际发生的交易或事项为依据，如实反映企业财务状况，是符合会计信息（　　　）的要求。

A. 实质重于形式　B. 可理解性　　　C. 可靠性　　　　D. 谨慎性

11. 下列各项中，不属于会计信息质量要求的是（　　　）。

A. 会计政策一经确定不得随意变更

B. 会计核算应当注重交易和事项的实质

C. 会计信息应当反映与企业财务状况、经营成果和现金流量有关的所有重要交易或事项

D. 会计核算应当以权责发生制为基础

12. 权责发生制所赖以建立的基础是（　　　）。

A. 会计主体　　　B. 持续经营　　　C. 会计分期　　　D. 货币计量

13. 与权责发生制相对应的另一种确认基础是（　　　）。

A. 实地盘存制　　B. 应计制　　　　C. 永续盘存制　　D. 收付实现制

14. 下列业务中，按权责发生制，属于本月收入或费用的是（　　　）。

A. 本月支付上月采购原材料的购货款

B. 企业预付的下季度报刊费

C. 本月发生广告费，但尚未支付

D. 根据销售合同预收的合同定金

15. "坚持诚信，守法奉公"是对会计人员的（   ）。

A. 自律要求   B. 履职要求   C. 发展要求   D. 诚信要求

二、多项选择题

1. 下列属于会计特征的有（   ）。

A. 会计以合法的原始凭证为依据，反映过去已经发生的经济活动

B. 会计运用一系列专门方法

C. 以货币作为主要计量单位

D. 连续、系统、全面、综合反映和监督

2. 下列关于会计职能的说法，正确的有（   ）。

A. 会计核算和会计监督是基本职能

B. 会计监督是会计核算的基础

C. 预测、决策等职能是会计基本职能的延伸和拓展

D. 会计监督是会计核算质量的保障

3. 下列属于会计拓展职能的有（   ）。

A. 预测经营前景   B. 参与经济决策

C. 评价经营业绩   D. 会计核算

4. 下列主体属于外部信息使用者的有（   ）。

A. 企业投资者   B. 企业债权人

C. 企业管理当局   D. 政府相关部门

5. 下列各项中，属于会计核算内容的有（   ）。

A. 以银行存款向供应商支付购买材料的货款

B. 与供应商签订采购合同

C. 收到购货方以银行存款支付的货款

D. 生产车间生产产品领用原材料

6. 下列各项中，属于会计核算方法的有（   ）。

A. 设置账户   B. 填制和审核凭证

C. 财产清查   D. 趋势分析

7. 下列关于会计主体与法律主体的表述，正确的有（   ）。

A. 会计主体一定是法律主体

B. 法律主体一定是会计主体

C. 会计主体不一定是法律主体

D. 一个会计主体可能由多个法律主体构成

8. 下列各项中，属于会计信息质量要求的有（   ）。

A. 可比性   B. 相关性   C. 完整性   D. 实质重于形式

9. 下列各项中，属于及时性要求的有（   ）。

A. 及时收集会计信息   B. 及时处理会计信息

C. 及时传递会计信息   D. 及时保存会计信息

10. 下列各项会计处理中，可以体现谨慎性的有（　　）。

A. 对可能发生的资产减值损失计提资产减值准备

B. 对售出商品很可能发生的保修义务确认预计负债

C. 对符合条件的售后回购按融资业务进行处理

D. 对可能取得诉讼赔偿确认为企业的资产

11. 下列对权责发生制表述正确的有（　　）。

A. 本期应负担的费用无论款项是否实际支付，都作为本期费用处理

B. 凡是本期发生的收入，只要没有实际收到款项，都不作为本期收入处理

C. 凡是本期发生的费用，只要没有实际付出款项，都不作为本期费用处理

D. 本期实现的收入无论款项是否收到，都作为本期收入处理

12. 根据权责发生制，下列各项属于本期收入的有（　　）。

A. 本期销售产品一批，货款下期结算

B. 收到上期所销产品的货款

C. 上期已预收货款，本期发出产品

D. 本期出租厂房，租金已于上期预收

13. 下列主体中，属于外部政府监督的监督主体的有（　　）。

A. 会计师事务所   B. 税务部门

C. 财政部门   D. 人民银行

14. 会计人员从事会计工作，应符合（　　）要求。

A. 遵守《中华人民共和国会计法》和国家统一的会计制度等法律法规

B. 具备良好的职业道德

C. 按照国家有关规定参加继续教育

D. 具备从事会计工作所需要的专业能力

三、判断题

1. 会计是一种管理活动，以货币为主要计量手段，运用一系列专门方法，对会计主体的经济活动进行连续、系统、全面和综合的反映和监督，旨在向信息使用者提供决策有用的会计信息。　　　　　　　　　　　　（　　）

2. 会计的基本职能既反映过去，又控制现在，还要预测未来。　（　　）

3. 会计核算与会计监督是相辅相成、辩证统一的。　　　　　（　　）

4. 会计是以货币计量为主，同时可以适当地运用其他计量单位。（　　）

5. 会计主体是会计所服务的特定对象。　　　　　　　　　　（　　）

6. 会计记录不一定要求连续地记录，对于不重要的经济业务可以不记录。

（　　）

7. 会计对任何社会的经济活动都是必要的，经济越发展，会计越重要。

（　　）

8. 企业设置秘密准备金是谨慎性应用的体现。（　　）

9. 因为有了权责发生制，才产生了会计分期假设。（　　）

10. 可比性包括会计信息的横向可比和纵向可比。（　　）

11. 我国颁布的《企业会计准则——基本准则》对会计目标做了明确的规定，体现的是受托责任观和决策有用观并重。（　　）

12. 财务会计信息主要满足企业内部信息使用者的决策需要。（　　）

四、业务题

某企业 20×3 年 1 月发生下列经济业务：

1. 销售商品一批，售价 22 000 元，货款已收讫；该批商品上月购入，采购成本为 13 000 元，货款已于上月支付。

2. 以银行存款支付本月水电费 2 400 元。

3. 以银行存款预付第二季度的仓库租金 24 000 元。

4. 收到第一季度出租房屋的租金 30 000 元，存入银行。

5. 收到客户预付的货款 100 000 元，存入银行，货物下个月交付。

6. 20×2 年 12 月 1 日取得的 3 个月银行贷款 100 000 元，贷款年利率为 6%，约定到期一次还本付息。

7. 本月应负担财产保险费 3 000 元。（20×2 年已预付 20×3 年全年财产保险费）

要求：分别用按收付实现制和权责发生制计算 1 月的收入和费用。

五、分析题

小李是一名刚刚入学的大学生，他的父母每个月定期向他的银行卡账户转账 2 000 元作为小李的生活费，用于日常花销。

请尝试分别以小李和小李一家作为会计核算的特定对象，分析生活费对会计核算对象资金运动的影响。

延伸阅读与思维拓展*

阅读下列资料，思考职业道德、诚信品质对企业健康发展、资本市场有序运作的重要性。

在过去 20 年之中，阿里巴巴、腾讯、百度、京东、中国联通、中国移动、

---

* 刘志远、陆宇建、梅丹、王志红：《职业道德的价值：基于财务舞弊案对中国境外上市公司整体市值影响的考察》，IMA 管理会计师协会官方网站，2021 年 4 月 15 日（登录日期：2023 年 7 月 5 日），https：//www. imachina. org. cn/Uploads/File/2021/04/15/u6077d0183b387. pdf。

蒙牛乳业、中国人寿、联想集团、新东方、网易和新浪等大量的中国优质公司赴境外资本市场上市。境外上市融资不仅促进了这些企业的发展，而且为境外相关的资本市场带来了优质的企业资源，促进了这些资本市场的成长壮大，有效提升了资本的全球配置效率。

令人遗憾的是，在过去 10 多年中，中国境外上市公司也出现了多起涉嫌违背职业道德和进行财务舞弊的事件。沽空机构利用上市公司的财务舞弊事件沽空股价，从而获利。例如东南融通、辉山乳业和瑞幸咖啡三家公司均被证实存在财务舞弊，公司股价在被做空当日及（或者）此后数日急剧下跌，公司随后也被相关监管机构调查、被交易所停牌甚至退市。

但大多数中国的境外上市公司恪守职业道德，强化公司治理和信息披露，持续创造价值，为广大的投资者提供了优质的投资标的，获得广泛的赞誉，促进了整体社会财富的增加。如新东方从 2009～2012 年成功应对三次做空机构的做空和 SEC（美国证券交易委员会）的调查，公司股价短期波动后迅速恢复。

事件始末：

新东方于 2006 年 9 月在纽交所上市。

2009 年 4 月 16 日，新东方首次遭到香橼公司（Citron Research）做空，但香橼公司做空报告中使用的研究方法和相关证据并不可靠，只引发市场短期波动，并没对新东方产生严重影响。

2011 年 OLP Global 发布对新东方的做空报告，新东方迅速回应质疑并指出做空报告中存在夸大财务数据、研究方法随意拼凑等问题，再次化解这次做空危机。

2012 年 7 月 17 日，SEC 针对新东方在 2012 年 1 月进行的 VIE 结构调整展开调查。7 月 18 日，浑水公司发布长达 96 页的做空报告，抓住新东方 VIE 结构存在的漏洞，指出新东方在特许经营店上存在财务数据造假等问题，并给出卖空建议。此次做空对新东方产生严重的影响，当日新东方股价下跌 35.02% 至每股 9.5 美元。随后，高盛宣布暂停对新东方评级，并否认此前所做出的所有评价，多家境外投资公司也纷纷下调新东方股票评级。7 月 19 日，新东方召开小型新闻发布会，董事长俞敏洪亲自对浑水报告中提出的质疑做出回应。同一天，新东方宣布成立特别调查委员会独立调查浑水报告指控问题，并聘请国际上声誉较高的美国盛信律师事务所和通商律师事务所，同时还与安永合作协同调查。当日新东方股价上涨 17.89% 至每股 11.2 美元收盘。

2012 年 10 月 1 日，特别调查委员会宣布调查结果，认为没有证据支持浑水的指控。10 月 12 日，新东方提交 2012 年财务报告 20－F 文件并且公布 SEC 关于新东方 VIE 调查的结论性进展。SEC 初步表示对新东方将 VIE（北京新东方）及子公司并入合并报表并无异议。随后美国各证券公司将新东方改为买入评级。至 10 月 15 日周一开盘时，新东方股价大涨 11.49% 达到每股 19.11 美元，市值突破 30 亿美元。浑水指控财务数据造假并做空新东方的影响基本消除。

　　新东方能成功应对做空危机，在于其长期经营中对商业伦理和职业道德的坚守。新东方坚持商业伦理和职业道德表现在以下方面。

　　1. 新东方官网（http：//www. neworiental. org/）披露，公司愿景是"成为中国优秀的、令人尊敬的、有文化价值的教育机构"，公司的使命是"为提升学生终身竞争力，塑造学生公民素质，赋予学生全球眼光而努力！"公司的核心价值观包括"诚信负责、真情关爱、好学精进、志高行远"。企业文化是"坦诚、尊重、协作、创新"。公司对其愿景、使命、核心价值观和企业文化的表述，显示出新东方对商业伦理和职业道德的敬畏与遵从。

　　2. 为对公司高管及员工的行为进行规范，公司制定专门的道德准则文件并在官网上公开披露。该道德准则文件以"遏止错误行为，同时鼓励诚信道德行为；鼓励遵守法律、法规和相关规定；鼓励及时对违反本准则的行为进行内部举报；鼓励坚持遵守本准则"为宗旨。文件明确诚信道德的行为包括在处理个人利益与员工利益的冲突时能够遵守职业道德；在公司需向 SEC 提交、备案的报告、文件以及公司向公众公布的其他信息中，进行充分、公允、准确、及时且易懂的披露。

　　在财务报告和其他公众信息的准确性方面，该道德准则文件要求公司上市后将财务报告和其他重要商业信息向公众和 SEC 委员会公布。公司应及时、准确、完整地披露商业信息、财务状况和经营成果。员工必须严格遵守交易、假设及预测的会计和财务报告标准、法律、法规和政策。不准确、不完整、不及时的财务报告是不能接受的，将严重损害公司利益甚至需要承担相应法律责任。员工应严格防范并及时报告任何可能不准确或不完整的财务报告，尤其要注意防范财务报告与基本业绩表现不符、存在没有明显商业目的的交易、绕开普通审查和审批程序的企图。公司高级财务管理者及财务部其他员工有责任确保公司财务报告完整、公允、准确、及时和易懂。任何有悖于此的行为和状况都应向合规官员汇报。

　　正是由于长期的对于职业道德的坚守，使新东方化解了一次又一次的质疑和危机。

　　这个例子告诉我们，中国境外上市公司应以最高标准遵从职业道德的自觉性，树立中国境外上市公司的整体形象和声誉。

第二章　会计要素与会计科目

☞ **学 习 目 标** ☜

1. 理解会计核算对象与会计要素的关系，掌握会计要素的定义。

2. 掌握资产、负债和所有者权益三个静态会计要素的含义，理解并掌握静态会计等式。

3. 掌握收入、费用和利润三个动态会计要素的含义，理解并掌握动态会计等式。

4. 理解并掌握会计科目的含义，了解设置会计科目的意义，明确会计科目的设置原则，理解并掌握主要会计科目名称及含义。

5. 理解经济业务活动对会计等式的影响。

☞ **本 章 导 入** ☜

小王是一名刚刚入学的大学生，她希望能够用"记账"这种特殊的方式记录大学生活的点点滴滴。于是，她下载了一款手机记账 App，选择了"大学生账本"的模板，从此开启了她的"会计"身份。9 月 1 日，小王买了一双鞋，花了 180 元，于是，她点开手机 App，选择"衣服饰品"中的"鞋帽包包"记录 180 元……就这样，小王一个月中的所有支出分别记录在"食品酒水""学习进修""衣服饰品""其他购物""恋爱基金""行车交通"……不同的项目中。小王一直疑惑一个问题，为什么我的每一笔支出都要选择一个类别进行记录呢？一个月过去了，又一次要记录时，她打开 App，推送给她的是本月支出构成的图表，她"噗"地笑出声来，一个月中有 80% 的支出都被她"吃掉"了，货真价实的"吃货"呀！此时，她恍然大悟。

显然，面对企业中复杂的资金运动，"会计"应该"分门别类"地记录。但是，应该如何进行"分门别类"呢？本章将介绍会计核算对象的"分门别类"：会计核算对象的基本分类和具体分类，即会计要素和会计科目；并在此基础上分析会计要素的等式关系，以及经济业务对会计等式的影响。

☞ **本 章 概 览** ☜

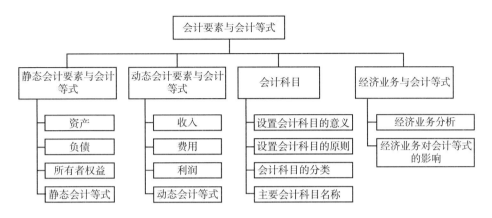

第一节　静态会计要素与会计等式

一、会计要素概述

会计核算对象可以概括为会计主体的资金运动。但资金运动是个非常笼统的概念，为了保障会计信息质量，提高会计信息的相关性，需要分门别类地对资金运动进行反映，所以必须对会计核算对象进行分类。

资金运动有静态和动态两种表现形式，会计系统既要反映资金运动的结果，也要反映资金运动的过程。静态表现形式是资金运动到某一特定时点的状态，反映企业的财务状况，即该时点企业拥有哪些资源以及形成这些资源的资金来源。动态表现形式是某一特定时期（期初和期末两个时点之间）资金的循环与周转，反映的是企业的价值创造过程，即经营成果。会计要素是根据交易或事项的经济特征所确定的财务会计对象的基本分类，是会计核算对象的具体化。按资金运动的不同表现形式，会计要素分为静态会计要素和动态会计要素。

我国《企业会计准则——基本准则》规定了资产、负债、所有者权益、收入、费用和利润六大要素。其中，资产、负债和所有者权益是静态会计要素，反映企业的财务状况；收入、费用和利润是动态会计要素，反映企业的经营成果。

2-1 静态会计要素与会计等式

二、静态会计要素

一家企业从事生产经营活动必须有资金、厂房、设备、原材料等物质资源，这些资源是企业持续经营的物质基础，可以为企业未来带来经济利益，这些资源就是资产。企业取得这些资产的资金来源于债权人和所有者，而资金提供者也就拥有了对企业资产的求偿权，在会计上称这种求偿权为权益，企业要对提供资金的主体承担相应的义务。企业对债权人需要承担的义务是负债，对所有者需要承担的义务是所有者权益。下面具体阐述以上三个要素的含义和特征。

（一）资产

资产是指企业过去的交易或者事项形成的、由企业拥有或者控制的、预期会给企业带来经济利益的资源。

资产具备以下基本特征。

（1）资产是企业过去的交易或者事项形成的。"过去的交易或事项"包括购买、生产、建造行为等，如企业购买生产所需的原材料，会导致企业原材料增加形成一项资产。预期在未来发生的交易或者事项可能产生的结果，不形成企业的资产，如与供货商签订购货意向但尚未完成采购，因交易尚未发生，所以不确认资产。

（2）资产必须是企业所拥有或控制的资源。资产作为一项资源，应当由企业拥有或者控制。"拥有"是指企业享有某项资源的所有权。"控制"是指企业虽然不享有某项资源的所有权，但实质上该项资源未来的风险与报酬已经转移给企业。如企业融资租入的固定资产，虽然所有权属于出租方，但承租企业实质上已控制了该项资产的未来风险与报酬，因此应作为承租方的一项资产。

（3）资产预期会给企业带来经济利益。预期会给企业带来经济利益是指具有直接或者间接导致现金和现金等价物流入企业的潜力，这也是资产的本质所在。如企业购买的原材料，未来用于加工商品并出售，可以为企业带来经济利益。如果某一项目预期不能给企业带来经济利益，就不能将其确认为企业的资产；前期已经确认为资产的项目，如果不能再为企业带来经济利益，也不能再确认为企业的资产，如毁损的材料、报废的固定资产等。导致现金或现金等价物流入企业的可以是企业日常的经营活动，也可以是非日常活动。

（二）负债

负债是指企业过去的交易或者事项形成的、预期会导致经济利益流出企业的现时义务。负债是债权人对企业资产享有的求偿权，它是企业一项重要的资金来源。

负债具有以下基本特征。

（1）负债是企业过去的交易或事项所形成的。与资产相一致，企业预期在未来发生的交易或事项可能产生的结果，不形成企业的负债，如将在未来签订的借款合同，因事项尚未发生不确认负债。

（2）负债是企业承担的现时义务。现时义务是指企业在现行条件下已承担的义务。未来发生的交易或者事项形成的义务，不属于现时义务，不应当确认为负债。

（3）负债预期会导致经济利益流出企业。企业履行现时义务导致经济流出企业的形式多种多样，如用银行存款清偿，用商品（产品）或其他资产清偿，提供劳务清偿，也可以通过举借新债来偿还旧债。但不论以何种方式偿还，都将以牺牲企业的经济利益为代价。预期会导致经济利益流出企业是负债的一个本质特征。

企业的负债形式多种多样，有些是伴随经营活动发生而形成的负债（称为"自发性负债"），如企业因为赊购货物所形成的欠供应商的应付账款；有些是企业的主动融资行为，如企业因资金周转需要从银行或金融机构借入的款项，如短期借款、长期借款等。

（三）所有者权益

所有者权益是指企业资产扣除负债后由所有者享有的剩余权益。所有者权益是所有者对企业资产的剩余索取权，它是企业资产中扣除债权人权益后应由所有者享有的部分，又称为股东权益或净资产。

为什么是剩余权益呢？负债和所有者权益虽然都是企业的资金来源，对企业有要求权而形成权益，但二者之间有本质的区别。负债是企业对债权人所承担的责任，企业必须在规定的期限内还本付息；债权人只享有收回本金和利息的权利，无权参与企业的经营管理和利润分配；企业清算时，债权人享有优先清偿权。所有者权益是企业对投资者所承担的责任，投资者投入的资金在一般情况下是无须归还的；所有者不仅可以参与企业的经营管理，而且还享有企业的利润分配；在企业清算时，企业在清偿了所有的负债后，才能将剩余的资产偿还给投资者。从二者的差别可以看出，企业对债权人仅承担约定的义务，资产扣除负债后剩余的权益全部由所有者享有。

所有者权益的来源包括所有者投入的资本、直接计入所有者权益的利得和损失、留存收益等。所有者投入的资本，是指所有者投入企业的所有资本，它既包括构成企业注册资本或者股本的金额，也包括投入资本超过注册资本或股本部分的金额。直接计入所有者权益的利得和损失，是指不应计入当期损益、会导致所有者权益发生增减变动的、与所有者投入资本或者向所有者分配利润无关的利得或者损失（利得和损失均由企业的非日常活动所形成）。留存收益是企业历年实现的净利润留存于企业的部分。

所有者投入资本、收入的增加和直接计入所有者权益的利得都会带来所有者权益的增加；而所有者收回投资、向所有者分配利润、费用的增加和直接计入所有者权益的损失都会带来所有者权益的减少。

三、静态会计等式

会计对象概括为资金运动，会计要素是对会计对象的基本分类。企业发生经济业务引起资金运动，必然涉及相应的会计要素，并使会计要素之间存在一定的相互关系。会计等式，又称会计恒等式、会计方程式或会计平衡公式，由会计要素组成，反映了会计要素之间的基本关系。

为了独立地进行生产经营活动，每个企业都必须拥有能够给企业带来经济利益流入的资源，即资产。企业的资产最初来源于企业所有者投入和向债权人借入。资金提供者拥有对企业资产的求偿权，债权人和所有者两类主体对企业的求偿权统称为权益。资产与权益是同一价值运动的两个方面，资产表明企业拥有的经济资源，权益表明经济资源的来源渠道。权益是"来龙"，资产是"去脉"，二者必然存在恒等关系。也就是说，一定数额的资产必然对应着相同数额的权益，反之则相反。

这种平衡关系可以表示如下：

$$资产 = 权益$$

权益包括债权人权益和所有者权益。所以，反映财务状况的三个会计要素之间数量关系可以表示为：

$$资产 = 负债 + 所有者权益$$

"资产 = 负债 + 所有者权益"反映了企业在一定时点上资金运动的相对静止状态，称为静态会计等式，也称为财务状况等式、基本会计等式。这个等式表明了某一会计主体在特定时点所拥有的各种资产以及这些资产的归属关系。在等式中，因为债权人和投资者对企业资产的求偿权的顺序不同，负债通常在所有者权益的前面。

从数量关系上，可以将等式中的各项重新排列，如资产 – 所有者权益 = 负债，或资产 – 负债 = 所有者权益；从经济关系上，从所有者权益的"剩余"权益的角度，资产 – 所有者权益 = 负债通常认为是错误的，违背了会计要素背后的经济属性。

无论什么时点，无论什么交易和事项，无论什么样的企业组织形式，这个等式都成立。它是复式记账和编制资产负债表的理论依据。

第二节　动态会计要素与会计等式

2-2 动态
会计要素与
会计等式

一、动态会计要素

（一）收入

收入是指企业在销售商品、提供劳务及让渡资产使用权等日常活动中所形成的经济利益的总流入。收入的概念有广义和狭义之分，广义的收入包括日常活动和非日常活动形成的经济利益的流入，狭义的收入仅限定在企业的日常活动中所形成的。我国《企业会计准则——基本准则》中对收入的定义是企业在日常活动中形成的、会导致所有者权益增加的、与所有者投入资本无关的经济利益的总流入。

首先，《企业会计准则——基本准则》中对于收入概念的界定是狭义的收入，不包括从偶发的交易或事项形成的。日常活动指企业为完成其生产经营目标而从事的经常性活动以及与之相关的其他活动，如工业企业制造并销售产品、商品流通企业销售商品、咨询公司提供咨询服务等，均属于企业的日常活动。企业非日常活动所形成的经济利益的流入不能确认为收入，而应当计入利得。

其次，收入具体表现为资产增加或负债减少或二者皆而有之。如企业销售商品取得银行存款，企业的资产增加；企业销售商品冲减客户预付的货款，则负债减少。无论资产增加还是负债减少，收入都会导致所有者权益的增加。不会导致所有者权益增加的经济利益流入不属于收入。如企业向银行借入款项，虽然也会导致经济利益流入企业，但该流入导致负债增加，而非所有者权益增加；企业为第三方或客户代收的款项也不是企业的收入，而是负债。

最后，所有者向企业投入资本，也会导致经济利益流入企业，但所有者投入资本不是企业的收入。

（二）费用

费用是指企业为销售商品、提供劳务等日常活动所发生的经济利益的总流出。与收入类似，费用的概念也有广义和狭义之分，广义的费用包括日常活动和非日常活动形成的经济利益的流出，狭义的费用仅限定在企业的日常活动中所形成的。我国《企业会计准则——基本准则》中对费用的定义是企业在日常活动中发生的、会导致所有者权益减少的、与向所有者分配利润无关的经济利益的总流出。

首先，会计准则中对费用概念的界定是狭义的费用。收入与费用对于日常活动的界定是一致的。因日常活动所产生的费用通常包括销售成本（营业成本）和企业满足正常生产经营管理的各种相关支出，例如管理人员工资、借款利息费用、广告宣传费、折旧费等。企业非日常活动所形成的经济利益的流出不能确认为费用，而应当计入损失。

其次，费用具体表现为资产的减少或负债的增加或两者皆而有之。如企业用银行存款支付水电费，银行存款减少，资产减少；企业期末计提当期应负担的银行借款利息费用，负债增加。无论是资产减少还是负债增加，费用会导致所有者权益减少。不会导致所有者权益减少的经济利益的流出不符合费用的定义，不应确认为费用。如企业偿还到期的银行借款本金，虽然经济利益流出企业，但不影响所有者权益，不应将其确认为费用，应当确认负债减少。

最后，企业向所有者分配利润也会导致所有者权益减少，但此时所有者权益的减少不属于费用。

（三）利润

利润是指企业在一定会计期间的经营成果，利润包括收入减去费用后的净额、直接计入当期利润的利得和损失等。

利得、损失是和收入、费用相对应的概念。利得是指由企业非日常活动形成的、会导致所有者权益增加的、与所有者投入资本无关的经济利益的流入。损失是指由企业非日常活动形成的、会导致所有者权益减少的、与向所有者分配利润无关的经济利益的流出。可以看出，利得和收入、损失和费用的概念差别在于是否为日常活动。收入和费用一定计入利润，但利得和损失可能直接计入利润，也可能直接计入所有者权益。

利润又包括营业利润、利润总额、净利润等不同的层次。

专栏 2 – 1

你知道其他国家和国际财务报告准则的会计要素分类吗？

不同国家的会计准则和国际财务报告准则对会计要素的划分不尽相同，以中国、美国和国际财务报告准则为例，会计要素划分的对比如下表所示。

中国、美国和国际财务报告准则会计要素对比

国家	会计要素分类
中国	资产、负债、所有者权益、收入、费用和利润六类
美国	资产、负债、权益或净资产、业主投资、派给业主款、综合收益、营业收入、费用、利得和损失共十类
国际财务报告准则	资产、负债、产权（或权益）、收益（包括收入和利得）、费用（包括损失）五大类

1. 请仔细观察三种不同的划分主要差异集中在静态会计要素还是动态会计要素？

2. 你认为产生上述差异的原因是什么？

二、动态会计等式

伴随生产经营活动的进行，某一会计期间内，企业一方面取得了各种收入；另一方面也必然会发生与收入相关的各种费用。取得的收入扣除发生的费用而形成利润，即：

$$收入 - 费用 = 利润^*$$

"收入－费用＝利润"反映企业在一定时期资金运动的动态表现，称为动态会计等式，也称为经营成果等式。这一会计等式表明了某一会计主体在一定时期的经营成果，反映了利润的实现过程，是编制利润表的依据。

收入和费用抵减后的利润可能为正也可能为负。如果企业盈利，盈利是属于所有者享有的；如果企业亏损，亏损也是要由所有者来负担。所以，利润到会计期末要归于所有者权益，因此，会计等式就转化为：

$$资产 = 负债 + 所有者权益 + (收入 - 费用)$$

根据收入和费用的性质，上述等式也可以转化为：

$$资产 + 费用 = 负债 + 所有者权益 + 收入$$

第三节　会 计 科 目

一、设置会计科目的意义

为了反映资金运动的动态变化和静态表现，会计核算对象具体化为六个会计要素。企业生产经营过程中，引起会计要素变动的交易或事项需要纳入会计核算。有些交易或事项影响不同会计要素发生增减变化，有些交易或事项仅影响某一会计要素的具体内容发生增减变化，如企业用银行存款 5 000 元购买生产所需原材料这笔经济业务，它只涉及资产要素中的银行存款和原材料。如果仅按会计要素进行记录，只能反映资产增加 5 000 元，资产减少 5 000 元，资产总额保持不变。可以看出，仅按照会计要素进行分类是高度概括的，远远不能满足信息使用者的需求。要详细地描述企业资金运动，对它进行记录，只有要素是不够的。为了详细地、分门别类地记录各项经济业务还必须对会计要素进行进一步的科学分类。

会计科目，简称科目，是对会计要素具体内容进行分类核算的项目，是进行会计核算和提供会计信息的基础。经济业务发生时，会计系统按会计科目记录资金运动对企业的影响，如上述用银行存款购买原材料这笔业务，记录时需反映原材料增加 5 000 元，银行存款减少 5 000 元，详细地、全面地反映企业的经济活动。

设置会计科目是会计核算的起点，是设置账户、登记账簿、编制会计报表的依据。会计科目是否合理，对于能否系统地提供会计信息、提高会计工作效

　＊ 此式中的收入和费用为广义的收入和费用，包含计入利润的利得和损失。

率有很大的影响。因此，设置会计科目时必须充分考虑各方面对会计信息的需求，以及会计工作的客观规律。

二、设置会计科目的原则

企业设置会计科目应遵循以下原则。

(一) 全面、系统地反映会计要素的内容

会计科目是对会计要素的进一步分类。因此，设置时应保证能全面、系统地反映会计要素的全部内容，不能有任何遗漏。所设置的会计科目要能保证企业发生的所有经济业务都能找到相应的会计科目来反映。

(二) 会计科目的设置要简明、适用，并能体现会计主体的特点

每一个会计科目都应有特定的核算内容，各科目之间既有联系，又有明确的界限，不能含糊不清。因此，在设置会计科目时，对每一个科目的特定核算内容必须严格地、明确地界定。会计科目的名称应与其核算的内容相一致，并要含义明确，通俗易懂。科目的数量和粗细程度应根据企业规模的大小、业务的繁简和管理的需要而定。一般来说，业务繁杂、规模较大的单位，会计科目应当分得细一点，数量可以多一些。业务简单、规模较小的单位，会计科目可以分得粗一点，数量也可以少一些，以减少会计核算的工作量。

(三) 既要符合对外报告的要求，又要满足内部经营管理的需要

会计科目的设置应满足使用会计资料的外部有关部门的需要。例如，税务部门需要利用会计资料对企业进行纳税监督；工商行政管理部门需要利用会计资料监督企业执行工商法规；上市公司需要接受证券交易管理机构的会计监督等。会计科目的设置还要满足企业内部经营管理的需要。例如，投资部门需要利用会计资料进行投资决策，财务部门需要利用会计资料进行成本管控决策。

为兼顾对外报告和对内管理的需要，可将会计科目按其所提供信息的详略程度划分为总分类科目和明细分类科目。总分类科目提供的是总括性信息，基本能满足对外报告的需要，如"应收账款""固定资产"等。明细分类科目主要提供更详细、更具体的信息，以满足企业内部经营管理的需要，如在"应收账款"科目下可按照客户设置明细科目，反映不同客户应收款项的形成与收回，为企业内部决策提供信息。明细科目的设置是对会计科目的进一步细化，有助于企业加强内部管理与控制，从而为提供精细化管理奠定基础。

(四) 统一性和灵活性相结合

设置会计科目，既要符合《企业会计准则》及有关行业会计制度的统一

规定，又要结合会计主体的具体情况和特点。必要时，可对一些会计科目做适当的增补。

为了便于会计科目的分类排列，便于记账、查账和使用电子计算机进行会计核算，每一会计科目应有固定编号。会计科目编号一般都采用数字编号法，以阿拉伯数字确定会计科目的类别及其所属的会计科目。在会计实务中，为保证会计信息的可比性和统一性，会计科目一般由财政部统一制定和颁布。

大型企业开展会计信息化建设，无论是一开始就采取统建方式，还是"先分后统"方式，都要有顶层设计，对各类业务概念要有统一的定义，要有统一的会计科目表。①

思考：为什么大型企业开展信息化建设，会计科目设置需要顶层设计？

三、会计科目的分类

（一）按反映的经济内容分类

会计要素是对会计核算对象的基本分类，而会计科目就是按照经济内容对各个会计要素所做的进一步分类。因此，按照反映的经济内容分类，会计科目可以分为资产、负债、所有者权益、收入、费用和利润六大类会计科目。

1. 资产类

资产反映的是企业拥有或控制的预期会给企业带来经济利益的资源。按照反映的经济内容和使用资产的用途及目的对资产进一步分类。

（1）反映企业持有的货币资金类会计科目："库存现金""银行存款""其他货币资金"。库存现金是存放在企业的现钞；银行存款是企业存放在银行或其他金融机构的各种款项；其他货币资金是企业除现金和银行存款以外的其他货币资金，包括外埠存款、银行汇票存款、银行本票存款、信用证保证金存款和存出投资款等。

2-3　资产类会计科目

（2）反映企业在日常生产经营中发生的各项应收及预付的债权类会计科目："应收账款""应收票据""预付账款""应收股利""应收利息""其他应收款"和"长期应收款"等。应收账款是指因销售商品或提供劳务应向购货单位或接受劳务的单位收取的款项；应收票据是指采用商业汇票结算方式下，企业因销售商品、提供劳务而收到的、尚未到期兑现的商业汇票；预付账款是指企业按照合同规定预付的款项；应收股利是指企业对外股权投资应收取的被

---

① 会计司：《从规范走向引导——企业会计信息化工作规范解读之三》，财政部官方网站，2014 年 2 月 13 日（登录日期：2023 年 10 月 20 日），http：//kjs. mof. gov. cn/zhengcejiedu/201402/t20140212_1042457. htm。

投资企业分配的现金股利或利润；应收利息是指企业对外债权性质的投资应收取的利息；其他应收款是指其他原因所产生的应收款项，包括企业的备用金、应收各种赔款、应收各种罚款、应向职工收取的各种垫款等；长期应收款反映企业和其他企业之间的长期债权，债权收回的时间超过 1 年，如具有融资性质的分期收款方式销售商品形成的应收款项。

（3）反映企业在日常生产经营过程中持有的存货类的会计科目："原材料""生产成本""制造费用""库存商品"等。存货是企业在日常活动中持有以备出售的产成品或商品（库存商品）、处在生产过程中的在产品（制造费用、生产成本）、在生产过程或提供劳务过程中耗用的材料和物料（原材料）等。不同状态和形态的存货设置了不同的会计科目分别反映。

（4）反映企业金融资产投资类的会计科目："债权投资""其他债权投资""其他权益工具投资"和"交易性金融资产"。金融资产投资包括企业的股票投资、债券投资、基金投资、衍生金融工具投资等。按照金融工具的合同现金流量特征和管理金融资产的业务模式不同对金融资产投资进行分类，并设置不同的会计科目。

（5）"长期股权投资"科目：反映企业以购买其他企业股票或以其他直接方式取得被投资企业股权的投资，其目的不仅仅在于获取投资收益，更重要的是影响和控制被投资企业经营决策，以获得更大的利益。

（6）"固定资产"科目：反映企业为生产商品、提供劳务、出租或经营管理而持有的，使用寿命超过一个会计年度的有形资产的原始价值。企业的厂房、机器设备、运输工具等均通过本科目进行核算。

（7）"无形资产"科目：反映企业拥有或者控制的没有实物形态的可辨认非货币性资产的原始价值。包括专利权、非专利技术、商标权、著作权、土地使用权和特许经营权等。

为了提供详细而准确的信息，对某类资产需要设置多个会计科目从不同的角度反映该类资产的价值，如"固定资产"科目反映的是企业取得的固定资产的原值，随着固定资产的使用，固定资产的价值发生损耗，企业会单独设置"累计折旧"科目反映固定资产损耗的金额。本节中仅介绍制造业中常用的部分会计科目的名称及含义，经济业务核算中涉及的更多的会计科目在第四章制造业企业主要经济业务的核算中详细介绍，本节不再赘述。

不同行业经济活动业务内容差异较大，会计科目设置也有较大差别。如商业银行会设置"贷款"科目反映发放给客户的贷款。"贷款"科目是金融行业特有的会计科目。

相同的资产在不同企业因用途和使用目的不同可能会划分为不同的会计科目，如生产打印机的企业，生产的打印机属于存货类资产，会计科目为"库存商品"，而一般的企业购买打印机用于经营管理，会计科目为"固定资产"。

按照资产的流动性，资产分为流动资产和非流动资产。资产满足下列条件之一的，应当归类为流动资产：（1）预计在一个正常营业周期中变现、出售或耗用。这主要包括存货、应收票据、应收账款等资产。变现一般针对应收票据、应收账款等而言，指将资产变为现金；出售一般针对产品等存货而言；耗用一般指将存货（如原材料）转变成另一种形态（如产成品）。（2）主要为交易目的而持有。例如一些满足相关规定和期限的持有目的是交易性的金融资产。（3）预计在资产负债表日起 1 年内（含 1 年，下同）变现。（4）自资产负债表日起 1 年内，交换其他资产或清偿负债的能力不受限制的现金或现金等价物。流动资产以外的资产应当归类为非流动资产。

所谓"正常营业周期"，是指企业从购买用于加工的资产起至实现现金或现金等价物的期间。正常营业周期通常短于 1 年，在 1 年内有几个营业周期。有些行业生产周期较长，正常营业周期长于 1 年，如轮船、飞机等制造行业。正常营业周期长于 1 年的，尽管相关资产往往超过 1 年才变现、出售或耗用，也应当划分为流动资产。当正常营业周期不能确定时，企业应当以 1 年（12 个月）作为正常营业周期。

上述科目中反映货币资金和存货的会计科目都属于流动资产；反映债权的会计科目除长期应收款外其他都属于流动资产；反映金融资产投资的会计科目中交易性金融资产属于流动资产（特殊情况除外），其他金融资产投资因持有期间一般超过 1 年，均属于非流动资产；长期股权投资、固定资产和无形资产都属于非流动资产。

想一想：为什么要按照流动性进行资产的划分？

---

2. 负债类

负债反映企业对债权人承担的现时义务，按照负债的形成方式、债权人和反映的经济内容对负债进一步分类如下。

"短期借款"科目反映企业为维持正常生产经营资金周转需要而向银行或其他金融机构借入的偿还期限在 1 年以内（含 1 年）的各种借款。

"应付票据"科目和"应付账款"科目反映企业因赊购货物或接受劳务对其他企业的债务。其中，"应付票据"是以开出承兑的商业汇票为依据，"应付账款"是以双方签订的销售合同为依据。

2-4 负债类会计科目

"合同负债"反映企业已收或应收客户对价而应向客户转让商品的义务。

"应付职工薪酬"反映企业应该支付而尚未支付给员工的劳动报酬及福利。

"应交税费"反映企业根据税法规定计算的应当缴纳的各种税款，包括增值税、消费税、所得税、城市维护建设税、教育费附加等。

"应付利息"反映企业按照合同约定应支付的银行借款和企业债券（包括短期借款、分期付息到期还本的长期借款和企业债券）的利息。

"应付股利"（或"应付利润"）反映企业应该付给投资者的股利（或利

润）。

"其他应付款"反映企业其他各项应付、暂收的款项。

"长期借款"反映企业向银行或其他金融机构借入的，偿还期在1年以上（不含1年）的各种借款。

"应付债券"反映企业为筹集长期资金而依照法定程序发行的，约定于某一特定日期还本付息的有价证券。

"长期应付款"反映除长期借款和应付债券以外的其他各种长期应付款，如具有融资性质的分期付款方式购买资产应付的款项等。

负债按偿还期的长短划分为流动负债和非流动负债。负债满足下列条件之一的，应当归类为流动负债：（1）预计在一个正常营业周期内清偿。（2）主要为交易目的而持有。（3）自资产负债表日起1年内到期应予以清偿。（4）企业无权自主地将清偿推迟至资产负债表日后1年以上。企业正常营业周期中的经营性负债项目即使在资产负债表日后超过1年才予以清偿的，仍应划分为流动负债。经营性负债项目包括应付票据、应付账款、应付职工薪酬等，这些项目属于企业正常营业周期中使用的营运资金的一部分。

上述会计科目中，短期借款、应付票据、应付账款、合同负债、应付职工薪酬、应交税费、应付利息、应付股利、其他应付款属于流动负债；长期借款、应付债券和长期应付款属于非流动负债。

3. 所有者权益类

所有者权益反映所有者在企业拥有的权益，按其来源进一步分类：投资者投入的资本、直接计入所有者权益的利得和损失、留存收益。

投资者投入的资本，是指投资者投入企业的资本部分，会计科目包括"实收资本"和"资本公积（资本溢价或股本溢价）"。

2-5 所有者权益类会计科目

"实收资本"反映投资者按照企业章程或合同、协议的规定，实际投入企业形成注册资本的部分，股份有限公司称为"股本"。

"资本公积（资本溢价或股本溢价）"反映投资者投入的资本超过注册资本或者股本部分的金额，即资本（股本）溢价等。

"其他综合收益"科目反映直接计入所有者权益的利得和损失。

留存收益是指企业历年实现的净利润留存在企业的部分，主要包括"盈余公积"和"利润分配（未分配利润）"两个会计科目。

"盈余公积"反映企业按照规定的比例从净利润中提取的法定盈余公积金和任意盈余公积金。

"利润分配（未分配利润）"反映企业留待以后分配的结存利润。

4. 收入类

按照产生的收入是否来自企业的主营业务，收入类会计科目主要包括"主营业务收入"和"其他业务收入"。如生产制造企业生产销售产品是主营业务，销售产品的收入是"主营业务收入"；而销售原材料虽然属于日常活动，但不属于主业，因此销售原材料的收入是"其他业务收入"。

5. 费用类

费用包括两类：一类是应计入产品的生产成本或者采购成本的费用；另一类是其他组织生产经营活动的费用。

制造业企业生产销售产品，形成"主营业务收入"，产品生产环节的成本是为了取得该收入发生的直接相关费用，形成"主营业务成本"；销售原材料取得"其他业务收入"，原材料的采购成本是为获取该收入发生的直接相关费用，形成"其他业务成本"。

除了和收入能够直接配比的生产环节的成本外，企业还会发生很多其他的费用，这些费用和某一批产品或材料的销售不直接相关，但却是企业为保证某一期间正常运营必不可少的费用，这些费用按照经济业务内容的不同设置不同的科目，包括"管理费用""销售费用"和"财务费用"，也称为期间费用。

6. 利润类

收入扣除费用，加直接计入当期利润的利得，减直接计入当期利润的损失，就形成了利润。利润按照国家规定和企业的利润分配政策进行进一步的分配。

直接计入当期利润的利得和损失分别通过"营业外收入"和"营业外支出"科目反映。

"本年利润"科目和"利润分配"科目分别反映利润的形成和分配过程。

财政部发布的《企业会计准则——应用指南》规定的会计科目表中按经济内容不同将会计科目分为资产类、负债类、共同类、所有者权益类、成本类和损益类六大类，与上述分类有所不同。共同类主要是针对金融企业，制造业企业主要涉及其余五类。其中，资产、负债、所有者权益类的会计科目及含义与前述分类基本相同。应用指南中将某些按要素分类的科目进行了分解或合并：将反映成本费用和支出，核算成本的发生和归集情况，提供成本相关信息的会计科目归为成本类科目，如制造业企业的"生产成本"和"制造费用"科目，是计算、归集、反映产品生产环节成本的会计科目，将其单独作为成本类会计科目，可以体现制造业企业的生产特点；将利润类的两个科目（"本年利润"和"利润分配"科目）合并到所有者权益类，利润在没有分配前属于所有者，因此可归入所有者权益类；将收入类科目与费用类科目合并为损益类，两类会计科目虽然性质截然不同，但均对利润产生影响。这样分类是为了反映会计科目的规律性，以便会计人员在会计核算工作中更科学地使用这些科目。

2-6　损益类会计科目

（二）按科目的隶属关系分类

从会计要素到会计科目，是对会计核算对象的进一步科学分类，目的是更全面、系统、详细地分门别类地提供信息。基于提供信息的需要，企业还可以对会计科目更进一步分类。在会计核算中，既要有反映资金运动的总括指标，同时又要有进一步反映明细情况的指标，因此，会计科目按其提供信息的详细程度及其统驭关系，可分为总分类科目和明细分类科目。

总分类科目也称一级科目或总账科目，是对会计要素的具体内容进行总括分类，提供总括信息的会计科目。明细分类科目，又称明细科目，是对总分类科目所含内容再做详细分类的会计科目，提供更为详细和具体会计信息的科目。

为了满足内部经营管理的需要，当总分类科目下设置的明细科目太多时，可在总分类科目与明细分类科目之间增设二级科目，也称子目。二级科目所提供指标的详细程度介于总分类科目与明细科目之间。例如，在"原材料"总分类科目下，可按材料的类别设置二级科目："原料及主要材料"，在此二级科目下设置明细科目："圆钢""角钢"等。

总分类科目是所属明细分类科目反映内容的综合，对所属明细分类科目起着统驭、控制、总括的作用；明细分类科目是总分类科目的进一步详细和具体化，是总分类科目的从属科目，对相应的总分类科目起着辅助和补充的作用。为满足内外部信息需求，会计系统既要反映总分类科目的增减变动，也要反映明细科目的增减变动。它们所提供的核算资料互相补充，只有把二者结合起来，才能既总括又详细地反映同一会计核算的内容。

按我国现行规定，总分类科目一般由财政部统一制定，明细分类科目除会计制度规定设置的以外，各单位可根据实际需要自行设计。

四、主要会计科目名称

财政部于 2006 年发布的《企业会计准则——应用指南》中，给出了 156 个会计科目，涵盖了各类企业交易或事项所涉及的科目。会计科目表中所列的科目是总分类科目，指南中说明了企业在不违反会计准则中确认、计量和报告规定的前提下可以根据本单位的实际情况，自行增设、分拆、合并会计科目，企业不存在的交易或事项可不设置相关会计科目。对于明细科目，企业可以比照相关规定自行设置。从 2014 年开始，伴随部分具体准则的修订和发布，增补删减了一些会计科目，还有些会计科目核算的内容发生了变化。表 2 - 1 是根据财政部制定的《企业会计准则——应用指南》中的会计科目，针对制造业所进行的简化处理，反映企业截至目前仍在使用且常用的会计科目。

表 2 - 1　　　　　　　　　　企业会计科目（部分）

序号	编号	名称	序号	编号	名称
		一、资产类	4	1101	交易性金融资产
1	1001	库存现金	5	1121	应收票据
2	1002	银行存款	6	1122	应收账款
3	1012	其他货币资金	7	1123	预付账款

续表

序号	编号	名称	序号	编号	名称
8	1131	应收股利	41	1705*	使用权资产累计折旧
9	1132	应收利息	42	1711	商誉
10	1221	其他应收款	43	1801	长期待摊费用
11	1231	坏账准备	44	1811	递延所得税资产
12	1401	材料采购	45	1901	待处理财产损溢
13	1402	在途物资			二、负债类
14	1403	原材料	46	2001	短期借款
15	1404	材料成本差异	47	2101	交易性金融负债
16	1405	库存商品	48	2201	应付票据
17	1406	发出商品	49	2202	应付账款
18	1407	商品进销差价	50	2205	合同负债
19	1408	委托加工物资	51	2211	应付职工薪酬
20	1411	周转材料	52	2221	应交税费
21	1471	存货跌价准备	53	2231	应付利息
22	1501	债权投资	54	2232	应付股利
23	1502	债权投资减值准备	55	2241	其他应付款
24	1503	其他债权投资	56	2401	递延收益
25	1504	其他权益工具投资	57	2501	长期借款
26	1511	长期股权投资	58	2502	应付债券
27	1512	长期股权投资减值准备	59	2701	长期应付款
28	1521	投资性房地产	60	2702	未确认融资费用
29	1531	长期应收款	61	2801	预计负债
30	1532	未实现融资收益	62	2901	递延所得税负债
31	1601	固定资产			三、共同类
32	1602	累计折旧			略
33	1603	固定资产减值准备			四、所有者权益
34	1604	在建工程	63	4001	实收资本
35	1605	工程物资	64	4002	资本公积
36	1606	固定资产清理	65	4003	其他综合收益
37	1701	无形资产	66	4101	盈余公积
38	1702	累计摊销	67	4103	本年利润
39	1703	无形资产减值准备	68	4104	利润分配
40	1704*	使用权资产	69	4201	库存股

续表

序号	编号	名称	序号	编号	名称
		五、成本类	80	6401	主营业务成本
70	5001	生产成本	81	6402	其他业务成本
71	5101	制造费用	82	6403	税金及附加
72	5201	劳务成本	83	6601	销售费用
73	5301	研发支出	84	6602	管理费用
		六、损益类	85	6603	财务费用
74	6001	主营业务收入	86	6701	资产减值损失
75	6051	其他业务收入	87	6702	信用减值损失
76	6101	公允价值变动损益	88	6711	营业外支出
77	6111	投资收益	89	6801	所得税费用
78	6117	其他收益	90	6901	以前年度损益调整
79	6301	营业外收入			

注：＊表示表格中有些会计科目是新修订或颁布的准则中增加的会计科目，如使用权资产和使用权资产累计折旧，相应的应用指南没有给出对应科目编码，表格中列示的为参考编码。

　　会计科目表中的会计科目编号供企业填制会计凭证、登记会计账簿、查阅会计账目、采用会计软件系统参考，企业可结合实际情况自行确定会计科目编号。

　　企业信息化系统应当提供符合国家统一企业会计准则制度的科目分类和编码功能。企业在系统中输入科目代码可以提示科目名称，完成信息录入。但并不强制要求企业的每个科目及其代码都与财政部发布的会计科目表相一致，仅要求系统或软件具有与企业会计准则制度相符合的科目分类和编码方式，也就是说会计科目应当按资产、负债、所有者权益、成本、损益类项目划分一级科目类别，科目编码采用数字，通过首位数区分科目所属会计要素类别，同时也不排斥会计软件提供其他分类和编码功能，可以在一套基础数据基础上按照不同分类方式组织会计数据。[①]

第四节　经济业务与会计等式

一、经济业务分析

　　在企业的日常经营中，会发生大量、繁杂的经济活动。有些经济活动不会

---

　　① 会计司：会计软件的规矩方圆——企业会计信息化工作规范解读之二，财政部官方网站，2014 年 1 月 9 日（登录日期：2022 年 7 月 7 日），http://kjs.mof.gov.cn/zhengcejiedu/201401/t20140109_1033965.htm。

引起会计要素发生变化，如企业签订材料的购买合同，就签订合同这一经济活动而言，不产生资金运动，不纳入会计核算。有些经济活动会引起会计要素发生变化，如企业未来履行采购合同时，企业和供应商之间的商品交易就会引起企业的资金运动，需要纳入会计核算。

经济业务是指发生于企业生产经营过程中，引起会计要素增减变化的交易或事项。企业在生产经营活动中必然会发生各种各样的经济业务，每项经济业务的发生都会对会计要素产生一定的影响，一项会计要素发生增减变动，其他有关要素也必然随之发生等额变动，或者是在同一要素中一个具体项目发生增减变动，其他有关项目也会随之等额变动。但不论怎样变动都不会破坏会计恒等式的恒等关系。

企业的经济业务虽然繁多，但对会计等式的影响归纳起来不外乎以下四种类型。

（1）经济业务的发生导致等式两边同时等额增加。

（2）经济业务的发生导致等式两边同时等额减少。

（3）经济业务的发生导致等式左边一增一减，金额相等。

（4）经济业务的发生导致等式右边一增一减，金额相等。

上述业务中，第（1）、第（2）种类型会使等式两边总额发生同增同减的变动，但变动后的两边总额仍然相等；第（3）、第（4）种类型不但不会破坏两边总额的平衡，而且原来的总额也不会变动。

第（1）、第（2）种类型可以细分为：

①经济业务的发生导致等式左边资产增加，右边所有者权益增加。

②经济业务的发生导致等式左边资产增加，右边负债增加。

③经济业务的发生导致等式左边资产减少，右边负债减少。

④经济业务的发生导致等式左边资产减少，右边所有者权益减少。

第（3）种类型会计要素的变化只涉及资产：

⑤经济业务的发生导致等式左侧某项资产增加，等式左侧另一项资产减少，资产总额保持不变。

第（4）种类型可以细分为：

⑥经济业务的发生导致等式右边负债项目一增一减，负债总额保持不变。

⑦经济业务的发生导致等式右边所有者权益项目一增一减，所有者权益总额保持不变。

⑧经济业务的发生导致等式右边负债增加，所有者权益减少。

⑨经济业务的发生导致等式右边负债减少，所有者权益增加。

因此，也可以说经济业务可以细分为以上九种类型。

二、经济业务对会计等式的影响

针对上述九种类型，举例说明经济业务发生对会计等式的影响。

【例 2 - 1】1 月 1 日，H 体育用品商店注册成立，其发生的部分经济业务如下：

业务 1：（类型①）1 月 1 日，张强和刘刚各出资 200 000 元，注册成立了一家体育用品商店，当日将投资款项存入银行。

该项经济业务的发生，一方面使企业拥有 400 000 元的资金；另一方面也使投资人张强和刘刚对体育用品商店各享有 200 000 元的权益。等式左右两侧同增，资产（银行存款）增加 400 000 元，所有者权益（实收资本）增加 400 000元，该项业务对 H 公司的影响如表 2 - 2 所示。

表 2 - 2　　　　　　　　　　　　　　　　　　　　　　　　　　　　　　单位：元

	资产	=	负债	+	所有者权益
	银行存款	=			实收资本（张强和刘刚的资本）
（1）	200 000 + 200 000				200 000 + 200 000
余额	400 000	=	0	+	400 000
合计	400 000	=			400 000

业务 2：（类型②）1 月 1 日，H 公司从供应商 A 公司赊购体育用品（库存商品），共计 500 000 元。

该项经济业务的发生，一方面使企业增加了库存商品，这些商品未来通过销售可以给企业带来经济利益，所以购入时形成企业的资产；另一方面增加了欠供应商的负债。等式左右两侧同增，资产（库存商品）增加 500 000 元，负债（应付账款）增加 500 000 元，该项业务对 H 公司的影响如表 2 - 3 所示。

表 2 - 3　　　　　　　　　　　　　　　　　　　　　　　　　　　　　　单位：元

	资产			=	负债		所有者权益
	银行存款	+	库存商品	=	应付账款		实收资本（张强和刘刚的资本）
初始余额	400 000			=			400 000
（2）			+500 000		+500 000		
新余额	400 000	+	500 000	=	500 000	+	400 000
合计		900 000		=		900 000	

业务 3：（类型⑤）1 月 1 日，H 公司用银行存款购入商品展示货架（固定资产），共计 20 000 元。

企业使用一种资产（银行存款）交换另一种资产（固定资产）。通过使用这些货架将产品展示给顾客，伴随商品销售给企业带来经济利益，所以购入货架形成企业的资产。该项经济业务的发生，导致等式左侧一增一减，企业一项资产（固定资产）增加 20 000 元，另一项资产（银行存款）减少 20 000 元，资产总额保持不变。该项业务对 H 公司的影响如表 2 - 4 所示。

表 2 - 4　　　　　　　　　　　　　　　　　　　　　　　　　　　　　　　　单位：元

	资产				=	负债	+	所有者权益
	银行存款	+	固定资产	+	库存商品	=	应付账款	+	实收资本（张强和刘刚的资本）
初始余额	400 000	+		+	500 000	=	500 000	+	400 000
（3）	- 20 000		+ 20 000						
新余额	380 000	+	20 000	+	500 000	=	500 000	+	400 000
合计			900 000			=			900 000

业务 4：（类型③）1 月 10 日，H 公司用银行存款偿还前欠供应商商品货款 200 000 元。

该项经济业务的发生，一方面使企业欠供应商的负债减少 200 000 元；另一方面偿还该负债导致企业资产减少 200 000 元。等式左右两侧同减，资产（银行存款）减少 200 000 元，负债（应付账款）减少 200 000 元，该项业务对 H 公司的影响如表 2 -5 所示。

表 2 -5　　　　　　　　　　　　　　　　　　　　　　　　　　　　　　　　单位：元

	资产				=	负债	+	所有者权益
	银行存款	+	固定资产	+	库存商品	=	应付账款	+	实收资本（张强和刘刚的资本）
初始余额	380 000	+	20 000	+	500 000	=	500 000	+	400 000
（4）	- 200 000						- 200 000		
新余额	180 000	+	20 000	+	500 000	=	300 000	+	400 000
合计			700 000			=			700 000

业务 5：（类型⑥）1 月 15 日，H 公司从银行取得 3 个月短期借款 100 000 元，直接支付给供应商，偿还前欠货款。

该项经济业务的发生，一方面使企业欠银行的借款增加 100 000 元；另一方面使企业欠供应商的欠款减少 100 000 元。等式右侧一增一减，一项负债（短期借款）增加 100 000 元，另一项负债（应付账款）减少 100 000 元，负债总额保持不变。该项业务对 H 公司的影响如表 2 -6 所示。

表 2 – 6 单位：元

	资产			=	负债	+	所有者权益
	银行存款 +	固定资产 +	库存商品 =		应付账款 +	短期借款 +	实收资本（张强和刘刚的资本）
初始余额	180 000 +	20 000 +	500 000 =		300 000 +		400 000
（5）					– 100 000	+ 100 000	
新余额	180 000 +	20 000 +	500 000 =		200 000 +	100 000 +	400 000
合计		700 000				700 000	

业务 6：（类型⑨）1 月 20 日，H 公司和供应商 A 公司协商，剩余欠款转做供应商对 H 公司的投资。

该项经济业务的发生，一方面使企业欠供应商的剩余负债全部得以清偿；另一方面使企业增加了一个投资者，该投资者是企业的供应商，供应商对体育用品商店享有 200 000 元的权益。等式右侧一增一减，负债（应付账款）减少 200 000 元，所有者权益（实收资本）增加 200 000 元，该项业务对 H 公司的影响如表 2 – 7 所示。

表 2 – 7 单位：元

	资产			=	负债	+	所有者权益
	银行存款 +	固定资产 +	库存商品 =		应付账款 +	短期借款 +	实收资本（张强和刘刚、A 公司的资本）
初始余额	180 000 +	20 000 +	500 000 =		200 000 +	100 000 +	400 000
（6）					– 200 000		+ 200 000
新余额	180 000 +	20 000 +	500 000 =		0 +	100 000 +	600 000
合计		700 000				700 000	

业务 7：（类型④）1 月 25 日，投资人张强要求撤回对 H 公司的部分投资 100 000 元，经全部投资人协商通过，当日办妥相关手续，银行将款项划出。

该项经济业务的发生，一方面使企业银行存款减少 100 000 元；另一方面使投资人张强对体育用品商店享有的权益减少 100 000 元。等式左右两侧同减，资产（银行存款）减少 100 000 元，所有者权益（实收资本）减少 100 000 元，该项业务对 H 公司的影响如表 2 –8 所示。

表 2 - 8　　　　　　　　　　　　　　　　　　　　　　　　　　　　　　单位：元

	资产					=	负债	+	所有者权益
	银行存款	+	固定资产	+	库存商品	=	短期借款	+	实收资本（张强和刘刚、A 公司的资本）
初始余额	180 000	+	20 000	+	500 000	=	100 000	+	600 000
（7）	- 100 000								- 100 000
新余额	80 000	+	20 000	+	500 000	=	100 000	+	500 000
合计			600 000						600 000

业务 8：（类型⑦）1 月 25 日，经与其他投资人协商同意，投资人张强将剩余投资 100 000 元转给投资人刘刚。

该项经济业务的发生，一方面使投资人张强对体育用品商店享有的权益减少 100 000 元，减至为零；另一方面使投资人刘刚对体育用品商店享有的权益增加 100 000 元。等式右侧一增一减，而且是所有者权益内部的一增一减，该项业务对 H 公司的影响如表 2 - 9 所示。

表 2 - 9　　　　　　　　　　　　　　　　　　　　　　　　　　　　　　单位：元

	资产					=	负债	+	所有者权益
	银行存款	+	固定资产	+	库存商品	=	短期借款	+	实收资本（张强和刘刚、A 公司名下的资本）
初始余额	80 000	+	20 000	+	500 000	=	100 000	+	（100 000 + 200 000 + 200 000）
（8）									- 100 000 + 100 000
新余额	80 000	+	20 000	+	500 000	=	100 000	+	（0 + 300 000 + 200 000）
合计			600 000						600 000

业务 9：（类型①）1 月，H 公司销售一批商品，取得银行存款 200 000 元，该批商品的采购成本为 150 000 元。

该项经济业务的发生，一方面使银行存款增加 200 000 元，同时收入增加 200 000 元；另一方面使库存商品减少 150 000 元，费用增加 150 000 元。按照会计等式：

资产（650 000）= 负债（100 000）+ 所有者权益（500 000）+ 收入（200 000）
　　　　　　　　- 费用（150 000）

上式反映了资金运动的过程。本例中，收入具体表现为资产增加，费用具体表现为资产减少。收入 200 000 元扣除费用 150 000 元后，形成 50 000 元的利润，归投资人所有，最终导致所有者权益增加 50 000 元，会计等式如下：

资产（650 000）= 负债（100 000）+ 所有者权益（550 000）

等式左右两侧一增一减，资产增加 50 000 元，所有者权益增加 50 000 元，该项业务对 H 公司的影响如表 2－10 所示。

表 2－10   单位：元

	资产			=	负债	+	所有者权益		
	银行存款	+ 固定资产	+ 库存商品	=	短期借款	+	实收资本（刘刚和 A 公司名下的资本）	+	未分配利润
初始余额	80 000	+ 20 000	+ 500 000	=	100 000	+	500 000		
（9）	+200 000		－ 150 000						+50 000
新余额	280 000	+ 20 000	+ 350 000	=	100 000	+	500 000	+	50 000
合计		650 000					650 000		

表 2－10 反映了经济业务产生的资金运动最后的结果，即对会计恒等式的影响。

业务 10：（类型④）1 月 31 日，H 公司用银行存款支付店面 1 月的租金 10 000 元，用银行存款 2 000 元支付了店面 1 月的水电费。

该项经济业务的发生，一方面使银行存款减少 12 000 元；另一方面使企业费用增加了 12 000 元。按照会计等式：

$$资产（638\ 000）= 负债（100\ 000）+ 所有者权益（550\ 000）+ 收入（0）$$
$$- 费用（12\ 000）$$

租金和水电费与企业购置货架、采购商品不同，租金和水电费都仅为当月经济利益作出贡献，不能带来任何未来收益；货架和商品在未来使用或销售时才会产生经济利益，所以货架和商品取得时形成企业的资产，而当月的租金和水电费是当月的费用。费用具体表现为资产减少，费用导致利润减少 12 000 元，应由投资人承担，最终会导致所有者权益减少 12 000 元。

等式左右两侧同减，资产减少 12 000 元，所有者权益减少 12 000 元，该项业务对 H 公司的影响如表 2－11 所示。

表 2－11   单位：元

	资产			=	负债	+	所有者权益		
	银行存款	+ 固定资产	+ 库存商品	=	短期借款	+	实收资本（刘刚和 A 公司名下的资本）	+	未分配利润
初始余额	280 000	+ 20 000	+ 350 000	=	100 000	+	500 000	+	50 000
（10）	－ 12 000								－ 12 000
新余额	268 000	20 000	350 000	=	100 000	+	500 000	+	38 000
合计		638 000					638 000		

业务 11：（类型⑧）1 月 31 日，经投资者协商决定，宣布将 H 公司当月 28 000 元利润的 50% 分配给投资者，款项暂未支付。

该项经济业务的发生，一方面使企业增加了欠投资者的负债 14 000 元；另一方面使企业的所有者权益减少 14 000 元。企业当月形成的利润增加了投资者在企业中享有的权益，将利润分配给投资者时，投资者个体的财富会增加，但是投资者在企业中享有的权益会减少，所以利润分配减少了企业的所有者权益。会计等式右侧一增一减，所有者权益减少，负债增加，该项业务对 H 公司的影响如表 2 – 12 所示。

表 2 – 12 单位：元

	资产			=	负债	+		所有者权益	
	银行存款	+ 固定资产	+ 库存商品	= 短期借款	+ 应付股利	+	实收资本（刘刚和 A 公司名下的资本）	+	未分配利润
初始余额	268 000	20 000	350 000	= 100 000	+ 0	+	500 000	+	38 000
（11）					+14 000				– 14 000
新余额	268 000	20 000	350 000	= 100 000	+ 14 000	+	500 000	+	24 000
合计		638 000					638 000		

可以看出，纷繁复杂的经济业务下，会计要素的金额或项目会发生变化。收入、费用和利润三个要素的变动呈现在会计系统中，反映了资金运动的动态变化，丰富了会计信息，提高了会计信息的相关性；动态变化的结果最终也会呈现在某一相对静止状态的平衡关系中，资产、负债和所有者权益的平衡关系始终保持不变。

本 章 小 结

会计核算对象是会计主体的资金运动。面对复杂的资金运动，只有"分门别类"地记录并呈现会计信息才能使会计信息具有"相关性"。

首先，将会计核算对象进行基本分类，分为资产、负债、所有者权益、收入、费用和利润六大类。其中，资产、负债和所有者权益是资金运动的静态表现形式；收入、费用和利润是资金运动的动态表现形式。资产、负债和所有者权益之间的关系形成了"静态会计等式"：资产 = 负债 + 所有者权益。该等式是复式记账和编制资产负债表的理论依据。收入、费用和利润之间的关系又形成了"动态会计等式"：收入 – 费用 = 利润。该等式是编制利润表的依据，将资金运动的动态与静态结合，会计等式转化为：资产 = 负债 + 所有者权益 +（收入 – 费用），形象地反映了资金运动的过程和结果之间的关系。

其次，仅对会计对象进行基本分类不足以清晰刻画经济业务的发生情况，还需进一步分类。会计科目是对会计要素的进一步分类。设置会计科目是会计核算的起点，是设置账户、登记账簿、编制会计报表的依据。会计科目是否合理，对于能否系统、全面地提供会计信息，提高会计工作效率有很大的影响。每一类会计要素下的主要会计科目的名称和反映的经济业务内容是本章需要重点记忆的内容。

企业每天都会发生纷繁复杂的经济业务，资金运动动态变化的结果最终会呈现在某一相对静止的平衡状态中，资产、负债和所有者权益的平衡关系始终保持不变，即伴随经济业务发生，经过会计确认和计量，会计等式始终成立。

本 章 习 题

一、单项选择题

1. 下列各项中，不属于资产必须具备的基本特征是（　　）。

A. 由过去的交易或事项形成　　　　B. 被企业拥有或控制

C. 预期会给企业带来经济利益　　　D. 具有实物形态

2. 负债是指由于过去交易或事项所引起的企业的（　　）。

A. 过去义务　　　B. 现时义务　　　C. 将来义务　　　D. 永久义务

3. 下列会计要素中，属于动态会计要素的是（　　）。

A. 资产　　　　　B. 费用　　　　　C. 负债　　　　　D. 所有者权益

4. 一个企业的资产总额与权益总额（　　）

A. 必然相等　　　　　　　　　　　B. 有时相等

C. 不会相等　　　　　　　　　　　D. 只有在期末时相等

5. 下列各项中，引起所有者权益总额增加的情况是（　　）。

A. 资产与负债同增　　　　　　　　B. 资产与负债同减

C. 资产增加，负债不变　　　　　　D. 资产减少，负债不变

6. 按我国企业会计准则对会计要素的划分，营业外支出属于（　　）要素。

A. 费用　　　B. 资产　　　C. 所有者权益　　　D. 利润

7. 下列各项目中不属于资产类会计科目的是（　　）。

A. 预付账款　　　B. 无形资产　　　C. 应收账款　　　D. 应付账款

8. 资产通常按流动性分为（　　）。

A. 有形资产与无形资产　　　　　　B. 货币资产与非货币资产

C. 流动资产与非流动资产　　　　　D. 本企业资产与租入的资产

9. 下列各项中，属于流动资产的是（　　）。

A. 应收票据　　　B. 固定资产　　　C. 无形资产　　　D. 短期借款

10. 下列各项中，属于非流动负债的是（　　）。

A. 应交税费　　　B. 应付职工薪酬　　C. 长期借款　　　D. 短期借款

11. 下列各项中，不属于所有者权益来源的是（　　）。

A. 所有者投入的资本　　　　　　B. 直接计入所有者权益的利得和损失

C. 企业借入的短期借款　　　　　D. 留存收益

12. 下列各项中，会使资产和负债同时发生变化的是（　　　）。

A. 接受投资者投入设备　　　　　B. 赊购商品

C. 收回应收账款　　　　　　　　D. 用银行存款购买原材料

13. 下列经济业务中，会引起资产和所有者权益同时增加的是（　　　）。

A. 收到银行借款并存入银行

B. 收到投资者投入的作为出资的原材料

C. 以银行存款归还长期借款

D. 赊购材料

14. 下列经济活动中，引起资产和负债同时减少的是（　　　）。

A. 以银行存款偿付前欠货款　　　B. 购买材料货款尚未支付

C. 收回应收账款　　　　　　　　D. 接受其他单位捐赠新设备

15. 下列经济活动中，引起负债内部一增一减的是（　　　）。

A. 收回应收账款，存入银行　　　B. 向银行借款项直接偿还应付账款

C. 用银行存款偿还长期负债　　　D. 用银行存款支付应付职工工资

16. 下列经济业务的发生不会使会计等式两边总额发生变化的是（　　　）。

A. 用银行存款偿还赊购的购料款　B. 从银行提取现金

C. 向银行取得借款存入银行　　　D. 预收货款存入银行

17. 所有者权益是企业投资者对企业净资产的索取权，在数量上等于
（　　　）。

A. 全部资产减去流动负债　　　　B. 企业的新增利润

C. 全部资产减去全部负债　　　　D. 全部资产加上全部负债

18. 下列各项中，不属于损益类会计科目的是（　　　）。

A. 销售费用　　　B. 管理费用　　　C. 主营业务成本　D. 制造费用

19. 下列关于利润的表述，正确的是（　　　）。

A. 利润体现的是企业某一特定时点的经营成果

B. 利润的增加，会引起所有者权益的增加

C. 利润的金额是由收入减去费用确认

D. 利润体现的是企业日常经营活动的业绩

20. 下列（　　　）不是设置会计科目的原则。

A. 全面、系统地反映会计要素的内容

B. 统一性与灵活性相结合

C. 应简明、适用，体现会计主体的特点

D. 经审计人员审计批准

21. 下列科目中，与"生产成本"科目属于同一类科目的是（　　　）。

A. 其他业务成本　　　　　　　　B. 主营业务成本

C. 制造费用　　　　　　　　　　D. 盈余公积

二、多项选择题

1. 下列会计要素中，属于反映企业财务状况的会计要素的有（　　）。

A. 资产　　　　　　B. 负债　　　　　　C. 收入　　　　　　D. 所有者权益

2. 下列各项中，不应作为资产确认的有（　　）。

A. 购入的生产设备　　　　　　B. 融资租入的固定资产

C. 计划下个月购入的专利权　　　　　　D. 已霉烂变质无使用价值的存货

3. 下列各项中，不应作为负债确认的有（　　）。

A. 因购买货物而暂欠外单位的货款

B. 按权责发生制期末计提的暂未支付的职工工资

C. 计划向银行借款 100 万元

D. 因经济纠纷导致的法院尚未判决，结果不确定的未来可能发生的赔偿

4. 下列会计等式中正确的有（　　）。

A. 资产 = 负债 + 所有者权益

B. 资产 = 负债 + 所有者权益 +（收入 – 费用）

C. 资产 = 负债 – 所有者权益

D. 资产 = 权益

5. 下列项目中属于利润表要素的有（　　）。

A. 收入　　　　　　B. 所有者权益　　　　　　C. 费用　　　　　　D. 利润

6. 下列科目中属于所有者权益类科目的有（　　）。

A. 实收资本　　　　B. 资本公积　　　　C. 应付股利　　　　D. 盈余公积

7. 下列项目中属于流动负债的有（　　）。

A. 实收资本　　　　B. 应付账款　　　　C. 应付股利　　　　D. 长期应付款

8. 关于所有者权益，说法正确的有（　　）。

A. 所有者权益是企业资产扣除负债后由所有者享有的剩余权益

B. 所有者权益也称为净资产

C. 所有者权益与负债一样，都需要偿还

D. 费用增加会导致所有者权益减少

9. 下列经济活动中引起资产之间彼此增减的有（　　）。

A. 用银行存款支付应付职工工资　　　　B. 收回应收账款，存入银行

C. 从银行提取现金备用　　　　D. 生产领用原材料

10. 广义的收入包括（　　）。

A. 主营业务收入　　　　　　B. 营业外收入

C. 预收的货款　　　　　　D. 其他业务收入

11. "资产 = 负债 + 所有者权益"会计等式是（　　）。

A. 编制利润表的依据　　　　　　B. 复式记账的理论基础

C. 反映企业利润实现过程的等式　　　　D. 编制资产负债表的理论依据

12. 下列资产项目和权益项目的变动符合资金运动规律的有（　　）。

A. 资产某项目增加与权益某项目减少

B. 资产某项目减少与权益某项目增加

C. 资产方内部项目之间此增彼减

D. 权益方内部项目之间此增彼减

13. 下列各项中，属于收入要素特征的有（　　　）。

A. 收入是从企业日常活动中产生的

B. 会引起资产的增加或负债的增加

C. 与所有者投入资本无关的经济利益的净流入

D. 会导致企业所有者权益的增加

14. 收入可能会影响的会计要素有（　　　）。

A. 资产　　　　　B. 负债　　　　　C. 利润　　　　　D. 费用

15. 经济业务发生时，如果一方面引起负债项目增加，则另一方面可能引起（　　　）。

A. 负债项目减少　　　　　　　B. 资产项目增加

C. 资产项目减少　　　　　　　D. 所有者权益项目增加

16. （　　　）属于资产要素内部项目增减变化。

A. 收到某单位还来的货款 10 000 元

B. 以银行存款 30 000 元购买设备一台

C. 向银行借入短期借款 100 000 元

D. 从银行提取现金 5 000 元

三、判断题

1. 经济业务的发生，总是会引起资产总额和权益总额发生变化，但是不会破坏会计等式的平衡关系。（　　　）

2. "资产 = 负债 + 所有者权益" 这个平衡公式是企业资金运动的动态表现。（　　　）

3. 应收及预收的货款是资产，应付及预付的货款是负债。（　　　）

4. 某一财产物资要成为企业的资产，其所有权必须属于企业。（　　　）

5. 所有者权益体现的是所有者在企业中的全部权益，简称为 "权益"。（　　　）

6. 若某项资产不能为企业带来经济利益，即使是由企业拥有或控制的，也不能作为企业的资产在资产负债表中列示。（　　　）

7. 流动负债是指将在 1 年内偿还的债务。（　　　）

8. 收入在扣除相关成本费用后，必然会导致企业所有者权益增加。（　　　）

9. "资产 = 权益" 这一会计等式在任何时点上都是平衡的。（　　　）

10. 所有经济业务的发生，都会引起会计等式两边发生变化，但不破坏会计等式的恒等关系。（　　　）

11. 某企业有一项短期借款到期无力偿还而展期，变更为长期借款。该项业务会引起会计等式左右两边会计要素发生一增一减的变化。　　（　　）

12. 动态会计等式是编制利润表的依据。　　（　　）

13. 大型企业集团开展会计信息化建设，无须采用统一的会计科目表。

（　　）

四、业务题

甲公司 20×3 年 3 月初资产总额为 100 万元，负债总额为 30 万元，所有者权益总额为 70 万元，3 月发生下列经济业务。

业务 1：接受乙公司以一台设备进行投资，投资双方约定的价值为 100 000 元（等于公允价值）。

业务 2：以银行存款归还欠丙公司购买材料的货款 20 000 元。

业务 3：收回丁公司所欠销售商品货款 30 000 元，存入银行。

业务 4：用银行存款采购原材料 50 000 元。

业务 5：取得 6 个月期限的银行借款 100 000 元直接偿还此前欠戊公司购买材料的货款。

要求：

1. 逐一分析本月发生的经济业务影响的会计要素、会计科目、方向和金额以及会计等式如何发生变化。

2. 计算 20×3 年 3 月末的资产总额、负债总额和所有者权益总额，验证会计等式是否仍然保持平衡关系。

延伸阅读与思维拓展 *

阅读下列资料，思考会计信息系统顶层设计中"分类"需要考虑哪些因素？

中兴通讯股份有限公司（以下简称"中兴通讯"）成立于 1985 年，是全球领先的通信解决方案提供商。中兴通讯业务覆盖 160 多个国家和地区。

中兴通讯 2005 年正式成立财务共享服务中心，也是我国第一家构建财务共享服务中心的企业。中兴通讯建立了以中国本土为总部、全球标准规范的财务共享平台，业务范围涵盖全球子公司核算、全球应付中心、国际资金中心、全球档案管理和全球管理数据中心。全球会计政策、会计科目、核算流程、信息系统和数据标准"五统一"，服务全球分支机构。

但同时由于业务覆盖全球，如果统一了会计科目，财务共享平台要如何满足全球子公司当地个性化的核算要求呢？

为了满足全球子公司当地个性化的核算要求，对企业资源计划（ERP）系

---

* 资料来源：陈虎、赵旖旎、党梅梅：《中兴通讯全球财务共享的信息化实践》，载于《财务与会计》2015 年第 15 期，第 24～26 页。

统进行了功能优化和改造，在符合集团核算需求的同时满足各国的会计政策。以会计科目为例，为了适应组织的特定需要，科目表一般根据公司的业务、报告和其他法定要求定义。为了满足特定国家对会计科目的需求，财务云在 ERP 系统内将这些全球子公司账套的科目表进行了优化，使之由集团会计科目段、本地会计科目段和其他辅助核算段组成。这样，从前期会计信息采集、分类、存储到后期会计事项披露等工作全部都可以使用本地会计科目代码和集团科目代码，成功化解了两套科目代码的冲突，实现了真正意义上的一笔会计业务计入两套会计科目的应用。

第三章 复式记账与借贷记账法

☞ 学 习 目 标 ☜

1. 明确会计账户和会计科目的关系；理解会计账户的基本结构。

2. 了解单式记账法；理解并掌握复式记账法的含义及其基本原理；理解复式记账法的科学性。

3. 理解借贷记账法记账符号的含义；熟练掌握借贷记账法下资产、负债、所有者权益、收入、费用、利润六类账户的结构；理解并熟练掌握借贷记账法的记账规则和试算平衡。

4. 理解总分类账户和明细分类账户的关系，掌握总分类账户和明细分类账户的平行登记。

☞ 本 章 导 入 ☜

在新石器时代，某个部落打败了另一个部落，这个部落获得了30只羊、40只鸡，如何记录呢？一根横向的粗绳，上面涂成红色（红色表示成功），下面是两根绳子，第一根是用羊毛编制的绳子，绳子上端打上三个小结代表"三"，末尾打上一个大结代表"十"。第二根绳子用麻绳编制，编制的时候把鸡毛绑在一起，然后上段打上四个小结，末尾打上一个大结。这不同的绳子和今天的会计科目是否有些类似呢？"结绳计数"通过绳子的材质实现了会计上的分类艺术，通过绳子的颜色实现了增减变动方向的反映，通过绳结的大小、个数实现了数量的记录。如果发生在今天，你会如何记录呢？

今天，世界各国普遍采用的是复式记账法中的"借贷记账法"，什么是"复式记账法"？记账方法为什么会从"单式记账法"演变为"复式记账法"？"复式记账"的原理是什么？借贷记账法的记账符号、账户结构、记账规则是什么？试算平衡的目的是什么？总分类账户和明细分类账户如何进行平行登记？本章将一一揭示。

☞ **本 章 概 览** ☜

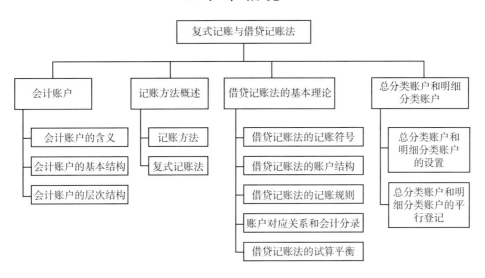

第一节 会 计 账 户

一、会计账户的含义

经济业务的发生会影响会计要素及其具体内容发生增减变化。因此，会计上需要借助适当的"方式"或"工具"对会计要素及其具体内容的增减变动进行序时、全面、系统的记录。

会计科目是按照经济内容对各个要素所做的具体分类，而会计账户是根据会计科目开设的，连续、分类记录各项经济业务，反映各会计要素及其具体内容增减变化情况及其结果的一种工具。

会计账户和会计科目是两个不同的概念，两者之间既有联系又有区别。它们的联系在于：会计科目是设置会计账户的依据，是会计账户的名称；会计账户是会计科目的具体运用，要对会计科目所要反映的经济内容的增减变化进行反映。两者区别在于：会计科目是按照经济内容对会计要素具体内容的分类，会计科目本身没有结构；会计账户不仅要有明确的经济内容，而且要有一定的结构、格式，并通过账户的结构来核算会计要素的增减变动情况。

由于会计账户是根据会计科目设置的，两者在经济内容上是相同的，因此，在实际工作中常把会计科目作为会计账户的同义词，而不加区分。

二、会计账户的基本结构

设置账户的目的主要是对经济业务所引起的资金运动进行分类并加以记录。为了全面、系统地记录各项经济业务，账户除了要有明确的经济内容，还需要有一定的结构，以登记经济业务所引起的资金数量的变化及其结果。各项经济业务引起的资金变动虽然错综复杂，但从数量上看不外乎是增加和减少两种情况。因此，不论采用什么记账方法，账户的结构都是由两个基本部分组成：一部分登记数量的增加；另一部分登记数量的减少。

伴随经济业务发生，账户金额发生增减变动，变动之后形成余额，本期期末余额即为下期期初余额。下期以期初余额为基础，继续伴随经济业务发生而增减变动，形成新的期末余额。企业持续经营，记录周而复始。因此，账户记载的内容分为期初余额、本期增加发生额、本期减少发生额和期末余额四项，上述四项之间的数量关系如下：

$$期末余额 = 期初余额 + 本期增加发生额 - 本期减少发生额$$

本期账户所登记的增加额合计即本期增加发生额；本期账户所登记的减少额合计即本期减少发生额。

基于上述等量关系可知，余额一般与登记增加额的方向一致。至于账户哪一方登记增加，哪一方登记减少，取决于记账方法、账户的性质与所记录经济内容的性质。

在实务中，对于一个完整的账户而言，仅包括两个基本部分是不够的，账户的结构一般应包括：账户的名称即会计科目、经济业务发生的日期、经济业务的简要说明（摘要）、账户记录的来源和依据（凭证号数）以及金额及其方向（增加额、减少额和余额）。账户的上述信息通过"账簿"这个载体予以呈现，后续章节详细介绍。

三、会计账户的层次结构

设置会计账户是会计核算的一种专门方法，会计账户的设置应与会计科目的设置相适应。会计科目分为总分类科目、二级科目和明细分类科目，会计账户也相应地分为总分类账户和明细分类账户，明细分类账户包括二级和明细账户。总分类账是明细分类账的统驭账户，明细分类账是总分类账的从属账户，对总分类账起着辅助和补充的作用。总分类账户的余额等于所属所有明细分类账户余额之和。

由于总分类账户和所属明细分类账户核算的内容是相同的，因此，在核算时采用平行登记的方法，即对于每一笔经济业务既要在总分类账户中进行总括登记，也要在所属明细分类账户中进行详细登记。总分类账户和明细分类账户的设置和登记方法本章第四节详细介绍。

第二节　记账方法概述

一、记账方法

在账户中登记经济业务数据称为记账。从早期会计到现代会计，人们采用并经长期实践的记账方法有两种：单式记账法和复式记账法。

单式记账法是对经济业务只作单方登记，而不反映其来龙去脉的一种记账方法。它的主要特征是：通常只将现金、银行存款的收付业务和应收、应付等往来账款业务在账户中登记，而对实物的收付业务一般不进行登记。比如，用银行存款购买原材料这笔经济业务，只在银行存款账户中登记减少，而不登记原材料的增加；如果购买的原材料没有付款，也只在应付账款账户中登记增加，而不登记原材料的增加。在单式记账法后期，对原材料等实物的增加或减少也会做些记录，但这种记录不与其相对应的银行存款和应收、应付等账户记录相联系。因此，在单式记账法下，账户的记录是不完整的，账户记录也没有相互平衡的概念，既难以获得全面、完整的信息，也不便于检查账户记录的正确性，所以单式记账法是一种比较简单却不够严密的记账方法。

复式记账法从单式记账法发展而来，对于每一笔经济业务所引起的会计要素及其项目的增减变动，都以相等的金额，在两个或两个以上的账户中相互联系地进行登记。

上一章，我们深入分析了经济业务发生对会计等式的影响。经济业务引起会计要素及其有关项目发生增减变动，并始终保持等式平衡。每一笔业务会引起两个或两个以上的项目发生变化，即资金的"来龙"和"去脉"。所以，为了全面、系统地反映各会计要素有关项目的增减变动情况及其结果，经济业务发生时，会计核算应该在相互联系的两个或两个以上账户中以相等的金额进行记录。这样的复式记账，既可以反映资金从哪里来，也可以反映资金到哪里去，可以全面地将经济业务对企业资金运动的影响呈现出来。

二、复式记账法

（一）复式记账原理

会计等式为复式记账提供了理论依据。任何一笔经济业务的发生，都会引起会计等式中会计要素及其项目发生增减变动，但任何经济业务所引起的增减变动，都不会破坏会计等式的平衡关系。

根据会计等式的平衡原理，为会计要素的每个项目（会计科目）设置会计账户，当经济业务发生时，对其所引起的会计要素及项目的增减变动数据，在与其相对应的两个或两个以上相互联系的账户中以相等的金额进行双重记录，这种双重记录就是复式记账。这种复式记账具备了一个重要特性，即：每一笔经济业务数据进行账户记录后，都会使会计等式形成新的平衡关系，尽管会计等式左右两方的构成和总额可能会发生变化，却不会影响左右两方总额的平衡关系。

【例 3 - 1】A 公司 20×3 年 1 月 1 日资产总额为 300 万元，负债总额为 100 万元，所有者权益总额为 200 万元，1 月 2 日，该公司发生一笔经济业务，从银行取得短期借款 50 万元，款项已存入银行。这笔业务使 A 公司的银行存款增加了 50 万元，同时使 A 公司的负债增加了 50 万元。

经济业务发生前的平衡关系如下：
$$3\,000\,000 = 1\,000\,000 + 2\,000\,000$$

每一笔经济业务都以相等的金额在相互联系的两个或两个以上账户中登记，进行双重记录。

本例中，发生经济业务时，引起"银行存款"和"短期借款"两个账户的金额发生变动，需同时在"银行存款"和"短期借款"两个账户登记金额的变动，作双重记录。

登记后的平衡关系如下：
$$3\,000\,000 + 500\,000 = (1\,000\,000 + 500\,000) + 2\,000\,000$$

可见，经济业务发生后，资产总额与负债及所有者权益总额发生了变化，但平衡关系保持不变。

复式记账体现了会计等式的平衡原理，复式记账是以会计等式为依据所设计的一种记账方法，从会计等式的平衡原理开始，中间的增减变动尽管可能千变万化，但最终仍然是以会计等式的平衡而结束。

当然，在复式记账法下，为了保证所有的经济业务发生都能找到两个或两个以上相互联系的账户进行记录，企业需要拥有完整的账户体系。

（二）复式记账法的科学性

按照复式记账法记账，它的科学性表现在两个方面：第一，由于复式记账法对每项经济业务都在相互联系的两个或两个以上的账户中作双重记录，不仅可以了解每一项经济业务的来龙去脉，而且通过全部经济业务的数据记录，可以了解经济活动的全过程和结果。第二，由于复式记账法是以会计等式为基础建立起来的，在每一项经济业务发生时，都以相等的金额在有关账户中进行双重记录，这必然使账户之间的数字产生一种互相核对、相互牵制的平衡关系，因而便于通过试算平衡的原理来检查账户记录的正确性。

第三节　借贷记账法的基本理论

历史上，具体记录方式的差别产生了多种复式记账法，我国历史上采用的有收付复式记账法、增减复式记账法和借贷复式记账法。1993 年 7 月 1 日开始实施的《企业会计准则》明确规定我国采用借贷记账法。

一、借贷记账法的记账符号

借贷记账法，是指以"借""贷"为记账符号的一种复式记账法。它是目前世界各国通用的一种记账方法，也是我国法定的记账方法。

借贷记账法产生于 12 世纪的意大利，开始是单式记账，以后逐步发展为复式记账，最初人们习惯于将债权记入"借方"，将债务记入"贷方"。随着社会的发展，经济业务的内容日趋复杂，"借""贷"也就逐渐失去其原有的含义，成为纯粹的记账符号，其意义视账户的性质而异。

运用借贷记账法，将每一个账户分为左右两方，左方称为"借"，右方称为"贷"，分别称为借方和贷方。记在左边的事项，称为"借项"，记在右边的事项，称为"贷项"。"借记"意味着在账户中的左边登记账目，"贷记"意味着在账户中的右边登记账目，由此可见，账户中的借方和贷方就成为账户中登记经济业务数据增减的方位。所有账户的借方和贷方按相反方向记录增加额和减少额，一方登记增加额；另一方就登记减少额。会计账户哪一方登记增加，哪一方登记减少，取决于会计账户反映的经济内容的性质和账户的性质。借（debit）和贷（credit）还可以分别简写为"Dr"和"Cr"。

借贷记账法下账户的基本结构，教学上用简化的"T"型账户表示，如图 3 - 1 所示。

| 借方 | 账户名称（会计科目） | 贷方 |

图 3 - 1　借贷记账法账户结构

实务中，账户采用的格式一般如表 3 - 1 所示。

表 3 - 1　　　　　　　　　　会计科目（账户）

年		凭证编号	摘要	借方	贷方	借或贷	余额
月	日						

二、借贷记账法的账户结构

按照复式记账的要求，任何一笔经济业务都要在两个或两个以上账户中登记，而且金额必须相等。在借贷记账法下，一笔经济业务应在哪些账户中登记，增加额记在哪一方，减少额记在哪一方，就成为借贷记账方法中的核心内容。

由于已经将会计核算的对象划分为会计要素，并按会计要素进一步分类设置了会计科目和账户，借贷记账法在登记经济业务数据时，就按经济业务应记录的会计账户所属的会计要素及其增减变动方向，分别确定其在账户中的记录方位：

（1）属于资产要素的账户其增加额记入借方，减少额记入贷方。

（2）属于负债要素的账户其增加额记入贷方，减少额记入借方。

（3）属于所有者权益要素的账户其增加额记入贷方，减少额记入借方。

上述记录方法的依据是会计等式。由于资产在会计等式的左边，增加额就记在借方，减少额就记在贷方。负债和所有者权益在会计等式的右边，它们的增加额就记在贷方，减少额就记在借方。按此种记录法登记的结果，既保证了借方合计等于贷方合计，也保证了会计等式的平衡，这是借贷记账法的关键所在。

收入和费用的发生均与所有者权益相关，故其记录方法由所有者权益的记录方法所确定，收入使所有者权益增加，所以收入的增加额记入收入账户的贷方，收入的减少额记入收入账户的借方。费用使所有者权益减少，所以费用的增加额记入费用账户的借方，费用的减少额记入费用账户的贷方。因此，收入要素和费用要素所属账户的记账方位是：

（4）属于收入要素的增加额记入贷方，减少额记入借方。

（5）属于费用要素的增加额记入借方，减少额记入贷方。

下面对借贷记账法下的账户结构和记录方法分别加以具体说明。

（一）资产类账户的结构

反映各项资产的账户称为资产账户，资产类账户的记录方法是：资产的增加金额记入账户的借方，减少金额记入账户的贷方，账户若有余额，一般为借方余额，表示期末的资产金额。资产类账户的结构如图 3 - 2 所示。

借方	资产类账户	贷方
期初余额		
（登记本期增加额）	（登记本期减少额）	
本期增加额（发生额）合计	本期减少额（发生额）合计	
期末余额		

图 3 - 2　资产类账户

由于资产列示在资产负债表的左方，习惯上在资产账户的借方登记期初余额和本期增加额，而在账户的贷方登记本期减少额。在正常情况下，资产账户的期初余额与本期增加额之和总是大于本期减少额，因此，资产账户的期末余额一般在借方。这四项金额的关系可用以下等式表示：

$$期末余额（借方）= 期初余额（借方）+ 本期借方（增加）发生额$$
$$- 本期贷方（减少）发生额$$

例如，某企业某一会计期间"银行存款"账户记录如图3-3所示。

借方		银行存款		贷方
期初余额	2 000 000			
本期增加	1 500 000	本期减少		2 700 000
	50 000			
本期借方发生额合计	1 550 000	本期贷方发生额合计		2 700 000
期末余额	850 000			

图3-3　"银行存款"账户记录

根据上述账户的记录，企业期初银行存款的余额为2 000 000元，本期增加两笔，分别为1 500 000元和50 000元，本期减少2 700 000元，期末余额为：

$$期末余额（借方）= 2\ 000\ 000 + 1\ 550\ 000 - 2\ 700\ 000 = 850\ 000（元）$$

（二）负债类账户的结构

反映各项负债的账户称为负债账户，负债类账户的记录方法是：负债的增加金额记入账户的贷方，减少金额记入账户的借方，账户若有余额，一般为贷方余额，表示期末的负债金额。负债类账户的结构如图3-4所示。

借方	负债类账户	贷方
	期初余额	
（登记本期减少额）	（登记本期增加额）	
本期减少额（发生额）合计	本期增加额（发生额）合计	
	期末余额	

图3-4　负债类账户

由于负债列示在资产负债表的右方，习惯上在负债账户的贷方登记期初余额和本期增加额，而在账户的借方登记本期减少额。在正常情况下，负债的期初余额和本期增加额之和总是大于本期减少额，因此，负债账户的余额一般在贷方。这四项金额的关系可用等式表示如下：

$$期末余额（贷方）= 期初余额（贷方）+ 本期贷方（增加）发生额$$
$$- 本期借方（减少）发生额$$

（三）所有者权益类账户的结构

反映各项所有者权益的账户称为所有者权益账户，所有者权益类账户的记录方法是：所有者权益的增加金额记入账户的贷方，减少金额记入账户的借方，账户若有余额，一般为贷方余额，表示期末的所有者权益金额。所有者权益类账户的结构如图 3 - 5 所示。

借方	所有者权益类账户	贷方
	期初余额	
（登记本期减少额）	（登记本期增加额）	
本期减少额（发生额）合计	本期增加额（发生额）合计	
	期末余额	

图 3 - 5　所有者权益类账户

由于所有者权益列示在资产负债表的右方，习惯上在所有者权益账户的贷方登记期初余额和本期增加额，而在账户的借方登记本期减少额。在正常情况下，所有者权益账户的期初余额和本期增加额之和总是大于本期减少额，因此，所有者权益账户的余额一般在贷方。这四项金额的关系可用等式表示如下：

$$期末余额(贷方) = 期初余额(贷方) + 本期贷方(增加)发生额$$
$$- 本期借方(减少)发生额$$

（四）收入类账户的结构

通过分析会计等式可知，收入的取得将会导致所有者权益的增加；而费用的发生将会导致所有者权益的减少。所以，会计处理上最简单的做法就是，在所有者权益账户的贷方反映取得的收入，而在所有者权益账户的借方反映发生的费用。但是，当经济业务很多时，这样的处理方法将使企业难以区分所有者权益的增减到底是所有者投资的增减还是企业取得的收入或发生的费用，并且不能集中反映企业一定期间取得的收入和发生的费用以及所实现的经营成果。为此，需要专门设置收入、费用和利润账户。会计期末，收入和费用相抵后形成的利润（盈利或亏损），要归于所有者权益。

收入类账户的记录方法和所有者权益类账户相同，因为收入使所有者权益增加，收入的增加额记入账户的贷方，收入的减少额记入账户的借方。会计期末，本期收入增加额减去本期收入减少额后的差额为转销额，转入"本年利润"账户（用以核算本期利润），所以收入类账户一般没有期末余额。其账户结构如图 3 - 6 所示。

借方	收入类账户	贷方
（登记本期减少额）	（登记本期增加额）	
（登记期末结转金额）		
本期减少额（发生额）合计	本期增加额（发生额）合计	

图 3 – 6　收入类账户

（五）费用类账户的结构

费用类账户的记录方法与所有者权益账户相反，因为费用增加使所有者权益减少，费用的增加额记入账户的借方，减少额记入账户的贷方。会计期末，本期费用增加额减去本期费用减少额后的差额为转销额，转入"本年利润"账户，所以费用类账户一般没有期末余额。其账户结构如图 3 – 7 所示。

借方	费用类账户	贷方
（登记本期增加额）	（登记本期减少额）	
	（登记期末结转额）	
本期增加额（发生额）合计	本期减少额（发生额）合计	

图 3 – 7　费用类账户

（六）利润类账户的结构

反映利润的账户有两个："本年利润"和"利润分配"账户。

"本年利润"账户是反映利润形成的账户。利润与收入、费用有密切联系，本年度的收入大于费用为本年盈利，收入小于费用为本年亏损，所以，它的记录方法与收入类账户、费用类账户相联系。由收入类账户转来的本期收入合计数记入该账户的贷方，由费用类账户转来的本期费用合计数记入该账户的借方，贷方大于借方为盈利，贷方小于借方为亏损。年度终了，企业的利润要进行分配，亏损要进行弥补，故要将"本年利润"账户中的收入与费用的差额，即本年盈利或本年亏损转入"利润分配"账户，结转后"本年利润"账户没有期末余额。"本年利润"账户结构有两种情况，如图 3 – 8 和图 3 – 9 所示。

借方	本年利润	贷方
	期初余额（年度内累计盈利）	
（登记本期费用转入额）	（登记本期收入转入额）	
本期转入额（发生额）合计	本期转入额（发生额）合计	
	期末余额（年度内累计盈利）	
年末，登记本期盈利结转额		

图 3 – 8　"本年利润"账户（结构 1）

借方	本年利润	贷方
期初余额（年度内累计亏损）		
（登记本期费用转入额）	（登记本期收入转入额）	
本期转入额（发生额）合计	本期转入额（发生额）合计	
期末余额（年度内累计亏损）		
	年末，登记本期亏损结转额	

图 3 - 9 "本年利润"账户（结构 2）

由图 3 - 8 和图 3 - 9 可以看出，"本年利润"账户年度内的期末余额可能是贷方余额（盈利），也可能是借方余额（亏损）。

"利润分配"账户反映留存在企业的累计利润或亏损。企业当年产生的盈利由"本年利润"账户的借方转入"利润分配"，记入"利润分配"账户的贷方；企业当年产生的亏损由"本年利润"账户的贷方转入"利润分配"，记入"利润分配"账户的借方；本年度向投资者分配的数额，记入"利润分配"账户的借方。"利润分配"账户有期末余额，一般是贷方余额，这是历年留存下来的累计的未分配利润。如果"利润分配"账户的余额在借方，说明企业有累计的未弥补亏损。累计的"未分配利润"应该由股东享有，而累计的"未弥补亏损"应该由股东承担，"利润分配"的余额反映的经济内容属于企业的所有者权益。

根据期初余额的方向和本期盈利或亏损情况不同，"利润分配"账户结构有多种情况。假设企业当年有净利润，"利润分配"账户结构如图 3 - 10、图 3 - 11、图 3 - 12 所示。

如果期初有以前年度累计未分配利润，期初余额在贷方。本年度净利润转入，记入"利润分配"账户贷方；向投资者分配利润，导致留在企业的利润减少，记入"利润分配"账户的借方，期末余额在贷方。

借方	利润分配	贷方
	期初余额（期初累计未分配利润）	
（登记已经分配的本年利润）	（登记本期利润的转入额）	
本期分配额（发生额）合计	本期转入额（发生额）合计	
	期末余额（期末累计未分配利润）	

图 3 - 10 "利润分配"账户（结构 1）

如果期初有以前年度累计未弥补亏损，期初余额在借方。本年度净利润转入后未能全部弥补以前年度累计亏损，则"利润分配"账户仍然是借方余额。

借方	利润分配	贷方
期初余额（期初累计未弥补亏损）		
	（登记本期利润的转入额）	
	本期转入额（发生额）合计	
期末余额（期末累计未弥补亏损）		

图 3 – 11　"利润分配" 账户（结构 2）

如果期初有以前年度累计未弥补亏损，期初余额在借方。本年度净利润转入后可以全部弥补以前年度累计亏损，则 "利润分配" 账户期末余额在贷方。

借方	利润分配	贷方
期初余额（期初累计未弥补亏损）		
（登记已经分配的本年利润）	（登记本期利润的转入额）	
本期分配额（发生额）合计	本期转入额（发生额）合计	
	期末余额（期末累计未分配利润）	

图 3 – 12　"利润分配" 账户（结构 3）

如果企业当年为净亏损，"利润分配" 账户在借方登记本期亏损的转入额，具体的账户结构不一一赘述。

三、借贷记账法的记账规则

上一章中，我们分析了经济业务与会计等式的关系，将其关系归类为四种类型。下面结合各类会计要素的账户结构，分析借贷记账法下的记账规则，如图 3 – 13 所示。

3－1 借贷记账法的记账规则与账户结构

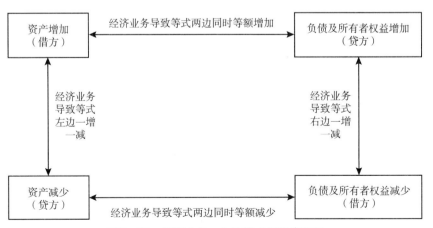

图 3 – 13　经济业务、会计等式与账户记录

在借贷记账法下，根据复式记账的原理，对于任何一笔经济业务，按照其内容，一方面记入一个或几个有关账户的借方；另一方面记入一个或几个有关账户的贷方，记入借方的金额与记入贷方的金额相等。如果涉及多个账户，记入借方账户金额的合计数等于记入贷方账户金额的合计数。这就是借贷记账法的记账规则，即："有借必有贷，借贷必相等"。

在借贷记账法下，账户的左方为借方，账户的右方为贷方，哪一方登记增加金额，哪一方登记减少金额，需要视经济内容的性质与账户的性质而定。为此，在实际运用借贷记账法记账时，需考虑以下三个问题。

第一，一笔经济业务发生，涉及哪两个或两个以上账户，如原材料、应付账款等。

第二，所涉及的账户属于哪一类会计要素的账户，如原材料属于资产类，应付账款属于负债类。

第三，根据不同会计要素账户结构，确定经济业务的增加金额和减少金额的记账方位，即记在借方还是记在贷方。

【例 3 - 2】以甲公司四笔经济业务为例，分析借贷记账法的具体运用。

业务 1：以赊购方式购入原材料一批，材料已验收入库，价款 20 000 元。

借贷记账法运用分析：

第一步，分析该笔经济业务影响的会计账户。该笔经济业务导致企业原材料增加和欠供应商的货款增加，涉及两个账户"原材料"账户和"应付账款"账户。

第二步，分析该账户所属的会计要素。"原材料"账户属于资产类账户；"应付账款"账户属于负债类账户。

第三步，分析相关会计要素的账户结构，根据增减变动方向明确记账方位。资产增加记在借方，负债增加记在贷方。该笔经济业务应借记"原材料"账户，贷记"应付账款"账户，借记和贷记的金额均为 20 000 元。

具体分析过程如表 3 - 2 所示。

表 3 - 2 　　　　　　　　　　　业务分析 1　　　　　　　　　　单位：元

受影响的账户	账户类别	金额的变化	借方	贷方
原材料	资产	增加	20 000	
应付账款	负债	增加		20 000

根据上述记录，该笔经济业务在"应付账款"和"原材料"T 型账户中登记，如图 3 - 14 所示。

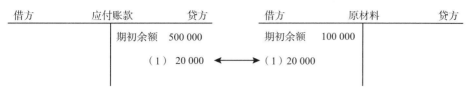

借方	应付账款	贷方		借方	原材料	贷方
	期初余额 500 000			期初余额 100 000		
	（1） 20 000 ←——→			（1） 20 000		

图 3 – 14　赊购原材料

业务 2：企业 6 个月前从银行取得的贷款到期，金额为 100 000 元，用银行存款偿还。

按上述步骤分析，如表 3 – 3 所示。

表 3 – 3　　　　　　　　　　业务分析 2　　　　　　　　　单位：元

受影响的账户	账户类别	金额的变化	借方	贷方
银行存款	资产	减少		100 000
短期借款	负债	减少	100 000	

根据上述记录，该笔经济业务在"银行存款"和"短期借款""T"型账户中登记，如图 3 – 15 所示。

借方	银行存款	贷方		借方	短期借款	贷方
期初余额 500 000					期初余额 200 000	
	（2） 100 000 ←——→ （2） 100 000					

图 3 – 15　偿还银行借款

业务 3：企业从银行提取 5 000 元现金备用。

按上述步骤分析，如表 3 – 4 所示。

表 3 – 4　　　　　　　　　　业务分析 3　　　　　　　　　单位：元

受影响的账户	账户类别	金额的变化	借方	贷方
银行存款	资产	减少		5 000
库存现金	资产	增加	5 000	

根据上述记录，该笔经济业务在"银行存款"和"库存现金""T"型账户中登记，如图 3 – 16 所示。

借方	银行存款	贷方		借方	库存现金	贷方
期初余额 500 000				期初余额 1 000		
	（2） 100 000					
	（3） 5 000 ←——→ （3） 5 000					

图 3 – 16　提取现金

业务 4：与债权人乙公司协商，将欠款 500 000 元转为对甲公司的投资。

按上述步骤分析，如表 3 – 5 所示。

表 3 – 5   业务分析 4   单位：元

受影响的账户	账户类别	金额的变化	借方	贷方
应付账款	负债	减少	500 000	
实收资本	所有者权益	增加		500 000

根据上述记录，该笔经济业务在"应付账款"和"实收资本""T"型账户中登记，如图 3 – 17 所示。

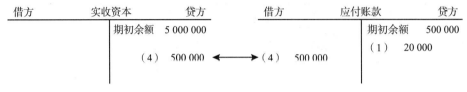

图 3 – 17　负债转为资本

四、账户对应关系和会计分录

运用复式记账法处理经济业务，一笔业务所涉及的几个账户之间必然存在着某种相互依存的对应关系，这种关系称为账户对应关系。存在着对应关系的账户称为对应账户。由于账户对应关系反映了每项经济业务的内容，以及由此而引起的资金运动的来龙去脉，因此，在采用借贷记账法登记某项经济业务时，应先通过编制会计分录来确定其所涉及的账户及其对应关系，然后再根据会计分录登记账户，从而保证账户记录的正确性。

会计分录，是指预先确定每笔经济业务所涉及的账户名称，以及记入账户的方向和金额的一种记录，它是会计语言的表达方式。应借应贷方向、相互对应的会计科目及其金额是会计分录的三要素。

【例 3 – 3】沿用〖例 3 – 2〗，编制业务 1 ~ 业务 4 的会计分录。

(1) 借：原材料　　　　　　　　　　　　　　　　　　20 000

　　　贷：应付账款　　　　　　　　　　　　　　　　　　20 000

(2) 借：短期借款　　　　　　　　　　　　　　　　　100 000

　　　贷：银行存款　　　　　　　　　　　　　　　　　100 000

(3) 借：库存现金　　　　　　　　　　　　　　　　　　5 000

　　　贷：银行存款　　　　　　　　　　　　　　　　　　5 000

(4) 借：应付账款　　　　　　　　　　　　　　　　　500 000

　　　贷：实收资本　　　　　　　　　　　　　　　　　500 000

编制会计分录，就意味着对经济业务进行会计确认和计量，为经济业务的数据记入账户提供依据。所以，为了确保账户记录的真实和正确，就必须严格把好会计分录这一关。

　　会计分录按其所运用账户的多少分为简单会计分录和复合会计分录两种。简单会计分录，是指由两个账户所组成的会计分录。以上每笔会计分录，都只有一"借"一"贷"，故均属于简单会计分录。复合会计分录，是指由两个以上账户所组成的会计分录，即一"借"多"贷"或一"贷"多"借"，或多"借"多"贷"的会计分录。若干笔相关简单的会计分录复合编制复合会计分录，既可以简化记账手续，又能集中反映某项经济业务的全面情况。现举例说明如下。

　　【例3-4】 甲公司购进原材料 30 000 元，其中 20 000 元货款已用银行存款付讫，其余 10 000 元货款尚未支付。

　　这项经济业务一方面使企业资产增加（原材料增加），应记入"原材料"账户的借方；另一方面使企业的资产减少（银行存款减少），以及企业的负债增加（应付账款增加），应记入"银行存款"和"应付账款"账户的贷方。其会计分录为：

借：原材料　　　　　　　　　　　　　　　　30 000
　　贷：银行存款　　　　　　　　　　　　　　20 000
　　　　应付账款　　　　　　　　　　　　　　10 000

　　借贷记账法下，一借一贷、一借多贷、一贷多借的账户对应关系清晰，而多借多贷容易使账户之间的对应关系模糊不清，一般不编制多借多贷会计分录。企业确有需要编制多"借"多"贷"的会计分录时，要保证账户明确的对应关系，以便清晰地反映资金运动的来龙去脉。

　　编制会计分录是会计工作的初始阶段，在实际工作中，呈现该项工作的载体是"记账凭证"，通过填制记账凭证完成编制会计分录的工作。记账凭证如图 3-18 所示。

记账凭证

摘　　要	会计科目		借方金额							贷方金额							过账备注
	总账科目	明细科目	万	千	百	十	元	角	分	万	千	百	十	元	角	分	
合　　计																	

年　月　日　　　　　　　　　　　　　　　记字第　号　　附单据　张

会计主管：　　　记账：　　　出纳：　　　审核：　　　制单：

图 3-18　记账凭证

五、借贷记账法的试算平衡

　　借贷记账法的试算平衡，是指根据借贷记账法的记账规则和会计等式的平衡原理,通过汇总计算和比较来检查账户记录的正确性和完整性。采用借贷记账法,由于对任何经济业务都是按照"有借必有贷,借贷必相等"的记账规则记入各有关账户,所以不仅每一笔会计分录借贷发生额相等,而且当一定会计期间的全部经济业务都记入相关账户后,所有账户的借方发生额合计数必然等于贷方发生额合计数;同时,根据会计等式的平衡原理,期末结账后,全部账户借方余额合计数也必然等于贷方余额合计数。因此,通过所有账户借贷两方本期发生额和期初、期末余额的试算,如果借贷两方金额相等,则可以认为账户记录基本正确;反之,如果借贷两方金额不相等,则表明账户记录已发生错误。

借贷记账法下,账户发生额及余额的试算平衡计算公式分别为:

全部账户本期借方发生额合计 = 全部账户本期贷方发生额合计

全部账户借方期末(初)余额合计 = 全部账户贷方期末(初)余额合计

试算平衡工作,一般是在期末结出各个账户的本期发生额合计和期末余额后,通过编制总分类账户发生额和余额试算平衡表来进行的。试算平衡表一般应设置"期初余额""本期发生额""期末余额"三大栏目,其下分设"借方"和"贷方"两个栏目。为简化表格,试算平衡表也可只根据各个账户的本期发生额编制,不填列各账户的期初余额和期末余额。

借贷记账法下的复式记账和试算平衡,如〖例3-5〗所示。

【例3-5】甲公司20×3年1月账户期初余额如表3-6所示。

表3-6　　　　　　　　　账户期初余额　　　　　　　　　单位:元

账户名称	期初余额	
	借方	贷方
银行存款	180 000	
原材料	53 000	
固定资产	300 000	
应收账款	50 000	
短期借款		150 000
应付账款		33 000
应付票据		0
应付利润		0
实收资本		350 000
利润分配		50 000
合计	583 000	583 000

甲公司20×3年1月发生的部分经济业务如下:

（1）用银行存款 6 000 元购入原材料一批，材料已验收入库。

（2）接受投资者乙公司投入资本金 50 000 元，存入本公司开户银行。

（3）以银行存款偿还上月所欠货款 3 000 元。

（4）签发一个月到期的商业汇票 10 000 元购入原材料一批，材料已验收入库。

（5）向银行借入期限为三个月的借款 20 000 元，直接用于偿还应付账款。

（6）用银行存款购买机器设备等固定资产，共计 30 000 元。

（7）投资者乙公司代甲公司偿还短期借款 100 000 元，作为对甲公司追加的投资。

（8）宣布向投资者分配利润 20 000 元。

（9）收回上月销售货款 20 000 元，存入银行。

首先，根据借贷记账法，分析上述经济业务，编制相关会计分录如下：

（1）借：原材料　　　　　　　　　　　　　　6 000
　　　　贷：银行存款　　　　　　　　　　　　　　6 000

（2）借：银行存款　　　　　　　　　　　　　50 000
　　　　贷：实收资本　　　　　　　　　　　　　　50 000

（3）借：应付账款　　　　　　　　　　　　　3 000
　　　　贷：银行存款　　　　　　　　　　　　　　3 000

（4）借：原材料　　　　　　　　　　　　　　10 000
　　　　贷：应付票据　　　　　　　　　　　　　　10 000

（5）借：应付账款　　　　　　　　　　　　　20 000
　　　　贷：短期借款　　　　　　　　　　　　　　20 000

（6）借：固定资产　　　　　　　　　　　　　30 000
　　　　贷：银行存款　　　　　　　　　　　　　　30 000

（7）借：短期借款　　　　　　　　　　　　　100 000
　　　　贷：实收资本　　　　　　　　　　　　　　100 000

（8）借：利润分配　　　　　　　　　　　　　20 000
　　　　贷：应付利润　　　　　　　　　　　　　　20 000

（9）借：银行存款　　　　　　　　　　　　　20 000
　　　　贷：应收账款　　　　　　　　　　　　　　20 000

说明：企业发放现金股利（利润）包括宣告发放和实际支付两笔经济业务。企业宣告发放股利（利润），一方面确认未分配利润的减少，即所有者权益的减少；另一方面确认对投资者应支付股利（利润）的义务，负债增加。向投资者实际支付股利（利润）的业务，一方面银行存款减少，即资产减少；另一方面则应付股利（利润）减少，负债减少。本例中，仅涉及宣告发放这笔经济业务。

根据上述会计分录登记总分类账户，期末结算各总分类账户的本期发生额和期末余额（见图 3-19～图 3-28）。

借方		银行存款	贷方	
期初余额	180 000			
			（1）*	6 000
（2）	50 000			
			（3）	3 000
			（6）	30 000
（9）	20 000			
本期借方发生额合计	70 000	本期贷方发生额合计		39 000
期末余额	211 000			

图 3 – 19　银行存款账户

借方		原材料	贷方
期初余额	53 000		
（1）	6 000		
（4）	10 000		
本期借方发生额合计	16 000	本期贷方发生额合计	
期末余额	69 000		

图 3 – 20　原材料账户

借方		固定资产	贷方
期初余额	300 000		
（6）	30 000		
本期借方发生额合计	30 000	本期贷方发生额合计	
期末余额	330 000		

图 3 – 21　固定资产账户

借方		应收账款	贷方	
期初余额	50 000			
			（9）	20 000
本期借方发生额合计		本期贷方发生额合计		20 000
期末余额	30 000			

图 3 – 22　应收账款账户

＊ "T"型账户业务序号来自该业务会计分录的序号，实务中进行账户记录时会注明凭证号数，以明确账户记录的来源和依据。

借方		短期借款			贷方
			期初余额		150 000
				（5）	20 000
	（7）	100 000			
本期借方发生额合计		100 000	本期贷方发生额合计		20 000
			期末余额		70 000

图 3 - 23　短期借款账户

借方		应付账款			贷方
			期初余额		33 000
	（3）	3 000			
	（5）	20 000			
本期借方发生额合计		23 000	本期贷方发生额合计		
			期末余额		10 000

图 3 - 24　应付账款账户

借方		应付票据			贷方
			期初余额		0
				（4）	10 000
本期借方发生额合计			本期贷方发生额合计		10 000
			期末余额		10 000

图 3 - 25　应付票据账户

借方		应付利润			贷方
			期初余额		0
				（8）	20 000
本期借方发生额合计			本期贷方发生额合计		20 000
			期末余额		20 000

图 3 - 26　应付利润账户

借方	实收资本	贷方
	期初余额	350 000
	（2）	50 000
	（7）	100 000
本期借方发生额合计	本期贷方发生额合计	150 000
	期末余额	500 000

图 3 – 27　实收资本账户

借方	利润分配	贷方
	期初余额	50 000
（8）　20 000		
本期借方发生额合计　20 000	本期贷方发生额合计	
	期末余额	30 000

图 3 – 28　利润分配账户

想一想：会计核算中，编制会计分录和登记账户的作用分别是什么？

根据各账户的期初余额、本期发生额和期末余额，编制总分类账户试算平衡表进行试算平衡，如表 3 – 7 所示。

表 3 – 7　　　　　　　　　　　　试算平衡　　　　　　　　　　　　单位：元

账户名称	期初余额		本期发生额		期末余额	
	借方	贷方	借方	贷方	借方	贷方
银行存款	180 000		70 000	39 000	211 000	
原材料	53 000		16 000		69 000	
固定资产	300 000		30 000		330 000	
应收账款	50 000			20 000	30 000	
短期借款		150 000	100 000	20 000		70 000
应付账款		33 000	23 000			10 000
应付票据		0		10 000		10 000
应付利润		0		20 000		20 000
实收资本		350 000		150 000		500 000
利润分配		50 000	20 000			30 000
合计	583 000	583 000	259 000	259 000	640 000	640 000

需要指出的是，根据试算平衡的结果，只能确认账户记录是否基本正确。有些错误并不影响借贷双方的平衡，通过试算也无法发现，如漏记或重记某项经济业务、借贷记账方向彼此颠倒或方向正确但记错了账户等。

第四节　总分类账户和明细分类账户

一、总分类账户和明细分类账户的设置

经济业务发生时，在相互联系的账户中进行登记，反映资金运动的来龙去脉。会计主体日常使用的会计账户，按其提供资料的详细程度不同，可以分为总分类账户和明细分类账户。

总分类账户（又称一级账户），是按照总分类科目设置，用来提供总括核算资料的账户。前面例题中的账户，基本都是总分类账户。通过总分类账户提供的各种总括核算资料，可以概括地了解一个会计主体各项资产、负债及所有者权益等会计要素增减变动的情况和结果。但是，总分类账户并不能提供关于各项会计要素增减变动过程及其结果的详细资料，也就难以满足经济管理上的具体需要。因此，各会计主体在设置总分类账户的同时，还应根据实际需要，在某些总分类账户的统御下，对"会计账户"进一步细分，设置若干明细分类账户。明细分类账户，是按照明细分类科目设置，用来提供详细核算资料的账户。如为了具体了解各种材料的收、发、结存情况，就有必要在"原材料"总分类账户下，按照材料的品种分别设置明细分类账户，如 A 材料、B 材料等。如"应收账款"账户总括地反映了企业因为销售商品、提供劳务等形成的债权，但企业既需要了解债权形成及收回的总括信息，也需要根据不同客户债权的形成及收回的具体情况制定相应的信用政策。所以在"应收账款"总分类账户的基础上，需要进一步按不同的客户进行细分，按客户设置明细分类账户进行详细登记。

总分类账户仅以货币计量单位进行登记，明细分类账户可以根据需要增加其他计量单位。如原材料总分类账户反映的是企业不同种类原材料总计的货币价值，但 A 材料、B 材料明细分类账户可以在反映各自货币价值的基础上，增加实物计量单位进行数量核算，如件、吨、米等，对总分类账户进行必要的补充。

除了总分类账户和明细分类账户以外，各会计主体还可根据实际需要设置二级账户。二级账户是介于总分类账户和明细分类账户之间的一种账户。它提供的资料比总分类账户详细、具体，但比明细分类账户概括和综合。例如，在"原材料"总分类账户下，可以先按原料及主要材料、辅助材料、燃料等材料类别设置若干二级账户，其下再按材料的品种等设置明细分类账户。设置二级账户后，总分类账户可以把它作为中间环节来控制所属明细分类账户，这对于加强经营管理有一定的作用，但也会增加核算工作量。因此，二级账户一般不

宜多设，必要时也可不设。在不设置二级账户的情况下，所需数据可根据有关明细分类账户的记录汇总求得。

二、总分类账户和明细分类账户的平行登记

总分类账户是所属明细分类账户的统御账户，对所属明细分类账户起着控制作用；而明细分类账户则是某一总分类账户的从属账户，对其所隶属的总分类账户起着辅助作用。某一总分类账户及其所属明细分类账户的核算对象是相同的，它们所提供的核算资料互相补充，只有把二者结合起来，才能既总括又详细地反映同一核算内容。总分类账户和明细分类账户采用平行登记的方法。

（一）总分类账户和明细分类账户平行登记的要点

（1）同内容。凡在总分类账户下设有明细分类账户的，对于每一项经济业务，一方面要记入有关总分类账户；另一方面要记入各总分类账户所属的明细分类账户。

（2）同方向。在某一总分类账户及其所属的明细分类账户中登记经济业务时，方向必须相同。即在总分类账户中记入借方，在它所属的明细分类账户中也应记入借方；在总分类账户中记入贷方，在其所属的明细分类账户中也应记入贷方。

（3）同金额。记入某一总分类账户的金额必须与记入其所属的一个或几个明细分类账户的金额合计数相等。

（4）同期间。发生经济业务，登记总分类账户和所辖明细分类账户的具体时间可能有先有后，但必须同属相同的会计期间。

（二）总分类账户和明细分类账户平行登记的方法

下面以"原材料"账户为例，说明总分类账户和明细分类账户平行登记的方法。

【例3-6】甲公司根据原材料的品种在"原材料"总账账户下设"原材料——甲材料"和"原材料——乙材料"两个明细账户。原材料总账账户及其所属的明细账户20×3年1月的期初余额如表3-8所示。

表3-8　　　　　　　　账户期初余额　　　　　　　　单位：元

账户名称	期初余额	
	借方	贷方
原材料	20 000	
原材料——甲材料	15 000	
原材料——乙材料	5 000	

甲公司 20×3 年 1 月发生两笔购入原材料的业务：

业务 1：20×3 年 1 月 2 日购入甲材料 10 吨，每吨 200 元，货已验收入库，银行存款付讫。

业务 2：20×3 年 1 月 5 日购入乙材料 20 吨，每吨 300 元，货已验收入库，银行存款付讫。

经济业务发生时，先编制会计分录（实务中填制记账凭证）。

业务 1：

借：原材料——甲材料　　　　　　　　　　　　　　　　　2 000
　　贷：银行存款　　　　　　　　　　　　　　　　　　　　　 2 000

业务 2：

借：原材料——乙材料　　　　　　　　　　　　　　　　　6 000
　　贷：银行存款　　　　　　　　　　　　　　　　　　　　　 6 000

本例中只考虑经济业务对原材料账户的影响，登记账户如图 3 - 29、图 3 - 30、图 3 - 31 所示。

借方	原材料——甲材料		贷方
期初余额	15 000		
（1）	2 000		
本期借方发生额合计	2 000	本期贷方发生额合计	
期末余额	17 000		

图 3 - 29　"原材料——甲材料"明细账户

借方	原材料——乙材料		贷方
期初余额	5 000		
（2）	6 000		
本期借方发生额合计	6 000	本期贷方发生额合计	
期末余额	11 000		

图 3 - 30　"原材料——乙材料"明细账户

借方	原材料		贷方
期初余额	20 000		
（1）	2 000		
（2）	6 000		
本期借方发生额合计	8 000	本期贷方发生额合计	
期末余额	28 000		

图 3 - 31　"原材料"总账

本例中，企业首先根据经济业务编制会计分录（实务中为填制记账凭证）；其次根据审核无误的凭证平行登记"原材料"的总分类账和下属的两个明细分类账。[①]

总分类账户与明细分类账户平行登记后还可以用以下平衡式检验账户登记的正确性：

原材料总账的期初余额 = 明细账甲材料的期初余额 + 明细账乙材料的期初余额
$$= 15\,000 + 5\,000 = 20\,000 \text{（元）}$$

原材料总账的本期借方发生额 = 明细账甲材料本期借方发生额
$$+ 明细账乙材料本期借方发生额$$
$$= 2\,000 + 6\,000 = 8\,000 \text{（元）}$$

原材料总账的期末余额 = 明细账甲材料的期末余额 + 明细账乙材料的期末余额
$$= 17\,000 + 11\,000 = 28\,000 \text{（元）}$$

这里用的是"T"型账户，实际工作中登记原材料总账通常用三栏式账页，登记原材料明细账通常用数量金额式账页，同时登记实物数量（如件、米、吨等）、单价和金额。具体的账页格式等将在会计账簿一节中详细阐述。

为了满足总分类账和明细分类账的平行登记，企业编制会计分录时，登记的账户名称应写明明细分类账户。

本章小结

借贷记账法是我国法定的记账方法，是指以"借""贷"为记账符号的一种复式记账法。复式记账，是对每一笔经济业务所引起的会计要素及其项目的增减变动，都以相等的金额，在两个或两个以上的账户中相互联系地进行登记的方法。经济业务发生时，首先编制会计分录，通过会计分录将资金运动中对应账户的增减变化呈现出来，完整地反映一笔经济业务资金运动的来龙去脉；其次根据会计分录在相应的账户中进行登记，完成复式记账。

会计等式是复式记账的理论依据，相关会计要素在等式左右两侧的平衡关系决定了账户结构的差异。经济内容的性质和账户的性质决定了某个账户在"借"方登记增加，还是在"贷"方登记增加。

借贷记账法遵循"有借必有贷，借贷必相等"的记账规则编制会计分录并在对应账户中予以记录，在此基础上可以进行发生额和余额的试算平衡，验证账户记录的完整性和准确性。

会计分录，在实务中的呈现方式是记账凭证；账户，在实务中的呈现方式是账页。从发生经济业务到填制记账凭证，每一笔经济业务被完整地记录下来，并可供查询和验证；从记账凭证到登记账户，每一笔经济业务被分门别类地进行登记、汇总；期末，试算平衡是编制财务报表的基础。

---

① 注：此例中假设根据记账凭证登记总账，实务中企业可能采用其他方法和依据登记总账，但方向、金额和内容与明细账户一致，登记总账的其他方法后续章节讲解。

总分类账户和明细分类账户相辅相成，既全面又详细地反映企业经济业务。同内容、同方向、同金额、同期间的平行登记方法可以进一步验证账户记录的准确性。

本 章 习 题

一、单项选择题

1. 会计科目是（　　）的名称。

A. 会计账户　　　B. 会计等式　　　C. 会计对象　　　D. 会计要素

2. 下列关于会计科目和会计账户的表述，错误的是（　　）。

A. 会计科目与会计账户的口径一致

B. 会计科目与会计账户的性质相同

C. 会计科目与会计账户的内容相同

D. 会计科目与会计账户的格式和结构相同

3. 根据借贷记账法的账户结构，记录在账户贷方的是（　　）。

A. 费用的增加　　B. 收入的增加　　C. 负债的减少　　D. 资产的增加

4. 借贷记账法的记账规则是（　　）。

A. 同增、同减、有增、有减　　　　B. 有收必有付，收付必相等

C. 有增必有减，增减必相等　　　　D. 有借必有贷，借贷必相等

5. 复式记账法的理论依据是（　　）。

A. 资产 = 负债 + 所有者权益

B. 借方发生额 = 贷方发生额

C. 期末余额 = 期初余额 + 本期增加数 – 本期减少数

D. 有借必有贷，借贷必相等

6. 按照借贷记账法的账户结构，下列账户中借方登记增加额的是（　　）。

A. 实收资本　　　B. 短期借款　　　C. 累计折旧　　　D. 销售费用

7. 下列账户中，月末应无余额的账户是（　　）。

A. 固定资产　　　B. 银行存款　　　C. 管理费用　　　D. 长期借款

8. 资产类账户期末余额的计算公式是（　　）。

A. 期末余额 = 期初借方余额 + 本期借方发生额 – 本期贷方发生额

B. 期末余额 = 期初贷方余额 + 本期贷方发生额 – 本期借方发生额

C. 期末余额 = 期初借方余额 + 本期借方发生额

D. 期末余额 = 期初贷方余额 + 本期贷方发生额

9. 所有者权益类账户期末余额的计算公式是（　　）。

A. 期末余额 = 期初借方余额 + 本期借方发生额 – 本期贷方发生额

B. 期末余额 = 期初贷方余额 + 本期贷方发生额 – 本期借方发生额

C. 期末余额 = 期初借方余额 + 本期借方发生额

D. 期末余额 = 期初贷方余额 + 本期贷方发生额

10. 为全面清晰地反映经济业务的来龙去脉，企业不得将不同的经济业务合并编制（   ）的会计分录。

A. 一借一贷　　　B. 一借多贷　　　C. 一贷多借　　　D. 多借多贷

11. 下列关于会计账户期末余额的表述中正确的是（   ）。

A. 会计账户的期末余额一定在借方

B. 会计账户的期末余额一定在贷方

C. 会计账户的期末余额一般和账户增加额方向相一致

D. 会计账户的期末余额一定为零

12. 借贷记账法下，"借"表示增加还是"贷"表示增加，取决于（   ）。

A. 账户的级次

B. 账户的结构

C. 账户的类别

D. 账户的性质和所记录经济内容的性质

13. 下列各项中，影响借、贷方平衡关系的是（   ）。

A. 某项经济业务借方多记金额

B. 某项经济业务记错账户，但金额正确

C. 某项经济业务在账户记录中颠倒了记账方向

D. 漏记或重记某项经济业务

14. 借贷记账法下的余额平衡是由（   ）决定的。

A. 借贷记账法的记账规则"有借必有贷，借贷必相等"

B. 会计等式"资产 = 负债 + 所有者权益"

C. 总分类账户和明细分类账户平行登记

D. 账户的结构

二、多项选择题

1. 下列各项关于会计科目与账户的表述中，正确的有（   ）。

A. 账户是根据会计科目设置的，用于分类核算会计要素增减变动及其结果的工具

B. 会计科目和会计账户具有一定的格式和结构

C. 会计科目和会计账户都可以按其提供信息的详细程度和统驭关系进行分类

D. 会计科目规定的核算内容就是账户应记录反映的经济内容

2. 账户的贷方表示（   ）。

A. 资产减少　　　B. 收入增加　　　C. 费用增加　　　D. 负债增加

3. 复式记账法具有以下特点（   ）。

A. 需要建立完整的账户体系　　　B. 反映经济业务的来龙去脉

C. 可以进行试算平衡　　　D. 只反映经济业务的一个方面

4. 会计分录的三个基本要素有（　　　）。

A. 相互对应的科目　　　　　　　　B. 应借应贷的方向

C. 余额的方向　　　　　　　　　　D. 金额

5. 下列关于借贷记账法的说法中，正确的有（　　　）。

A. 可以进行试算平衡

B. 记账规则为"有借必有贷，借贷必相等"

C. 以"借""贷"作为记账符号

D. 借贷记账法下借方表示增加，贷方表示减少

6. 借贷记账法下，试算平衡包括（　　　）。

A. 发生额试算平衡　　　　　　　　B. 期初余额试算平衡

C. 总额试算平衡　　　　　　　　　D. 期末余额试算平衡

7. 下列说法正确的有（　　　）。

A. 账户的余额一般与记录增加额在同一方向

B. 损益类账户在期末结转后一般无余额

C. 成本类账户如有余额，则按负债账户期末余额计算公式计算

D. 账户期末余额的计算与其发生额无关

8. 总分类账户与所属的明细分类账户（　　　）。

A. 记录的详细程度不同　　　　　　B. 金额不同

C. 所反映的经济业务内容相同　　　D. 采用平行登记方法

9. 平行登记的要点包括（　　　）。

A. 同内容登记　　　　　　　　　　B. 同方向登记

C. 同金额登记　　　　　　　　　　D. 同方法登记

10. 下列错误中不能通过试算平衡发现的有（　　　）。

A. 某项经济业务重复入账　　　　　B. 应借应贷的账户中借贷方向颠倒

C. 借贷双方同时多记了相等的金额　D. 借贷金额不等

11. 在正常情况下，下述各类账户没有期末余额的有（　　　）。

A. 收入类账户　　　　　　　　　　B. 资产类账户

C. 费用类账户　　　　　　　　　　D. 所有者权益类账户

12. 与单式记账法相比，复式记账法的优点有（　　　）。

A. 账户对应关系清楚，能全面、清晰地反映资金运动的来龙去脉

B. 准确性更强

C. 能了解经济活动的全过程和结果

D. 便于试算平衡，检查账户记录是否正确

13. 下列公式中，属于借贷记账法的试算平衡公式有（　　　）。

A. 所有账户本期借方发生额之和 = 所有账户本期贷方发生额之和

B. 所有资产账户本期借方发生额之和 = 所有负债和所有者权益账户本期贷方发生额之和

C. 所有账户期末借方余额之和 = 所有账户期末贷方余额之和

D. 所有账户期初借方余额之和 = 所有账户期初贷方余额之和

14. 会计账户结构一般应包括的内容有（　　　）。

A. 账户的名称　　　　　　　　　B. 账户的余额

C. 账户的使用年限　　　　　　　D. 账户登记日期

15. 会计账户与会计科目的区别表现有（　　　）。

A. 会计账户有结构，会计科目无结构

B. 会计科目是根据账户设置的

C. 会计科目和账户的经济内容是不一致的

D. 会计要素的增减变化可以在账户中进行登记，而不能在会计科目中登记

16. 试算平衡法是根据（　　　）确定的。

A. 借贷记账法的记账规则　　　　B. 经济业务内容和性质

C. 会计等式的平衡原理　　　　　D. 利润 = 收入 – 费用

三、判断题

1. 会计科目与会计账户是同义词，因而两者没有什么区别。　　（　　）

2. 会计科目是会计账户的名称，也是设置会计账户的依据。　　（　　）

3. 借贷记账法中的"借"和"贷"分别指"债权"和"债务"。（　　）

4. 一般而言，费用类账户的结构与资产类账户的结构相似，收入类账户结构与负债类账户结构相似。　　（　　）

5. 借贷记账法下，损益类账户没有期末余额。　　（　　）

6. 借贷记账法下，成本类账户的借方登记增加数，贷方登记减少数，期末无余额。　　（　　）

7. 借贷记账法下，负债类账户通常无余额，如有余额，一般应在借方。

（　　）

8. 账户的对应关系是指某个账户的借方与贷方的关系。　　（　　）

9. 借贷记账法是复式记账中应用最广泛的一种方法。　　（　　）

10. 在借贷记账法下，只要试算平衡了，说明账户记录就不会有差错。

（　　）

11. 如果某经济业务未入账，可以通过试算平衡检查出来。　　（　　）

12. 编制试算平衡表时，也包括只有期初余额而没有本期发生额的账户。

（　　）

13. 某负债类账户的本期期初余额为 8 000 元，本期期末余额为 9 000 元，本期的减少发生额为 2 000 元，则该账户本期增加发生额为 3 000 元。（　　）

四、业务题

习题一：账户结构和试算平衡原理的应用

资料：某企业 20×3 年所有总账账户的本期发生额及余额如下表所示。

20×3 年所有总账账户的本期发生额及余额　　　　　单位：元

会计科目	期初余额		本期发生额		期末余额	
	借方	贷方	借方	贷方	借方	贷方
库存现金	5 000		3 000	（1）	6 000	
银行存款	（2）		270 000	250 000	150 000	
原材料	50 000		（3）	10 000	70 000	
固定资产	300 000		90 000	70 000	（4）	
应付账款		120 000	（5）	50 000		110 000
应付票据		40 000	20 000	10 000		（6）
应付职工薪酬		（7）	（8）	20 000		40 000
应交税费		10 000	10 000	（9）		20 000
实收资本		285 000	（10）	61 000		（11）
合计	485 000	（12）	493 000	493 000	546 000	546 000

要求：根据各类会计要素的账户结构及试算平衡关系，填列上表中（1）～（12）的数字。

习题二：借贷记账法应用

1. 资料：甲公司 20×3 年 1 月初各账户的期初余额如下表所示。

20×3 年 1 月初各账户期初余额　　　　　单位：元

账户名称	借方余额	贷方余额
库存现金	75 000	
银行存款	480 000	
应收账款	90 000	
固定资产	265 000	
应付账款		93 000
短期借款		156 000
实收资本		410 000
资本公积		251 000
合计	910 000	910 000

2. 甲公司（有限责任公司）20×3 年 1 月发生下列经济业务。

业务 1：从银行提取现金 2 000 元。

业务 2：用银行存款偿还到期的短期借款 50 000 元。

业务 3：采购原材料一批价款 20 000 元，价款尚未支付。

业务4：用银行存款偿还前欠甲公司的货款 11 300 元。

业务5：收到投资者乙公司投入资本 300 000 元存入银行。

业务6：购买管理用计算机一台，价值 6 000 元，已通过银行存款支付。

业务7：收回上个月销售应收的货款 50 000 元存入银行。

业务8：经批准将资本公积 100 000 元转增资本。

要求：

1. 根据上述资料，分析回答下列问题。

（1）业务4影响的会计要素及其变动的方向和金额。

（2）业务7影响的会计账户及其借贷的方向和金额。

（3）业务1~业务8中，哪笔经济业务会影响所有者权益总额。

2. 根据借贷记账法，编制业务 1~业务8 的会计分录。

3. 登记银行存款、短期借款、实收资本和原材料"T"型账户并结出余额。

4. 编制总分类账户发生额和余额的试算平衡表。

习题三：总分类账户与明细分类账户平行登记

甲公司根据"供应商"在"应付账款"总分类账户下设置"应付账款——A 公司""应付账款——B 公司"和"应付账款——C 公司"三个明细分类账户。应付账款总账账户及其所属的明细分类账户 20×3 年 1 月的期初余额如下表所示。

20×3 年 1 月的期初余额　　　　　　　　单位：元

账户名称	期初余额	
	借方	贷方
应付账款		200 000
应付账款——A 公司		180 000
应付账款——B 公司		10 000
应付账款——C 公司		10 000

20×3 年 1 月发生的与应付账款有关的业务如下。

（1）用银行存款偿还欠 B 公司的采购货款 10 000 元。

（2）从 A 公司采购原材料 20 000 元，款项未付。

要求：

1. 编制两笔经济业务的会计分录。

2. 根据上述相关资料登记应付账款的总分类账户和各明细分类账户。

3. 思考总分类账户与明细分类账户总括与详细、互为补充提供会计信息的意义。

延伸阅读与思维拓展

现代会计之父——卢卡·帕乔利[*]

卢卡·帕乔利（1445～1523 年），1445 年出身于意大利托斯卡纳省博尔古圣塞波尔克罗城的一个贫民家庭。在 16 岁时，他到当地一位商人弗洛科德·贝尔法尔西的家庭作坊中当学徒工，在学徒期间，帕乔利学习了在意大利通行约 200 年之久的复式簿记制度。

为了完成学业，帕乔利辞去了作坊学徒的苦差事，并认识了著名艺术家和数学家皮埃罗·德拉·弗朗西斯卡。帕乔利从弗朗西斯卡那里学到了许多知识。1465 年，他受聘担任富商塞·安东尼奥·德罗姆菲齐的家庭教师，为其三个儿子讲授数学和簿记学。大约在 1470 年，帕乔利又离开德罗姆菲齐家与艾伯蒂一起到托斯卡纳和罗马。1475 年，帕乔利担任意大利佩鲁贾大学的数学教师至 1480 年。其后，他又周游各地并在意大利各大学任教和进行研究工作，1486 年返回佩鲁贾大学，并获得了相当于今天博士学位的主教授学衔。

帕乔利从 1470 年撰写代数讲稿开始，到 1523 年逝世时为止，共撰写了 11 部著作，内容涉及代数学、几何学、数学、会计学、军事战术学及战略学。帕乔利著作多是对实践经验的总结和翻译拉丁文之后用通俗的意大利语撰定而成。而涉及簿记学内容的是帕乔利于 1494 年出版的第五部著作：《算术、几何及比例概要》（以下简称《概要》），这也是帕乔利最著名的著作。在《概要》关于会计学的论题是：《计算和记录详论》。该书出版之后，受到了广泛的好评，1504 年，《计算和记录详论》出版了单行本，题为"商人的理想学校"，《概要》也于 1523 年再版。

帕乔利的伟大之处，不仅在于他是第一部复式簿记的创始人，而且在于他所探究的复式簿记原理在盛行 500 年之后，仍经久不衰。正如我国著名会计学家葛家澍教授所说"今天我们仍然遵循的复式簿记的基本的原理和规则，在卢卡·帕乔利的簿记论（会计论）中几乎已包括无遗"。帕乔利的《计算和记录详论》分为两个部分：第一部分介绍了财产的盘存；第二部分阐述了交易事项记录到备忘录并过入分类账的方法。总体来看，帕乔利的簿记录论著讲明了我们今天所用的簿记方法，诸如：企业资产的盘存；依据盘存结果在账簿上作原始记录；记录交易事项；填写过账摘要，过入分类账；进行账项试算平衡，检查记账的正确性；建立资本账等，从而形成一个科学的复式记账系统。

帕乔利还论述了复式簿记的基本理论，为"人的一科目说"或拟人说的代表人物。他指出，簿记的目的是及时地向商人们提供资产、负债及损益等方

---

[*] 资料来源：张杰明：《现代会计之父——卢卡·帕乔利》，载于《财会通讯》1992 年第 3 期，第 60 页。

面的信息，计算总价值时应使用统一的货币作为记账单位；按年度结清账簿是一种科学的方法，尤其是合作经营的情况等。所有这些对我们后来建立会计目标理论、会计假定理论、会计要素理论、会计原则理论等产生积极的意义。

复式簿记不仅仅是记账，而且还包括内部控制。帕乔利的书清楚地阐明了这一点。他指出，各种账簿中的账页应事先编号；账簿上应填写日期和号码，原始凭证应保留并归档；零星费用应统于一个总括账户之下；对账目应进行审核；商人有可能记两套账，因而需强化控制等。

帕乔利的著作出版发行之后，被译成多种文字而影响整个会计职业界。1876 年被译成德文，1878 年译成意大利文，1893 年被译成俄文，1896 年被译成荷兰文。20 世纪早期，约翰·B. 盖吉斯彼克和皮尔特罗·克里弗利分别于1914 年和 1924 年将其翻译成英文；1920 年日本人平井泰太郎根据盖吉斯彼克的英文版译成日文；我国著名会计大师陆盖炽先生 1935 年又根据平井泰太朗的日文版译成中文，在《会计杂志》第六卷上分三期全文连载。1963 年，R. 吉恩·布朗和肯尼斯·S. 约翰斯顿用现代英语再次翻译，题为《帕乔利会计论》，我国首位会计学博士林志军等于 1988 年将其翻译成中文。为了将帕乔利思想和帕乔利精神发扬光大，意大利还专门成立了帕乔利协会，1990 年，该协会与西南出版公司合作制成了一部录像片："未被歌颂的文艺复兴时期的英雄"。

卢卡·帕乔利作为现代会计之父，作为青年人的楷模当之无愧；《算术、几何及比例概要》作为会计发展史上的里程碑也当之无愧。

应 用 篇

第四章 制造业企业主要
经济业务的核算

☞ 学 习 目 标 ☜

1. 熟悉并了解制造业企业的主要经济业务活动及其资金运动过程。

2. 理解并掌握核算制造业企业主要经济业务的会计账户的内容、结构和特点。

3. 理解并掌握制造业企业每一资金运动环节主要经济业务的会计处理。

4. 理解制造业企业各资金运动环节会计核算中权责发生制应用的具体表现。

☞ 本 章 导 入 ☜

2023 年 1 月 10 日，企业采购一批原材料。

场景一：货到款已付；

场景二：货未到款已付；

场景三：货到款未付；

场景四：货未到款未付（供应商已发货）；

场景五：定金已付，供应商未发货；

......

企业的一次普通采购业务也会有各种各样的场景，如何通过会计记录描绘不同的场景呢？

会计核算的对象是企业的资金运动；企业资金运动的基本分类是会计要素；会计要素的进一步分类是会计科目。会计科目是会计账户的名称，会计账户是进行会计记录的工具。经济业务发生导致资金运动，通过分析资金运动对会计要素及其项目的影响，选择恰当的会计账户采用借贷记账法进行复式记账。经济业务的资金运动分析、账户的选择及复式记账是后续会计核算的基础和关键。

本章选择具有代表性的制造业企业，分析资金运动各环节主要经济业务的资金运动过程，介绍主要会计账户的含义、结构和特点，讲解主要经济业务的会计处理，并分析权责发生制在每一环节应用的具体表现。

☞ 本 章 概 览 ☜

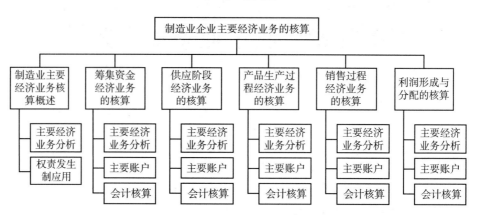

第一节　制造业企业主要经济业务核算概述

一、主要经济业务分析

企业的资金运动从筹资开始，投资者和债权人是企业的资金提供者。投资者向企业投入资金，企业向投资者分配利润、返还投资；企业向债权人借入资金，按合同约定偿还本金和利息，构成了制造企业筹集资金环节主要经济业务。

资金投入企业以后，依次经过供应、生产、销售三个阶段。随着生产经营活动的进行，资金的形态不断转化，以"货币资金—储备资金—生产资金—成品资金—货币资金"形成资金的循环与周转。

供应环节，企业购建生产所需必备物资，如厂房、机器设备等固定资产、生产所需原材料等。购建各种长期资产、采购材料及因采购引起的货款结算业务等，构成了供应环节的主要经济业务。

原材料投入生产环节，经过加工，形成可供销售的产成品。生产环节的各种耗费，如材料的消耗，支付工资，计提厂房、机器设备等固定资产的折旧费，以及其他费用等，按成本对象进行归集和分配，最终形成各产成品的制造成本，构成了生产环节的主要经济业务。

销售环节，企业确认销售商品的收入、结转销售商品的成本、支付各项销售费用和税费、进行货款结算等，这些经济业务构成了销售环节主要经济业务。

经过销售环节，资金的形态又转化为货币资金。为了及时总结一个企业在一定时期内的财务成果，企业需要将生产经营过程中获得的各项收入与发生的相应的成本费用相配比，形成企业的利润或亏损。对于实现的利润，向国家缴纳所得税，税后利润按照规定的程序进行分配；对于发生的亏损按规定的程序进行弥补。

综上所述，制造业企业主要经济业务有以下五项。

（1）筹集资金业务。

（2）固定资产的购置与材料采购业务。

（3）产品生产业务。

（4）产品销售业务。

（5）利润的形成与分配业务。

二、权责发生制应用

《企业会计准则——基本准则》规定，企业应当划分会计期间，分期结算账目和编制财务会计报告，以权责发生制为基础进行会计确认、计量和报告。权责发生制是企业会计核算的基础。

实务中，经常出现交易或事项发生的时间与相关货币收支时间不一致的情况。按权责发生制要求，凡是当期已经实现的收入和已经发生或应当负担的费用，无论款项是否收付，都应当作为当期的收入和费用；凡是不属于当期的收入和费用，即使款项在当期收付，也不应当作为当期的收入和费用。例如，企业购买固定资产，一次性支付了全部价款，但按权利义务的归属，该笔支出应由使用固定资产的多个期间共同负担，基于权责发生制，应在使用固定资产的各会计期间分期确认为费用。

会计核算需要特别关注各环节权责发生制应用的具体表现，本章后续各环节业务会计核算中详细讨论。

第二节　筹集资金经济业务的核算

任何企业从事生产经营活动都必须拥有一定数量的资金，筹集生产经营所需的资金是企业持续经营的必备条件。

一、主要经济业务分析

（一）资金的筹集渠道和资金运动

资金的筹集渠道主要有两个方面：所有者投入企业的资金和企业向债权人借入的资金。

1. 所有者投入资本

按照我国有关法律规定，投资者设立企业必须先投入资本。企业接受各投资者投入的资本金，除法律法规有规定外，不得随意抽回。投资者向企业投入资本目的是获取投资回报。企业和企业所有者之间主要的资金运动如图 4 - 1 所示。

4 - 1　筹集资金环节的业务描述和账户设置

图 4-1   企业和所有者之间主要资金运动

2. 向债权人筹集资金

企业向债权人筹集的资金，可能是主动向债权人借入资金，如从银行取得借款；也可能是因为其他经济业务形成负债，如企业赊购原材料，取得材料的同时，形成了企业欠供应商的负债，这种负债属于自发性负债。自发性负债因为伴随其他的经济业务发生而发生，在后续相关经济业务的会计处理中进行讲解。本节中，仅指企业向债权人的主动筹资行为。

企业向债权人借入资金，并按借款合同约定的偿还方式偿还本金和利息，构成了企业和债权人之间主要的资金运动，如图 4-2 所示。

图 4-2   企业和债权人之间主要资金运动

（二）所有者投入资本主要经济业务和账户设置

1. 投入资本

企业设立及增资时，投资者向企业投入资本。企业设立，在工商行政管理部门登记的注册资金，又称资本金，代表一个企业的实力，是企业法定资本的价值。我国目前实行的是注册资本制度，要求企业实收资本与注册资本相一致。下面以公司制企业为例说明所有者投入资本主要经济业务及账户设置。

公司制企业包括有限责任公司和股份有限公司两种形式。

初建有限责任公司时，各投资者按照合同、协议或公司章程投入企业资本，注册资本为在公司登记机关登记的全体股东认缴的出资额。企业增资时，如果有新的投资者加入，新加入的投资者缴纳的出资额可能大于其按比例计算的在注册资本中的份额。企业设置"实收资本"和"资本公积"账户分别反映投资者投入企业的注册资本和超出注册资本的部分。

> 讨论：
> 为什么有限责任公司增资时，新加入的投资者缴纳的出资额一般大于按约定比例计算的其在注册资本中所占的份额？

股份有限公司全部资本由等额股份构成并通过发行股票筹集资本、股东以其认购的股份为限对公司承担责任。股票的面值与股份总数的乘积为股本，股本等于企业的注册资本。但股票的发行价格与股票面值往往不一致，可能按面值发行，也可能溢价（发行价格大于面值）或折价（发行价格小于面值）发行（我国不允许企业折价发行股票）。企业设置"股本"和"资本公积"账户分别反映股本和扣除发行手续费、佣金等发行费用后的溢价收入。

投资者的出资比例或股东的股份比例，通常反映了投资者参与企业财务经营决策的程度，也是企业进行利润分配或股利分配的依据。

投资者可以用货币投资，也可以用实物、知识产权、土地使用权、股权、债权等可用货币估价并可以依法转让的非货币性资产作价出资。企业通过"银行存款""原材料""库存商品""固定资产""无形资产"等账户反映投资者投入企业的资产。

企业收到投资者投资，资产增加，所有者权益增加。

2. 分配利润

分配利润从资金运动的角度属于利润形成和分配环节的经济业务，本章最后一节详细介绍。

3. 实收资本增加的其他途径

除投资者投资外，企业还可以通过资本公积和盈余公积转为实收资本或者股本的方式增加资本。资本公积和盈余公积转增资本，是所有者权益内部结构的调整。

综上所述，所有者投入资本对会计要素的影响如表4-1所示。

表4-1　　　　　　　所有者投入资本的经济业务与会计要素变动

经济业务活动	会计要素		会计要素	
	项目	增减	项目	增减
投入资本	资产	增加	所有者权益	增加
转增资本	所有者权益	增加	所有者权益	减少

（三）向债权人筹集资金主要经济业务和账户设置

企业和债权人之间发生的因主动筹集资金相关的经济业务主要包括以下内容。

1. 取得借款

企业向债权人（银行或其他金融机构）借入的资金，根据偿还期限的长短分为短期借款和长期借款。借款期限在1年以下（含1年）的各种借款通过"短期借款"账户反映；借款期限在1年以上的各种借款通过"长期借款"账户反映。

短期借款主要弥补生产经营过程中的周转资金不足，而长期借款一般用于固定资产等长期资产的购建和改扩建及企业对外投资等资金需要。

> 讨论：
> 为什么企业需要分设不同的账户反映不同期限的借款？

2. 权责发生制和计提利息费用

利息是企业为使用其他主体提供的资金所付出的代价。按照权责发生制，本期使用借入资金需要负担的利息，无论本期是否支付，均应在本期确认为费用。而企业与借款人约定的利息支付方式有分期付息、到期一次还本付息等多种形式。

资产负债表日，企业应按当期应负担的借款利息，计提利息费用，确认费用增加。如果合同约定当期的利息费用当期支付，则"银行存款"减少；如果合同约定支付利息的时间晚于计提利息费用的时点，企业需同时确认未来应支付的利息负债。

企业每个资产负债表日计提的利息费用，通过"财务费用"账户反映。企业对借款人的利息负债根据未来利息的偿付时间不同通过"应付利息"和"长期借款"账户反映。借款类别和反映利息负债的账户如表4-2所示。

表4-2　　　　　借款类别及相关利息负债账户

借款类别	确认利息费用和支付利息的时间间隔	账户
短期借款 分期付息、到期还本的长期借款	不超过1年	应付利息
到期一次还本付息的长期借款	超过1年	长期借款

3. 偿还本息

企业需要按照约定的本息支付方式偿还贷款本金和利息。一方面，偿还借款本息导致资产减少；另一方面，偿还本金和以前期间已经确认过费用的利息，负债减少；偿还尚未确认过费用的利息，费用增加。

综上所述，向债权人筹集资金的经济业务对会计要素的影响如表4-3所示。

表4-3　　　　向债权人筹集资金的经济业务及会计要素变动

经济业务活动	会计要素		会计要素	
	项目	增减	项目	增减
取得借款	资产	增加	负债	增加
确认利息费用	费用	增加	负债（或资产）	增加（或减少）
偿还已计提的借款利息	负债	减少	资产	减少
偿还尚未计提的借款利息	费用	增加	资产	减少
偿还借款本金	负债	减少	资产	减少

二、主要账户

(一)"实收资本"("股本")账户

"实收资本"账户属于所有者权益类账户,用来核算企业投资者投入的资本及其变动情况。"实收资本"账户的贷方登记企业收到投资者符合注册资本的出资额;借方登记按规定程序报经批准减少的注册资本额。期末余额在贷方,反映企业实收资本总额。

如果会计主体是股份有限公司,"实收资本"账户就成为"股本"账户。股份有限公司通过发行股票筹集资金,相当于股票面值的部分记入"股本"账户,超出面值的部分记入"资本公积"账户。"股本"账户贷方登记已发行的股票面值,借方登记经核销批准的股票面值;期末贷方余额反映发行在外的股票面值总额。

"实收资本"账户可按投资者设置明细分类账。"股本"账户应当按照股票的类别设置明细账户。"实收资本"账户结构如图4-3所示。

借方	实收资本	贷方
	期初余额	
按法定程序报经批准减少的注册资本额	收到的投资者投入的符合注册资本的出资额	
	实收资本实有数	

图4-3 "实收资本"账户

(二)"资本公积——资本溢价"("资本公积——股本溢价")账户

"资本公积——资本溢价"("资本公积——股本溢价")账户属于所有者类账户,用来核算企业收到投资者出资额超出其在注册资本或股本中所占份额的部分。有限责任公司通过"资本溢价"明细账户核算,股份有限公司通过"股本溢价"明细账户核算。

投资者投资时认定的出资额,依据资本投入形式的不同而不同:以货币资金投入的,以实际收到或存入企业开户银行的金额计算;以非现金资产投入的,应按投资合同或协议约定的价值计算,价值不公允的除外。

当企业形成资本公积时记入该账户的贷方;资本公积的减少,如转增资本时,则记入该账户的借方。期末余额在贷方,反映企业在会计期末资本公积的结余数。"资本公积"账户应当按照资本公积的类别设置明细账户。"资本公积"账户结构如图4-4所示。

借方	资本公积	贷方
	期初余额	
资本公积的使用	收到超出注册资本或股本中所占份额的部分	
	资本公积的结余数	

图 4 - 4　"资本公积"账户

（三）"短期借款"账户

"短期借款"账户属于负债类账户，用来核算企业向银行或其他金融机构等借入的期限在 1 年以内（含 1 年）的各种借款。"短期借款"账户的贷方登记企业取得短期借款本金的金额；借方登记偿还的短期借款的本金金额；期末余额在贷方，表示尚未归还的短期借款。该账户可按贷款单位、贷款种类及币种设置明细账户。"短期借款"账户结构如图 4 - 5 所示。

借方	短期借款	贷方
	期初余额	
偿还短期借款本金	取得短期借款本金	
	尚未偿还的短期借款本金	

图 4 - 5　"短期借款"账户

（四）"长期借款"账户

"长期借款"账户属于负债类账户，用来核算企业向银行或其他金融机构借入的期限在 1 年以上（不含 1 年）的各项借款。该账户的贷方登记企业借入的各种长期借款的本金、到期一次还本付息的长期借款期末计提的利息；借方登记本息的减少额；期末余额在贷方，表示尚未归还的各项长期借款的本金和已计提的利息。该账户可按贷款单位和贷款种类及币种设置明细账户。"长期借款"账户结构如图 4 - 6 所示。

借方	长期借款	贷方
	期初余额	
	取得长期借款的本金	
偿还的长期借款本息	计提的到期一次还本付息的长期借款利息	
	尚未偿还的长期借款的本息	

图 4 - 6　"长期借款"账户

（五）"应付利息"账户

"应付利息"账户属于负债类账户，用来核算企业按照合同约定应支付的利息。"应付利息"是流动负债账户，反映企业计提的短期借款利息和分期付息到期还本的长期借款、企业债券应支付的利息。

该账户的贷方登记企业期末计提利息费用时应确认的利息负债；借方登记归还的利息；期末余额在贷方，表示企业应付未付的利息。该账户可按债权人设置明细账户。"应付利息"账户结构如图 4 – 7 所示。

图 4 – 7　"应付利息"账户

> 讨论：
>
> 为什么"长期借款"账户登记的内容与"短期借款"账户登记的内容不同？（结合"应付利息"账户核算的内容及性质分析）

（六）"财务费用"账户

"财务费用"账户属于损益类账户，用来核算企业筹集生产经营所需资金等而发生的筹资费用，包括借款利息支出（减存款利息收入）、汇兑损益和相关的手续费等。本期发生的各种财务费用记入该账户的借方；发生的应冲减财务费用的利息收入等记入该账户的贷方。期末，将本科目余额转入"本年利润"账户，结转后该账户无余额。该账户可按费用项目设置明细账户，其账户结构如图 4 – 8 所示。

图 4 – 8　"财务费用"账户

除上述账户外，筹集资金还涉及银行存款、原材料、固定资产、无形资产等账户。

三、会计核算

（一）投资者投入资本的核算

4-2 筹集资金业务的会计处理1

企业接受投资者投资，收到投资者投入的相关资产时，资产增加，借记"银行存款""固定资产""原材料""无形资产"等资产类账户；同时所有者权益增加，贷记"实收资本"和"资本公积"账户。

【例4-1】甲、乙、丙共同投资设立有限责任公司，注册资本为1 000 000元，甲、乙、丙持股比例分别为50%、30%、20%。按公司章程规定，甲、乙、丙投入资本分别500 000元、300 000元、200 000元。该有限责任公司已收到所有投资者投入的款项。

该笔经济业务一方面形成了企业的资本金，使所有者权益增加。因设立时各投资者投入的资金全部形成了注册资本，通过"实收资本"核算，记入该账户的贷方。另一方面，款项存入银行，使资产增加，记入"银行存款"账户的借方。其会计分录如下：

借：银行存款 1 000 000
　　贷：实收资本——甲 500 000
　　　　　　　　——乙 300 000
　　　　　　　　——丙 200 000

【例4-2】某有限责任公司收到投资者甲公司投入企业全新运输汽车一辆，投资双方约定的价值为300 000元（等于其公允价值），全部作为实收资本。

其他单位以固定资产作为资本投入，一方面使企业所有者权益中的"实收资本"增加，应记入该账户的贷方；另一方面企业的固定资产增加，应记入"固定资产"账户的借方。其会计分录如下：

借：固定资产 300 000
　　贷：实收资本——甲公司 300 000

【例4-3】某股份有限公司经有关部门批准发行普通股股票1 000 000股，每股面值1元，实际发行价为4.5元，股款已全部存入银行（不考虑发行过程中税费等因素）。

公司通过发行股票筹集资金，一方面使银行存款增加4 500 000元，应记入"银行存款"账户的借方；另一方面公司发行的股票面值增加1 000 000元，应记入"股本"账户的贷方；同时股东出资额超出其面值的部分，形成了资本公积，即股本溢价，记入"资本公积"账户的贷方。其会计分录如下：

借：银行存款 4 500 000
　　贷：股本 1 000 000
　　　　资本公积——股本溢价 3 500 000

（二）向投资者发还投资的核算

一般情况下，投资者投入企业的资金不能要求企业返还。如为有限责任公司，若符合条件，企业向投资者发还投资，按法定程序报经批准减少注册资本时，所有者权益减少借记"实收资本"；用银行存款支付发还的投资款，资产减少，贷记"银行存款"。如为股份有限公司，由于采用发行股票的方式筹集资本，返还股款时，需回购发行的股票并注销，会计处理较为复杂，后续课程详解。

（三）资本公积或盈余公积转增资本的核算

资本公积和盈余公积转增资本时，资本公积或盈余公积减少，借记"资本公积"或"盈余公积"；实收资本（或股本）增加，贷记"实收资本"或"股本"。按转增的资本金额确认"实收资本（或股本）"和"资本公积"或"盈余公积"的金额。

由于资本公积和盈余公积均属于所有者权益，有限责任公司和股份有限公司以资本公积和盈余公积转增资本时，应按原投资者所持股份同比例增加各股东的股权，转增后各股东持股比例保持不变，所有者权益总额也保持不变。

【例4－4】某股份有限公司经股东大会批准，将资本公积1 000 000元按照原股东持股比例转增资本金。

借：资本公积——股本溢价　　　　　　　　1 000 000
　　贷：股本　　　　　　　　　　　　　　　　　1 000 000

（四）债权人借入资金的核算

企业从银行或其他金融机构借入的款项，必须按借款单位的规定办理手续，并按借款合同的约定偿还本金和利息。企业取得借款时，资产增加，借记"银行存款"；负债增加，贷记"短期借款"或"长期借款"账户。

【例4－5】某企业20×2年11月1日取得为期3个月的银行借款500 000元，年利率为6%，到期一次还本付息，款项已收到存入银行。

取得借款一方面使银行存款（资产）增加；另一方面使企业的短期借款（负债）也增加。因此，这项经济业务涉及"银行存款"和"短期借款"两个账户。银行存款增加应记入"银行存款"账户的借方；短期借款增加应记入"短期借款"账户的贷方。会计分录如下：

借：银行存款　　　　　　　　　　　　　　500 000
　　贷：短期借款　　　　　　　　　　　　　　500 000

4－3　筹集资金业务的会计处理2

【例4－6】某企业20×2年11月1日向银行申请，经银行同意取得3年期到期一次还本付息，年利率为6%的银行借款500 000元，用于固定资产改扩建工程。

企业取得长期借款，使企业的长期负债增加，应记入"长期借款"账户的贷方；同时，银行存款增加，应记入"银行存款"账户的借方，会计分录如下：

借：银行存款　　　　　　　　　　　　　　　　　　500 000
　　贷：长期借款　　　　　　　　　　　　　　　　　　　500 000

（五）期末计提利息的核算

资产负债表日，根据权责发生制，企业需要按当期使用资金的时间长短和合同约定利率计算确认当期的利息费用。费用增加，借记"财务费用"账户。若借款合同约定当期的利息费用当期支付，银行存款减少，贷记"银行存款"账户；若借款合同约定的支付利息的时点晚于计提利息费用的时点，形成一项负债，贷记"应付利息"或"长期借款"账户。

【例4-7】延续〖例4-5〗20×2年12月31日，企业按照权责发生制计算确认短期借款的当期利息费用。即：

$$当期应确认的利息费用 = 500\ 000 \times 6\% \times \frac{2}{12} = 5\ 000（元）$$

这项经济业务中利息的实际支付时间为20×3年1月31日，期末（20×2年12月31日）按权责发生制确认利息费用时，暂不支付，形成负债。利息费用通过"财务费用"账户反映；利息的负债（20×2年12月31日至偿还日20×3年1月31日只有一个月的时间，属于流动负债）通过"应付利息"账户反映。费用增加登记在借方，负债增加登记在贷方。会计分录如下：

借：财务费用　　　　　　　　　　　　　　　　　　5 000
　　贷：应付利息　　　　　　　　　　　　　　　　　　　5 000

【例4-8】延续〖例4-6〗20×2年12月31日，企业按照权责发生制计算确认长期借款的当期利息费用。即：

$$当期应确认的利息费用 = 500\ 000 \times 6\% \times \frac{2}{12} = 5\ 000（元）$$

由于利息是到期支付，20×2年12月31日确认利息费用的同时仍然是增加负债。利息费用仍通过"财务费用"账户反映；但是在这笔业务中，确认"利息"负债的时间（20×2年12月31日）至实际偿还的时间（到期一次还本付息的长期借款，利息应于20×5年10月31日一次性偿还）超过1年，不属于流动负债，不能用"应付利息"账户反映该笔"利息"负债。实务中，到期一次还本付息的长期借款每期期末确认的利息负债通过"长期借款"账户反映。会计分录如下：

借：财务费用　　　　　　　　　　　　　　　　　　5 000
　　贷：长期借款　　　　　　　　　　　　　　　　　　　5 000

想一想：分期付息，到期一次还本的长期借款，资产负债表日计提利息费用如何进行会计核算？

（六）归还本息的核算

企业按借款合同约定归还本金时，银行存款减少，贷记"银行存款"账户；负债减少，借记"短期借款"或"长期借款"。

企业按借款合同约定支付借款利息时，有以下两种情况。

第一种情况：企业未对该笔借款计提过利息费用，需要在此时确认财务费用，费用增加，借记"财务费用"账户；资产减少，贷记"银行存款"账户。

第二种情况：该笔借款有已计提的利息费用和已确认的利息负债，本期偿还的利息包括上一期间已确认的负债和本期尚未确认的利息费用。偿还前期已计提的利息负债，借记"应付利息"或"长期借款"账户；确认本期应负担的利息费用，借记"财务费用"账户；支付的全部利息，贷记"银行存款"账户。

【例4-9】延续〖例4-5〗、〖例4-7〗20×3年1月31日，短期借款到期，企业偿还全部本金和利息。即

$$全部本金和利息 = 500\,000 + 500\,000 \times 6\% \times \frac{3}{12} = 507\,500 （元）$$

企业用银行存款偿还本息，银行存款减少507 500元，其中，500 000元偿还短期借款本金，剩下的7 500元支付3个月短期借款的利息。企业在20×2年12月31日已确认应属于20×2年的11月和12月两个月的利息费用5 000元，同时确认了5 000元"应付利息"。20×3年1月31日，借款到期时，还需确认属于20×3年的利息费用2 500元，计算如下：

$$20 \times 3 年 1 月的利息费用 = 500\,000 \times 6\% \times \frac{1}{12} = 2\,500 （元）$$

所以，企业偿还的利息7 500元中包括偿还上年的"应付利息"5 000元和本年的利息费用2 500元。应付利息减少、财务费用增加的同时银行存款减少。会计分录如下：

```
借：财务费用                          2 500
    应付利息                          5 000
    短期借款                        500 000
    贷：银行存款                              507 500
```

〖例4-5〗、〖例4-7〗、〖例4-9〗反映了企业向银行借入短期借款（借入、计息、偿还）的全部资金运动，上述经济业务活动的核算过程如图4-9所示。

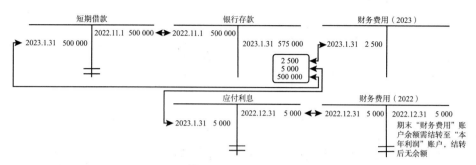

图 4 - 9 借入短期借款业务的核算过程

第三节　供应阶段经济业务的核算

供应过程的业务又称为生产准备业务。企业为了进行产品生产，必须购置或建造厂房、建筑物，购买机器设备，采购原材料等。供应阶段，货币资产最终转化为固定资产和原材料等资产。

一、主要经济业务分析

4 - 4　供应阶段的业务描述和账户设置

（一）付款方式与账户设置

企业购建固定资产和采购原材料可能有以下三种付款方式：现付、预付货款和赊购。采用不同付款方式，资金运动的过程有所不同。

1. 现付方式

现付，即"一手交钱，一手交货"，"钱货两清"。现付方式下，货币资产直接转化为原材料或固定资产，如图 4 - 10 所示。

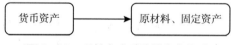

图 4 - 10 现付方式采购的资金运动

现付方式下，资产内部一增一减。一般通过"银行存款""原材料""固定资产"账户反映相关资产项目的增减变动。

2. 预付货款方式

预付货款是购货方先付货款，约定在未来某一时点收货的一种交易方式。企业通过预付货款方式采购通常包括三个环节：（1）预付货款；（2）收到相关资产；（3）款项结算。

企业预付货款时，没有获得原材料或固定资产等资产，而是获得了可以在未来某一时点获得原材料或固定资产的权利。所以，预付货款时，货币资产减少的同时增加一项债权。

当供应商将相关资产交付给企业时,这种权利真正转化为原材料或固定资产。原材料或固定资产增加,债权减少。

预付的货款和取得资产的价值不一定完全相等,企业和供应商之间要做最后的款项结算,多退少补。如果预付货款大于相关资产价值,供应商将多余货款退还企业,企业货币资产增加,冲减原确认的债权的金额;如果预付货款小于相关资产价值,企业需补付货款,企业货币资产减少,补充原确认的债权的金额。

为了完整反映货币资产是如何最终转化为原材料、固定资产的过程,企业需要设置反映该债权的账户"预付账款"。资金运动过程如图 4 - 11 所示。

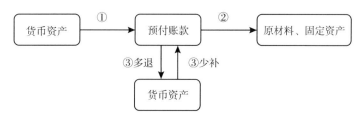

图 4 - 11　预付货款方式采购的资金运动

3. 赊购方式

赊购,是企业凭借自身的信用,采用分期付款或延期付款方式购买商品。企业通过赊购方式采购通常包括两个环节:(1) 收到相关资产;(2) 支付货款。

企业获得原材料或固定资产时没有立即支付货款从而形成企业的债务。此时资产增加,负债增加。

企业支付货款清偿债务时,货币资产减少,负债减少。

为了完整反映货币资产是如何最终转化为原材料、固定资产的过程,企业需要设置反映该负债的账户"应付账款"或"应付票据"等。"应付账款"和"应付票据"都是反映企业因赊购而尚未支付的款项。应付账款结算的依据是销售合同,而应付票据是由出票人出票、委托付款人在指定日期无条件支付特定的金额给收款人或者持票人的票据(商业汇票),有书面的还款承诺,信用级别更高。

资金运动过程如图 4 - 12 所示。

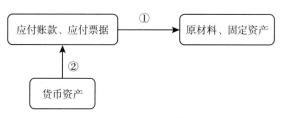

图 4 - 12　赊购方式采购的资金运动

（二）采购过程与账户设置

从采购行为发生到采购的资产能够达到可使用状态，往往需要一个过程，如图 4 - 13 所示。

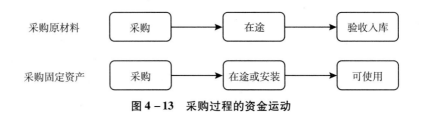

图 4 - 13　采购过程的资金运动

验收入库后的原材料为企业可供生产领用的材料，达到预定可使用状态的固定资产为可供企业生产经营用的固定资产。"原材料"和"固定资产"这两个账户仅反映上述状态的固定资产和原材料。为了完整地反映采购并形成相关资产的全过程，需要增加"在途物资"和"在建工程"账户，反映资产从采购到验收入库或达到预定可使用状态的中间状态。

如果购入的材料当即验收入库或者购入不需要安装即可达到预定可使用状态的固定资产，可以不通过上述两个过渡账户。

（三）成本计算与账户设置

企业采购过程中，除了采购价款外，还可能会发生其他支出，如采购的运费、保险费、装卸费等；购置需要安装才能使用的固定资产时，为使固定资产达到预定可使用状态还会发生安装支出。所以，供应过程会计核算的核心任务之一是计算成本，包括固定资产的购建成本和材料的采购成本。

采购过程中，相关支出可能是分次、逐笔发生的，每项支出发生在不同时点，面对不同的主体。如企业采购原材料，需要向供应商支付货款，向物流公司支付运费，向保险公司支付保险费等。所以，日常核算中，应根据经济业务的发生逐笔确认，逐次逐笔确认时通过"在途物资"和"在建工程"账户进行累加，最终将累计的采购总成本在原材料验收入库、固定资产达到预定可使用状态时记入"原材料""固定资产"账户。

以现付为例，结合上述的采购过程和成本计算，资金运动过程如图 4 - 14 所示。

图 4 - 14　现付采购成本计算示例

（四）增值税与账户设置

按照《中华人民共和国增值税法》的规定，增值税是对在我国境内销售货物或者加工、修理修配劳务，销售服务、无形资产、不动产以及进口货物的单位和个人，就其销售货物、劳务、服务、无形资产、不动产的增值额和货物进口金额为计税依据而课征的一种流转税。

增值税纳税人分为一般纳税人和小规模纳税人。一般纳税人采用购进扣税法，价外计税，价税分开，通过产品销售转嫁给购买者。产品销售收回货款时一并收回销项税额，采购支付货款时一并支付进项税额。因此，一般纳税人销售产品时需计算确认销项税额，采购时需计算确认可抵扣的进项税额，期末当期销项税额减去进项税额为应缴纳的增值税。即：

$$应交增值税 = 当期销项税额 - 当期进项税额$$

一般纳税人为核算增值税相关经济业务，需要设置"应交税费——应交增值税""应交税费——未交增值税"账户，并在"应交税费——应交增值税"账户下设置"销项税额""进项税额"等明细账户进行明细核算。

专栏 4 - 1

拓展：

1. 权责发生制与税费计提

我国现行税种有 18 个，包括增值税、消费税、资源税、城市维护建设税、土地增值税、房产税、车船税、城镇土地使用税、印花税等，大多数税种的缴纳通过先计提后缴纳的方式（税费归属期间与实际缴纳期间可能不一致），计提时需确认负债，均通过"应交税费"账户反映。"应交税费"账户属于负债类账户，计提相关税费时，通过在该账户下设二级账户反映不同税种的明细核算，如"应交税费——应交增值税""应交税费——应交消费税""应交税费——应交城市维护建设税"等。

2. 增值税二级账户和明细账户设置

增值税独特的计税原理使增值税会计核算非常复杂，"应交税费"除"应交增值税""未交增值税"二级账户外，还会根据核算需要增设其他二级账户反映增值税相关经济业务的会计核算；而"应交增值税——应交增值税"二级账户下也会根据需要在"进项税额""销项税额"外，增设"进项税额转出""已交税金"等多个明细账户进行明细核算。

注：①直接缴纳，无须通过"应交税费"核算的税种有：耕地占用税、契税、印花税、车辆购置税。

---

②本教材主要讲解增值税基本涉税事项的会计处理，涉及"应交税费——应交增值税"下"进项税额"和"销项税额"两个明细科目的会计核算，其他明细科目后续课程讲解。

二、主要账户

(一)"固定资产"账户

"固定资产"账户属于资产类账户，用来核算企业为生产商品、提供劳务、出租或经营管理而持有的，使用寿命超过一个会计年度的有形资产。固定资产具有使用寿命长，单位价值较高，在使用过程中不改变其原有的实物形态等特点，包括厂房、机器设备、运输工具等劳动资料。固定资产按其实际成本（又称原始价值）入账，其实际成本是使固定资产达到预定可使用状态前的一切合理的支出，包括买价、运杂费、包装费、安装调试费等。投资者投入的固定资产按双方合同或协议价入账，价值不公允的除外。

"固定资产"账户的借方登记增加的不需要经过建造、安装即可使用的固定资产原始价值或者建造完工从在建工程转入的固定资产原始价值；贷方登记减少的固定资产原始价值；期末余额在借方，表示企业期末结存的固定资产原始价值。该账户可按固定资产类别和项目设置明细账户。"固定资产"账户的结构如图 4-15 所示。

借方	固定资产	贷方
期初余额		
购买即可使用或从"在建工程"账户转入等增加的固定资产原始价值	转让、报废等减少的固定资产原始价值	
结存的固定资产原始价值		

图 4-15 "固定资产"账户

(二)"在建工程"账户

"在建工程"账户属于资产类账户，用来核算企业在购置或建造固定资产过程中所发生的支出。企业购置需要安装的固定资产或建造固定资产，先通过"在建工程"账户核算，待固定资产达到预定可使用状态时，再转到"固定资产"账户。

"在建工程"账户的借方登记购入需安装或建造的固定资产的买价、运杂费、包装费以及安装调试费等；固定资产达到预定可使用状态时，将借方归集的全部成本从"在建工程"账户的贷方转入"固定资产"账户的借方，构成固定资产的原始价值。期末余额在借方，反映企业尚未达到预定可使用状态的在建工程累计成本。"在建工程"账户的结构如图 4 - 16 所示。

图 4 - 16 "在建工程"账户

（三）"在途物资"账户*

"在途物资"账户属于资产类账户，用来核算实际成本法下企业购入各种材料物资的买价和采购费用，据以计算材料实际采购成本。该账户借方登记购入材料物资的买价和采购费用；材料验收入库时，将借方归集的验收入库的材料物资的实际成本从"在途物资"账户的贷方转入"原材料"账户的借方。期末余额在借方，反映尚未验收入库的在途物资的采购成本。"在途物资"账户可按供应单位和物资品种、类别设置明细账户。"在途物资"账户的结构如图 4 - 17 所示。

借方	在途物资	贷方
期初余额		
买价、采购费用	结转验收入库材料物资的实际成本	
尚未验收入库的在途材料（物资）的实际成本		

图 4 - 17 "在途物资"账户

（四）"原材料"账户

"原材料"账户是资产类账户，用来核算企业库存各种材料的增减变动及其结余情况。该账户借方登记已验收入库材料的实际成本（或计划成本），贷方登记发出材料的实际成本（或计划成本），期末借方余额表示库存各种材料

---

* 注：企业材料的日常核算可以采用实际成本法或计划成本法，计划成本法下通过"材料采购"反映购入材料的采购成本，另外还要增设"材料成本差异"账户，核算材料实际成本与计划成本的差异。本教材关于材料的日常核算均假设采用实际成本法，计划成本法下的会计账户及具体核算后续课程进行详细讲解。

的实际成本（或计划成本）。"原材料"账户可按照材料的保管地点（仓库）、材料类别及品种、规格设置明细账户。"原材料"账户的结构如图 4 – 18 所示。

借方	原材料	贷方
期初余额		
入库材料的实际成本（或计划成本）	结转发出材料的实际成本（或计划成本）	
库存材料的实际成本（或计划成本）		

图 4 – 18 "原材料"账户

想一想："在途物资"账户和"原材料"账户反映的原材料有何不同？

（五）"应付账款"账户

"应付账款"是负债类账户，用来核算企业因购买材料、商品和接受劳务等与供应商发生的结算债务的增减变动及其结存情况。该账户的贷方登记因购买材料、商品或接受劳务供应等而发生的应付未付的账款，包括买价、税费和代垫的运杂费等；借方登记偿还的应付款项；余额一般在贷方，表示尚未偿还的应付款项。"应付账款"可按照债权人设置明细账户，其账户的结构如图 4 – 19 所示。

借方	应付账款	贷方
	期初余额	
偿还的应付供应商款项	增加的应付供应商款项	
	尚未偿还的应付账款	

图 4 – 19 "应付账款"账户

（六）"应付票据"账户

"应付票据"账户属于负债类账户，用来核算企业因购买材料、商品和接受劳务而开出或承兑的商业汇票，包括银行承兑汇票和商业承兑汇票。其贷方登记开出或承兑商业汇票的数额；借方登记支付的票据金额；余额在贷方，表示企业尚未到期的应付票据数额。该账户可按债权人设置明细账户，同时另设置"应付票据备查簿"登记其具体内容。"应付票据"账户的结构如图 4 – 20 所示。

借方	应付票据	贷方
	期初余额	
本期偿还、到期的商业汇票款的减少额	本期开出、承兑商业汇票款的增加额	
	尚未到期应付票据结余额	

图 4 - 20　"应付票据"账户

（七）"预付账款"账户

"预付账款"属于资产类账户，用来核算企业按照合同规定预付给供应单位的款项。如预付的材料、商品采购款，在建工程价款等。该账户借方登记按照合同规定预付给供应单位的货款和补付的款项；贷方登记收到所购货物而冲销的预付账款和供应商退回多付的款项。期末余额在借方，反映企业实际预付的款项；期末如为贷方余额，此时"预付账款"属于负债性质的账户，反映企业尚未补付的款项。"预付账款"账户可按供货单位设置明细账户，其账户的结构如图 4 - 21 所示。

借方	预付账款	贷方
期初余额		
向供应单位预付款项	冲销预付供应单位的款项	
补付的款项	供应商退回多付的款项	
已预付尚未结算的预付款	尚未补付的款项	

图 4 - 21　"预付账款"账户

注意：对于预付账款业务不多的企业，可以不单独设置"预付账款"账户，而将预付的款项直接记入"应付账款"账户的借方，此时，"应付账款"账户就成为双重性质的账户。

（八）"应交税费——应交增值税"账户、"应交税费——未交增值税"账户

"应交税费——应交增值税"和"应交税费——未交增值税"均属于负债类账户。

"应交税费——应交增值税"账户的借方登记企业购进货物或接受应税劳务等支付的准予抵扣的增值税进项税额，贷方登记销售货物或提供应税劳务等应收取的增值税销项税额。期末，借贷相抵，可能出现两种情况。如果贷方金额大于借方金额，余额在贷方，表示应交未交的增值税；如果借方金额大于贷方金额，余额在借方，表示多交的增值税或尚未抵扣留在以后期间继续抵扣的增值税进项税额。期末，需将贷方的应交未交以及借方多交的增值税转出。该

账户结构如图 4 - 22 所示。

借方	应交税费——应交增值税	贷方
期初余额：上期留抵税额		
进项税额	销项税额	
……	……	
转出未交增值税	转出多交增值税	
期末余额：留待下期抵扣的增值税		

图 4 - 22　"应交税费——应交增值税"账户

"应交税费——应交增值税"账户如果期末有余额，余额应在借方，反映企业本期尚未抵扣完，留待下期继续抵扣的增值税。

期末，"应交税费——应交增值税"账户转出的应交未交或本期多交的增值税转入"应交税费——未交增值税"账户。下期实际缴纳时，通过"应交税费——未交增值税"的借方反映。

4 -5　供应
阶段经济
业务的会
计核算

三、会计核算

（一）购置固定资产业务的核算

固定资产按其取得时的实际成本入账，即为购建某项固定资产达到可使用状态前所发生的一切合理、必要的支出。

如果企业购入不需要安装的设备，直接按实际成本记入"固定资产"账户的借方，实际成本包括买价、运杂费、包装费用、缴纳的有关税费等，不包括可以抵扣的增值税进项税额。如果企业购入的是需要安装的设备，则应先通过"在建工程"账户核算其采购和安装成本，将其购进时支付的买价、运杂费、包装费以及安装时发生的安装费用记入"在建工程"账户的借方。安装工程完工交付使用时，将"在建工程"累计借方发生额从"在建工程"账户的贷方转入"固定资产"账户的借方。下面举例说明固定资产购置业务的核算。

【例 4 - 10】某企业购入不需要安装的机器设备一台，取得的增值税专用发票上注明的价款为 50 000 元，增值税税额为 6 500 元（税率为 13%）。另支付运费并取得增值税专用发票，注明运费 1 500 元，增值税税额为 135 元（税率为 9%）；支付包装费并取得增值税专用发票，注明包装费 500 元，增值税税额为 30 元（税率为 6%）。全部款项以银行存款支付。

根据上述信息，计算企业购入固定资产的实际成本为 52 000（50 000 + 1 500 + 500）元，可以抵扣的增值税税额为 6 665（6 500 + 135 + 30）元。

该笔经济业务，企业购入无须安装的固定资产，一方面按实际成本记入"固定资产"账户的借方，按准予从销项税额中抵扣的增值税额记入"应交税费——应交增值税"账户的借方；另一方面按减少的银行存款58 665（52 000 + 6 665）元，记入"银行存款"账户的贷方。会计分录如下：

借：固定资产　　　　　　　　　　　　　　　52 000
　　应交税费——应交增值税（进项税额）　　　6 665
　　　贷：银行存款　　　　　　　　　　　　　　　58 665

【例4-11】某企业购入需要安装的机器设备一台，取得的增值税专用发票上注明的价款为100 000元，增值税税额为13 000元，支付运费并取得增值税专用发票，注明运费5 000元，增值税税额为450元，全部款项以银行存款支付。

该笔业务是购入需要安装的固定资产，一方面使企业的在建工程支出增加105 000（100 000 + 5 000）元，可以抵扣的增值税进项税额为13 450（13 000 + 450）元；另一方面使企业银行存款减少118 450（100 000 + 13 000 + 5 000 + 450）元。在建工程支出增加，应记入"在建工程"账户的借方，准予从销项税额中抵扣的增值税额应记入"应交税费——应交增值税"账户的借方；银行存款减少应记入"银行存款"账户的贷方。会计分录如下：

借：在建工程　　　　　　　　　　　　　　　105 000
　　应交税费——应交增值税（进项税额）　　　13 450
　　　贷：银行存款　　　　　　　　　　　　　　　118 450

【例4-12】沿用〖例4-11〗的资料，该项固定资产在安装过程中耗用原材料3 500元，发生人工费1 500元，人工费尚未支付。

耗用原材料使原材料减少3 500元，发生人工费1 500元并尚未支付，使企业应付职工薪酬增加1 500元；耗用原材料和发生的人工费使在建工程支出增加5 000（3 500 + 1 500）元。会计分录如下：

借：在建工程　　　　　　　　　　　　　　　5 000
　　　贷：原材料　　　　　　　　　　　　　　　3 500
　　　　　应付职工薪酬　　　　　　　　　　　　1 500

【例4-13】安装工作完毕，经验收合格交付使用。

该笔经济业务说明固定资产已达到可使用状态，应结转在建工程的成本，即由"在建工程"账户转到"固定资产"账户。按"在建工程"账户归集的实际成本从"在建工程"的贷方转入"固定资产"账户的借方。会计分录如下：

借：固定资产　　　　　　　　　　　　　　　110 000
　　　贷：在建工程　　　　　　　　　　　　　　　110 000

〖例4-11〗、〖例4-12〗、〖例4-13〗反映了企业取得需要安装的固定资产的全部资金运动，上述经济业务的核算过程如图4-23所示。

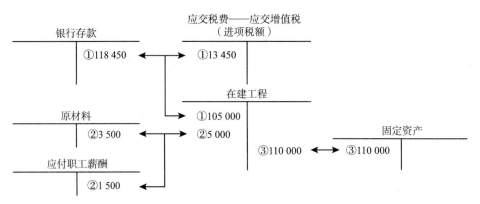

图 4 - 23 需要安装的购置固定资产业务的核算过程

(二) 材料采购业务的核算

供应阶段的另一主要经济业务是采购材料,材料是制造业企业在生产经营过程中为耗用而储存的流动资产,属于存货的一种。材料作为生产过程中必不可少的物质要素,与固定资产的区别在于:固定资产在使用中不改变其实物形态,其价值是通过计提折旧分次计入相应的成本费用中;而材料一经投入生产后,经过加工而改变其原有的实物形态,并构成产品的实体,或被消耗而有助于生产的进行、产品的形成,与此同时,其价值一次全部地转移到产品中,成为产品成本的重要组成部分。

制造企业为采购材料所发生的支出,构成材料的实际采购成本,主要包括支付材料的买价、各种采购费用以及应计入材料成本的各种税费。其中,买价即企业采购材料时,按发票价格支付的货款。各种采购费用,即企业在采购材料过程中所支付的各项费用,如运输费、装卸费、保险费、包装费、中途仓储费、运输途中的合理损耗、材料入库前的挑选整理费等。材料采购成本不包括可以抵扣的增值税进项税额,但凡是按规定不得抵扣的增值税,则应计入材料采购成本。

材料采购业务,主要包括核算材料采购成本,材料验收入库结转材料实际采购成本以及与供应商货款的结算等经济业务。企业购入材料,按应计入材料采购成本的金额,借记“在途物资”账户,按可抵扣的增值税税额,借记“应交税费——应交增值税 (进项税额)”账户,按实际支付或应付的款项,贷记“银行存款”“应付票据”“应付账款”等账户。所购材料到达验收入库,借记“原材料”等账户,贷记“在途物资”账户。

【例 4 - 14】某企业向 A 企业购买甲材料,收到 A 企业开具的增值税专用发票,数量为 2 000 千克,单价为 1 元/千克,不含税价款为 2 000 元,增值税税额为 260 元,价税合计 2 260 元,以银行存款支付。

该项业务,一方面发生材料买价 2 000 (1 × 2 000) 元,它是构成材料采购成本的主要部分,应记入“在途物资”账户的借方;同时因购买材料而支付的、准予从销项税额中扣抵的增值税额为 260 元,应记入“应交税费——应交增值税"账户的借方。另一方面，材料价款和增值税款以银行存款支付，应记入"银行存款"账户的贷方。会计分录如下：

```
借：在途物资——甲材料                    2 000
    应交税费——应交增值税（进项税额）       260
    贷：银行存款                              2 260
```

【例 4 - 15】某企业向 B 企业购入乙材料 3 000 千克，单价为 4 元/千克；丙材料 2 000 千克，单价为 3 元/千克。取得增值税专用发票，注明的采购价款为 18 000 元，增值税税率为 13%，增值税税额为 2 340 元。货款以商业汇票付讫。

这笔经济业务的发生，一方面表明乙、丙两种材料的买价分别是 12 000 元和 6 000 元，应记入"在途物资"账户的借方，可以抵扣的增值税税额 2 340 元记入"应交税费——应交增值税"账户的借方；另一方面表明货款以商业汇票支付，形成企业对供应单位的债务，应记入"应付票据"账户的贷方。

```
借：在途物资——乙材料                    12 000
        ——丙材料                         6 000
    应交税费——应交增值税（进项税额）      2 340
    贷：应付票据                             20 340
```

【例 4 - 16】沿用例〖例 4 - 15〗，企业用银行存款支付以上两种材料的运杂费 3 000 元（假设不考虑运杂费的增值税）。

运杂费属于材料的采购费用，应计入材料的采购成本。但本例的运杂费是为乙和丙两种材料共同发生的，应由两种材料共同负担。为了计算确定每一种材料的实际采购成本，应将这笔采购费用在所采购的材料之间加以分配。常用的分配标准有重量、体积、买价、数量等。

本例假设以乙和丙材料的重量为分摊标准，则该采购费用的分摊如下：

分摊率 = 3 000/（3 000 + 2 000）= 0.6（元/千克）
乙材料应分摊的运杂费 = 3 000 × 0.6 = 1 800（元）
丙材料应分摊的运杂费 = 2 000 × 0.6 = 1 200（元）

根据以上分摊结果，编制会计分录如下：

```
借：在途物资——乙材料                    1 800
        ——丙材料                        1 200
    贷：银行存款                              3 000
```

【例 4 - 17】企业以银行存款预付给 C 企业购买甲材料的货款 10 000 元。

该业务的发生，一方面使预付账款增加 10 000 元；另一方面使银行存款减少 10 000 元，涉及"预付账款""银行存款"两个账户。预付账款的增加应记入"预付账款"账户的借方，银行存款的减少应记入"银行存款"账户的贷方。会计分录如下：

```
借：预付账款——C 企业                    10 000
    贷：银行存款                             10 000
```

【例 4 - 18】沿用〖例 4 - 17〗，C 企业发出甲材料 9 000 千克，取得增值税专用发票，注明该材料不含税价款为 9 500 元，增值税进项税额 1 235 元。另发生运杂费 500 元（假设运杂费不考虑增值税）。全部应付款项共计 11 235 元，冲销原预付货款 10 000 元后，不足部分以银行存款补付。

收到账单、发票时，一方面使材料采购成本增加 10 000 元，增值税进项税额增加 1 235 元；另一方面使预付账款减少 11 235 元。补付贷款时，银行存款减少 1 235（11 235 – 10 000）元。因此，这项业务涉及"在途物资""应交税费——应交增值税（进项税额）""预付账款""银行存款"四个账户。材料采购成本应记入"在途物资"账户的借方，增值税进项税额应记入"应交税费——应交增值税（进项税额）"账户的借方，预付账款的减少应记入"预付账款"账户的贷方。编制会计分录如下：

　　借：在途物资——甲材料　　　　　　　　　　　　　　10 000
　　　　应交税费——应交增值税（进项税额）　　　　　　1 235
　　　　贷：预付账款——C 企业　　　　　　　　　　　　　　11 235

　　想一想：此时"预付账款"账户的余额在哪一方？反映的经济含义是什么？

与 C 企业进行款项结算，补付的款项应记入"预付账款"账户的借方和"银行存款"账户的贷方。补付款项时，编制会计分录如下：

　　借：预付账款——C 企业　　　　　　　　　　　　　　1 235
　　　　贷：银行存款　　　　　　　　　　　　　　　　　　1 235

【例 4 – 19】沿用〖例 4 – 14〗~〖例 4 – 18〗月末以上材料均验收入库，结转材料的实际成本。

结转验收入库材料的实际成本可以在每笔材料验收入库时逐笔结转。但在实际工作中，由于材料采购业务频繁发生，且各种采购费用可能在材料验收入库后陆续入账。因此，结转已验收材料实际采购成本的会计处理往往是在月末汇总进行。结转验收入库材料的实际成本，即从"在途物资"账户的贷方转入"原材料"账户的借方。但需注意，结转时应按照明细科目对应结转。

上述经济业务，先计算各种材料的实际采购成本，根据有关资料，本月购买甲、乙、丙材料的实际成本为：

甲材料：2 000 + 10 000 = 12 000（元）

乙材料：12 000 + 1 800 = 13 800（元）

丙材料：6 000 + 1 200 = 7 200（元）

根据各材料实际成本，编制会计分录为：

　　借：原材料——甲材料　　　　　　　　　　　　　　　12 000
　　　　　　——乙材料　　　　　　　　　　　　　　　　13 800
　　　　　　——丙材料　　　　　　　　　　　　　　　　7 200

　　　　贷：在途物资——甲材料　　　　　　　　　　　　　　12 000

　　　　　　　　　——乙材料　　　　　　　　　　　　　　13 800

　　　　　　　　　——丙材料　　　　　　　　　　　　　　 7 200

材料采购业务的核算过程如图4-24所示。

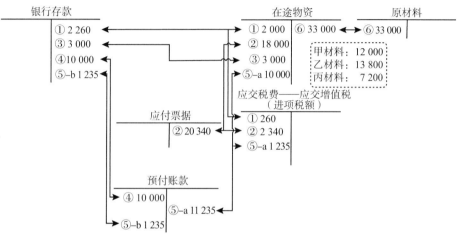

图4-24　材料采购业务的核算过程

专栏4-2

成本计算账户

　　"在建工程"和"在途物资"账户性质上有什么共同的特点？

　　"在建工程"和"在途物资"是企业购置固定资产和采购原材料相关业务使用的账户，从采购行为发生到固定资产达到预定可使用状态前或原材料验收入库前通过上述两个账户进行会计核算。

　　购置固定资产和采购原材料过程中会发生很多与采购资产相关的成本，如采购价款、运输费、装卸费等。"在建工程"和"在途物资"两个账户有一个共同的特点：都是"成本计算账户"，归集采购过程中应计入相关资产的各种成本，待采购结束计算成本计算对象的总成本，结转至相关资产账户。

　　成本计算账户是用来核算经营过程中发生的、应计入成本的全部费用，并确定各成本对象实际成本的账户。成本计算账户以成本计算对象设置明细分类账户，进行明细分类核算；明细分类账户同时提供价值指标和实物指标。借方按费用发生时点逐笔登记相关支出，固定资产达到预定可使用状态或原材料验收入库时，将汇总的总成本从贷方转出。

　　企业设置和运用成本计算账户，有利于正确计算成本，考核有关成本计划或预算的执行和完成情况。

第四节　产品生产过程经济业务的核算

制造企业产品生产过程，是工人借助于劳动资料对劳动对象进行加工，生产出劳动产品的过程。

4 -6　产品生产过程的业务描述和账户设置

一、主要经济业务分析

从原材料投入生产到产品完工，既是产品制造过程，又是物化劳动（劳动资料和劳动对象）和活劳动的消耗过程。产品生产过程的经济业务主要包括：生产费用的发生、归集、分配和产品实际成本的核算。

（一）产品成本构成

产品生产过程中的各种耗费，包括：生产产品所消耗的原材料、辅助材料、燃料和动力，生产工人的工资，厂房和机器设备等固定资产的折旧费，以及管理和组织生产、为生产服务而发生的各种费用等构成了产品成本。产品成本要按一定成本对象（产品品种、批次等）进行归集，企业需合理确定各成本对象的总成本和单位成本。从生产费用是否能直接归集到成本对象划分，产品成本包括直接材料、直接人工和制造费用。制造费用是生产车间发生的不能直接归属于某一成本对象的生产耗费。如企业生产车间生产甲、乙两种产品，生产车间的水电费不能直接归属于某一产品，需要采用一定的方法在两种产品之间进行分配。

（二）资金运动过程与账户设置

生产过程资金运动如图 4 - 25 所示。

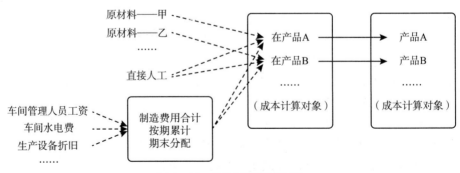

图 4 - 25　生产过程资金运动

综上，为归集不能直接归属于某一成本对象的生产耗费，设置"制造费用"账户；为准确核算每一成本对象的产品成本，设置"生产成本"账户，归集直接归属于该成本对象的生产耗费和分配到该成本对象的间接费用。

（三）权责发生制与固定资产折旧

以生产车间的机器设备为例，款项支付在前，实际使用在后，通过在未来的若干年内使用机器设备生产产品获取经济利益。按照权责发生制，企业应在每一会计期间按当期使用机器设备的损耗确认当期的费用。企业采购设备时，采购设备的取得成本应先确认为固定资产；在固定资产的预计使用期限内，再采用一定的方法将固定资产的取得成本进行分摊。每期期末确认当期应负担的费用，会计上称为"计提折旧"。

为详细提供固定资产相关价值的信息，计提折旧时不直接冲减已入账的固定资产的原始价值，而是另外设置"累计折旧"账户反映计提折旧的情况。该账户每期的发生额即该期计提折旧的金额，该账户的期末余额即截至该期期末固定资产累计折旧的总额。由于该账户反映的是固定资产的减少，所以每期计提折旧时，记入该账户的贷方。

与生产车间的机器设备类似，企业其他部门的固定资产也是通过"计提折旧"的方式在固定资产预计使用期限内按期确认费用。确认固定资产折旧费用时，遵循"谁受益，谁负担"的原则，根据固定资产的使用部门确认为不同的成本费用。主要使用部门与账户对应关系如表4-4所示。

表4-4　　　　　　　固定资产主要使用部门与账户对应关系

主要使用部门	账户
生产车间固定资产	制造费用
专设销售机构	销售费用
管理部门	管理费用

生产车间使用的固定资产通常由几种产品共同使用，计提折旧时先归集汇总到"制造费用"，月末再分配到具体的成本对象。

（四）权责发生制与职工薪酬确认

职工薪酬是企业支付给职工的劳动报酬，通常当月月末核算，下月发放。职工薪酬的确认与发放是两笔经济业务。按照权责发生制，企业每月月末确认当月应负担的职工薪酬费用，成本费用增加的同时确认负债。确认费用时，按照"谁受益，谁负担"的原则，根据职工所在岗位确认不同的成本费用，主要岗位职工薪酬与账户对应关系如表4-5所示。

其中，生产车间生产工人的薪酬（按件计酬、按时计酬等）可以直接归集到具体的成本计算对象，生产车间管理人员的薪酬先归集到制造费用，月末再分配到具体的成本计算对象。

表 4 – 5   主要岗位职工薪酬与账户对应关系

主要岗位	账户
生产车间生产工人	生产成本——××产品
生产车间管理人员	制造费用
专设销售机构人员	销售费用
管理部门	管理费用

二、主要账户

(一)"生产成本"账户

"生产成本"账户属于成本类账户,用来核算企业生产产品所发生的各项生产费用,并据以确定产品实际生产成本。它的借方登记发生的全部生产费用,包括直接材料、直接人工和制造费用;贷方登记结转的完工产品的实际生产成本;月末余额在借方,表示生产过程中尚未完工的在产品实际生产成本。生产成本账户可按基本生产成本和辅助生产成本设置明细分类账户。基本生产成本应当分别按照基本生产车间和成本核算对象(产品的品种、类别、订单、批别、生产阶段等)设置明细账户(或成本计算单),并按照规定的成本项目设置专栏。

"生产成本"账户结构如图 4 –26 所示。

借方	生产成本	贷方
期初余额		
直接材料	结转完工入库产品的生产成本	
直接人工		
期末结转来的间接制造费用		
尚未制造完工在产品的成本		

图 4 –26 "生产成本"账户

想一想:
"生产成本"账户是不是成本计算账户?

(二)"制造费用"账户

"制造费用"属于成本类账户,用来归集和分配企业为生产产品和提供劳务而发生的各项间接费用,包括车间管理人员的工资及福利费,车间的固定资产折旧费、修理费、办公费、水电费、机物料消耗、劳动保护费,季节性停工损失及修理期间的停工损失等,以及车间内其他不能直接计入产品生产成本的费用。它在借方登记月份内发生的各种制造费用;贷方登记分配结转应由各成本对象负担的制造费用;月末一般无余额。"制造费用"账户可按不同的生产车间、部门和费用项目设置明细账户。该账户的结构如图 4 – 27 所示。

借方	制造费用	贷方
为生产产品所发生的间接费用	期末分配转入生产成本的制造费用	

图 4 – 27 "制造费用"账户

想一想:

"生产成本"和"制造费用"都是生产车间归集产品成本的账户,为什么两个账户的明细账户设置不同?

（三）"应付职工薪酬"账户

"应付职工薪酬"是负债类账户,反映企业根据有关规定应付给职工的各种薪酬,包括工资、职工福利、社会保险费、住房公积金、工会经费、职工教育经费及解除职工劳动关系补偿等。账户的贷方登记应付职工的薪酬总额,借方反映实际支付的职工薪酬,期末贷方余额反映应付未付的职工薪酬。该账户可按照"工资""职工福利""社会保险费""住房公积金"等应付职工薪酬项目设置明细账户。"应付职工薪酬"账户结构如图 4 – 28 所示。

借方	应付职工薪酬	贷方
	期初余额	
实际支付的职工薪酬	应付的各种职工薪酬	
	应付未付的职工薪酬	

图 4 – 28 "应付职工薪酬"账户

（四）"库存商品"账户

"库存商品"属于资产类账户,核算企业库存的各种商品成本的增减变动情况。制造业企业的库存商品主要是指产成品,该账户反映企业已完成全部生产过程并已验收入库可供销售的产品的实际成本。"库存商品"账户的借方登记已经完工验收入库的各种产品的实际生产成本;其贷方登记已经出库（销售等原因）的各种产品的实际生产成本;余额在借方,反映企业库存产成品的实际成本。该账户可按产成品的品种、规格或类别设置明细账户。"库存商品"

账户的结构如图 4 - 29 所示。

借方	库存商品	贷方
期初余额		
完工入库的产品的实际生产成本	出库的产成品的实际生产成本	
库存产成品的实际生产成本		

图 4 - 29　"库存商品"账户

专栏 4 - 3

盘 存 账 户

"银行存款""原材料""固定资产"和"库存商品"这些账户性质上有什么共同的特点?

这些账户反映企业拥有的货币资金和财产物资的增减变动及结存情况,称为盘存账户。企业提供的会计信息应建立在账实相符的基础上。为满足提供会计信息和经营管理需要,盘存类账户期末需要进行账实核对。除货币资金和债权类账户外,其他盘存类明细账户除反映价值指标外,还需反映实物指标,保证账实相符。

(五)"累计折旧"账户

"累计折旧"账户是"固定资产"账户的备抵账户,它是用来核算固定资产因磨损而减少的价值。贷方登记固定资产价值减少,即折旧的增加额;借方登记折旧的减少额。通常在固定资产使用期间内,累计折旧额只增加,不减少;但在固定资产出售、报废等时需要将"固定资产"和"累计折旧"两个账户的金额全部冲减,反映该项资产的处置。此时,借方登记该项固定资产已提的全部累计折旧。该账户的余额在贷方,反映现有固定资产已提累计折旧数。"固定资产"账户的借方余额减去"累计折旧"账户的贷方余额,为现有固定资产的净值。"累计折旧"账户可按照固定资产的类别或项目设置明细账户。

"累计折旧"账户结构如图 4 - 30 所示。

借方	累计折旧	贷方
	期初余额	
因固定资产出售、报废等转销的折旧额	提取的固定资产折旧额	
	固定资产的累计折旧额	

图 4 - 30　"累计折旧"账户

> **专栏 4 - 4**
>
> ### 调 整 账 户
>
> "累计折旧"账户是和"固定资产"账户对应的账户。每个资产负债表日,通过上述两个账户的余额相抵反映企业固定资产的折余价值。"累计折旧"账户是用来调整"固定资产"原值而设置的账户。
>
> 用来调整有关账户的账面余额而设置的账户称为调整账户。在会计核算中,由于管理上的特殊需要或其他原因,对某些会计要素的具体项目,需要用两种不同的数字来记录和反映,相应地需要设置两个账户,一个账户用来核算会计要素具体项目的原始数字;另一个账户用来核算会计要素具体项目对原始数字的调整数。
>
> 根据调整账户对原始数字调整的增减不同,有备抵调整账户、附加调整账户和备抵附加调整账户。"备抵":调减;"附加":调增;"备抵附加":可能调增也可能调减。"累计折旧"账户是"固定资产"账户的备抵调整账户。
>
> 调整账户与被调整账户反映的经济内容相同,被调整账户与备抵调整账户的余额方向相反,被调整账户与附加调整账户的余额方向相同。

三、会计核算

生产过程的主要经济业务包括:生产费用的发生、归集、分配以及产品成本的计算。下面通过举例来说明生产过程主要经济业务的核算。假定某企业20×3年12月发生下列经济业务。

【例 4 - 20】本月生产车间领用材料及用途汇总如表 4 - 6 所示。

4 - 7　产品生产过程经济业务的会计核算

表 4 - 6 　　　　　　　　　　材料领用汇总　　　　　　　　　　单位:元

用途	甲材料	乙材料	合计
A 产品	180 000	100 000	280 000
B 产品	120 000	100 000	220 000
车间一般耗用	5 000	5 000	10 000
合计	305 000	205 000	510 000

该笔经济业务使企业当月库存甲材料减少 305 000 元,乙材料减少 205 000元,合计 510 000 元。同时,使生产费用增加 510 000 元:其中,直接用于生产 A 产品 280 000 元、B 产品 220 000 元,应直接计入产品成本;车间一般耗

用材料 10 000 元，属于间接费用，应记入制造费用。这项经济业务涉及"原材料""生产成本""制造费用"三个账户。库存材料的减少应记入"原材料"账户的贷方；生产费用的增加，应按照其在生产过程中的用途，分别记入"生产成本"和"制造费用"账户的借方。编制会计分录如下：

借：生产成本——A 产品   280 000

     ——B 产品   220 000

  制造费用   10 000

  贷：原材料——甲材料   305 000

     ——乙材料   205 000

【例 4 – 21】根据工资结算单，分配本月工资费用 550 000 元，其中，生产 A 产品工人工资 260 000 元，生产 B 产品工人工资 190 000 元，车间管理人员工资 45 000 元，企业行政管理人员工资 55 000 元。

该笔经济业务的发生，一方面使本月发生应付职工薪酬 550 000 元，应记入"应付职工薪酬"账户的贷方；另一方面反映工资费用增加了 550 000 元。其中，制造 A、B 产品的生产工人工资属于直接费用，应直接记入产品成本，记入"生产成本"账户的借方；车间和厂部管理人员工资分别属于间接费用和期间费用，应分别记入"制造费用"和"管理费用"账户的借方。编制会计分录如下：

借：生产成本——A 产品   260 000

     ——B 产品   190 000

  制造费用   45 000

  管理费用   55 000

  贷：应付职工薪酬   550 000

【例 4 – 22】以银行存款支付本月水电费 30 000 元，其中，生产车间的水电费为 25 000 元，行政管理部门的水电费为 5 000 元。

该笔经济业务的发生，一方面使企业的银行存款减少 30 000 元，记入"银行存款"账户的贷方；另一方面企业的制造费用和管理费用增加，分别记入"制造费用"账户的借方 25 000 元以及"管理费用"账户的借方 5 000 元。编制会计分录如下：

借：制造费用   25 000

  管理费用   5 000

  贷：银行存款   30 000

【例 4 – 23】以银行存款支付本月车间机器设备的保险费 22 000 元，维修费 10 000 元。

该笔经济业务的发生，一方面使企业的银行存款减少 32 000 元，记入"银行存款"账户的贷方；另一方面企业的制造费用增加了 32 000 元，记入"制造费用"账户的借方。编制会计分录如下：

借：制造费用　　　　　　　　　　　　　　　　　　　32 000
　　贷：银行存款　　　　　　　　　　　　　　　　　　32 000

【例 4 – 24】计提本月固定资产折旧 36 000 元，其中，生产车间使用的固定资产应提折旧 28 000 元，行政管理部门使用的固定资产应提折旧 8 000 元。

计提固定资产折旧时，应按固定资产的用途计入不同的成本费用中，生产车间固定资产计提折旧应记入"制造费用"账户，行政管理部门使用的固定资产计提折旧，应记入"管理费用"账户。

"制造费用"和"管理费用"增加，应分别记入相应账户的借方；固定资产累计损耗的增加，应记入"累计折旧"账户的贷方。编制会计分录如下：

借：制造费用　　　　　　　　　　　　　　　　　　　28 000
　　管理费用　　　　　　　　　　　　　　　　　　　　8 000
　　贷：累计折旧　　　　　　　　　　　　　　　　　36 000

【例 4 – 25】月末，按生产 A、B 两种产品当月的生产工时比例分配制造费用，A 产品生产工时为 800 小时，B 产品生产工时为 600 小时。

制造费用是产品生产成本的组成部分，月末应将月内归集的制造费用分配转入"生产成本"账户，以反映各产品的生产成本。可供选择的分配标准有：生产工人工资、生产工时、机器工时等。本例要求以 A、B 两种产品当月的生产工时比例作为分配标准进行分配，其计算如下：

本月发生的制造费用 = 10 000 + 45 000 + 25 000 + 32 000 + 28 000 = 140 000（元）

制造费用的分配率 = 140 000/（800 + 600）= 100

A 产品应负担的制造费用 = 800 × 100 = 80 000 （元）

B 产品应负担的制造费用 = 600 × 100 = 60 000 （元）

该笔经济业务的发生，一方面生产成本增加 140 000 元，记入"生产成本"账户的借方，其中，A 产品生产成本增加 80 000 元，B 产品生产成本增加 60 000 元；另一方面制造费用因结转而减少 140 000 元，记入"制造费用"账户的贷方。编制会计分录如下：

借：生产成本——A 产品　　　　　　　　　　　　　　80 000
　　　　　　——B 产品　　　　　　　　　　　　　　60 000
　　贷：制造费用　　　　　　　　　　　　　　　　140 000

想一想：

1. 企业应该如何选择制造费用分配标准？

2. 如果企业只生产一种产品，是否需要设置"制造费用"账户？

【例 4 – 26】月初"生产成本——A 产品"账户的借方余额为 0，"生产成

本——B 产品"账户的借方余额为 10 000 元。月末，投产的 A 产品尚未制造完工；B 产品全部制造完工并已验收入库，按其实际生产成本结转。

A 产品尚未制造完工，期末无须结转产品成本。月末"生产成本——A 产品"账户的借方余额 620 000（280 000 + 260 000 + 80 000）元，为在产品 A 的实际生产成本。

B 产品生产完工验收入库应按实际成本结转。这笔业务发生，一方面表示 B 产品的产成品增加，记入"库存商品"账户的借方；另一方面表示 B 产品的在产品减少，记入"生产成本"账户的贷方。

B 产品的实际生产成本 = 10 000 + 220 000 + 190 000 + 60 000 = 480 000（元）

其会计分录如下：

借：库存商品——B 产品   480 000

　　贷：生产成本——B 产品   480 000

〖例 4 - 20〗~〖例 4 - 26〗生产过程的核算如图 4 - 31 所示。

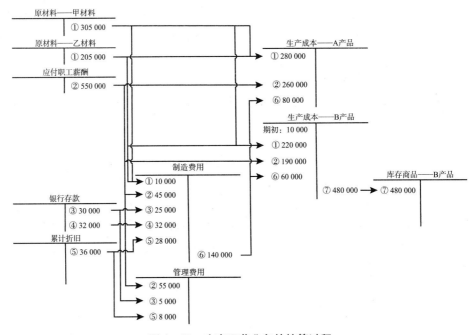

图 4 - 31　生产环节业务的核算过程

第五节　销售过程经济业务的核算

企业在供应、生产、销售阶段都会发生资金的耗费，但只有在销售阶段，通过商品销售收回货币资金，各阶段的资金耗费也得以补偿。

4 –8　销售过程的业务描述和账户设置

一、主要经济业务分析

（一）资金运动与账户设置

本阶段的资金运动表现为交付商品资金流出，收取货款资金流入。资金运动价值量的表现形式不同于其他阶段。如供应阶段资金运动，企业采购原材料或固定资产时，货币资金减少，实物资产增加，货币资金减少的金额即实物资产增加的金额，价值量相等；而销售商品时，一般而言商品的成本小于销售价格，资金流出与资金流入价值量不相等，销售过程为企业资金运动带来了增值。为了详细反映价值变动，通常会设置两个账户，分别反映产品成本和销售货款对应的价值量的变动，将销售过程的资金运动划分为两个环节。一个环节将销售货款确认为收入；另一个环节将发出的商品成本确认为费用。以制造业企业销售商品直接收取货款为例，资金运动与账户设置如图 4 – 32 所示。

图 4 – 32　销售过程资金运动

环节①：库存商品减少（资产减少），主营业务成本增加（费用增加）。
环节②：银行存款增加（资产增加），主营业务收入增加（收入增加）。
资金流入与流出的差额反映该笔经济业务资金运动中价值的增长。

（二）销售过程业务内容与账户设置

1. 收入类账户设置

收入是企业日常活动中产生的经济利益流入。由于企业经营的多样化，一般设置不同的账户，以及增设明细账户反映收入的明细构成。

一般而言，设置"主营业务收入"和"其他业务收入"区分来自企业的主要经营业务和其他经营业务的收入。根据企业所处行业的不同，主要业务和其他业务的划分有所不同。以制造企业为例，主营业务收入包括销售产成品、自制半成品以及提供工业性劳务等业务取得的收入；其他业务收入主要有转让技术、销售原材料、出租各种资产等取得的收入。

在"主营业务收入"和"其他业务收入"账户下还需要按照具体的收入项目设置明细账户。如企业生产销售甲、乙两种产品，则"主营业务收入"

账户下需设置"甲产品"和"乙产品"两个明细账户，分别核算不同产品的销售收入。

2. 费用类账户设置

企业的费用也是多样化的，根据反映的经济业务内容不同设置不同的账户进行分类核算。销售过程主要的费用包括销售产品的生产成本，销售原材料的采购成本，出租资产的摊销费用，销售过程中的税费、保险费、广告费、展览费等。为分类反映上述费用，设置"主营业务成本""其他业务成本""销售费用""税金及附加"四个账户。其中，"主营业务成本"是与"主营业务收入"对应的费用，如销售的产品的生产成本；"其他业务成本"是与"其他业务收入"对应的费用，如销售的原材料的采购成本。"主营业务成本"和"其他业务成本"按照具体收入的项目设置明细账户，以反映与收入的对应关系。"税金及附加"反映销售过程中的相关税费（该账户不仅反映销售过程中的税费，绝大多数影响企业利润的税费均通过该账户反映）。"销售费用"反映销售过程中与收入不直接相关的营销费用，如销售过程中的广告费等。

（三）权责发生制、收款方式与账户设置

企业销售商品的收款方式主要有三种：现收、预收货款和赊销。按照权责发生制，企业应该在销售行为发生，符合收入确认条件的会计期间确认收入。收款方式可能导致确认销售收入与收取款项分属不同时点，资金运动过程因收款方式不同而产生差异。

（1）现收，即"钱货两清"。现收方式下，销售与收款同时发生，确认收入的同时银行存款增加，资金运动如图 4 – 33 所示。

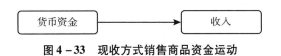

图 4 – 33   现收方式销售商品资金运动

（2）预收货款，即购货方先付货款，约定销售方在未来某时点交货的一种交易方式。收款在前，销售在后，销售和收款发生在不同时点。企业通过预收货款方式销售商品通常包括三个环节：①预收货款；②交付商品，确认收入；③款项结算。

企业预收货款时，销售行为没有真正发生，银行存款增加的同时增加了一项负债，这项负债未来需要通过交付商品偿还；交付商品时，销售行为发生，按权责发生制应确认为销售当期的收入，同时清偿负债；预收的货款和交付商品的价值不一定完全相等，企业和客户之间做最终的款项结算，多退少补。

为了完整反映预收货款销售的资金运动，企业需要设置"合同负债"账户，反映企业预收货款时形成的负债。资金运动过程如图 4 – 34 所示。

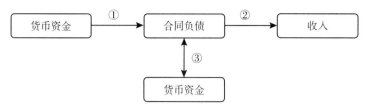

图 4 - 34　预收货款方式销售商品资金运动

（3）赊销，以信用为基础的销售，先交付商品，客户按照协议在规定日期付款或分期付清货款。销售在前，收款在后，销售和收款发生在不同时点。销售行为发生时，按照权责发生制确认收入，同时确认收款的权利；收款时，货币资金增加，收回债权。为反映因销售商品取得收款权利的债权，设置"应收账款"和"应收票据"账户。应收账款结算的依据是销售合同，而应收票据是由出票人出票、委托付款人在指定日期无条件支付特定的金额给收款人或者持票人的票据（商业汇票），有书面的还款承诺，信用级别更高。资金运动过程如图 4 - 35 所示。

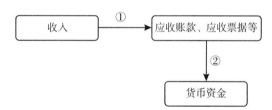

图 4 - 35　赊销方式销售商品资金运动

（四）权责发生制、费用确认与账户设置

因为"主营业务成本""其他业务成本"与收入直接相关，所以上述两项费用确认的会计期间必须与收入确认的会计期间保持一致。"主营业务成本"和"其他业务成本"可以伴随收入逐笔确认，也可以简化核算在期末一并结转。

与收入直接相关的税费，费用确认的会计期间与收入确认的会计期间保持一致；与收入不直接相关的税费，按权责发生制在费用的归属期确认。大多数税费先计提，后缴纳。在每个会计期末确认当期应负担的相关税费，下期期初缴纳。期末，确认相关税费时，增加的费用确认为负债，设置"应交税费"账户核算。

营销费用可能出现付款期和费用归属期不一致的情况。若预付款项，预付时银行存款减少，债权增加，通过"预付账款"账户核算；若延迟付款，确认当期"销售费用"时形成负债，按照费用具体内容通过对应账户核算，如确认企业专设销售机构人员的工资费用时，通过"应付职工薪酬"核算。

二、主要账户

(一)"主营业务收入"账户

"主营业务收入"账户属于损益类账户,用来核算企业确认的销售商品、提供劳务等主营业务的收入。企业销售商品或提供劳务实现的收入,应按实际收到或应收的金额登记入账。销售退回与折让在实际发生时直接冲减当期收入。"主营业务收入"账户的贷方登记已销售产品、提供劳务等实现的收入;借方登记因销售退回或销售折让而冲减的本期产品销售收入以及期末转入"本年利润"账户的数额,结转后应无余额。"主营业务收入"账户可按主营业务的种类设置明细账户。该账户的结构如图 4 – 36 所示。

借方 主营业务收入	贷方
因销售退回、销售折让冲减的销售收入 期末转入"本年利润"账户的净销售收入	本期实现的销售产品、提供劳务的收入

图 4 – 36   "主营业务收入"账户

(二)"其他业务收入"账户

"其他业务收入"账户属于损益类账户,用来核算主营业务以外的其他经营活动实现的收入,包括出租固定资产、出租无形资产、销售原材料等实现收入。该账户贷方登记企业实现的其他业务收入,借方登记期末转入"本年利润"账户的金额,期末结转后无余额。"其他业务收入"账户可按其他业务的种类设置明细账户。该账户的结构如图 4 – 37 所示。

借方 其他业务收入	贷方
期末转入"本年利润"账户的其他业务收入	本期实现的其他业务收入

图 4 – 37   "其他业务收入"账户

(三)"主营业务成本"账户

"主营业务成本"账户属于损益类账户,用来核算企业确认销售商品、提供劳务等主营业务收入时应结转的成本。期末,企业应根据本期销售各种商品、提供各种劳务等实际成本,计算应结转的主营业务成本。该账户的借方登记已售出产品的实际成本,贷方登记期末结转入"本年利润"账户的实际成本,结转后该账户无余额。"主营业务成本"账户可按主营业务的种类设置明细账户。该账户的结构如图 4 – 38 所示。

借方	主营业务成本	贷方
本期已售产品、提供劳务的实际成本	期末转入"本年利润"账户的实际成本	

图 4 – 38　"主营业务成本"账户

> 想一想：制造业企业销售商品结转的"主营业务成本"是指哪个环节的成本？

（四）"其他业务成本"账户

"其他业务成本"账户属于损益类账户，用来核算除主营业务活动以外的其他经营活动所发生的支出，包括销售材料的成本、出租固定资产的折旧额、出租无形资产的摊销额等。该账户借方登记企业发生的其他业务成本，贷方登记期末结转至"本年利润"账户的成本数，结转后该账户无余额。"其他业务成本"账户可按其他业务的种类设置明细账户。该账户的结构如图 4 – 39 所示。

借方	其他业务成本	贷方
发生的其他业务成本	期末转入"本年利润"账户的其他业务成本	

图 4 – 39　"其他业务成本"账户

（五）"税金及附加"账户

"税金及附加"账户属于损益类账户，用来核算企业经营活动应负担的相关税费，包括消费税、城市维护建设税、资源税、教育费附加、房产税、车船税、城镇土地使用税及印花税等。该账户的借方登记按计税依据计算的税金及附加，贷方登记期末结转入"本年利润"账户的金额，结转后该账户无余额。该账户结构如图 4 – 40 所示。

借方	税金及附加	贷方
按计税依据计算的本期应负担的消费税、资源税、城建税等	期末转入"本年利润"账户的税金及附加金额	

图 4 – 40　"税金及附加"账户

（六）"销售费用"账户

"销售费用"账户属于损益类账户，用来核算企业销售商品和材料、提供劳务的过程中发生的各种费用，包括企业在销售商品过程中的保险费、包装费、展览费和广告费、商品维修费、装卸费等①以及为销售本企业商品而专设的销售机构（含销售网点、售后服务网点等）的职工薪酬、业务费、折旧费、固定资产修理等费用。

"销售费用"账户的借方登记销售商品过程中发生的各项销售费用；贷方登记期末转入"本年利润"账户的金额，结转后应无余额。"销售费用"账户可按费用项目设置明细账户。该账户的结构如图4-41所示。

借方	销售费用	贷方
本期发生的各种销售费用		期末转入"本年利润"账户的销售费用

图4-41 "销售费用"账户

（七）"应收票据"账户

"应收票据"账户属于资产类账户，用来核算企业因销售商品、提供劳务等而收到的商业汇票。该账户的借方登记企业收到商业汇票的面值和期末计提的利息（带息票据）；贷方登记实际收回的应收票据款；余额在借方，反映企业持有的尚未收回的应收票据款。"应收票据"账户可按开出、承兑商业汇票的单位进行明细核算，应设置"应收票据备查簿"，逐笔登记每一应收票据的详细资料，应收票据到期结清票款后，应在备查簿内逐笔注销。该账户的结构如图4-42所示。

借方	应收票据	贷方
期初余额		
增加的应收票据面值		收回的应收票据款
期末计提的票据利息（带息票据）		
期末持有的尚未收回的应收票据款		

图4-42 "应收票据"账户

（八）"应收账款"账户

"应收账款"账户属于资产类的账户，用来核算企业因销售产品、提供服务等经营活动应收取的款项。该账户借方登记由于销售产品、提供服务等而发生的应收账款，贷方登记已经收回的应收账款，期末余额一般在借方，表示尚未收回的应收账款。企业代购货单位垫付的费用也在此账户核算。"应收账款"账户可按债务人设置明细账户，其账户结构如图4-43所示。

---

① 注：按照现行《企业会计准则第14号——收入》，上述费用根据合同内容，部分会通过"合同取得成本"和"合同履约成本"等账户核算，这两个账户的核算后续课程讲解，此处不再赘述。

借方	应收账款	贷方
期初余额		
本期增加的应收账款	本期收回的应收账款	
期末尚未收回的应收账款		

图 4 – 43 "应收账款"账户

专栏 4 – 5

结 算 账 户

"应收账款""应付账款""预收账款""预付账款"这些账户性质上有什么共同的特点?

这些账户是用来核算企业与其他企业或个人之间往来款项结算业务的账户,称为结算账户。

结算账户按业务性质不同,分为债权结算账户、债务结算账户和债权债务结算账户。债权债务结算账户属于双重性质的账户,如企业预付款项情况不多的,可以不设置预付账款科目,将预付的款项直接记入"应付账款"科目。此时"应付账款"科目属于债权债务结算账户,期末可以根据余额方向判断账户性质,余额在借方为债权结算账户,余额在贷方为债务结算账户。

结算账户一般按发生业务的对方单位或个人设置明细分类账户。

讨论:

根据总账账户余额方向还是明细账账户余额方向判断结算账户的性质?

(九)"合同负债"账户

"合同负债"账户属于负债类账户,反映企业已收或应收客户对价而应向客户转让商品的义务。该账户贷方登记预收的货款;借方登记企业用产品或劳务抵偿的预收货款或归还的余款。期末余额一般在贷方,表示尚未用产品或劳务偿付的预收的货款。该账户应按合同设置明细账户。账户结构如图 4 – 44 所示。

"预收账款"是与"合同负债"类似的账户,按照《企业会计准则第 14 号——收入》,与收入相关的预收款项通常用"合同负债"反映,涉及具体业务的会计处理较为复杂,在后续课程中详细讲解。《企业会计准则第 14 号——

收入》以外的业务，预收的款项通过"预收账款"核算。

借方	合同负债	贷方
	期初余额	
向客户转让商品或劳务冲销的金额	按合同规定已收或应收的合同负债	
	期末尚未用商品或劳务偿付的合同负债	

图 4 - 44　"合同负债"账户

三、会计核算

销售过程主要经济业务包括核算企业销售产品的收入、结转销售产品的实际成本、销售过程中发生的各项销售费用和税费以及核算企业与购货单位所发生的款项结算等。以下举例说明销售过程经济业务的核算。

（一）销售产品业务的核算

4 -9　销售过程经济业务的会计核算

【例 4 - 27】企业向甲公司出售 A 产品 100 台，每台不含税售价 500 元。开具增值税专用发票，注明价款 50 000 元，增值税税额 6 500 元（增值税税率 13%）。产品已发出，货税款尚未收到。

该笔经济业务的发生，一方面企业实现销售产品收入 50 000 元及应向购货方收取的增值税销项税额 6 500（50 000×13%）元，应分别记入"主营业务收入"及"应交税费——应交增值税"账户的贷方；另一方面货款尚未收到，取得收取销货款及增值税 56 500（50 000＋6 500）元的收款权利，应记入"应收账款"账户的借方。编制会计分录如下：

借：应收账款——甲公司　　　　　　　　　　　56 500
　　贷：主营业务收入——A 产品　　　　　　　　　　50 000
　　　　应交税费——应交增值税（销项税额）　　　　6 500

【例 4 - 28】销售给乙公司 B 产品 100 件，单位售价（不含税）400 元，增值税税率 13%，开具增值税专用发票，注明价款为 40 000 元，增值税税额为 5 200 元。产品已经发出，收到乙公司开具的一张 4 个月到期，面值为 45 200 元的商业承兑汇票抵偿货款及税款。

该笔经济业务的发生，一方面企业应收票据增加 45 200 元；另一方面使企业的产品销售收入增加 40 000 元，应交增值税增加 5 200 元。编制会计分录如下：

借：应收票据——乙公司　　　　　　　　　　　45 200
　　贷：主营业务收入——B 产品　　　　　　　　　　40 000
　　　　应交税费——应交增值税（销项税额）　　　　5 200

【例 4 - 29】计算已销 B 产品应交消费税，按销售收入的 10% 计算，税费为 4 000 元。

这笔经济业务的发生，一方面表明消费税税费支出增加 4 000 元，记入"税金及附加"账户的借方；另一方面因税费先计提后缴纳，此时尚未缴纳，应记入"应交税费——应交消费税"账户的贷方。编制会计分录如下：

借：税金及附加　　　　　　　　　　　　　　　　4 000

　　贷：应交税费——应交消费税　　　　　　　　　　　　4 000

【例 4 - 30】企业按合同规定收到丙公司预付购买 A 产品的货款 50 000元，款项存入银行。

该笔经济业务的发生，一方面企业银行存款增加 50 000 元应记入"银行存款"账户的借方；另一方面使企业预收的货款增加 50 000 元，应记入"合同负债"账户的贷方。编制会计分录如下：

借：银行存款　　　　　　　　　　　　　　　　50 000

　　贷：合同负债——丙公司　　　　　　　　　　　　50 000

【例 4 - 31】向丙公司发出 A 产品 100 台，每件不含税售价 500 元，增值税税率为 13%，开具增值税专用发票，注明价款为 50 000 元，增值税税额为 6 500元。同时，以银行存款支付代丙公司垫付的运杂费 500 元。

该笔业务发生，一方面，企业产品销售收入增加 50 000 元，应记入"主营业务收入"账户的贷方；另一方面，企业用产品抵偿预收的货款，使"合同负债"减少 57 000 元（包括客户需负担的价款、增值税和代垫运费），应记入"合同负债"账户的借方；同时以银行存款支付代垫运杂费 500 元，应记入"银行存款"账户的贷方。编制会计分录如下：

借：合同负债——丙公司　　　　　　　　　　　57 000

　　贷：主营业务收入——A 产品　　　　　　　　　　50 000

　　　　应交税费——应交增值税（销项税额）　　　　　6 500

　　　　银行存款　　　　　　　　　　　　　　　　　500

该笔业务使"合同负债"账户形成借方余额 7 000 元，变成债权性质的账户，说明应向丙公司收取补付的货款。

【例 4 - 32】企业收到丙公司补付剩余款项 7 000 元，存入银行。

该笔业务的发生，一方面使企业的银行存款增加 7 000 元，记入"银行存款"账户的借方；另一方面收到的补付的货款，应冲减合同负债的借方余额，记入"合同负债"账户的贷方。编制会计分录如下：

借：银行存款　　　　　　　　　　　　　　　　7 000

　　贷：合同负债——丙公司　　　　　　　　　　　　7 000

【例 4 - 33】以银行存款支付产品的广告费用 3 000 元。

这笔经济业务的发生，一方面企业销售费用增加 3 000 元，应记入"销售费用"账户的借方；另一方面银行存款减少 3 000 元，应记入"银行存款"账户的贷方。编制会计分录如下：

借：销售费用　　　　　　　　　　　　　　　　3 000

贷：银行存款   3 000

【例4-34】月末结转本期已售产品的生产成本，假设A产品的生产成本为400元/台，B产品的生产成本为320元/件。本月销售A产品200台，总成本为80 000元，销售B产品100件，总成本为32 000元。

该笔经济业务的发生，一方面企业的主营业务成本增加112 000元，记入"主营业务成本"账户的借方；另一方面因销售产品，库存产品减少112 000元，记入"库存商品"账户的贷方。编制会计分录如下：

借：主营业务成本——A产品   80 000
            ——B产品   32 000
    贷：库存商品——A产品   80 000
              ——B产品   32 000

"主营业务成本"是与"主营业务收入"对应的账户，本期销售商品确认收入，为生产该批商品的生产环节成本也必须在同一会计期间确认为费用。

销售产品业务的核算如图4-45所示。

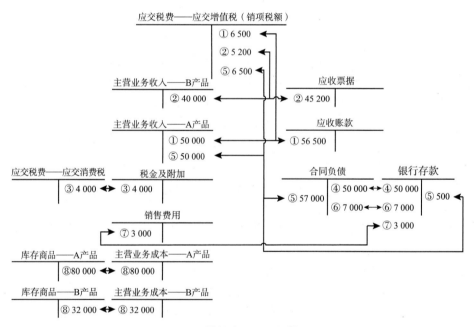

图4-45 销售商品业务核算过程

（二）其他业务的核算

销售过程其他业务的核算主要包括除销售产品以外的其他销售收入及其成本的核算、其他业务的收入及相关成本的核算。

【例4-35】某企业销售原材料一批，开具增值税专用发票，注明不含税价款30 000元，增值税税额为3 900元（增值税税率13%）。款已收到，存入银行。

该笔经济业务发生，一方面企业的其他业务收入增加了 30 000 元，应记入"其他业务收入"账户的贷方，向购货单位收取的增值税销项税额 3 900 元，应记入"应交税费——应交增值税"账户的贷方；款已收到，银行存款增加 33 900 元，记入"银行存款"账户的借方。编制会计分录如下：

```
借：银行存款                              33 900
    贷：其他业务收入                           30 000
        应交税费——应交增值税（销项税额）          3 900
```

【例 4 – 36】 结转销售原材料的实际成本 22 000 元。

该笔经济业务发生，一方面企业销售材料实际成本增加，应记入"其他业务成本"账户的借方；另一方面企业库存原材料减少，应记入"原材料"账户的贷方。编制会计分录如下：

```
借：其他业务成本                          22 000
    贷：原材料                                 22 000
```

本期销售原材料确认为收入，为取得该原材料的成本也必须在同一会计期间确认为费用；销售原材料的收入确认为"其他业务收入"，与之对应的费用应记入"其他业务成本"。

【例 4 – 37】 企业出租固定资产使用权给丁公司，获取租金收入 15 000 元，该固定资产当期应计提折旧 7 500 元（假设不考虑增值税）。

该笔业务的发生，一方面企业的其他业务收入增加了 15 000 元，应记入"其他业务收入"账户的贷方；另一方面企业的银行存款增加了 15 000 元，应记入"银行存款"账户的借方。同时，固定资产计提折旧一方面使企业其他业务成本增加 7 500 元，应记入"其他业务成本"账户的借方；另一方面固定资产的累计折旧增加 7 500 元，应记入"累计折旧"账户的贷方。编制会计分录如下：

```
借：银行存款                              15 000
    贷：其他业务收入                           15 000
借：其他业务成本                           7 500
    贷：累计折旧                                7 500
```

本期出租固定资产使用权的租金确认为收入，为使用该固定资产应分摊的折旧也必须在同一会计期间确认为费用；出租固定资产使用权的收入确认为"其他业务收入"，与之直接对应的计提折旧的费用应记入"其他业务成本"账户。

第六节　利润形成与分配的核算

利润是指企业在一定会计期间经营活动最终的成果，它是综合反映企业经济效益的一个重要指标。

一、主要经济业务分析

（一）利润的层次结构

利润是收入与费用（广义的收入和费用）配比相抵后的净额，包括营业利润、利润总额和净利润三个层次。

1. 营业利润

$$营业利润 = 营业收入 - 营业成本 - 税金及附加 - 销售费用 - 管理费用$$
$$- 财务费用 - 信用减值损失 - 资产减值损失$$
$$+ 公允价值变动净收益 + 投资净收益$$

其中，营业收入包括主营业务收入和其他业务收入；营业成本包括主营业务成本和其他业务成本。信用减值损失和资产减值损失是企业期末由于金融资产、存货、固定资产、无形资产等资产减值确认或转回形成的损益，公允价值变动损益和投资收益是因为企业持有和处置金融资产及长期股权投资等资产产生的损益，详细内容本教材后续内容讲解。

2. 利润总额

$$利润总额（税前利润）= 营业利润 + 营业外收入 - 营业外支出$$

营业外收入（或支出）是企业发生的与日常活动无直接关系的各项利得（或损失）。营业外收支虽然与企业生产经营活动没有多大的关系，但从会计主体的角度，影响企业利润。

3. 净利润

$$净利润（税后利润）= 利润总额 - 所得税费用$$

所得税费用是企业确认的应从当期利润总额中扣除的所得税费用。

（二）权责发生制、收入与费用配比关系

4 -10 收入
与费用的
配比

费用是企业在日常活动中发生，为取得收入所付出的必要代价。费用应按权责发生制和配比原则确认，凡应属于本期发生的费用，不论其款项是否支付，均确认为本期费用；反之，不属于本期发生的费用，即使其款项已在本期支付，也不确认为本期费用。本期收入与本期费用之间存在两种配比关系：因果配比和期间配比。

1. 因果配比

企业销售商品取得收入的同时交付商品，商品成本是企业为取得收入付出的代价之一。商品成本与一定品种和数量的产品相联系。企业销售一批商品，这批商品的生产成本是为取得销售收入的直接相关费用，应该从该批商品销售收入中得到补偿，二者之间有因果关系。商品销售收入和对应的商品成本应在同一期间确认为收入和费用。

2. 期间配比

企业为取得销售收入，除产品在生产环节的成本费用外，还会发生很多其他费用。如企业为维持正常生产运营发生的各种管理费用、借款的利息费用、促进产品销售的广告宣传费等。这些费用的发生与一定品种和数量的产品销售不能直接对应，但也是企业为取得收入付出的必要代价，应从收入当中得到补偿。

这些与收入不直接相关的费用，费用的归属期（受益期）与实际支付时间可能属于同一会计期间，也可能分属不同会计期间。按照权责发生制，企业应该在费用的归属期间确认为当期的费用，从当期的销售收入中得到补偿。受益期在前，付款期在后的费用项目，受益期确认费用时形成企业的负债；受益期在后，付款期在前的费用项目，企业支付相关款项时，形成企业的资产，受益期确认费用时冲减相关资产。受益期与付款期分属不同期间的主要项目及相关资产、负债账户设置如表4-7所示。

表4-7 受益期、付款期分属不同期间的项目内容及账户设置

受益期与付款期	会计要素变动	主要项目内容	账户设置
受益期在前 付款期在后	受益期：费用增加，负债增加 付款期：负债减少，资产减少	职工薪酬	应付职工薪酬
		利息	应付利息/长期借款
		房租费、维修费等	其他应付款
付款期在前 受益期在后	付款期：资产增加，资产减少 受益期：费用增加，资产减少	房租费、保险费等	预付账款/长期待摊费用
		办公楼、管理用固定资产折旧、无形资产摊销	累计折旧/累计摊销
		差旅费	其他应收款

实务中，根据每项经济业务实际情况判断受益期和付款期。

本期发生的，不能直接或间接归入某种产品成本的，直接计入损益的各项费用称为期间费用。期间费用按具体的经济内容进一步划分为管理费用、销售费用和财务费用。

（三）营业外收支与配比关系

营业外收入是企业发生的营业利润以外的收益，并不是由企业生产经营资金耗费所产生的，不需要企业付出代价，实际上是一种纯"收入"，不可能也不需要与有关费用进行配比。营业外支出是企业发生的营业利润以外的支出，与营业外收入类似，营业外支出是一种纯"费用"。由于营业外收入和营业外支出由企业非日常活动产生，纯"收入"和纯"费用"不符合收入和费用的定义，应称为利得和损失。营业外收入和营业外支出是不同业务产生的，两者之间没有配比关系。

（四）利润形成与账户设置

利润是收入与费用（含营业外收支）配比后的净额。为了反映企业的财务成果，企业应于会计期末进行本年净利润（或净亏损）的结算，以确定实现的净利润或发生的净亏损。

为了提高信息的相关性，企业需要提供结构化的收入和费用信息。根据收入和费用的明细构成设置不同账户分类核算。会计期末，企业利润（或亏损）的结算，是通过对损益类账户结转来完成的。企业所有收入和费用账户（含营业外收支和所得税费用）的金额相抵后即企业净利润。为反映利润形成过程，企业设置"本年利润"账户。利润形成过程如图4-46所示。

图4-46　利润形成过程

企业当期形成的净利润（或净亏损），从权益归属角度属于所有者权益，会计期末需将净利润（或净亏损）结转至所有者权益，设置"利润分配——未分配利润"账户反映企业的留存利润。

（五）利润分配与账户设置

1. 利润分配顺序

企业实现的净利润，要按照国家有关规定进行分配，一般应当按照以下顺序进行分配。

（1）提取法定公积金。公积金是企业从税后利润中提取形成的、存留于企业内部、具有特定用途的利润积累。公司制企业按照《中华人民共和国公司法》规定，按照税后利润的10%的比例提取。

（2）提取任意公积金。企业从税后利润中提取法定公积金后，经股东会或者股东大会决议，还可以从税后利润中提取任意公积金。

企业设置"盈余公积"账户反映提取的公积金，并在"盈余公积"账户下按计提依据不同设置"法定盈余公积"和"任意盈余公积"两个明细账户分别反映提取的法定公积金和任意公积金。

（3）向投资者分配利润或股利。公司弥补亏损和提取公积金后可以向投资者分配利润或股利，有限责任公司股东一般按照实缴的出资比例分取红利；股份有限公司一般按照股东持有股份比例分配。企业可以将本期弥补亏损和提取公积金后的税后利润和以前年度累计的未分配利润在本期进行分配。企业向投资者分配利润或股利有多种形式，现金是最常见的方式，本节中向投资者分配利润或股利仅指以现金向投资者分配利润和股利。

为了详细反映利润的分配过程，企业在"利润分配"账户下设置"提取法定盈余公积""提取任意盈余公积"和"应付现金股利（应付现金利润）"三个明细账户分别核算上述三项利润分配的内容。

2. 利润形成和分配与所有者权益变动

如果企业当期盈利，增加所有者权益金额；从净利润中提取公积金，所有者权益总额保持不变；向投资者分配净利润，减少所有者权益金额。

假设企业累计盈利，当期有净利润，并仅以当期部分净利润进行利润分配，企业当期利润形成和分配对所有者权益的影响如图 4 - 47 所示。

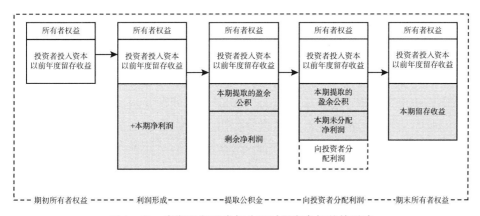

图 4 - 47　当期利润形成与分配对所有者权益的影响

企业提取的盈余公积和累计未分配利润形成企业的留存收益，其中公积金有指定用途，主要可以用于弥补亏损、转增资本和扩大生产经营。企业分别通过"盈余公积"和"利润分配——未分配利润"账户反映提取的公积金和留存的未分配利润。

企业向投资者分配利润，一般包括两个环节：宣告发放和实际发放。宣告发放股利（利润）时，确认应支付给投资者的义务，负债增加；同时，由于企业用累计未分配利润进行发放，所有者权益减少。实际发放时，用银行存款支付，资产减少；同时，欠投资者的应付股利（或利润）的义务被清偿，负债减少。这个环节反映企业对投资者的股利或利润的负债账户是"应付股利"（或"应付利润"）账户。

二、主要账户

利润形成的核算所需用的账户就是利润计算过程中涉及的内容，即收入、费用账户，又称损益类账户。部分账户在销售业务核算中已经介绍，例如，主营业务收入、主营业务成本、税金及附加、其他业务收入、其他业务成本、销售费用、财务费用等。本节主要阐述本年利润、管理费用、营业外收入、营业外支出、所得税费用账户以及利润分配、盈余公积等利润分配核算所需账户的内容与结构。

（一）"本年利润"账户

"本年利润"账户属于所有者权益类账户，用来核算企业当期实现的净利润（或发生的净亏损）。期（月）末结转利润时，应将各损益类科目的金额转入本科目，结平各损益类账户。它的贷方登记增加本年利润的所有收入，即由"主营业务收入""其他业务收入""营业外收入"等账户转入的余额；借方登记减少本年利润的所有成本费用，即由"主营业务成本""销售费用""管理费用""财务费用""其他业务成本""税金及附加""营业外支出"等账户转入的余额；期末，企业应将本期的收入和支出（所得税费用除外）相抵后结出累计余额，贷方余额表示本期的利润总额，借方余额表示本期的亏损总额。年度终了，根据本期（年度）"利润总额"调整计算确认所得税费用，再将"所得税费用"记入"本年利润"账户的借方。利润总额减所得税后的余额为净利润，净利润全部转入"利润分配"账户的贷方（如为净亏损作相反分录）。年度结转后，"本年利润"账户应无余额。"本年利润"账户的结构如图4-48所示。

借方	本年利润	贷方
期末从有关费用账户转入的		期末从有关收入账户转入的
（1）主营业务成本		（1）主营业务收入
（2）其他业务成本		（2）其他业务收入
（3）税金及附加		（3）营业外收入
（4）销售费用		（4）投资净收益
（5）管理费用		（5）公允价值变动净收益
（6）财务费用		
（7）投资净损失		
（8）资产减值损失		
（9）公允价值变动净损失		
（10）营业外支出		
（11）所得税费用		
年末，将净利润转入"利润分配"		年末，将净亏损转入"利润分配"

图4-48 "本年利润"账户

（二）"管理费用"账户

"管理费用"账户属于损益类账户，用来核算企业为组织和管理企业生产经营活动所发生的管理费用，包括企业在筹建期间内的开办费、董事会和行政管理部门在企业的经营管理中发生的或者应由企业统一负担的公司经费（包括行政管理部门职工工资和福利费、物料消耗、低值易耗品消耗、办公费、差旅费、折旧费）、工会经费、董事会会费、聘请中介机构费、咨询费、诉讼费、业务招待费、技术转让费、矿产资源补偿费、研究费用、排污费等。"管理费用"账户的借方登记费用的发生；贷方登记结转到"本年利润"账户的金额，结转后无余额。该账户可按费用项目设置明细账户，其账户结构如图 4 - 49 所示。

借方	管理费用	贷方
本期发生的各项管理费用	期末转入"本年利润"账户的管理费用	

图 4 - 49　"管理费用"账户

（三）"营业外收入"账户

"营业外收入"账户属于损益类账户，用来核算企业发生的与企业生产经营无直接关系的各项利得，主要包括非流动资产毁损报废利得、与企业日常活动无关的政府补助、盘盈利得、捐赠利得等。该账户的贷方登记企业确认的营业外收入，借方登记期末转入本年利润的累积数额，期末结转后账户无余额。"营业外收入"账户可按营业外收入项目设置明细账户，其账户的结构如图 4 - 50 所示。

借方	营业外收入	贷方
转入"本年利润"账户本期营业外收入	本期确认的各项营业外收入	

图 4 - 50　"营业外收入"账户

（四）"营业外支出"账户

"营业外支出"账户属于损益类账户，用来核算企业发生的与生产经营无直接关系的各项支出，包括非流动资产毁损报废损失、捐赠支出、非常损失、盘亏损失、罚款支出等。

该账户的借方登记企业已发生的营业外支出，贷方登记期末转入本年利润的累积数额，期末结转后该账户无余额。"营业外支出"账户可按支出项目设置明细账户，其账户的结构如图 4 - 51 所示。

借方	营业外支出	贷方
本期发生的各项营业外支出	期末转入"本年利润"账户的营业外支出	

图 4 - 51 "营业外支出"账户

(五)"所得税费用"账户

"所得税费用"账户属于损益类账户,用来核算企业当期利润总额中应扣除的所得税费用。该账户的借方登记应由本期负担的所得税费用金额,贷方登记期末结转至"本年利润"账户的所得税费用,结转后该账户无余额。该账户的结构如图 4 - 52 所示。

借方	所得税费用	贷方
应记入本期的所得税费用	期末转入"本年利润"账户的所得税费用	

图 4 - 52 "所得税费用"账户

(六)"利润分配"账户

"利润分配"账户属于所有者权益类账户,用来核算企业利润的分配(或亏损的弥补)以及历年分配(或弥补)后的余额。该账户的贷方登记年度终了时从"本年利润"账户借方转入的全年实现的净利润金额(如果本年度发生亏损,则从"本年利润"账户的贷方转入本账户的借方);借方登记企业本年度按照国家规定对实现的利润所进行的分配,如提取盈余公积,向投资者分配股利或利润等;该账户的年末贷方余额,表示企业留待以后年度分配的累计未分配利润;年末若是借方余额,则表示企业累计未弥补亏损金额。

为了详细具体反映企业利润分配的去向和历年分配后的结余情况,"利润分配"账户一般应设置"提取法定盈余公积""提取任意盈余公积""应付现金股利或利润""未分配利润"等明细账户。年度终了,将"利润分配"账户下的其他明细账户的余额转入"未分配利润"明细账户,结转后,除"未分配利润"明细账户外,其他明细账户应无余额。"利润分配"账户(以前年度累计盈利)的结构如图 4 - 53 所示。

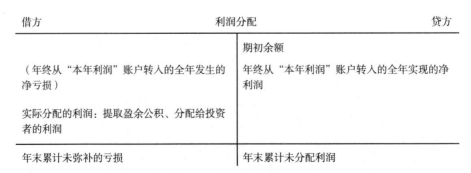

借方	利润分配	贷方
		期初余额
(年终从"本年利润"账户转入的全年发生的净亏损)		年终从"本年利润"账户转入的全年实现的净利润
实际分配的利润:提取盈余公积、分配给投资者的利润		
年末累计未弥补的亏损		年末累计未分配利润

图 4 - 53 "利润分配"账户

（七）"盈余公积"账户

"盈余公积"账户属于所有者权益账户，用来核算企业从净利润中提取的盈余公积金的增减变动和结余情况的账户。贷方登记从净利润中提取的盈余公积金；借方登记盈余公积金的使用，如转增资本、弥补亏损等。期末余额在贷方，表示期末盈余公积金的结余额。"盈余公积"账户按法定盈余公积、任意盈余公积设置明细账户，其账户结构如图 4 – 54 所示。

借方	盈余公积	贷方
	期初余额	
盈余公积的使用数	从净利润中提取的盈余公积	
	盈余公积的结余额	

图 4 – 54　"盈余公积"账户

（八）"应付股利"（或"应付利润"）账户

"应付股利"账户属于负债类账户，用来核算企业分配现金股利或利润的情况。贷方登记企业应支付的现金股利或利润；借方登记实际支付的现金股利或利润，期末余额一般在贷方，表示应付未付的现金股利或利润。"应付股利"可按投资者设置明细分类账户，其账户结构如图 4 – 55 所示。

借方	应付股利（应付利润）	贷方
	期初余额	
实际支付的现金股利或利润	应支付的现金股利或利润	
	应付未付的现金股利或利润	

图 4 – 55　"应付股利"（或"应付利润"）账户

三、会计核算

（一）利润形成业务的核算

有关收入、费用的核算在前面销售过程的核算中已经涉及部分的例子，这里只举例说明营业外收支的核算和企业利润形成的核算。

【例 4 – 38】企业向当地希望工程捐赠 4 000 元，款项通过银行支付。

该笔业务属于公益性捐赠，与正常生产经营没有直接关系。经济业务发生时，一方面企业的营业外支出增加，应借记"营业外支出"账户；另一方面银行存款减少，贷记"银行存款"账户。编制会计分录如下：

借：营业外支出　　　　　　　　　　　　　　　　4 000

　　贷：银行存款　　　　　　　　　　　　　　　　　　4 000

【例 4 – 39】因甲公司撤销，企业无法支付欠甲公司的一笔货款 120 000 元。

4 – 11　利润形成与分配的会计核算

该笔业务发生，一方面企业营业外收入增加 120 000 元，应记入"营业外收入"账户的贷方；另一方面企业应付账款减少，应记入"应付账款"账户的借方。编制会计分录如下：

借：应付账款——甲公司   120 000

  贷：营业外收入   120 000

【例 4-40】企业在当月所发生的业务中有关损益类账户结账前的余额汇总如表 4-8 所示。

表 4-8   **损益类账户本期发生额合计数**   单位：元

账户名称	借方发生额	贷方发生额
主营业务收入		180 000
主营业务成本	144 000	
税金及附加	8 000	
其他业务收入		70 000
其他业务成本	15 500	
销售费用	3 000	
管理费用	57 000	
财务费用	10 000	
营业外收入		120 000
营业外支出	4 000	
合计	241 500	370 000

根据以上资料，可计算确定本月份的营业利润和利润总额，其中：

营业利润 = 180 000 + 70 000 - 144 000 - 8 000 - 15 500 - 3 000 - 57 000 - 10 000 = 12 500（元）

利润总额 = 12 500 + 120 000 - 4 000 = 128 500（元）

会计期末结转企业各损益类账户余额。假设企业本月利润总额即为应纳税所得额（无纳税调整事项），企业所得税税率为 25%。

根据上述资料，编制结转分录如下。

（1）结转收入类（含营业外收入）账户：

借：主营业务收入   180 000

  其他业务收入   70 000

  营业外收入   120 000

  贷：本年利润   370 000

（2）结转费用类（含营业外支出）账户：

借：本年利润   241 500

  贷：主营业务成本   144 000

   税金及附加   8 000

   其他业务成本   15 500

销售费用	3 000
管理费用	57 000
财务费用	10 000
营业外支出	4 000

结转后，以上各损益类账户期末余额为零，而"本年利润"账户借贷方相抵后的余额即为本期的利润总额 128 500 元。

（3）所得税的计算与结转：

企业所得税税率为 25%，计算所得税的金额为：

应缴所得税 = 128 500 × 25% = 32 125（元）

根据上述资料，编制会计分录如下：

借：所得税费用　　　　　　　　　　　　　　32 125

　　贷：应交税费——应交所得税　　　　　　　　32 125

期末结账时，还应将所得税账户的余额结转至"本年利润"账户的借方。结转后，"所得税费用"账户也无余额。编制会计分录如下：

借：本年利润　　　　　　　　　　　　　　　32 125

　　贷：所得税费用　　　　　　　　　　　　　　32 125

"所得税费用"账户结转后，"本年利润"账户的余额 96 375（128 500 – 32 125）元则为本期实现的净利润。

　　想一想：企业是否可以把"所得税费用"和其他费用类账户的余额一起转入"本年利润"账户。

（4）结转本年利润：

结转本年净利润至"利润分配"账户，企业当年形成的净利润最终增加所有者权益。年末编制会计分录如下：

借：本年利润　　　　　　　　　　　　　　　96 375

　　贷：利润分配——未分配利润　　　　　　　　96 375

损益类账户的结账过程如图 4 – 56 所示。

在会计实务中，结转损益类账户，计算本月净利润（或亏损）总额和本年累计净利润（或亏损）总额，可以采用"账结法"，也可以采用"表结法"。

"账结法"，是在每月终了时，将损益类各账户余额转入"本年利润"账户。通过"本年利润"账户结算出本月份净利润（或亏损）总额和本年累计净利润（或亏损）总额。在这种方法下，需要在每月月末通过编制结账分录，结清各损益类账户。

"表结法"，是指每月终了，各损益类账户的余额不需要结转到"本年利润"账户。而各月（1 月 ~ 11 月）利润的结算是通过编制利润表来完成的。在每月结账时，只要结出各损益类账户的本年累计余额，就可以根据这些余额，逐项填入"利润表"，通过"利润表"计算出从年初至本月止的本年累计净利润，再减去上月末本表中的本年累计净利润（或亏损），就是本月份净利润（或亏损）额。只是到年度终了进行年度决算时，才采用"账结法"，将损益类账户的全年累计余额转入"本年利润"账户。

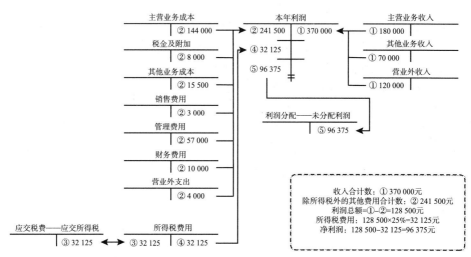

图 4-56 损益类账户结账过程

（二）利润分配业务的核算

提取公积金调整了所有者权益的内部结构，向投资者分配利润或股利减少所有者权益。为详细反映利润分配的去向和分配后的结存情况，利润分配过程不直接在"利润分配——未分配利润"中进行，而是通过利润分配下其他明细账户进行核算，具体的过程如图 4-57 所示。

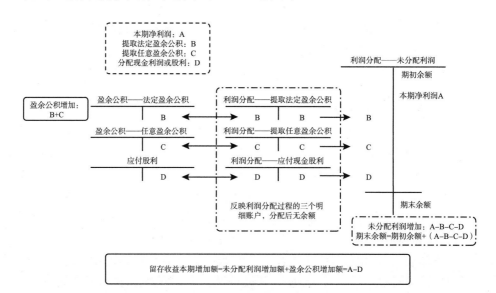

图 4-57 利润分配过程

【**例 4 - 41**】企业根据本期实现的净利润，按 10% 的比例提取法定盈余公积。

应计提法定盈余公积 = 96 375 × 10% = 9 637.5（元）

提取法定盈余公积，所有者权益一增一减，借记"利润分配——提取法定盈余公积"账户，贷记"盈余公积"账户。

编制会计分录如下：

借：利润分配——提取法定盈余公积　　　　　　　　9 637.5

　　贷：盈余公积——法定盈余公积　　　　　　　　　　9 637.5

【**例 4 - 42**】企业根据本期实现的净利润，按 5% 的比例提取任意盈余公积。

应计提任意盈余公积 = 96 375 × 5% = 4 818.75（元）

编制会计分录如下：

借：利润分配——提取任意盈余公积　　　　　　　　4 818.75

　　贷：盈余公积——任意盈余公积　　　　　　　　　　4 818.75

【**例 4 - 43**】企业股东大会通过股利分配方案，对外宣告本期分配现金股利 25 000 元。

宣告分配股利，负债增加，所有者权益减少，借记"利润分配——应付现金股利"账户，贷记"应付股利"账户。

编制会计分录如下：

借：利润分配——应付现金股利　　　　　　　　　　25 000

　　贷：应付股利　　　　　　　　　　　　　　　　　　25 000

分配结束，将"利润分配"账户中除"未分配利润"外其他明细账户余额结转入"未分配利润"明细账，结转后计算年末未分配利润。在结转时，应借记"利润分配——未分配利润"账户，贷记"利润分配——提取法定盈余公积""利润分配——提取任意盈余公积""利润分配——应付现金股利"等账户。经上述结转后，"利润分配"账户除"未分配利润"明细账户外，其他各明细账户的余额均结平。"未分配利润"明细账户若为贷方余额，为累计未分配的利润；若为借方余额，则为累计未弥补的亏损。

【**例 4 - 44**】年终，结转企业各利润分配明细账户的余额。编制会计分录如下：

借：利润分配——未分配利润　　　　　　　　　　　39 456.25

　　贷：利润分配——提取法定盈余公积　　　　　　　　9 637.5

　　　　　　　　——提取任意盈余公积　　　　　　　　4 818.75

　　　　　　　　——应付现金股利　　　　　　　　　　25 000

经过上述分配后，本期"利润分配——未分配利润"明细分类账户的借方发生额合计为 39 456.25 元，贷方发生额合计为 96 375 元，借贷方相抵后，其贷方增加 56 918.75（96 375 - 39 456.25）元，即为本年最终留存的未分配利润；"利润分配"账户的其他各明细分类账户借贷方合计数相等，年末结平为零，没有余额。

利润分配核算过程如图 4 - 58 所示。

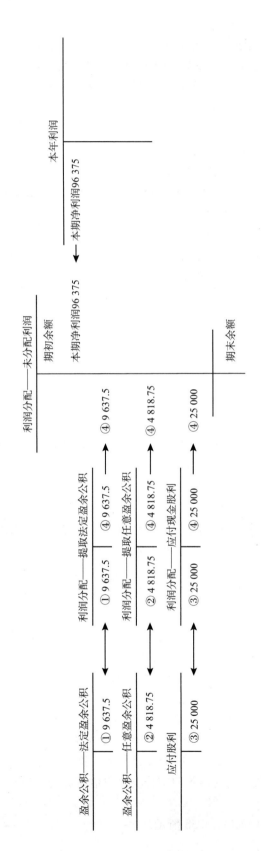

图4-58 利润分配核算过程

本 章 小 结

　　制造业企业的资金循环从资金投入企业开始，资金来自投资者和债权人。投资者向企业投入资本，企业向投资者分配利润；债权人将资金借给企业，企业向债权人还本付息；这些经济业务构成了筹资环节的主要经济业务。

　　供应、生产和销售，从投入到产出，确认资产、成本计算、费用确认和收入实现是企业主要生产经营活动会计核算反映的内容。

　　收入扣除费用（含营业外收支）形成了企业的利润，利润的形成与分配过程反映了企业经营成果的来源与去向。

　　在所有资金运动的会计处理上特别需要注意两个方面：（1）资金运动千变万化、千差万别，企业的会计核算不仅要反映资金运动的结果，还要反映资金运动的过程。为满足核算要求，企业通过设置相应的账户、进行相应的会计处理，反映资金运动的"详细"过程。（2）从投入到产出，经历了供、产、销三个环节，"权责发生制"是准确核算企业经营成果的基础。

本 章 习 题

一、单项选择题

　　1. 企业收到投资者投入的金额超出其在注册资本或股本中所占的份额的部分，应记入（　　）。

　　A. "实收资本"账户的借方　　　　B. "资本公积"账户的借方

　　C. "实收资本"账户的贷方　　　　D. "资本公积"账户的贷方

　　2. 股份有限公司通过发行股票筹集资金，按股票面值的部分贷记（　　）账户。

　　A. 实收资本　　　　　　　　　　B. 股本

　　C. 资本公积——资本溢价　　　　D. 资本公积——股本溢价

　　3. 会计期末，企业计提短期借款的利息，应借记（　　）。

　　A. 财务费用　　　B. 应付利息　　　C. 短期借款　　　D. 长期借款

　　4. 一般纳税人企业的"在途物资"账户借方记录采购过程中发生的（　　）。

　　A. 采购材料的采购成本

　　B. 采购人员的工资

　　C. 采购材料可抵扣的增值税进项税额

　　D. 采购人员的差旅费

　　5. "生产成本"账户的贷方记录完工入库结转的（　　）。

　　A. 原材料成本　　　B. 产品制造成本　　C. 间接费用　　　　D. 产品人工成本

6. 月末对"制造费用"进行分配并结转，应转入（　　）账户。

A. 生产成本　　B. 管理费用　　C. 主营业务成本　D. 库存商品

7. "制造费用"账户是专门用以归集和分配各（　　）范围内为产品生产和提供服务而发生的各项（　　）。

A. 车间/直接费用　　　　　　B. 全厂/间接费用

C. 全厂/直接费用　　　　　　D. 车间/间接费用

8. 企业为进行产品宣传发生的广告费应记入（　　）账户。

A. 管理费用　　B. 制造费用　　C. 销售费用　　D. 财务费用

9. 企业结转全年净利润时，应（　　）。

A. 借记"本年利润"账户，贷记"利润分配——未分配利润"账户

B. 贷记"本年利润"账户，借记"利润分配——未分配利润"账户

C. 借记"主营业务收入"账户，贷记"本年利润"账户

D. 贷记"主营业务收入"账户，借记"本年利润"账户

10. 某企业 A 车间只生产一种产品，月初在产品成本为 2 000 元，本月耗用材料 40 000 元，生产工人工资及福利费 8 000 元，车间管理人员工资及福利费 4 000 元，车间水电等费用 2 000 元，月末在产品成本为 2 200 元，厂部预付下半年报刊费 600 元（含本月）。A 车间本月完工产品生产成本总额为（　　）元。

A. 56 200　　　B. 58 200　　　C. 53 600　　　D. 53 800

11. "主营业务成本"账户借方登记从"（　　）"账户中结转的本期已售商品的生产成本。

A. 生产成本　　B. 库存商品　　C. 制造费用　　D. 原材料

12. 已知某企业 20×3 年损益类账户的发生额如下：主营业务收入 1 000 万元，主营业务成本 520 万元，管理费用 120 万元，财务费用 10 万元，销售费用 40 万元，营业外收入 15 万元，营业外支出 3 万元，则营业利润是（　　）万元。

A. 310　　　　B. 350　　　　C. 322　　　　D. 298

13. "利润分配"账户的年末贷方余额表示（　　）。

A. 已分配的利润　　　　　　B. 累计未分配利润

C. 累计未弥补亏损　　　　　D. 本期实现净利润

14. 企业期末损益类账户结转采用"账结法"，10 月 30 日，"本年利润"账户有借方余额 33 万元，表示（　　）。

A. 1～10 月累计实现利润 33 万元　B. 1～10 月累计发生亏损 33 万元

C. 10 月实现利润 33 万元　　　　　D. 10 月发生亏损 33 万元

15. 管理部门使用的固定资产计提折旧费时，应借记（　　）账户，贷记（　　）账户。

A. "制造费用"，"固定资产"　　B. "管理费用"，"固定资产"

C. "制造费用"，"累计折旧"　　D. "管理费用"，"累计折旧"

二、多项选择题

1. 某有限责任公司接受投资者以生产设备投资，会导致（　　　）。

A. 资产增加　　　　　　　　　B. 负债增加

C. 所有者权益增加　　　　　　D. 收入增加

2. 会计期末，企业计提银行借款利息，可能贷记（　　　）账户。

A. "财务费用"　B. "短期借款"　C. "长期借款"　D. "应付利息"

3. 企业购入需要安装的固定资产时，应记入"在建工程"借方的有（　　　）。

A. 买价　　　　　　　　　　　B. 运杂费和包装费

C. 可以抵扣的增值税　　　　　D. 安装费

4. 下列关于"原材料"账户的表述中，正确的有（　　　）。

A. 借方登记采购的已验收入库的材料成本

B. 借方登记采购的尚未验收入库的材料成本

C. 贷方登记发出的材料成本

D. 期末借方余额，反映企业库存材料的成本

5. "生产成本"账户的借方应登记（　　　）。

A. 管理费用　　　　　　　　　B. 直接人工费用

C. 分配计入的制造费用　　　　D. 直接材料费用

6. 下列费用中，属于生产过程中发生的费用有（　　　）。

A. 车间机器设备折旧费　　　　B. 生产工人的工资

C. 车间管理人员的工资　　　　D. 生产产品耗用的材料

7. 下列经济业务的发生不会引起资产总额变化的有（　　　）。

A. 从仓库领用材料用于产品生产　B. 结转验收入库材料的成本

C. 产品完工验收入库　　　　　D. 收到投资者投入的无形资产

8. 企业经营活动中的（　　　）属于"税金及附加"账户核算的内容。

A. 所得税　　　　　　　　　　B. 城市维护建设税

C. 教育费附加　　　　　　　　D. 增值税

9. 下列账户中，企业销售过程经济业务会计核算可能会使用的账户有

（　　　）。

A. "税金及附加"　　　　　　　B. "应收账款"

C. "应收票据"　　　　　　　　D. "销售费用"

10. "销售费用"账户核算的内容包括（　　　）。

A. 购买商品的运杂费　　　　　B. 销售过程中的保险费

C. 专设销售机构人员工资　　　D. 广告费

11. （　　　）属于"利润分配"账户核算的内容。

A. 提取法定盈余公积　　　　　B. 计提所得税费用

C. 向投资者分配利润　　　　　D. 资本公积转增资本

12. 下列支出应在"营业外支出"账户核算的有（　　　）。

A. 固定资产报废损失　　　　　　　B. 销售材料的成本

C. 捐赠支出　　　　　　　　　　　D. 非常损失

13. 下列项目中，应记入"管理费用"账户的有（　　）。

A. 业务招待费　　　　　　　　　　B. 企业行政管理人员的工资及福利费

C. 管理部门计提的固定资产折旧　　D. 诉讼费

14. 期间费用一般包括（　　）。

A. 财务费用　　　B. 管理费用　　　C. 销售费用　　　D. 制造费用

15. 企业计提固定资产折旧，可借记（　　）账户。

A. "累计折旧"　B. "销售费用"　C. "制造费用"　D. "生产成本"

16. 企业销售商品的业务可能借记的账户有（　　）账户。

A. "银行存款"　B. "合同负债"　C. "应收账款"　D. "应收票据"

17. 会计期末，结转损益类账户时，借记"本年利润"，贷记（　　）。

A. "主营业务收入"　　　　　　　　B. "主营业务成本"

C. "营业外收入"　　　　　　　　　D. "管理费用"

18. 年度终了，下列"利润分配"明细账户没有余额的有（　　）。

A. 利润分配——提取法定盈余公积　B. 利润分配——提取任意盈余公积

C. 利润分配——应付现金股利　　　D. 利润分配——未分配利润

19. "财务费用"账户记录的内容有（　　）。

A. 计提短期借款利息　　　　　　　B. 支付已计提的短期借款利息

C. 支付给银行的结算手续费　　　　D. 支付的业务招待费

20. 下列账户的本期发生额会影响本期营业利润的有（　　）。

A. "主营业务收入"　　　　　　　　B. "其他业务成本"

C. "营业外收入"　　　　　　　　　D. "所得税费用"

三、判断题

1. 有限责任公司取得投资者以货币资金投入资本时，按投资者投入的资金总额全部记入"实收资本"账户。　　　　　　　　　　　　　　　（　　）

2. 企业应在实际支付利息时，确认全部的利息费用。　　　　　　（　　）

3. "在途物资"账户是一个计算材料采购成本的成本计算账户。（　　）

4. 购入材料发生的运费应记入"管理费用"账户。　　　　　　　（　　）

5. 构成产品制造成本的是"直接材料""直接人工"两个项目，"制造费用"属于管理费用，不构成产品成本。　　　　　　　　　　　　　　（　　）

6. 企业预付款项情况不多的，可以不设置"预付账款"账户，通过"应付账款"账户同时反映企业应付账款和预付账款的增减变动结果。　　（　　）

7. "生产成本"账户既是成本计算账户，也是盘存账户。　　　　（　　）

8. 车间管理人员的工资不属于直接人工费用。　　　　　　　　　（　　）

9. 凡是应由本期负担的费用，应按本期实际支付数全部计入本期费用。

（　　）

10. "固定资产"账户是被调整账户，"累计折旧"账户是调整账户。

（　　）

11. 调整账户与被调整账户反映的经济内容相同，被调整账户与备抵调整账户的余额方向相同，被调整账户与附加调整账户的余额方向相反。（　　）

12. 年度终了，应将损益类账户余额结转至"利润分配"账户，结转后损益类账户无余额。

（　　）

13. 盘存账户反映企业拥有的货币资金和财产物资的增减变动及结存情况，期末需要进行账实核对。

（　　）

14. 制造费用属于损益类账户，该账户期末结转后无余额。（　　）

15. "营业外支出"是与"营业外收入"对应的账户，反映企业为取得"营业外收入"发生的成本。

（　　）

四、业务题

业务题一　筹资业务——投资者投入资本

甲公司（有限责任公司）发生下列经济业务（不考虑增值税）。

（1）甲公司设立时，接受 A 公司以货币资金 500 000 元投资，款项已存入银行。

（2）甲公司设立时，接受 B 公司以一批原材料投资，双方协议作价 200 000元（等于该批材料的公允价值）。

（3）甲公司设立时，接受 C 公司以一批打印机投资，甲公司作为办公设备使用，双方协议作价 50 000 元（等于该批打印机的公允价值）。

（4）甲公司增资时，接受 D 公司投资，该公司以一项专利技术投资，协议作价 100 000 元（等于公允价值），在注册资本享有份额为 75 000 元。

（5）甲公司以盈余公积 100 000 元转增资本。

要求：根据上述资料编制会计分录。

业务题二　筹资业务——投资者投入资本

甲公司（股份有限公司）发生下列经济业务。

（1）甲公司增资发行股票 1 000 万股，每股股票面值 1 元，发行价格为 5元，支付给证券承销商的佣金为 100 万元，款项已收讫，存入银行。

（2）甲公司以资本公积金转增资本 1 000 万元。

要求：根据上述资料编制会计分录。

业务题三　筹资业务——债权人借入资本

甲公司某年发生下列经济业务。

（1）1 月 1 日，因生产经营资金周转需要，向银行借入期限为 1 年的借款 100 000 元。款项已存入银行，到期还本付息，年利率为 5%，约定还款日为12 月 31 日。

（2）11 月 1 日，因生产经营资金周转需要，向银行借入 3 个月到期的借款 200 000 元存入银行，到期还本付息，年利率为 6%，约定还款日为次年的 1

月 31 日。

（3）1 月 1 日，企业计划建造一条生产线，向银行借入期限为 5 年的借款 1 000 万元，借款年利率 6%。

要求：

1. 根据资料 1，假设企业按年计提利息费用，编制该笔借款从取得到偿还的会计分录。

2. 根据资料 2，按照按月计提利息编制该笔借款从取得到偿还的会计分录。

3. 根据资料 2，按照按年计提利息编制该笔借款从取得到偿还的会计分录。

4. 根据资料 3，假设企业按年计提利息费用，分期付息到期还本（每年支付一次利息，付息日从取得借款的次年开始，每年的 1 月 1 日），编制借款取得日、取得当年年末和借款到期日如期偿还的会计分录。

5. 根据资料 3，假设企业按年计提利息费用，到期一次还本付息，编制借款取得日、取得当年年末和借款到期日如期偿还的会计分录。

业务题四　供应业务——购建固定资产

甲公司 20×3 年 3 月发生下列经济业务。

（1）购进一台生产设备，取得的增值税专用发票上注明的价款为 80 000 元，增值税税额为 10 400 元，运输费 400 元，包装费 300 元，所有款项约定 1 个月后支付，设备无须安装，交付使用。

（2）购建需要安装的一条生产线，取得的增值税专用发票上注明的价款为 200 000 元，增值税税额为 26 000 元。另支付包装费 1 000 元，运输途中的保险费及运输费共计 1 200 元。全部款项用银行存款支付。在安装过程中，领用原材料 1 000 元，耗用人工 2 000 元，人工工资尚未支付，其他安装费用 3 000 元，其他安装费用用银行存款支付。安装完毕，经验收合格交付使用。

（3）假设除设备价款外其他不考虑增值税。

要求：

1. 根据资料 1 编制购置设备和到期还款的会计分录。

2. 根据资料 2 编制购建到交付使用的全部会计分录。

业务题五　供应业务——采购原材料

甲公司 20×3 年 3 月发生下列经济业务。

（1）向乙公司购入 A 材料 1 500 千克，单价 30 元，合计 45 000 元，增值税 5 850 元；B 材料 2 000 千克，单价 15 元，合计 30 000 元，增值税 3 900 元。全部款项以银行存款支付。

（2）上述 A、B 两种材料的运杂费合计 7 000 元，按重量进行分配，运杂费用银行存款支付。

（3）向丙公司购进 C 材料 3 000 千克，单价 25 元，合计 75 000 元，增值税 9 750 元，款项尚未支付。

（4）用银行存款支付 C 材料的运费及装卸费 1 000 元，入库前的挑选整理费 2 000 元。

（5）以银行存款 20 000 元向丁公司预付购买 B 材料的货款。

（6）丁公司发来 B 材料 1 000 千克，单价 15 元，增值税 1 950 元，对方代垫运杂费 500 元。

（7）收到丁公司退回的货款。

（8）戊公司发来 A 材料 1 000 千克，单价 30 元，合计 30 000 元，增值税 3 900 元。冲销上个月预付的货款 30 000 元，其余部分用银行存款补付。

（9）从己公司购入 C 材料 1 000 千克，单价 25 元，合计 25 000 元，增值税 3 250 元，运杂费 750 元，企业开出承兑 3 个月到期的商业汇票一张。

（10）上述购入 A、B、C 材料验收入库。

（11）假设除采购价款外其他不考虑增值税。

要求：根据上述资料编制相关经济业务的会计分录。

业务题六　生产业务

甲公司（制造业企业）生产 A、B 两种产品，20×3 年 11 月发生下列经济业务。

（1）本月生产领用材料情况如下表所示。

单位：元

用途	甲材料	乙材料	合计
A 产品	320 000	450 000	770 000
B 产品	680 000	380 000	1 060 000
车间一般耗用	20 000	5 000	25 000
行政管理部门耗用		20 000	20 000
合计	1 020 000	855 000	1 875 000

（2）结算本月应付职工工资 680 000 元，其中，生产 A 产品生产工人工资 300 000 元，生产 B 产品生产工人工资 200 000 元，车间管理人员工资 100 000 元，行政管理人员工资 80 000 元。

（3）用银行存款支付本月水电费合计 32 000 元，其中，生产车间应负担 27 000 元，行政管理部门应负担 5 000 元。

（4）按规定标准计提本月固定资产折旧费用 48 300 元，其中，生产用固定资产折旧费 38 000 元，行政管理部门固定资产折旧费 10 300 元。

（5）以银行存款购入车间用劳保用品 10 000 元，款项尚未支付。

（6）根据上述业务，汇总制造费用，按 A、B 两种产品的生产工时进行分摊，A 产品生产工时 600 小时，B 产品生产工时 400 小时。

（7）"生产成本——A 产品"期初余额为 50 000 元，本月 A 产品全部完工入库;"生产成本——B 产品"期初余额为 0,本月投产 300 件,全部未完工。结转完工产品成本。

要求:

1. 根据上述资料,编制相关经济业务的会计分录。

2. 计算期末"生产成本——A 产品""生产成本——B 产品"的期末余额,并解释期末余额的含义。

业务题七 销售业务

甲公司 20 ×3 年 12 月发生下列销售相关的经济业务。

(1)向乙公司销售 A 产品 30 件,单价为 1 000 元/件,开出的增值税专用发票上注明的价款为 30 000 元,增值税税额为 3 900 元。代垫运费 1 600 元,款项尚未收到。

(2)预收丙公司货款 25 000 元存入银行。

(3)发出 A 产品 20 件给丙公司,单价为 1 000 元/件,开出的增值税专用发票上注明的价款为 20 000 元,增值税税额为 2 600 元。代垫运费 1 400 元,余款退回丙公司。

(4)向丁公司销售 B 产品一批 50 件,单价为 800 元/件,开出的增值税专用发票上注明的价款为 40 000 元,增值税税额为 5 200 元,收到货款存入银行。

(5)收到乙公司前欠货款、增值税及代垫运费。

(6)向戊公司销售 B 产品 100 件,单价为 800 元/件,开出的增值税专用发票上注明的价款为 80 000 元,增值税税额为 10 400 元,收到戊公司签发的 6 个月商业汇票一张,面值 90 400 元。

(7)计算并结转 A、B 产品销售成本,A 产品单位成本 700 元/件,B 产品单位成本 550 元/件。

(8)以银行存款支付销售商品的广告宣传费 8 600 元。

(9)B 产品是应税消费品,按本期销售收入和消费税税率 10%,计算确认本期应交消费税。

要求:根据资料编制相关经济业务的会计分录。

业务题八 销售业务

甲公司 20 ×3 年 12 月发生下列销售相关的经济业务。

(1)销售丙材料 2 000 千克,单价 26 元/千克,开出的增值税专用发票上注明的价款为 52 000 元,增值税税额为 6 760 元,款项已存入银行。该批丙材料采购成本为 49 000 元。

(2)企业出租生产设备一台,租期一个月,租金 3 000 元,月末收到租金存入银行(不考虑增值税)。

(3)月末,计提该生产设备当月折旧 1 500 元。

要求:根据资料编制相关经济业务的会计分录。

业务题九　利润形成——费用

甲公司经营过程中发生如下经济业务。

（1）对外公益捐赠 50 000 元，银行存款付讫。

（2）用银行存款支付咨询费 5 000 元。

（3）用银行存款支付资产评估费用 7 000 元。

（4）计算确认本期应交城市维护建设税 3 500 元，教育费附加 1 500 元。

（5）用银行存款支付罚款 500 元。

（6）接受捐赠 1 台设备，金额为 5 000 元（非股东捐赠，不考虑增值税）。

（7）企业清理长期无法支付的应付账款 6 000 元。

（8）采购部员工王军出差报销差旅费 2 000 元，以银行存款支付。

要求：编制相关经济业务的会计分录。

业务题十　利润形成和分配

甲公司（股份有限公司）20 × 3 年度所有损益类账户的累计发生额如下表所示。

20 × 3 年 1 ~ 12 月累计发生额　　　　　　　　　单位：元

账户	借方	贷方
主营业务收入		470 000
主营业务成本	117 500	
税金及附加	17 000	
其他业务收入		55 000
其他业务成本	50 500	
管理费用	130 000	
财务费用	20 000	
销售费用	15 000	
营业外收入		20 000
营业外支出	50 000	

甲公司按税后净利润的 10% 提取法定公积金，按税后净利润的 5% 提取任意公积金，宣告发放现金股利 80 000 元。

要求：

1. 编制期末结转损益类账户余额的会计分录。

2. 企业所得税税率为 25%，无纳税调整事项，计算本期应交所得税，确认当期所得税费用。

3. 结转所得税费用。

4. 计算本期营业利润、利润总额和净利润。

5. 结转本期净利润。

6. 编制利润分配相关经济业务的会计分录。

7. 期末结转利润分配各明细分类账户余额。

业务题十一　生产和销售

甲公司为一家制造企业，主要生产 A、B 两种产品。有关资料如下。

（1）20×3 年 1 月 1 日，A 产品"生产成本"账户有借方余额 100 000 元，B 产品"生产成本"账户有借方余额 200 000 元。

（2）20×3 年 1 月仓库发出原材料共计 300 000 元，其中 40% 用于 A 产品的生产，60% 用于 B 产品的生产。

（3）20×3 年 1 月共计提 210 000 元职工工资，其中 100 000 元属于行政管理人员，40 000 元属于 A 产品生产工人的工资，60 000 元属于 B 产品生产工人的工资，10 000 元属于生产车间管理人员的工资。

（4）20×3 年 1 月以银行存款支付生产车间水电费共 10 000 元，以银行存款支付厂房租金 100 000 元。

（5）制造费用按产品机器小时分配，1 月 A 产品机器小时 1 000 小时，B 产品机器小时 1 500 小时。

（6）20×3 年 1 月末，甲公司有成本为 80 000 元的 A 在产品，有成本为 50 000 元的 B 在产品，完工入库 A 产品 1 000 件，B 产品 2 000 件。

（7）20×3 年 2 月，甲公司销售 A 产品 500 件，单位不含税售价为 500 元，增值税税率为 13%，款项已收讫存入银行。

（8）20×3 年 2 月，甲公司销售 B 产品 1 000 件，单位不含税售价为 500 元，增值税税率为 13%，取得购买方签发的商业汇票。

（9）20×3 年 2 月末，结转本月销售 A 产品和 B 产品成本。

要求：

1. 根据上述资料，编制相关经济业务的会计分录。

2. 计算 20×3 年 1 月完工入库 A 产品和 B 产品的总成本和单位成本。

业务题十二　销售和利润形成

甲公司是增值税一般纳税人，增值税税率为 13%。相关资料如下。

（1）20×2 年末，甲公司仓库库存 A 商品成本为 100 000 元。20×3 年 1 月完工入库 A 商品成本为 200 000 元，1 月末，库存 A 商品成本为 50 000 元。

（2）20×3 年 1 月 25 日，甲公司向乙公司销售 A 商品 300 件，每件商品不含税价格为 1 000 元，货款尚未收到。销售合同约定运费由乙公司负责，运输费用 1 000 元由甲公司发货时垫付。

（3）20×3 年 1 月 15 日，甲公司参加产品展销会，以银行存款支付广告费 5 000 元，展览费 2 000 元。

（4）20×3 年 1 月 1 日，甲公司与丙公司签订期限为 1 年的设备出租协议，丙公司通过银行转账预付全部租金 12 000 元。该设备当月应计提折旧 800 元（本笔业务不考虑增值税）。

（5）20×3 年 1 月 10 日，甲公司向丁公司销售 100 千克原材料，每千克不含税价格为 100 元，增值税税率为 13%，货款已收到存入银行。该批原材料每千克成本为 90 元。

（6）20×3 年 1 月 20 日，甲公司向希望工程捐款 20 000 元，收到希望工程出具的收据。

（7）20×3 年 1 月 21 日，由于戊公司违约，甲公司收到戊公司支付的违约金 10 000 元，存入银行。

（8）20×3 年 1 月 25 日，甲公司向咨询公司支付咨询费 5 000 元。

（9）20×3 年 1 月末，结转 A 产品销售成本。

（10）20×3 年 1 月末，甲公司将本月的各项损益结转入"本年利润"（主营业务收入 600 000 元，主营业务成本 500 000 元，其他业务收入 50 000 元，其他业务成本 40 000 元，税金及附加 6 000 元，管理费用 5 000 元，财务费用 500 元，营业外收入 10 000 元，营业外支出 20 000 元，投资净收益 3 000 元）。

（11）企业所得税税率为 25%。计算确认并结转当月的所得税费用。

（12）结转当期净利润。

要求：编制相关经济业务的会计分录。

延伸阅读与思维拓展

阅读下列资料，思考"业财融合"为企业带来了什么。

数智时代，当业务与财务融合，差旅报销……

传统的员工差旅业务及报销基本流程如图 4-59 所示。

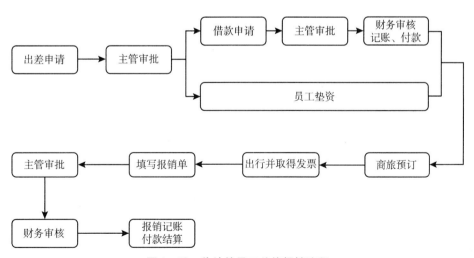

图 4-59　传统的员工差旅报销流程

员工出差可以选择"先借款后结算"或"先垫资后结算"两种方式，会计处理如表4-9所示。

表4-9　　　　　　　　　"先借款"和"先垫资"会计核算

先借款后结算	先垫资后结算
员工借款时： 借：其他应收款——××员工 　　贷：银行存款 报销时： 借：管理费用 　　贷：其他应收款 借或贷：银行存款（差额）	员工垫资时： 无须进行会计处理 报销时： 借：管理费用 　　贷：银行存款

由于"业务在前、财务在后、业财分离"，传统差旅报销员工报销时可能会出现下列问题。

(1) 费用超出部门预算。

(2) 交通、住宿等预订超出规定标准。

(3) 发票丢失或不符合规定。

(4) 报销项目不符合公司规定。

(5) 从出差到报销到账耗时长。

……

数智时代，"业财融合"可以为企业带来什么？以用友 BIP 商旅及费控服务为例①，如图4-60所示。

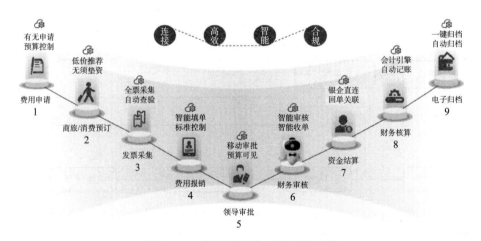

图4-60　"业财融合"差旅报销流程

_____

① 用友 BIP 商旅及费控服务资料来源：用友 BIP 微信公众号。

（1）事前预置规则：预算、差规、稽核、补助等管控规则前置到消费行为之前，并在消费过程中系统自动验证稽核规则，确保消费即合规。

（2）事中预订管控：预订中，系统根据预置好的预算、差规，自动进行合规验证，以及执行预置的超规处理规则。比如，如果设置了强管控，超出申请单的时间、地点、出行人等，都会"叫停"；如果设置了混支，差规超标后的超标部分可以个人支付等。

（3）事后自动核算：取消人工核对环节，实现与商旅管理（travel management companies，TMC）厂商交易级对账，全程自动核算。消费结束后，业务数据将实时转化为对公结算单自动推送到财资系统，透过科目对照及核算规则自动在财会系统生成凭证，税务进项台账数据进入税务系统，系列电子票证进入电子档案系统。

员工商旅消费的完整体验是：免垫资、免取票、免报销。预订中，对公统一支付，个人无须垫付；出行中无须取票，企业统一和 TMC 收票；出行后，系统会自动生成报销数据转给财务端，待财务统一报账后，员工银行账户里即可收到出差补助。

系统还可以实现智能分析、多源比价等其他功能。如自动生成的差旅账单可以评估员工商旅成本，作为员工的考评依据；也可以根据出行轨迹，预测区域经营情况，为业务决策提供依据；管理者可以实时看到部门、组织的预算，同时可以自定义设置重点费用，展示关键费用的预算执行情况等。

一笔费用报销的"背后"——重庆钢铁费用报销流程*

按照重庆钢铁集团（以下简称"重庆钢铁"）总部制定的相关规章制度，员工报销需要提前在系统递交申请单，并将纸质发票置于专门投递箱中，与员工前期提交的报销申请经影像扫描后生成匹配的电子条形码，作为纸质发票查找的唯一标识，并将其上传至系统中待报销后归档。申请、审批、支付与档案管理为费用报销过程中涉及的主要环节，具体流程如图 4-61 所示。

（1）报销申请。按照项目、部门、人员、定额、客户等，重庆钢铁对费用报销项目进行了规定化处理。财务共享模式下，报销申请是费用报销的首要步骤，员工必须进行事前申请，按照通信费、伙食补助、销售过程费用、交通费、住宿费等进行填写。对于报销进度，员工可以随时进入系统查询，提高了员工的满意度。同时，审核人员会对票据不合规等问题及时在系统中回复，提高工作效率与质量。

（2）报销审批。如图 4-61 流程所示，费用报销需要通过分子公司初审人、分子公司业务领导、财务共享中心费用审核人员、财务共享中心费用复审人员的逐层审批。在财务共享模式下，员工递交的报销申请单需要先经过所属

* 周奇凤：《财务共享模式下费用报销管理探析——以重庆钢铁为例》，载于《财会通讯》2020 第 4 期，第 103~104 页。

业务部门领导的审批，主要核查申请事由与费用支出是否与业务发展相符合，即负责行为性审批；按照流程，进一步开始财务共享中心的审批，审核人员和复核人员重点对票据和报销标准的合规性进行判断，即负责标准性审批。在整个报销审批环节，不同部门与人员积极履行职责，费用报销的内部控制加强。在财务共享模式下，审批的信息化和自动化程度得到极大的提高。业务部门领导只需审核影像扫描生成的电子化票据信息即可，不用面对大量的纸质票据。同时，基于网络信息化，审核报销申请更为及时和便捷，计算机客户端、手机客户端随时登录共享平台，提高了报销效率。

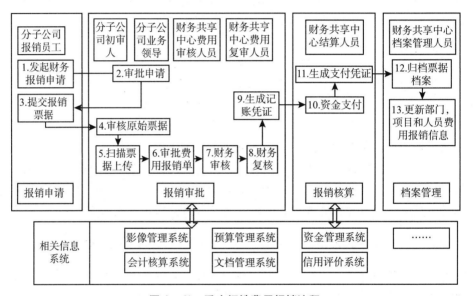

图 4-61 重庆钢铁费用报销流程

另外，财务共享服务平台具备自动识别报销金额是否超标的功能，财务人员可以在事先系统设定报销事项与标准，仅对票据报销事项相关性、金额一致性、票据报销时间合规性等进行审核，减轻了财务人员的工作量，提高工作质量。

（3）报销结算。财务共享模式下，经过多部门审批后系统自动生成支付凭证，财务共享服务中心平台按照要求向财务公司发出付款命令，结算人员审核通过后向报销人员的银行账户支付个人报销费用和差补，差补由人力资源（HR）系统自动计算。较其他建立财务共享中心的企业，重庆钢铁集团下属的财务公司实现了与付款指令的对接，这也是其报销结算方面最为显著的特点。同时，由于企业和银行系统存在差异，"银企互联"对双方服务器端要求较高，如果集团公司整体接入银行端口需要花费大量的成本。财务公司与付款指令的对接大大节约了财务共享中心的成本，集团公司只与财务公司端口相接即可，费用报销模块上线运行速度加快，业务处理更为便捷高效。

（4）档案管理。在重庆钢铁财务报销过程中，纸质票据影像扫描后生成匹配的电子条形码，作为纸质发票查找的唯一标识。但纸质报销发票的保存与管理也同等重要，为审计等工作提供证据。为统一归档费用报销类发票，重庆钢铁集团总部设立专门的档案室对其进行按月整理，并且财务共享服务中心将分子公司费用报销业务纳入后也将会建立电子档案。

第五章 会计信息"载体"：凭证与账簿

☞**学习目标**☜

1. 了解会计凭证和会计账簿的定义和作用。
2. 掌握会计凭证和会计账簿的种类。
3. 掌握会计凭证的填制和审核。
4. 掌握会计账簿的登记方法。
5. 了解会计凭证的传递、保管以及账簿启用、登记、更正和保管规则。
6. 了解电子会计资料的形成、收集、整理、归档、存储和销毁；了解电子会计档案的利用；了解电子会计档案管理系统。

☞**本章导入**☜

"300 变 50"：7 月 7 日上午，矿业公司财务部会计综合业务主管王松开始了一天的工作，打开攀钢集团 OCR 智能识别及图像存储系统，扫描一张纸质财务票据，系统自动生成 PDF 影像文件存储、票据智能验真查重、自动上传至业务系统。而王松只需点击系统费用表单下"发票获取"功能，就在系统中获取到票据的全部信息，并自动填充表单，整个过程仅耗时 50 秒。而在此前，将一张票据信息准确无误录入到表单，至少需要 5 分钟①。

OCR 智能识别及图像存储系统带来的仅仅是"时间的缩短"和"效率的提升"吗？"移动填单""与数据同源""数据集中管理，异地数据同步管理"，财务核算和管控水平"质""量"同升。

会计核算为什么需要这些"票据"？为什么要强调"与数据同源"？录入系统的这些票据后续又会进行哪些传递，形成哪些会计数据？信息技术带来了哪些变化？……

案例中的"票据"在会计核算中称为"原始凭证"；"原始凭证"进入系统后经过提炼、总结，转化为"会计分录"，称为"记账凭证"；记账凭证经过分类汇总，形成"会计账簿"。

从"原始凭证"到"记账凭证"，再到"会计账簿"，伴随会计信息"载体"的变化，完成了会计数据的传递。本章主要介绍"原始凭证""记账凭

---

① 资料来源：攀钢集团微信公众号。

证""会计账簿"的定义、作用、种类、格式、填写规范和要求、传递和保管等内容，同时探讨信息技术的发展对会计凭证和账簿的填制、传递及保管的影响。

☞ **本 章 概 览** ☜

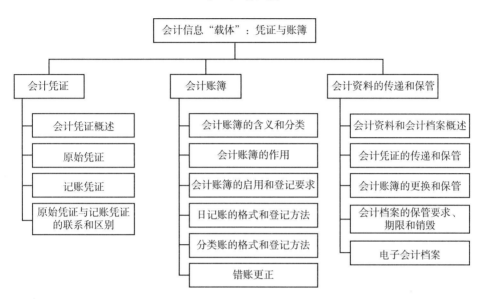

第一节　会 计 凭 证

一、会计凭证概述

（一）会计凭证的概念

会计凭证，是指记录经济业务发生或者完成情况的书面证明，也是登记账簿的依据。会计凭证包括纸质会计凭证和电子会计凭证两种形式。电子会计凭证是指以电子形式生成、传输、存储的各类会计凭证。

会计主体发生经济业务时，经办业务的有关部门或人员必须按照规定的程序和要求，取得或填制记录经济业务发生的日期、业务内容、数量和金额的会计凭证，并在凭证上签名或盖章，对凭证及凭证所反映的经济业务的真实性、合法性、合理性、完整性和正确性负责。如企业采购原材料时从供应商取得的"增值税专用（或普通）发票"就是反映该笔采购业务发生，具有法律效力的原始证据之一。

经济业务发生导致会计要素发生增减变动，企业会根据取得的"原始证据"编制会计分录，将一笔经济业务完整、详细地记录下来。实务中，会计分录记录在具有一定格式的载体上面。

无论是证明经济业务发生的"原始证据",还是记载单项经济业务会计分录的"载体",都是会计凭证。会计凭证按照填制程序和用途分为原始凭证和记账凭证。"原始证据"称为原始凭证,记录会计分录的"载体"称为记账凭证。

(二) 会计凭证的作用

一切会计记录都必须有真实凭据,是会计工作应当遵守的重要原则,也是保证会计核算资料具有真实性、客观性和可验证性的关键,会计凭证的填制和审核对于完成会计工作和发挥会计在经济管理中的作用,具有十分重要的意义。

1. 保证经济业务的发生和完成情况得到及时准确的反映

经济业务发生时,必须通过取得或填制会计凭证得到反映,记录经济业务发生的时间、地点、内容、数量、金额以及经办人员等,保证所发生的业务有相应的证据予以证明。因此,会计凭证是记录经济活动最原始的资料,是经济信息的载体。

2. 为登记账簿提供依据

随着经济业务的执行和完成,企业填制或取得原始凭证,并根据"原始凭证"编制会计分录("记账凭证"),记录经济业务发生的时间、摘要、影响的账户名称、借贷方向、金额等。"原始凭证"和"记账凭证"记录的信息为企业登记账簿提供依据。

3. 便于加强岗位责任制,完善内部控制制度

通过凭证的填制、加工、整理和传递,可以组织、协调单位内部的经济活动和部门之间以及单位领导、业务人员和财务人员之间的相互联系和控制,同时传导经济信息,保证生产经营各环节的正常运转。任何一项经济业务活动,都要由经手人员取得或填制凭证并签字盖章,便于划清职责,从而有利于改善经营管理,推行经济责任制,加强内部控制制度。

4. 便于开展会计检查和审计工作

会计凭证是实行会计监督的基础,会计凭证在反映经济业务的同时,也为会计分析和会计检查提供了原始资料。通过会计凭证的审核,可以监督各项经济业务的合法性和合理性,检查经济业务是否符合国家的有关法律、法规,是否符合企业目标和财务计划;检查经济业务有无违反会计准则和制度的现象;检查有无铺张浪费、贪污、盗窃等损害公共财产的行为发生;可以及时发现经济管理中存在的问题和管理制度中存在的漏洞,及时加以制止和纠正,以改善经营管理,提高经济效益。

综上所述,会计凭证不仅对记录经济业务、反映资金运动、明确经济责任有直接作用,同时与会计分析、会计检查以及内部控制等工作也有直接的关系。

二、原始凭证

（一）原始凭证的概念和种类

原始凭证又称"单据"，是在经济业务发生时取得或填制，用以记录经济业务发生或完成情况的原始凭据。如出差乘坐的车船票、采购材料的增值税专用（普通）发票、运费发票、销售发票、银行存款的付款凭证、产品入库单、领料单、差旅费报销单等，都是原始凭证。因为原始凭证是在经济业务发生过程中直接产生的，是经济业务发生的最初证明，在法律上具有证明效力，所以也可叫作"证明凭证"，是会计核算的原始依据。需要注意的是，反映经济交易或事项的"单据"很多，不是所有的"单据"都是原始凭证，能够证明经济业务发生和完成情况，编制会计分录的"原始依据"才是原始凭证，而那些不能证明经济业务发生和完成情况的书面资料如"银行对账单""材料请购单"等则不是会计核算的原始凭证。

由于经济业务错综复杂，记录和反映这些经济业务的原始凭证也种类繁多、格式不一。原始凭证按不同标准，可以进一步分为不同类别。

1. 按其取得的来源不同，可以分为自制原始凭证和外来原始凭证

自制原始凭证是指在经济业务发生、执行或完成时，由本单位的经办人员自行填制的原始凭证，如收料单、领料单、产品入库单、借款单等。以单位内部使用的领料单格式为例，如表5 – 1所示。

表 5 – 1

领料部门： 用途：		领　料　单 年　月　日					编号： 发料仓库：	
材料 类别	材料 编号	材料名称及规格	计量 单位	数量		金额（元）		备注
				请领	实发	单价	金额	
附件					张	合计		

制单：　　　　　审核：　　　　　领料人：　　　　　发料人：

外来原始凭证，是指在经济业务发生或完成时，从其他单位或个人直接取得的原始凭证。如购买材料、商品时，从供货单位取得的增值税专用发票，就是外来原始凭证，如图5 – 1所示。

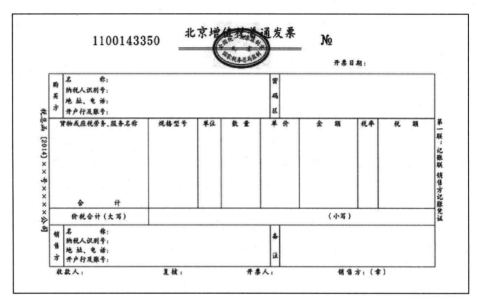

图 5 - 1　增值税发票示例

思考：自制原始凭证和外来原始凭证哪种可信性更高？

2. 按填制的手续和内容不同，可以分为一次凭证、累计凭证和汇总原始凭证

一次凭证是指在经济业务发生或完成时一次填制完成，只记录一笔经济业务且仅一次有效的原始凭证，如采购发票、销售发票、收料单、银行结算凭证等。

累计凭证是指在一定期间内，连续多次记录若干重复发生的同类经济业务且多次有效的原始凭证，以累计数作为记账依据的原始凭证。使用累计凭证，可以简化核算手续并能对材料消耗、成本管理起事先控制作用。如"限额领料单"，在同一会计期间，只要不超过规定的限额，在多次领用该种材料时都可以使用同一张领料单，随时结出累计数和结余数，期末以其实际累计数作为记账依据。它能减少凭证张数，简化填制手续，方便根据限额判断材料耗用是否超支或节约，如表 5 - 2 所示。

汇总原始凭证是指根据一定期间同类经济业务的若干张原始凭证定期按照一定标准加以汇总综合填制的原始凭证。如月末根据本月所有的领料单编制领料单汇总表，根据发货票归类整理汇总编制的销售汇总表等。以汇总原始凭证作为编制记账凭证的依据，合并了同类经济业务，简化记账凭证的编制和登记账簿的工作。

表 5-2　　　　　　　　　　　　　　　　**限额领料单**

领料单位：　　　　　　　　　　　　　　　　　　　　　　发料仓库：
用途：　　　　　　　　　　　　　年　月　　　　　　　　　编号：

材料类别	材料编号	材料名称及规格	计量单位	领料限额	实际领用	单价	金额	备注

年		请领		实发				
月	日	数量	领料单位负责人	数量	累计	发料人	领料人	限额结余
合计								

累计实发金额人民币（大写）　　　　　　　　　　　　　　　　　Y

供应部门负责人（签章）　　生产计划部门负责人（签章）　　　仓库负责人（签章）

想一想：
累计凭证和汇总原始凭证的区别是什么？

---

3. 按照格式不同，分为通用凭证和专用凭证

通用凭证是指在全国或某一地区统一印制、统一格式、统一使用的原始凭证，如某省（市）印制的在该省（市）通用的发票、收据，国家税务总局统一印制的全国通用的增值税专用发票，人民银行制作的在全国通用的银行转账结算凭证，国家铁路局统一制作的铁路运单等。

专用凭证是指各单位自行印制的原始凭证，如领料单、差旅费报销单、折旧计算表、工资费用分配表等。专用凭证在本单位内部使用，可以根据业务特点和需要自行设计。以领料单为例，企业可以根据管理的需要选择一次领料单、限额领料单或者领料单汇总表作为原始凭证。

4. 按照生成、传输、存储方式不同，分为纸质原始凭证和电子原始凭证

传统手工会计核算环境，业务单据一般是纸质单据。伴随着信息技术的发展及在会计核算中的应用，原始凭证由原来的纸质形式逐渐向电子化形式转变。电子原始凭证既包括企业从外部取得的电子会计凭证，如电子发票；也包括企业内部在信息系统里由业务人员发起并经过流程审批的内置于系统的电子单据。

以发票为例，2013 年我国开出了首张电子发票，2020 年开出了第一张增值税电子专票。此阶段的电子发票也称为"纸电"发票。企业可以通过查验平台验证发票真伪，保证发票真实有效。与传统纸质发票相比，电子发票可以通过网上申领方式领用，"即领即用"，开票成本低；采用信息化存储方式，保管更经济；可通过电子邮箱、二维码等方式交付，交付速度更快，

便于传递。

2021 年 12 月 1 日，上海市、广东省、内蒙古自治区率先开展去介质的全面数字化电子发票（简称"数电票"）试点工作，这也意味着"数电票"在我国的试点推广拉开了序幕。至 2023 年 8 月，全国已经有 24 个省（区、市）可以开具数电票，开具种类包括增值税专用发票、普通发票、稀土电子发票、建筑服务电子发票等 15 个种类。未来，数电票覆盖区域和种类均将迅速扩大。

专栏 5 - 1

延伸："去介质"全面数字化电子发票（以下简称"数电票"）

数电票是与纸质发票具有同等法律效力的全新发票，不以纸质形式存在、无须介质支撑、无须申请领用。数电票将纸质发票的票面信息全面数字化，税务机关依托全国统一的电子发票服务平台，24 小时在线免费为纳税人提供数电票开具、交付、查验等服务，实现发票全领域、全环节、全要素电子化。数电票通过在电子发票服务平台标记发票入账标识，基本解决重复入账的问题。发票版式全部简化，以增值税专用发票为例，如下图所示。

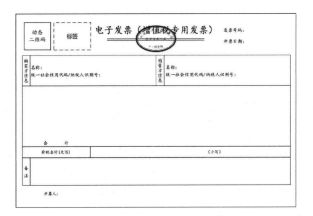

与纸质电子发票（以下简称"纸电"发票）相比，"数电票"在管理模式、交付手段等方面显著不同。

类型	"纸电"发票	数电票
管理模式	（1）需税控专用设备； （2）需发票票种核定、领用、验旧； （3）最高开票限额审批，依申请增版增量	（1）无须税控专用设备； （2）无须发票票种核定、领用、验旧； （3）自动赋予可开具发票总金额的信用额度，并动态调整

续表

类型	"纸电"发票	数电票
交付手段	（1）开票方通过邮件、短信等方式交付，受票方人工下载、打印； （2）受票方需进行归集、整理、入账等操作	（1）发票数据文件自动发送至开票方和受票方的税务数字账户； （2）也可以通过电子邮件、二维码、电子文件导出等方式自行交付

资料来源："上海税务"微信官方公众号。

思考：伴随数电票的应用推广，对发票的开具、报销、入账、归档等方面会产生哪些影响？

（二）原始凭证的基本内容

经济业务类型多种多样，原始凭证的格式和内容也各不相同。但所有的原始凭证，都必须详细载明有关经济业务的发生或完成情况，明确经办单位和人员的经济责任。因此，各种原始凭证都应具备一些共同的基本内容，也称为原始凭证要素，具体包括以下七种。

（1）凭证的名称；

（2）填制凭证的日期；

（3）填制凭证的单位或者填制人姓名；

（4）经办人员的签名或盖章；

（5）接收凭证单位名称；

（6）经济业务内容；

（7）数量、单价和金额。

（三）原始凭证的填制要求

无论是外来原始凭证还是自制原始凭证，都必须在每项经济业务发生和完成时直接取得或填制。这是填制和审核原始凭证最基本的原则要求，只有这样才能提供明确经济业务时间、地点、内容、数量以及经办人、验收人、负责人等相关人员的经济责任的证明资料。不得将多项经济业务汇总填制原始凭证，汇总填制易混淆时间、地点、内容、数量，以及有关人员的经济责任。原始凭证大部分是由各单位业务经办人填制，但也有少部分由财会人员填制，如各种收款收据、费用计提与摊配表、支票进账单等。为了保证原始凭证能够准确、及时、清晰地反映各项经济业务活动的真实情况，提高会计核算的质量并真正具有法律效力，填制原始凭证时须符合下列要求。

1. 记录真实

必须实事求是地记录经济业务，原始凭证上填制的日期、业务内容、数量、金额等必须与实际情况完全符合，确保凭证内容真实可靠。不允许歪曲或弄虚作假，也不能乱估计数字，更不得伪造凭证。

2. 内容完整

各种凭证要求填列的项目必须逐项填写齐全，不得遗漏或省略；原始凭证中的日期按照填制原始凭证的实际日期填写；名称要齐全，不能简化；品名或用途要填写明确，不能含糊不清；有关人员的签名必须齐全。

3. 手续完备、责任明确

凭证填制必须符合手续完备的要求，不完备的不能作为经济业务的合法证明，也不能作为有效的会计凭证。

从外单位取得的原始凭证必须盖有填制单位的公章①（一般盖财务专用公章），没有公章的原始凭证不能作为报账的依据。有些特殊的原始凭证，出于习惯和使用单位认为不易伪造，可不加盖公章。这些凭证一般具有固定的特殊的公认的标志，如车船票、飞机票等。

从个人取得的原始凭证，必须有填制人员的签名或者盖章。

自制原始凭证必须有经办单位领导人或者其指定的人员签名或者盖章。自制原始凭证同样具有法律效力，虽不一定加盖公章，但一定要有完整的签审手续。经办人、负责人、审核人、签领人一定要签名或盖章；经办单位负责人所指定的人员的签名或盖章也视为有效。

对外开出的原始凭证，必须加盖本单位的公章，一般用财务专用章。不盖公章的原始凭证是无效凭证。

对外开出或从外部取得的电子形式的原始凭证必须附有符合《中华人民共和国电子签名法》的电子签名。

4. 填制及时

各种原始凭证的填制应当及时，并按规定的程序及时送交会计机构，由会计机构加以审核，并据以填制记账凭证。

5. 书写规范，字迹清楚

原始凭证应按规定填写，文字简明，字迹清楚，易于辨认，不得使用未经国务院公布的简化汉字。

大小写金额数字要符合规范，汉字大写金额用汉字壹、贰、叁、肆、伍、陆、柒、捌、玖、拾、佰、仟、万、亿、元、角、分、零、整等，一律用正楷或行书书写，不得用0、一、二、三、四、五、六、七、八、九、十等简化字代替，不得任意自造简化字。大写金额数字前未印有货币名称的，应当加填货币名称（如"人民币"等），货币名称与大写金额之间不得留有空白。小写金额用阿拉伯数字逐个书写，不得连笔。阿拉伯金额数字前面应当书写货币币种符号或者货币名称简写和币种符号，如"￥"等。币种符号与阿拉伯金额数

---

① 所谓"公章"，应是具有法律效力和规定用途，能够证明单位身份和性质的印鉴，如业务公章、财务专用章、发票专用章、收款专用章或结算专用章等。

字之间不得留有空白。凡阿拉伯数字前写有币种符号的，数字后面不再写货币单位。所有以元为单位（人民币以外的其他货币种类，为该种货币的基本单位）的阿拉伯数字，除表示单价等情况外，一律填写到角分；无角分的，角位和分位可写"00"或者符号"－"占位；有角无分的，分位应当写"0"，不得用符号"－"代替。

阿拉伯数字金额中间有"0"时，汉字大写金额要写"零"字，如"￥101.50"，汉字大写金额应写作人民币壹佰零壹元伍角整。阿拉伯数字中间连续有几个"0"时，汉字大写金额中可以只写一个"零"字，如"￥1 004.56"，汉字大写金额应写作人民币壹仟零肆元伍角陆分。阿拉伯数字元位是"0"或数字中间连续有几个"0"，元位也是"0"，但角位不是"0"时，汉字大写金额可只写一个"零"字，也可不写"零"字，如"￥1 320.56"，汉字大写金额写作人民币壹仟叁佰贰拾元零伍角陆分或人民币壹仟叁佰贰拾元伍角陆分。大写金额数字到元或者角为止的，在"元"或者"角"字之后应当写"整"字或者"正"字；大写金额数字有"分"的，"分"后面不写"整"或"正"字。如￥110 356.60的正确写法为："人民币壹拾壹万零叁佰伍拾陆元陆角整"，￥27 000.04应该写作"人民币贰万柒仟元零肆分"。

凡填有大写和小写金额的原始凭证，大写与小写金额必须相符。

填写票据（汇票、本票和支票）和结算凭证，必须做到要素齐全、数字正确、字迹清晰、不错漏、不潦草，防止涂改。票据的出票日期必须使用中文大写。为防止变造票据的出票日期，在填写月、日时，月为壹、贰和壹拾的，日为壹至玖和壹拾、贰拾和叁拾的，应在其前加"零"；日为拾壹至拾玖的，应在其前加"壹"。如1月15日，应写作零壹月壹拾伍日。再如10月20日，应写作零壹拾月零贰拾日。票据和结算凭证金额以中文大写和阿拉伯数字同时记载，二者必须一致，二者不一致的票据无效；二者不一致的结算凭证银行不予受理。

6. 连续编号

凭证应连续编号。如果凭证已预先印定编号，如发票、支票等重要凭证，在因错作废时，应加盖"作废"戳记，妥善保管，不得撕毁。

一式几联的原始凭证，应当注明各联的用途，只能以一联作为报销凭证。一式几联的发票和收据，必须用双面复写纸（发票和收据本身具备复写纸功能的除外）套写，并连续编号。作废时应当加盖"作废"戳记，连同存根一起保存，不得撕毁。

7. 相关证明齐全

购买实物的原始凭证，必须有验收证明。支付款项的原始凭证，必须有收款单位和收款人的收款证明。发生销货退回的，除填制退货发票外，还必须有退货验收证明；退款时，必须取得对方的收款收据或者汇款银行的凭证，不得以退货发票代替收据。经上级有关部门批准的经济业务，应当将批准文件作为原始凭证附件。如果批准文件需要单独归档的，应当在凭证上注明批准机关名称、日期和文件字号。

8. 不得涂改、刮擦和挖补

原始凭证金额有错误的，应当由出具单位重开，不得在原始凭证上更正。原始凭证有其他错误的，应当由出具单位重开或者更正，更正处应当加盖出具单位印章。

9. 其他要求

入账后发现错误的原始凭证，不能抽出，应另外以正确原始凭证进行更正。

原始凭证需附在记账凭证之后，附在记账凭证之后的原始凭证应折叠、粘贴整齐。

一张原始凭证所列支出需要几个单位共同负担的，应当将其他单位负担的部分，开给对方原始凭证分割单进行结算。原始凭证分割单必须具备原始凭证的基本内容：凭证名称、填制凭证日期、填制凭证单位名称或者填制人姓名、经办人的签名或者盖章、接受凭证单位名称、经济业务内容、数量、单价、金额和费用分摊情况等。

（四）原始凭证的填制方法

原始凭证有手工填制、系统或机器录入、其他业务系统导入等多种填制和取得方式。从其他业务系统导入的原始凭证应进行真实性、完整性、可用性和安全性检测，手工填制、系统或机器录入应按照原始凭证的填制要求进行填制或录入。举例说明一次凭证、累计凭证、汇总凭证的填制方法。

1. 一次凭证

一次凭证在经济业务发生或完成时，由相关业务人员一次填制完成。如企业购进材料验收入库，由仓库保管员填制的"收料单"；车间或班组向仓库领用材料时填制的"领料单"；报销人员填制、出纳人员据以付款的"报销凭单"等，都是一次凭证。以收料单为例，如表5-3所示。

表5-3 收料单

供货单位：新华配件厂　　　　　　　　　　　　　　　　　　　凭证编号：104
发票编号：06218691　　　　　　20×3年9月4日　　　　　　收料仓库：1号库

材料类别	材料编号	材料名称及规格	计量单位	数量		金额（元）		
				应收	实收	单价	买价运杂费	合计
轴承	MR1-4	40-102	套	100	100	140.00		14 000
轴承	MRI-5	41-110	套	200	200	150.00		30 000
备注							合计	44 000

主管：　　　　会计：　　　　审核：　　　　记账：　　　　收料：

2. 累计凭证

累计凭证的填制手续不是一次完成，而是随着经济业务的陆续发生分次进行。每次经济业务完成后，由相关人员在同一凭证上重复填制完成。以限额领料单为例，在有效期间内（一般为一个月），只要领用数量不超过限额就可以连续使用。其格式如表 5 - 4 所示。

表 5 - 4　　　　　　　　　　　　　限额领料单

领料单位：一车间　　　　　　　　　　　　　　　　　　　　发料仓库：1 号
用途：101 批号产品生产　　　　　　　20 × 3 年 9 月　　　　　　　编号：025

材料类别	材料编号	材料名称及规格	计量单位	领料限额	实际领用	单价	金额	备注
型钢	2306	圆钢 φ10mm	千克	1 000	950	4.5	4 275	

20 × 3 年		请领		实发				
月	日	数量	领料单位负责人	数量	累计	发料人	领料人	限额结余
9	4	280	王刚	280	280	李林	张强	720
9	8	370	王刚	370	650	李林	张强	350
9	25	300	王刚	300	950	李林	张强	50
合计		950		950	950			50

累计实发金额人民币（大写）肆仟贰佰伍拾元整　　　　　　　￥ 4 275

供应部门负责人（签章）　　　生产计划部门负责人（签章）　　　仓库负责人（签章）

3. 汇总凭证

汇总凭证，由相关人员在汇总一定时期内反映同类经济业务的原始凭证后填制完成。对于发生频率极高，性质、内容相同，只是每张凭证反映金额不同的原始凭证，可以定期按照一定的管理要求汇总，如"发料凭证汇总表""收料凭证汇总表"等，然后根据汇总原始凭证填制记账凭证。

汇总原始凭证只能将同类经济业务汇总填列，不能将不同类别的经济业务汇总填列在一张汇总凭证中。汇总原始凭证在大中型企业使用非常广泛，因为它可以简化核算手续，直接为经济管理提供所需总括指标，提高工作效率，并能够使核算资料更为系统化，核算过程更为条理化。

以"发料凭证汇总表"为例，它是由材料会计根据各部门到仓库领用材料时填制的领料单汇总编制，送交会计部门做账务处理的汇总凭证。其格式如表 5 - 5 所示，按照用途和领用部门定期汇总。

表 5 - 5　　　　　　　　　　　　　发料凭证汇总表

　　　　　　　　　　　　　　　　　年　月　日　　　　　　　　　　　　单位：元

应借科目	应贷科目：原材料					发料合计
	明细科目：主要材料				辅助材料	
	1 ~ 10 日	11 ~ 20 日	21 ~ 30 日	小计		
生产成本 制造费用 管理费用						
合计						

原始凭证如果数量不多，可以附在汇总表后面，如果数量太多，应单独编号装订，妥善保管备查。

（五）原始凭证的审核

凭证的审核是会计监督的一个重要手段。原始凭证填制以后，为了保证其真实、完整，会计人员必须对其进行严格的审核。只有审核无误的原始凭证，才能据以编制记账凭证。审核的主要内容有以下两项。

1. 审核原始凭证的真实性、合法性和合理性

不真实的原始凭证，是指原始凭证表述的事项与实际业务不符，是一种虚假的凭证。真实性审核包括审核凭证日期、业务内容、数据等方面。对外来原始凭证，必须有填制单位公章或财务专用章和填制人员签章。其中，电子形式的外来原始凭证，应当附有符合《电子签名法》的电子签名（章）。对自制原始凭证，必须有经办部门和经办人员的签名或盖章。真实性的审核还包括凭证本身的真实性，如通过相关平台或系统查验电子形式的外来原始凭证的真伪。

不合法的原始凭证是指原始凭证所表述的事项与经济业务相符，但经济业务本身不符合国家法律法规的规定，不符合规定的凭证传递和审核程序。

对不真实、不合法的原始凭证，会计人员有权进行制止、纠正、不予办理和揭露违法乱纪行为，保护国家、集体和社会利益不受损害。对弄虚作假、严重违法的原始凭证，在不予受理的同时，应当予以扣留并及时向单位领导人报告，请求查明原因，追究当事人的责任。

在审核原始凭证中如发现有多计或少计收入、费用，擅自扩大开支范围、提高开支标准，巧立名目、虚报冒领、滥发奖金、津贴等违反财经制度和财经纪律的情况，不仅不能作为合法真实的原始凭证，而且要按规定进行处理。

审核原始凭证的合理性是指原始凭证所记录经济业务是否符合企业经济活动的需要，是否符合有关的计划和预算，是否背离提高经济效益的原则和内部控制制度的要求。

2. 审核原始凭证的正确性和完整性

正确性主要指原始凭证记载的各项内容是否正确，包括：单位名称、金额填写和计算、更正等是否正确。原始凭证记载的各项内容均不得涂改、刮擦和挖补。

完整性主要指原始凭证要素是否齐全，是否有漏项情况，日期是否完整，数字是否清晰，文字是否工整，有关人员签章是否齐全，凭证联次是否正确。

记载不正确、不完整的原始凭证，主要是由于填制人员在填写时出现的差错，需退还经办人改正或补充记录。

信息化系统中，"审核"嵌入在业务流转和会计核算系统预设的流程中，

相关责任人员审核后才能进入下一环节。

利用电子会计凭证进行会计核算的，应当保证电子会计凭证的接收、生成、传输、存储的安全可靠，对电子会计凭证的任何篡改能够被发现，且在会计核算系统中设置必要的程序，防止电子会计凭证重复入账。

利用纸质会计凭证的电子影像件等电子副本文件进行会计核算的，应当确保纸质会计凭证的电子副本文件及会计核算系统符合关于利用电子会计凭证进行核算的有关要求，并建立纸质会计凭证与其电子副本文件的检索关系。

三、记账凭证

（一）记账凭证的概念和种类

记账凭证，又称记账凭单，是会计人员根据审核无误的原始凭证，用来确定经济业务应借、应贷的会计科目和金额而填制的，作为账簿登记依据的会计凭证。记账凭证按其用途不同，分为专用记账凭证和通用记账凭证。

专用记账凭证，是用来专门记录某一类经济业务的记账凭证，按其反映的经济业务的内容进一步分为收款凭证、付款凭证和转账凭证。收款凭证是指反映库存现金、银行存款收款业务的记账凭证，可再分为现金收款凭证和银行存款收款凭证。付款凭证是指反映库存现金、银行存款付款业务的记账凭证，可再分为现金付款凭证和银行存款付款凭证。转账凭证是指反映与库存现金、银行存款收付无关的经济业务的记账凭证。经济业务发生时，按其所记录的经济业务的类型，填制对应的专用记账凭证。由于专用记账凭证只反映某一类经济业务，凭证格式因业务性质不同而有所区别。以银行存款收款凭证、现金付款凭证和转账凭证为例，如表5-6、表5-7、表5-8所示。

5-2 记账
凭证

表5-6   **收款凭证**

借方科目：银行存款   年 月 日   银收字第   号

摘要	贷方科目		金额									过账备注
	总账科目	明细科目	百	十	万	千	百	十	元	角	分	
合计												

会计主管：   记账：   出纳：   审核：   制单：

附单据   张

表 5 – 7 付款凭证

贷方科目：库存现金　　　　　　　　　　年　月　日　　　　　　　　　现付字第　号

摘要	借方科目		金额									过账备注
	总账科目	明细科目	百	十	万	千	百	十	元	角	分	
合计												

附单据　张

会计主管：　　　　　记账：　　　　　出纳：　　　　　审核：　　　　　制单：

表 5 – 8 转账凭证

年　月　日　　　　　　　　　转字第　号

摘要	会计科目		借方金额							贷方金额							过账备注
	总账科目	明细科目	万	千	百	十	元	角	分	万	千	百	十	元	角	分	
合计																	

附单据　张

会计主管：　　　　　记账：　　　　　审核：　　　　　制单：

通用记账凭证是指不区分收、付款凭证和转账凭证，而是以一种格式记录全部经济业务的记账凭证，如表 5 – 9 所示。

表 5 – 9 记账凭证

年　月　日　　　　　　　　　记字第　号

摘要	会计科目		借方金额							贷方金额							过账备注
	总账科目	明细科目	万	千	百	十	元	角	分	万	千	百	十	元	角	分	
合计																	

附单据　张

会计主管：　　　　　记账：　　　　　出纳：　　　　　审核：　　　　　制单：

手工核算环境下，因企业有大量的经济业务涉及货币资金的收付，所以按照经济业务是否涉及货币资金的增减变动，设置收、付、转专用凭证以便分类登记账簿，保障货币资金安全，提高资金使用效率。

但随着会计电算化的普及应用，机器记账逐步取代手工记账，按科目代码识别、归类、汇总在信息化环境下极容易实现。同时，伴随各种网络支付工具的普及，企业生产经营过程中使用现金的机会越来越少。信息化环境下，很多企业不再设置收、付、转专用记账凭证，所有经济业务采用通用记账凭证进行记录。

（二）记账凭证的基本内容

在实际工作中，为了便于登记账簿，需要将来自不同单位和部门、种类繁多、数量庞大且格式、大小不一的原始凭证加以归类、整理，填制记账凭证，并将相关的原始凭证附在记账凭证后面。

各企业根据自身业务特点，可设计使用不同格式的记账凭证。为保证账簿记录的正确性，无论哪种格式的记账凭证，都应按照复式记账的要求，运用会计科目，编制会计分录，据以登记账簿。所有记账凭证必须具备以下内容。

（1）填制凭证的日期；

（2）凭证编号；

（3）经济业务摘要；

（4）应借应贷会计科目；

（5）金额；

（6）所附原始凭证张数；

（7）填制凭证人员、稽核人员、记账人员、会计机构负责人、会计主管人员签名或者盖章。收付款业务的记账凭证还应当由出纳人员签名或者盖章。

（三）记账凭证的填制要求

记账凭证的填制除了要做到内容填写完整、书写清楚和规范、按规定程序办理签章手续外，还须符合以下要求。

（1）会计人员可以根据需要，按每一张原始凭证编制一张记账凭证，也可以将若干张反映同类业务的原始凭证汇总编制一张记账凭证，还可以根据原始凭证汇总表填制，但不得将不同内容和类别的原始凭证填制在一张记账凭证上。

（2）记账凭证要以审核无误的原始凭证为依据，除结账与更正差错的记账凭证可以不附原始凭证外，其他记账凭证必须附有原始凭证。单位计提各项税费的记账凭证，应附自制原始凭证，列明合法的计算提取依据及正确的计算过程，以便复核会计分录是否正确，也便于日后查阅原始凭证。

如果一张原始凭证涉及几张记账凭证，可以把原始凭证附在一张主要的记账凭证后面，并在其他记账凭证上注明附有该原始凭证的记账凭证的编号或者附原始凭证复印件。

（3）记账凭证应注明所附原始凭证的附件张数，原始凭证的张数按自然张数计算。如果记账凭证中附有原始凭证汇总表，则应该把所附的原始凭证和原始凭证汇总表的张数一起计入附件的张数之内。报销差旅费等的零散票券，可以粘贴在一张纸上，作为一张原始凭证。

（4）记账凭证的日期。记账凭证的填写日期一般是会计人员填制记账凭证的当天，即财会部门受理经济业务事项的日期，年、月、日应写全。

（5）摘要简明，满足需要。记账凭证的摘要栏是对经济业务的简要说明，也是登记账簿的重要依据，必须针对不同性质的经济业务的特点，填写清楚，方便登账和日后查阅凭证。

（6）记账凭证应连续编号。凭证应由主管该项业务的会计人员，按业务发生的顺序并按不同种类的记账凭证采用"字号编号法"连续编号。编号的种类可采用收款、付款、转账凭证分三类编号，也可以采用现金收款、现金付款、银行存款收款、银行存款付款和转账凭证分五类编号，还可以采用通用记账凭证统一编号的形式，如现收字1号、银付字2号、转字4号、记字8号。如果一笔经济业务需要填制两张以上（含两张）记账凭证的，可以采用"分数编号法"编号，如第4号转账业务的会计分录需要填制三张记账凭证，编号应为转字第 $4\frac{1}{3}$ 号、转字第 $4\frac{2}{3}$ 号、转字第 $4\frac{3}{3}$ 号。为便于监督，反映付款业务的会计凭证不得由出纳人员编号。

（7）如果在填制记账凭证时发生错误，应当重新填制。已经登记入账的记账凭证，在当年内发现填写错误时，可以用红字填写一张与原内容相同的记账凭证，在摘要栏注明"注销某月某日某号凭证"字样，同时再用蓝字重新填制一张正确的记账凭证，注明"订正某月某日某号凭证"字样。如果会计科目没有错误，只是金额错误，也可以将正确数字与错误数字之间的差额，另编一张调整的记账凭证，调增金额用蓝字，调减金额用红字。发现以前年度的错误，因以前年度的有关账目已经结账、封账，只能在发现差错时编制蓝字记账凭证进行以前年度损益及其他相关科目的调整，账务处理较为复杂。

（8）记账凭证填制完经济业务事项后，如有空行，应当自金额栏最后一笔金额数字下的空行处至合计数上的空行处画斜线注销。

（四）记账凭证的填制方法

1. 专用记账凭证的格式和填制方法

（1）收款凭证。收款凭证是根据审核无误的库存现金和银行存款收款业务的原始凭证编制，专门用来填列收款业务会计分录的记账凭证。根据现金收款业务原始凭证编制的收款凭证，称为现金收款凭证；根据银行存款收款业务原始凭证编制的收款凭证，称为银行存款收款凭证。收款凭证既是登记库存现金日记账、银行存款日记账以及有关明细分类账和总分类账的依据，也是出纳收讫款项的依据。必须先收款，后填凭证。

收款凭证因借方只能是"库存现金"或"银行存款"，因此，将借方科目设在左上角处，按照业务内容选填"银行存款"或"库存现金"科目；日期填写填制凭证的日期；凭证右上角的"字第_号"处填写"银收"或"现收"字和凭证的顺序编号；"摘要"栏填写记录的经济业务的简要说明；"贷方总账科目"和"明细科目"栏填写与收入"银行存款"或"库存现金"相对应的总账科目及其明细科目；"金额"栏填写与同一行科目对应的发生额；"合计栏"填写各发生额的合计数，合计金额即为库存现金或银行存款的增加额；凭证右边"附单据__张"处填写所附原始凭证的张数；凭证下边分别由相关人员签字或盖章，以明确账证经管责任；"过账备注"栏应在已经登记账簿后画"√"符号，表示已经登账，以免发生漏记或重记错误。

例如，某公司20×3年3月2日销售电视机30台，开具增值税专用发票，发票上注明商品价款180 000元，增值税销项税额23 400元。收到购货单位开出金额203 400元的转账支票一张，送存银行，收到银行收款通知。附原始凭证3张，为该公司3月第7笔银行存款收款业务。收款凭证的填制如表5－10所示。

表5－10　　　　　　　　　　　　　收款凭证

借方科目：银行存款　　　　　　　　20×3年3月2日　　　　　　　　银收字第7号

摘要	贷方科目		金额										过账备注
	总账科目	明细科目	百	十	万	千	百	十	元	角	分	
销售电视机30台	主营业务收入	电视机		1	8	0	0	0	0	0	0	
开具增值税专用发票	应交税费	应交增值税（销项税款）			2	3	4	0	0	0	0	
合计			¥	2	0	3	4	0	0	0	0	

附单据3张

会计主管：　　　　记账：　　　　出纳：　　　　审核：　　　　制单：×××

（2）付款凭证。付款凭证是根据审核无误的库存现金和银行存款付款业务的原始凭证编制，专门用来填列付款业务会计分录的记账凭证，分为现金付款凭证和银行存款付款凭证。付款凭证是登记库存现金日记账、银行存款日记账以及有关明细分类账和总分类账的依据，也是出纳支付款项的依据。

付款凭证因贷方只能是"库存现金"或"银行存款"，因此，将贷方科目设在左上角处，按照业务内容选填"银行存款"或"库存现金"科目；凭证右上角的"字第_号"处填写"银付"或"现付"字和凭证的顺序编号；借方"总账科目"和"明细科目"栏填写与支付"银行存款"或"库存现金"相对应的总账科目及其明细科目；"合计栏"填写各发生额的合计数，合计金额即为库存现金或银行存款的减少额。"日期""摘要""金额"等其他栏目的填列方法与收款凭证相同。

例如，某公司20×3年3月5日，以现金550元购买办公用品；附原始凭证

1 张，为该公司 3 月第 3 笔库存现金付款业务。付款凭证的填制如表 5 – 11 所示。

表 5 – 11 付款凭证

贷方科目 库存现金　　　　　　　　20 × 3 年 3 月 5 日　　　　　　　　现付字第 3 号

摘要	借方科目		金额									过账备注
	总账科目	明细科目	百	十	万	千	百	十	元	角	分	
购买办公用品	管理费用	办公费				5	5	0	0	0		
合计						¥	5	5	0	0	0	

附单据 1 张

会计主管：　　　记账：　　　出纳：　　　审核：　　　制单：× × ×

需要注意的是只涉及现金和银行存款之间相互划转（此增彼减）的经济业务，如从银行提取现金的业务，既属于库存现金收款业务，也属于银行存款付款业务，为避免重复记账，一般只填制付款凭证，不再填制收款凭证。

附在办理收付款项的记账凭证后的原始凭证，出纳人员在办理完收付款项后，必须在原始凭证上加盖"收讫"或"付讫"的戳记，以免重复收付。

（3）转账凭证。转账凭证根据有关转账业务的原始凭证填制。转账凭证的借方、贷方总账科目和明细科目都填列在表格中。借方科目应记金额应在同一行的"借方金额"栏填列，贷方科目应记金额应在同一行的"贷方金额"栏填列，"借方金额"栏合计数与"贷方金额"栏合计数应相等。转账凭证因不涉及资金收付业务，无须出纳签字。

例如，某公司 20 × 3 年 3 月 15 日，采购的甲材料验收入库，甲材料的成本为 3 520 元；附原始凭证 1 张，为该公司 3 月第 10 笔转账业务。转账凭证的填制如表 5 – 12 所示。

表 5 – 12 转账凭证

20 × 3 年 3 月 15 日　　　　　　　　转字第 10 号

摘要	会计科目		借方金额						贷方金额						过账备注
	总账科目	明细科目	万	千	百	十	元	角	分	万	千	百	十	元	角	分	
结转入库甲材料	原材料	甲材料	3	5	2	0	0	0									
结转入库甲材料	在途物资	甲材料								3	5	2	0	0	0		
合计			¥	3	5	2	0	0	0	¥	3	5	2	0	0	0	

附单据 1 张

会计主管：　　　记账：　　　审核：　　　制单：× × ×

2. 通用记账凭证的格式和填制方法

通用记账凭证不区分收款凭证、付款凭证和转账凭证，统一用一种格式，一个编号排序。填制方法类似于转账凭证，借、贷方科目和金额都填在表格中，"借方金额"栏合计数与"贷方金额"栏合计数应相等。涉及货币资金业务需要出纳人员签字或盖章。

例如，某公司20×3年3月15日，用银行存款支付前欠甲公司货款5 500元；附原始凭证2张，为该公司3月第8笔经济业务。记账凭证的填制如表5-13所示。

表5-13   记账凭证

20×3年3月15日   记字第8号

摘要	会计科目		借方金额							贷方金额							过账备注
	总账科目	明细科目	万	千	百	十	元	角	分	万	千	百	十	元	角	分	
支付前欠货款	应付账款	甲公司		5	5	0	0	0	0								
支付前欠货款	银行存款	工商银行									5	5	0	0	0	0	
合　计			¥	5	5	0	0	0	0	¥	5	5	0	0	0	0	

附单据2张

会计主管：　　　　记账：　　　　出纳：　　　　审核：　　　　制单：×××

无论是收、付、款专用记账凭证，还是通用记账凭证，都是复式记账凭证。复式记账凭证可以集中反映账户的对应关系，便于了解经济业务的全貌，了解资金的来龙去脉。

（五）记账凭证的审核

记账凭证是登记账簿的直接依据，需要严格审核，确保其正确无误。记账凭证的审核，主要包括以下六个方面。

（1）是否以原始凭证为依据，所附原始凭证是否经过审核，原始凭证所记录的经济业务内容和金额与记账凭证是否一致。

（2）会计科目、借贷方向和金额是否正确；借贷双方的金额是否平衡。

（3）记账凭证摘要是否填写清楚，日期、凭证编号、附件张数以及有关人员签章等各项目填写是否齐全。

（4）所附原始凭证是否齐全，张数是否与记账凭证所列附件张数相符。

（5）记账凭证中的记录是否文字工整、数字清晰。

（6）出纳人员在办理收款或付款业务后，是否已在原始凭证上加盖"收讫"或"付讫"的戳记。

审核发现错误后，要查清原因，予以重填或按规定方法及时更正。只有审核无误的记账凭证才能据以记账。登记入账后的记账凭证，不能再做更改和抽换，只能采用会计专门方法予以更正。

（六）会计核算系统中记账凭证的填制和审核

信息化环境下，单位通过会计核算系统采集数据，处理会计业务，生成会计凭证、账簿、财务会计报告等会计资料。会计核算系统中的记账凭证的填制和审核与手工核算环境下的记账凭证的填制和审核有很大差别。

（1）会计核算系统中，有些记账凭证由会计人员填制，有些记账凭证伴随经济业务发生与完成，随业务流程流转可由系统自动生成。

（2）会计核算系统中，会计人员在系统中填制记账凭证时，有些项目可由系统自动生成，如日期、记账凭证编号等。

（3）会计核算系统中，会计人员填制记账凭证时，软件可以自动检查与核对，如忘记输入某项必填信息，借方、贷方合计金额是否平衡等。

（4）系统自动生成的记账凭证如果发现错误，往往是因为业务流程信息错误，需按照使用的核算软件的设置及企业预设流程进行更正。

（5）会计核算系统中的记账凭证可以涵盖更多信息，如企业采购材料的入库核算，软件可以根据业务系统中录入的入库单信息自动生成记账凭证，除包含传统记账凭证信息外，根据软件设置，还可以包括材料数量、单价等信息。

（6）会计核算系统中，企业可以根据"日期""记账凭证号数""会计科目"等凭证上登记的信息进行单项检索或交叉检索。

（7）记账凭证相关责任人签名盖章是根据权限、密码自动生成。相关责任人以自身身份进入系统中，只能完成与自身身份匹配的相关操作。如制单人进入系统，只能完成填制凭证的工作，录制完毕，点击"确定"；审核人再以审核人身份进入系统可以对制单人录入的记账凭证进行审核；审核完毕，凭证流转到下一程序，直至全部流程结束。

（8）机制记账凭证，要认真审核，做到会计科目使用正确，数字准确无误。打印出的机制记账凭证要加盖制单人员、审核人员、记账人员及会计机构负责人、会计主管人员印章或者签字。

（9）对于信息系统自动生成且具有明晰审核规则的会计凭证（包括原始凭证），可以将审核规则嵌入会计软件，由计算机自动审核。未经自动审核的会计凭证，应当先经人工审核再进行后续处理。

四、原始凭证与记账凭证的联系和区别

经济业务错综复杂，一笔经济业务涉及若干张原始凭证，且种类繁多、格式不一。原始凭证一般都不能明确具体地表明这笔经济业务要记入账户的名称和记账方向，直接根据原始凭证登记账簿容易发生差错。所以，经济业

务发生后，企业需要对原始凭证加以识别、分析、归类、整理，据此编制记账凭证。在记账凭证中概括说明经济业务的内容，确定应借、应贷的账户名称和金额，然后据以记账。同时，将相关的原始凭证附在记账凭证后面，作为记账凭证的附件。这样不仅可以简化记账工作、减少差错，保证账簿记录的正确性，而且有利于原始凭证的保管，便于对账和查账，有利于会计监督和内部控制。

可见，原始凭证与记账凭证之间存在着密切的联系和严格的区别：（1）原始凭证根据发生或完成的经济业务填制，用以记录、证明经济业务的发生或完成情况，由经办人员取得或填制，是进行会计核算的原始资料和重要依据，是编制记账凭证的基础。（2）记账凭证是根据审核后的原始凭证编制的，是对原始凭证内容的概括；记账凭证要以会计科目对已经发生或完成的经济业务进行归类、整理，会计分录是记账凭证的主要内容。（3）原始凭证是填制记账凭证的依据；记账凭证是登记账簿的主要依据。

一切会计凭证都必须经过有关人员的严格审核，只有经过审核无误的会计凭证才能作为登记账簿的依据。填制和审核会计凭证，是会计核算的专门方法，也是整个会计核算工作的起点和基础。

第二节 会 计 账 簿

一、会计账簿的含义和种类

（一）会计账簿的含义

在会计工作中，每项经济业务发生后，必须先取得或填制原始凭证；根据审核无误的原始凭证编制记账凭证，并对记账凭证进行审核，然后据以登记有关账户。通过登记账户将会计凭证针对单笔业务的零散记录，转变为连续、系统、分类、全面的账户记录。

账户是按照规定的会计科目在会计账簿中设立的分类反映某项会计要素增减变化及其结果的户头。而会计账簿（以下简称"账簿"），是指由一定格式账页组成的，以经过审核的会计凭证为依据，全面、系统、连续地记录各项经济业务和会计事项的簿籍。

某张空白账页一旦标明会计科目，该账页就成为用来记录该科目具体核算内容的账户。会计科目是账户的名称，账户存在于账簿之中，账簿中的每一账页就是账户的存在形式和载体；账簿是若干账页的集合，没有账簿，账户就无法存在；账簿序时、分类地记载经济业务，是在个别账户中完成的。

根据会计凭证登记账户，即把会计凭证所反映的经济业务内容记入设立在账簿中的相关账户，就是通常所说的登记账簿，也称记账、登账或过账。

（二）会计账簿的基本内容

实务中，由于账簿所记录的经济业务不同，账簿格式多种多样。各种格式的账簿均应具备的基本内容包括以下三项。

1. 封面

账簿封面上写明单位名称和账簿名称。

2. 扉页

账簿扉页上列明会计账簿的使用信息，如科目索引、账簿启用和经管人员一览表等。

3. 账页

账簿是由若干张账页组成的，账页的格式虽然因记录的经济业务的内容不同而有所不同，但不同格式的账页应具备的基本内容却是相同的。账页的基本内容应包括：（1）账户的名称（总账科目、二级或三级明细科目）；（2）登账日期栏；（3）凭证种类和号数栏；（4）摘要栏（记录经济业务内容的简要说明）；（5）金额栏（记录账户的增减变动情况）；（6）总页次和分户页次。

（三）会计账簿的种类

1. 按用途分类

会计账簿按其用途不同，可以分为序时账簿、分类账簿和备查账簿三种。

（1）序时账簿。序时账簿，也称日记账，是按照经济业务发生的时间先后顺序，逐日逐笔登记经济业务的账簿。日记账按其记录内容的不同又分为普通日记账和特种日记账。

普通日记账，也称通用日记账，是用来登记企业所发生的全部经济业务的日记账。在账簿中，按照每日所发生的经济业务的先后顺序，逐笔编制会计分录。因此，这种日记账也称分录日记账。设置普通日记账的企业，一般不再编制记账凭证。通过普通日记账记录经济业务比较困难，查阅也不方便，我国一般不设置普通日记账。

特种日记账是用来专门记录某一特定类型的经济业务发生情况的日记账。在账簿中，将该类经济业务，按其发生的先后顺序逐日逐笔登记。例如，由于库存现金和银行存款流动性较强，容易发生舞弊行为，我国要求企业必须设置的"库存现金日记账"和"银行存款日记账"均属于特种日记账。

（2）分类账簿。分类账簿是按照分类账户设置登记的账簿。分类账簿是会计账簿的主体，也是编制财务报表的主要依据。分类账簿按其提供核算指标的详细程度不同，又分为总分类账簿和明细分类账簿。

总分类账簿，简称总账，是根据总分类科目开设账户，用来登记该科目反映的全部经济业务，进行总分类核算，提供总括核算资料的分类账簿。企业需要设置完整的总账体系，完整反映经济业务的全貌。

明细分类账簿，简称明细账，是根据明细分类科目开设账户，用来登记某一类经济业务的明细核算资料的分类账簿。企业基于管理和信息需求，根据需要设置明细分类账。

（3）备查账簿。备查账簿是指对一些在序时账簿和分类账簿中不能记载或记载不全的经济业务进行补充登记的账簿。相对于序时账簿和分类账簿而言，备查账簿属于辅助性账簿，对序时账簿和分类账簿起补充作用，如委托加工物资登记簿、租入固定资产登记簿等。备查簿根据企业的实际需要设置，没有固定的格式要求，与其他账簿之间不存在严密的依存和勾稽关系。

2. 按外表形式分类

手工核算环境下，各种账簿都具有一定的外表形式，按其外表形式的不同可分为订本式账簿、活页式账簿和卡片式账簿。

（1）订本式账簿，简称订本账，是指在启用前就将许多张账页装订成册并连续编号的账簿。其优点是能够避免账页散失和人为抽换账页，保证账簿记录资料的安全性。缺点是必须事先估计每个账户所需要的账页张数，以后不能根据需要增减账页。如果预留账页过多，会造成浪费，而预留太少又会影响账户的连续登记。订本账在同一时间只能由一人登账，不便于会计人员分工协作记账。因此，一般情况下，比较重要的和具有统驭性的总分类账、库存现金日记账和银行存款日记账使用订本式账簿。

（2）活页式账簿，简称活页账，是指平时使用零散账页记录经济业务，将已使用的账页用账夹夹起来，年末将本年所登记的账页装订成册并连续编号的账簿。其优点是可以根据需要增减账页或排列账页，便于记账分工，且登记方便。缺点是账页容易散失和被人为抽换。一般明细分类账多采用活页账。

（3）卡片式账簿，简称卡片账，是指用印有记账格式的卡片登记经济业务的账簿。对某些可以跨年度使用，无须经常更换的明细账，可采用卡片式账簿。为了保证账簿安全完整，经久耐用，可以用有一定格式的硬纸卡片组成账簿，装置在卡片箱内保管和使用。在我国，企业一般只对固定资产的明细核算采用卡片账形式，也有少数企业在材料核算中使用材料卡片。

信息化系统下，"记账"工作由会计软件自动完成，企业相关人员根据权限调阅、查询所需账簿信息，只有按规定存档时才需打印纸质账簿。信息化系统下，不再关注账簿的外表形式。

3. 按账页格式分类

会计账簿按账页格式的不同，可以分为三栏式账簿、多栏式账簿和数量金额式账簿等。

（1）三栏式账簿。三栏式账簿是将账页中登记金额的部分分为三个栏目，即借方、贷方和余额三栏。这种格式适用于只提供价值核算信息，不需要提供数量核算信息的账簿，如总账、库存现金日记账、银行存款日记账、资本、债权、债务明细账等。三栏式账簿又分为设对方科目和不设对方科目两种。

（2）多栏式账簿。多栏式账簿是在借方和贷方的某一方或两方下面分设若干栏目，详细反映借贷方金额的组成情况。这种格式适用于核算项目较多，且管理上要求提供各核算项目详细信息的账簿，如收入、成本、费用等明细账。

（3）数量金额式账簿。数量金额式账簿是在借方、贷方和余额栏下分别分设三个栏目，用以登记财产物资的数量、单价和总金额。这种格式适用于既需要提供价值量，也需要提供实物量信息的账簿，如原材料明细账和库存商品明细账等。

> 思考：从满足信息需求的角度，应该更关注会计账簿的哪一种分类？

二、会计账簿的作用

由于账簿记录是对经济活动的全面反映，因此，账簿又被称为积累、储存经济活动情况的数据库。通过账簿的登记，不仅使企业的经济活动得到全面反映，进而为企业管理部门提供总括的和详尽的会计信息，而且还能够将经济活动情况保存下来，方便会计检查和会计分析。具体地讲，设置和登记账簿，具有以下三个方面的作用。

（一）账簿记录是对凭证资料的系统总结，可以提供完整的会计信息

由于记账凭证数量多且分散，每张凭证仅记录某一笔经济业务，所以记账凭证不能全面、连续、系统、综合地反映和监督企业在某一特定时期所发生的经济活动的全过程及其结果，也不能分类提供某一会计要素具体内容的变动情况及其结果。因此，为了满足信息使用者对会计信息的要求，还需要通过账簿的设置和登记，把分散在会计凭证上的资料加以归类整理，以全面、连续地提供有关企业财务状况、经营成果、成本费用等总括和明细的核算资料。

（二）为编制会计报表提供资料

会计报表所需要的数据资料绝大部分来源于会计账簿。账簿的记录是否及时、详尽，数字是否真实、可靠，直接关系到会计报表的质量。正确设置并登记账簿，为会计报表的及时准确编制提供了依据和保障。

（三）会计账簿是考核企业经营情况的重要依据，有利于开展
会计检查和会计分析

企业的一切财务收支、经营过程和结果都体现在账簿中，通过账簿记录，
可以了解企业的财务状况、经营成果、利润实现和分配情况、税费缴纳情况，
监督和促进企业遵守法规和依法经营；可以有效地开展会计检查和会计分析，
加强会计监督，保护财产的安全和完整，提高企业的经营管理水平。

三、会计账簿的启用和登记要求

（一）账簿启用要求

启用会计账簿时，应当在账簿封面上写明单位名称和账簿名称，并在账簿
扉页上附启用表，内容包括：启用日期、账簿页数、记账人员和会计机构负
责人、会计主管人员姓名，并加盖名章和单位公章。记账人员或者会计机构
负责人、会计主管人员调动工作时，应当注明交接日期、接办人员或者监交
人员姓名，并由交接双方人员签名或者盖章。账簿启用登记和经管人员一览
表如表 5-14 所示。

表 5-14　　　　　　　　账簿启用登记和经管人员一览表

账簿名称：　　　　　　　　　　　　　　　　　　　单位名称：
账簿编号：　　　　　　　　　　　　　　　　　　　账簿册数：
账簿页数：　　　　　　　　　　　　　　　　　　　启用日期：
会计主管：　　　　　　　　　　　　　　　　　　　记账人员：

移交日期			移交人		接管日期			接管人		会计主管	
年	月	日	签名	签章	年	月	日	签名	签章	签名	签章

启用订本式账簿，应当从第一页到最后一页顺序编订页数，不得跳页、缺
号。记账人员在账簿中开设户头后，应按顺序将每个账户的名称和页码登记在
账户目录上，便于查阅。使用活页式账簿，应当按账户顺序编号，并定期装订
成册，装订后按照实际使用的账页顺序编定页码，另加目录记明每个账户的名
称和页码。

（二）账簿登记要求

会计人员应根据审核无误的会计凭证及时登记会计账簿，登记账簿必须符

合有关法律、行政法规和国家统一的会计制度的规定。

（1）登记会计账簿时，应当将会计凭证日期、编号、业务内容摘要、金额和其他有关资料逐项记入账内；做到数字准确、摘要清楚、登记及时、字迹工整。金额栏阿拉伯数字应对齐位数，"0"不得连写，不能省略。账簿中书写的文字和数字上面要留有适当空格，不要写满格；一般应占格距的 1/2。

（2）账簿记录中的日期，应填写记账凭证上的日期；以自制原始凭证（如领料单等）作为记账依据的，日期应按有关自制凭证上的日期填列。

（3）登记完毕后，要在记账凭证上签名或者盖章，并注明已经登账的符号，表示已经登记入账，以避免重记或漏记。

（4）登记账簿要用蓝黑墨水或者碳素墨水书写，不得使用圆珠笔（银行的复写账簿除外）或者铅笔书写。各种账簿归档保管时间一般都在一年以上，有些关系到重要经济资料的账簿，则要长期保管，因此要求账簿记录保持清晰、耐久，以便长期查核使用，防止涂改。

（5）在会计工作中，红色数字表示对蓝色数字的冲销、冲减或表示负数。下列情况，可以用红色墨水记账。

①按照红字冲账的记账凭证，冲销错误记录。

②在不设借贷等栏的多栏式账页中，登记减少数。

③在三栏式账户的余额栏前，如未印明余额方向的，在余额栏内登记负数余额。

④根据国家规定可以用红字登记的其他会计记录。

除上述情况外，不得使用红色墨水登记账簿。

（6）各种账簿按页次顺序连续登记，不得跳行、隔页。如果发生跳行、隔页，应当将空行、空页用红色墨水画对角线注销，或者注明"此行空白""此页空白"字样，并由记账人员签名或者盖章。

（7）凡需要结出余额的账户，结出余额后，应当在"借或贷"等栏内写明"借"或者"贷"等字样。没有余额的账户，应当在"借或贷"等栏内写"平"字，并在"余额"栏"元"位处用"θ"表示。库存现金日记账和银行存款日记账必须逐日结出余额。

（8）各账户在每一账页登记完毕结转下页时，应当结出本页合计数和余额，写在本页最后一行和下页第一行有关栏内，并在本页最后一行的"摘要"栏内注明"转次页"或"过次页"字样，在下一页第一行的"摘要"栏内注明"承前页"字样。对"转次页"的本页合计数如何计算，一般分三种情况。

①需要结出本月发生额的账户，结计"转次页"的金额合计数应当为自本月初起至本页末止的发生额合计数，如采用"账结法"下的各损益类账户。

②需要结计本年累计发生额的账户，结计"转次页"的金额合计数应当

为自年初起至本页末止的累计数，如"本年利润"账户和采用"表结法"下的各损益类账户。

③注重余额信息而不需要结计本月发生额也不需要结计本年累计发生额的账户，可以只将每页末的余额结转次页，如"实收资本"账户。

（9）账簿记录发生错误时，不得刮擦、挖补、粘贴、涂改或用药水消除字迹等手段更正错误，也不允许重抄，应采用专门的错账更正方法进行更正。

使用电子计算机进行会计核算的，其会计账簿的登记、更正，应当符合国家统一的会计制度的规定。会计核算软件中，账簿的格式、需要登记的内容等需要会计核算系统设计时充分考虑。从记账凭证到账簿的登记，由计算机自动完成，过账完成后系统内也会显示相应的过账符号。

四、日记账的格式和登记方法

（一）普通日记账的格式和登记方法

普通日记账在国外较常见，也称分录簿，是在经济业务发生后，根据原始凭证或汇总原始凭证，确定应借和应贷的账户，作成分录登记在日记账上，这样可以全面、序时地反映所发生的每一笔经济业务。设置普通日记账的企业，一般不再使用记账凭证，但要根据普通日记账中应借、应贷的账户和金额登记总分类账。普通日记账的账页格式如表 5 – 15 所示。

表 5 –15　　　　　　　　　　　普通日记账

第　　页

20×3 年		会计科目及摘要	账页	借方金额	贷方金额
2	1	管理费用		3 000	
		银行存款			3 000
		支付红星公司本月仓库租金			
2	2	在途物资		10 000	
		应交税费——应交增值税（进项税额）		1 300	
		银行存款			11 300
		采购材料，支票支付			
		……			

（二）特种日记账的格式和登记方法

我国，大多数企业一般只设置库存现金日记账和银行存款日记账两种特种日记账。库存现金日记账和银行存款日记账必须采用订本式账簿，不得用银行对账单或者其他方法代替日记账。账页格式一般采用三栏式账簿。

1. 库存现金日记账的格式和登记

库存现金日记账，核算和监督库存现金的日常收、付和结存情况。库存现金日记账由出纳人员根据记录现金收支业务的通用记账凭证或库存现金收款凭证、库存现金付款凭证、银行存款付款凭证（记录从银行提取现金业务的银行存款付款凭证），按经济业务发生的时间先后顺序逐日逐笔进行登记。其格式及内容如表 5-16 所示。

表 5-16　　　　　　　　　库存现金日记账（三栏式）

第　页

20×3年		凭证		摘要	支票号	对方科目	借方金额（收入）	贷方金额（支出）	借方余额（结存）
月	日	字	号						
3	1			月初余额					1 200
	1	银付	3	提现	1098	银行存款	3 000		4 200
	1	现付	1	购买办公用品		管理费用		160	4 040
				......					
3	1			本日合计			5 000	500	5 700
				......					

库存现金日记账的登记方法如下。

（1）日期栏：指记账凭证的日期，应与库存现金实际收付日期一致。

（2）凭证栏：指登记入账的收付款凭证的种类和编号，以便查账和核对。库存现金收款凭证简称"现收"、库存现金付款凭证简称"现付"、银行存款付款凭证简称"银付"。

（3）摘要栏：简要说明登记入账的经济业务的内容。文字要求简练，但必须能说明问题。

（4）对方科目栏：指与库存现金发生对应关系的账户的名称，其作用是揭示企业现金收入的来源和支出的用途。

（5）收入、支出栏（或借方、贷方）：指企业库存现金实际收付的金额。

每日终了，应分别计算库存现金的收入和付出的合计数，并结出本日的余额，记入"余额"栏，同时将余额与出纳人员的库存现金核对，即通常所说的"日清"。如账款不符应查明原因，并记录备案。即：

本日余额＝上日余额＋本日收入合计－本日支出合计

月终，要计算本月库存现金收入、支出的合计数，并结出本月末余额，这项工作通常称为"月结"。

2. 银行存款日记账的格式和登记

银行存款日记账，核算和监督银行存款每日的收入、支出和结余情况。银行存款日记账由出纳人员根据记录银行存款收支业务的通用记账凭证或银行存款收款凭证、银行存款付款凭证和库存现金付款凭证（记录将现金存入银行业务的库存现金付款凭证），按照经济业务发生的时间先后顺序逐日逐笔进行登记。银行存款日记账应按企业在银行开立的账户和币种分别设置，每个银行账户设置一本日记账。银行存款日记账除应提供每日银行存款的增减金额及其余额的信息外，还应反映企业以银行存款收付是否符合国家相关规定，以便企业和银行对账，应增加设置"结算凭证种类、编号"栏。其格式和内容如表 5 – 17 所示。

表 5 – 17　　　　　　　　　银行存款日记账（三栏式）

第　　页

20×3年		凭证		摘要	结算凭证号		对方科目	借方金额（收入）	贷方金额（支出）	借或贷	余额（结存）
月	日	字	号		种类	号数					
3	1			月初余额						借	133 000
	1	银付	1	提现	现支	3021#	库存现金		3 000	借	130 000
	1	银付	2	付设备款			固定资产		20 000	借	110 000
				……							
3	1			本日合计							
				……							

银行存款日记账的登记方法如下。

（1）日期栏：指记账凭证的日期。

（2）凭证栏：指登记入账的收、付款凭证的种类和编号（与库存现金日记账的登记方法一致）。

（3）摘要栏：简要说明登记入账的经济业务的内容，文字要求简练，但要能说明问题；

（4）结算凭证栏：根据银行结算凭证种类和号数填列，如表 5 – 17 中"银行存款付款凭证 1 号"，结算方式是现金支票 3021#。

（5）对方科目栏：指与银行存款账户发生对应关系的账户的名称，表明银行存款收入的来源和支出的用途。

（6）收入、支出栏（或借方、贷方）：是指银行存款实际收付的金额。

每日终了，应分别计算本日银行存款的收入合计数和支出合计数，并结算出余额，记入"余额"栏，做到"日清"。并定期与银行对账单进行核对，以保证银行存款日记账记录的正确性。月终，应计算出银行存款全月的收入合计数和支出合计数，并结算出月末余额，进行"月结"。

五、分类账的格式和登记方法

5-3 分类账的格式和登记方法

（一）总分类账的格式与登记方法

总分类账简称总账，是按照一级会计科目开设，分类登记全部经济业务，提供总括核算资料的账簿。在总分类账中，应按照会计科目的编码顺序分别开设账户。总分类账一般都采用订本式账簿，事先为每个账户预留若干张账页。由于总分类账能够全面总括地反映经济活动情况，并为编制会计报表提供资料，同时也对其所属的各明细账起控制作用，因而任何企业都必须设置总分类账簿。

不同账务处理程序下，总分类账的登记依据和方法不同，可以根据记账凭证逐笔登记，或根据汇总记账凭证、科目汇总表定期登记。第六章详细介绍账务处理程序及总分类账的登记依据与方法，此处不再赘述。

每月将本月发生的经济业务全部登记入账后，于月份终了结算出每个账户的本期借贷方发生额及其余额，与所属明细账的发生额及余额合计数核对相符后，作为编制会计报表的主要依据。

总分类账的格式一般采用三栏式账页，又可分为普通三栏式总账和反映对方科目的三栏式总账。后者的优点是可以直接从总账中了解经济业务的来龙去脉，前提是登记总账的依据必须反映账户的对应关系。两种三栏式账页格式分别如表5-18、表5-19所示。

表5-18　　　　　　　　　　　　　总分类账

账户名称：原材料　　　　　　　　　　　　　　　　　　　　　　第　页

20×3年		凭证		摘要	借方金额	贷方金额	借或贷	余额
月	日	字	号					
3	1			月初余额			借	230 000
	2	转	5	采购入库	20 000		借	250 000
	2	转	7	生产领用		10 000	借	240 000
				......				
	31			本月合计	300 000	130 000		
	31			月末余额			借	400 000

表 5 – 19　　　　　　　　　　　　　总分类账

账户名称：原材料　　　　　　　　　　　　　　　　　　　　　　　第　　页

20×3 年		凭证		摘要	借方		贷方		借或贷	余额
月	日	字	号		金额	对方科目	金额	对方科目		
3	1			月初余额					借	230 000
	2	转	5	采购入库	20 000	在途物资			借	250 000
	2	转	7	生产领用			10 000	生产成本	借	240 000
				……						
	31			本月合计	300 000		130 000			
	31			月末余额					借	400 000

总分类账账页中各栏目的登记方法如下。

（1）日期栏：在逐日逐笔登记总账的方式下，填写业务发生的具体日期，即记账凭证的日期；在汇总登记总账的方式下，填写汇总凭证的日期。

（2）凭证字、号栏：填写登记总账所依据的凭证的字和号，如"转字"及其编号、"科汇"字及其编号、"汇转"字及其编号等。[①]

（3）摘要栏：填写所依据的凭证的简要内容。

（4）对方科目栏：填写与该总账账户发生对应关系的总账账户的名称。

（5）借、贷方金额栏：填写所依据的凭证上记载的各总账账户的借方或贷方发生额。

（6）"借或贷"栏：该栏用来指明余额的方向，如余额在借方，则写"借"字；如余额在贷方，则写"贷"字。没有余额的账户，应当在"借或贷"栏内写"平"字，并在余额栏内用"0"表示。

（7）余额栏：填写本账户每笔业务发生后的余额和期初、期末余额。

资产类账户期末余额的计算：

期末借方余额 = 期初借方余额 + 本期借方发生额 – 本期贷方发生额

负债及所有者权益类账户期末余额的计算：

期末贷方余额 = 期初贷方余额 + 本期贷方发生额 – 本期借方发生额

损益类账户期末没有余额。

（二）明细分类账的格式和登记方法

企业在按照总分类科目设置总分类账的同时，还应设置必要的明细分类账。明细分类账是根据有关明细科目设置并登记的账簿。企业可以根据实际需要，确定进一步分类的程度，按照二级科目或明细科目开设账户。明细分类账

---

① "科汇"是"科目汇总表"的简称，"汇转"是"汇总转账凭证"的简称，其他登记总账的依据按类似规律简写。

提供的详细、具体的核算资料与总分类账户提供的总括的核算资料互为补充。企业一般设置各项财产物资明细账、债权债务结算类明细账、成本类明细账、收入类明细账、费用类明细账、资本类明细账和利润分配明细账等。

根据各明细分类账记录的经济业务的特点，明细分类账可以采用三栏式、多栏式和数量金额式等账页格式。明细分类账一般根据记账凭证和相应的原始凭证进行登记。

> 想一想：《会计法》第三十七条：会计机构内部应当建立稽核制度。出纳人员不得兼任稽核、会计档案保管和收入、支出、费用、债权债务账目的登记工作。为什么《会计法》要求出纳人员不得兼任稽核、会计档案保管和收入、支出、费用、债权债务账目的登记工作？会计核算软件中，在会计记账凭证上录入收入、支出、费用、债权债务账目即为账目登记。会计核算软件中，出纳是否可以在记账凭证上登记收入、支出、费用、债权债务科目？

1. 三栏式明细分类账

三栏式明细分类账的账页只设借方、贷方和余额三个金额栏，不设数量栏。它适用于只需要提供价值信息的账户，如应收账款明细账、应付账款明细账等结算类明细账，资本类明细账也采用三栏式。格式如表5-20所示。

表5-20   应收账款明细分类账

二级科目或明细科目：A公司   第   页

20×3年		凭证		摘要	借方金额	贷方金额	借或贷	余额
月	日	字	号					
3	1			月初余额			借	50 000
	5	银收	7	收回货款		30 000	借	20 000
				……				
	31			本月发生额		50 000	平	0

三栏式明细分类账由会计人员根据审核后的记账凭证，按经济业务发生的时间先后顺序逐日逐笔进行登记。日期栏登记经济业务发生的具体时间，与记账凭证的日期一致；凭证字、号栏登记记账凭证的种类和编号；摘要栏登记业务的简要内容，通常也和记账凭证中的摘要内容是一致的；借方、贷方金额栏登记账户的借方、贷方发生额；借或贷栏登记余额的方向；余额栏登记每笔业务发生后该账户的余额。

2. 数量金额式明细分类账

数量金额式明细分类账的账页格式，分别设有借方（收入）、贷方（发出）和余额（结存）栏，在收入、发出和结存栏的每一栏目中，又分别设有数量、单价和金额栏。这样可以清楚地了解企业财产物资进出的数量、单价和结存情况。这种格式适用于既要进行金额核算，又需要进行实物数量核算的经济业务，如："原材料""库存商品"等账户的明细分类核算。它实际上是三栏式明细账的扩展，其格式如表5-21所示。

表5-21　　　　　　　　　　　　原材料明细分类账

类别			有色金属	计量单位			千克、元		
品名规格			紫铜 T2	存放地点					
编号				储备定额					

20×3年		凭证		摘要	收入			发出			结存		
月	日	字	号		数量	单价	金额	数量	单价	金额	数量	单价	金额
3	1			月初余额							500	70	35 000
3	2	收	2	采购入库	1 000	70	70 000				1 500	70	105 000
3	8	领	5	生产领用				600	70	42 000	900	70	63 000
				……									
3	31			本月合计	4 000	70	280 000	2 000	70	140 000	2 500	70	175 000

数量金额式明细账的具体登记方法如下。

（1）日期栏登记经济业务发生的具体日期，应与原始凭证的日期一致。

（2）凭证字、号栏按证明业务发生或完成的原始凭证进行登记，一般情况下，反映原材料增减业务的原始凭证叫收料单（简称"收"字）、领料单（简称"领"字）和限额领料单（简称"限领"字）；反映产成品增减业务的原始凭证叫作入库单（简称"入"字）、出库单（简称"出"字）。

（3）摘要栏登记业务的简要内容，文字力求简练，但要能说明问题。

（4）收入、发出栏中的数量栏登记实际入、出库的财产物资的数量；收入单价栏和金额栏按照所入库材料的单位成本和总成本登记；发出栏和结存栏中的单价栏和金额栏，登记时间及登记金额取决于企业所采用的发出存货计价方法，在后续课程中详细说明。

3. 多栏式明细分类账

多栏式明细分类账是根据经济业务的特点和经营管理的需要，在一张账页内将一个总账科目按有关明细科目或明细项目分设若干专栏，用以在同一张账页集中反映各有关明细科目或明细项目的核算资料。按明细分类账登记的经济业务不同，多栏式明细分类账页又分为借方多栏、贷方多栏和借贷方均多栏三种格式。

（1）借方多栏式明细分类账。借方多栏式明细分类账在账页中设有借方、贷方和余额三个金额栏，并在借方按照明细科目或明细项目分设若干栏目。这种格式的账页适用于借方需要设置多个明细科目或明细项目的成本或费用类账户的明细核算，如"在途物资"明细账、"生产成本"明细账、"管理费用"明细账、"制造费用"明细账等。借方多栏式明细分类账依据审核后的记账凭证和原始凭证，按照业务发生的时间先后顺序进行登记。借方多栏式明细分类账的账页格式及内容如表 5 - 22 所示。

表 5 - 22 制造费用明细分类账

明细科目：一车间 金额单位：元

20×3年		凭证		摘要	借方金额					贷方	余额
月	日	字	号		职工薪酬	折旧费	机物料消耗	办公费	水电费		
3	2	记	3	领用原材料			1 000				1 000
3	5	记	15	支付办公费				500			1 500
3	10	记	38	支付水电费					500		2 000
3	31	记	88	计提折旧		4 000					6 000
3	31	记	89	分配工资	5 000						11 000
3	31	记	90	转入生产成本						11 000	0

借方多栏式明细账账页也可以只开设借方的多个金额栏，不开设贷方栏，本应登记在贷方的转出数用"红字"登记在借方对应金额栏中。

（2）贷方多栏式明细分类账。贷方多栏式明细分类账是在账页中设有借方、贷方和余额三个金额栏，并在贷方按照明细科目或明细项目分设若干栏目。它适用于贷方需要设多个明细科目或明细项目的收入类账户的明细核算，如"主营业务收入"明细账和"营业外收入"明细账等。贷方多栏式明细分类账根据审核后的记账凭证和原始凭证，按照业务发生的时间先后顺序逐日逐笔进行登记的。

贷方多栏式明细账账页也可以只开设贷方的多个金额栏，不开设借方栏，本应登记在借方的转出数用"红字"登记在贷方对应金额栏中。

（3）借贷方多栏式明细分类账。借贷方多栏式明细分类账是在账页中设有借方、贷方和余额三个金额栏，并同时在借方和贷方栏下设置若干个明细科目或明细项目进行登记的账簿。它适用于借贷方均需要设置多个栏目进行登记的账户，如"本年利润"明细账、"应交税费——应交增值税"明细账等。其格式如表 5 - 23 所示。

表5-23   应交税费——应交增值税明细账

20×3年		凭证		摘要	借方				贷方					借或贷	余额
月	日	字	号		合计	进项税额	已交税金	……	合计	销项税额	出口退税	进项税额转出	……		

六、错账更正

因各种各样的原因导致账簿记录错误时,不得涂改、挖补、刮擦或者用药水消除字迹,不得重新抄写。应根据不同差错采用正确、规范的方法予以更正。更正错账的方法主要有以下三种。

(一)划线更正法

这种方法适用于在每月结账前发现账簿记录中的文字或数字有错误,而其所依据的记账凭证没有错误,即纯属记账时笔误或计算错误。具体操作是:首先,将错误的文字或数字用一条红色横线予以注销,但必须使原有文字或数字清晰可认,以备查阅;其次,在划线文字或数字的上方用蓝字或黑字填写正确的文字或数字,不得写到另一行也不得用红字书写。并由记账人员和会计机构负责人(会计主管人员)在更正处签章,以明确责任。采用这种方法更正错账时应注意:对于文字差错,只划去错误的文字,并相应地予以更正,而不必将全部文字划去;对于数字差错,应将错误的数额全部划去,而不能只划去错误数额中的个别数字。例如,将1 324误记为1 342,应在1 342上划一条红线,而不能只划其中的42,然后在1 342的上方填写正确的数字1 324。

(二)红字更正法

红字更正法是用红字冲销原有记录后再予以更正的方法,主要适用于以下两种情况。

第一种,根据记账凭证登记账簿以后,发现记账凭证中的应借、应贷会计科目有错误。更正方法是:首先用红字填制一张与原错误记账凭证内容完全一致的记账凭证,在摘要栏内写明"注销某月某日某号凭证",并据以用红字登记入账,以冲销原错误记录;其次用蓝字填制一张正确的记账凭证,并据以用蓝字登记入账。

例如,生产车间生产A产品,领用原材料2 200元,直接用于生产产品,填制记账凭证时,会计分录如下,并已经据以登记账簿。

（1）借：制造费用　　　　　　　　　　　　　　　　　2 200
　　　贷：原材料　　　　　　　　　　　　　　　　　　　2 200

更正时，应先填制一张与原错误记账凭证内容完全相同的红字记账凭证如下：

（2）借：制造费用　　　　　　　　　　　　　　　2 200（红字）
　　　贷：原材料　　　　　　　　　　　　　　　　　2 220（红字）

根据红字凭证用红字金额登记"制造费用"和"原材料"账，以冲销原先的错账。同时，再用蓝字填制一张正确的记账凭证，并据以用蓝字登记"生产成本"和"原材料"账。

（3）借：生产成本——A产品　　　　　　　　　　　　　2 200
　　　贷：原材料　　　　　　　　　　　　　　　　　　　2 200

这样，凭证和账簿记录均更正完毕。

第二种，根据记账凭证登记账簿以后，发现记账凭证中应借、应贷会计科目和记账方向都正确，只是所记金额大于应记金额。更正方法是：用红字填制一张与原错误凭证的会计科目、记账方向相同的凭证，将多记的金额在凭证上以红字填写，在摘要栏内写明"冲销某月某日第×号记账凭证多记金额"，并据以用红字登记相关账簿，以冲销多记金额，得到正确的记录。

例如，某职工预借差旅费2 000元，付以现金。填制记账凭证时，将金额误记为20 000元，并已登记入账。

（1）借：其他应收款　　　　　　　　　　　　　　20 000
　　　贷：库存现金　　　　　　　　　　　　　　　　20 000

多记金额为18 000元，用红字填制一张与上述分录应借、应贷科目一致的记账凭证。

（2）借：其他应收款　　　　　　　　　　　　18 000（红字）
　　　贷：库存现金　　　　　　　　　　　　　18 000（红字）

并用红字据以登记"其他应收款"和"库存现金"账簿，使多记的18 000元得以冲销，两次账簿记录20 000 – 18 000，得到正确金额2 000元。

更正此类错账应注意：不得填制与原错误凭证记账方向相反的蓝字凭证去冲销原错误记录或错误金额，必须采用红字更正法，以免将改错凭证和其他业务凭证混淆。

（三）补充登记法

这种方法适用于根据记账凭证登记账簿以后，发现记账凭证中应借、应贷会计科目和记账方向都正确，只是所记金额小于应记金额。更正方法是：填制一张与原错误记账凭证科目名称和方向相同的记账凭证，将少记金额用蓝字填写，在摘要栏内写明"补记某月某日第×号记账凭证少记金额"，并用蓝字据以登记相关账簿，以补足少记的金额。

例如，某职工预借差旅费2 000元，付以现金。填制记账凭证时，将金额误记为 200 元，并已登记入账。

（1）借：其他应收款　　　　　　　　　　　　　　　　　200

　　　贷：库存现金　　　　　　　　　　　　　　　　　　　　200

发现错误并已确定为纯属金额少记错误后，将少记金额 1 800（2 000 –
200）元，用蓝字编制一张与上述分录科目名称、方向一致的记账凭证，并用
蓝字据以登记其他应收款和库存现金账簿，使少记的 1 800 元得以补记。

（2）借：其他应收款　　　　　　　　　　　　　　　　1 800

　　　贷：库存现金　　　　　　　　　　　　　　　　　　　1 800

如此，凭证和账簿记录均得到更正。

信息化系统中，通过会计软件实现自动"记账"，不会出现记账凭证正确
而"记账"错误的情形。由于记账凭证输入错误导致账簿记录有误的，根据
情况采用补充登记或红字更正法进行更正；由于业务信息有误，根据业务系统
数据自动生成的记账凭证错误导致账簿记录有误的，根据系统预设流程和审批
规则进行更正。

第三节　会计资料的传递和保管

一、会计资料和会计档案概述

（一）会计资料

会计资料包括会计凭证、会计账簿、财务会计报告和其他会计资料。

（1）会计凭证，包括原始凭证、记账凭证。

（2）会计账簿，包括总账、明细账、日记账、固定资产卡片及其他辅助
性账簿。

（3）财务会计报告，包括月度、季度、半年度、年度财务会计报告。

（4）其他会计资料，包括银行存款余额调节表、银行对账单、纳税申报
表、会计档案移交清册、会计档案保管清册、会计档案销毁清册、会计档案鉴
定意见书及其他具有保存价值的会计资料。

（二）会计档案

企业对上述会计资料应当进行归档。会计档案是指单位在进行会计核算等
过程中接收或形成的，记录和反映单位经济业务事项的，具有保存价值的文
字、图表等各种形式的会计资料，包括通过计算机等电子设备形成、传输和存
储的电子会计档案。

单位应当加强会计档案管理工作，建立和完善会计档案的收集、整理、保

管、利用和鉴定销毁等管理制度，采取可靠的安全防护技术和措施，保证会计档案的真实、完整、可用、安全。

二、会计凭证的传递和保管

（一）会计凭证的传递

会计凭证应当及时传递，不得积压。一项经济业务可能涉及企业的若干个部门，经历多个环节。会计凭证随着经济业务的进程在不同部门间进行传递。为充分发挥会计在经营管理中的作用，必须合理、及时地组织会计凭证的传递，不能积压，力求做到及时反映、记录经济业务。合理的传递程序，可以使各个工作环节环环相扣，相互督促，提高工作效率。在制定传递程序和时间时，要考虑以下两点。

（1）应根据不同经济业务的特点、企业内部机构的设置和人员的分工以及经营管理的需要，从完善内部牵制制度的角度出发，规定各种会计凭证的联次及其流程，使经办业务的部门及其人员及时办理各种凭证手续，既符合内部牵制原则，又避免不必要的环节，加快传递速度。

（2）由于原始凭证和记账凭证涉及不同部门和人员，所以要通过调查研究和协商来制定会计凭证的传递程序、传递时间和传递过程中的衔接手续。

会计凭证在办理好各项业务手续并据以记账后，最终应由会计部门加以整理、归类、编号并妥善保管。

专栏 5 - 2

延伸：财务共享中心、影像系统与凭证传递

财务共享服务中心（financial shared service center，FSSC）是近年来出现并流行起来的会计和报告业务管理方式。实施财务共享的企业将不同国家、地点的实体的会计业务拿到一个 SSC（共享服务中心）来记账和报告。企业建立财务共享中心后面临的一个矛盾就是集中办公的要求与原始凭证分散的矛盾，因此企业会相应建立影像管理系统，将各地区、各项目产生的原始凭证扫描形成电子文件，传递至财务共享中心，其中尤以发票管理最为显著。

以发票为例，一般经过五个环节：

影响形成　→　OCR识别　→　人工确认　→　信息记账应用　→　增票电子认证

OCR，又称光学字符识别，是读取图片、照片上的文字内容并将其自动转换为可编辑文本的技术。企业通过扫描将纸质单据发票上传影像系统，通过 OCR 技术自动识别，识别票据类型，提取关键记账信息，返回人工确认界面，人工审核确认保证信息准确性。确认的影像信息转换成结构化电子数据，与记账系统自动集成，自动生成记账凭证中的科目。识别后的结构化数据推送至电子认证模块，实现发票代码自动认证。

通过影像系统与 OCR 技术的结合，实现了会计凭证传递数字化，提高会计核算效率，推动会计核算智能化、专业化，流程标准化，减少企业维护凭证信息的工作量，降低人工录入出错的可能性，提高记账的准确率。

资料来源：贾小强、郝宇晓、卢闯：《财务共享的智能化升级》，人民邮电出版社，2020 年版，第 128～130 页。

（二）会计凭证的保管

会计机构、会计人员要妥善保管会计凭证。会计凭证登记完毕后，应当对各种会计凭证分门别类、按照编号顺序整理，装订成册。

会计凭证保管的具体要求如下。

1. 及时整理、分类装订

会计部门依据会计凭证记账以后，应定期（每天、每旬或每月）对各种会计凭证进行分类整理。记账凭证应当连同所附的原始凭证或者原始凭证汇总表，按照编号顺序，折叠整齐，加具封面和封底，按期装订成册，并在装订线上加贴封签，防止抽换凭证。会计凭证封面注明单位名称、年度、月份和起讫日期、凭证种类、凭证张数、起止号数、会计主管人员和装订人员等有关事项，会计主管人员和保管人员等在封面上签章，装订人在装订线封签外签名或者盖章。

数量过多的原始凭证，如收、发料单等，可以单独装订保管，在封面上注明记账凭证日期、编号、种类，同时在记账凭证上注明"附件另订"字样及原始凭证名称和编号。

各种经济合同、存出保证金收据以及涉外文件等重要原始凭证，应当另编目录，单独登记保管，并在有关的记账凭证和原始凭证上相互注明日期和编号。

2. 会计凭证的借阅要求

需要查阅会计凭证的，必须经会计主管人员同意并办理调阅手续。

原始凭证不得外借，其他单位如因特殊原因需要使用原始凭证时，经本单位会计机构负责人、会计主管人员批准，可以复制。向外单位提供的原始凭证复制件，应当在专设的登记簿上登记，并由提供人员和收取人员共同签名或者盖章。

3. 会计凭证遗失后的弥补办法

从外单位取得的原始凭证如有遗失，应当取得原签发单位盖有公章的证明，并注明原来凭证的号码、金额和内容等，由经办单位会计机构负责人、会计主管人员和单位负责人批准后，才能代作原始凭证。如果确实无法取得证明的，如火车、轮船、飞机票等凭证，由当事人写出详细情况，由经办单位会计机构负责人、会计主管人员和单位负责人批准后，代作原始凭证。

（三）电子会计凭证的传递和保管

1. 外部电子会计凭证的传递和保管

企业从外部接收的电子性的各类会计凭证，包括电子发票、财政电子发票、电子客票、电子行程单、电子海关专用缴款书、银行电子回单等电子凭证，具有与纸质会计凭证同等法律效力。

企业可以仅使用电子会计凭证进行报销入账归档，但需要同时符合以下四个条件。

（1）接收的电子凭证经查验合法、真实。

（2）电子会计凭证的传输、存储安全、可靠，对电子会计凭证的任何篡改能够及时被发现。

（3）使用的会计核算系统能够准确、完整、有效接收和读取电子会计凭证及其元数据，能够按照国家统一的会计制度完成会计核算任务，能够按照国家档案行政管理部门规定格式输出电子会计凭证及其元数据，设定了经办、审核、审批等必要的审签程序，且能有效防止电子会计凭证重复入账。

（4）电子会计凭证的归档及管理符合《会计档案管理办法》等要求。

单位以电子会计凭证的纸质打印件作为报销入账归档依据的，必须同时保存打印该纸质件的电子会计凭证。

电子会计凭证正在经历从纸质化报销向电子化报销的转变。我国电子会计凭证发展初期，企业以电子会计凭证的纸质打印件作为报销入账归档依据，企业需要同时保存电子会计凭证的打印纸质件和电子会计凭证。从 2019 年开始，我国开始推进电子化报销、入账、归档的试点。符合档案管理要求的电子会计档案与纸质档案具有同等法律效力，电子会计档案可不再另以纸质形式保管。单位仅以电子形式保存会计档案的，原则上应从一个完整会计年度的年初开始执行，以保证其年度会计档案保存形式的一致性。

为加快电子会计凭证应用和推广实施，助力国家数字经济发展和会计信息化建设，我国相继发布增值税电子发票、全面数字化的电子发票、财政电子票据、电子非税收入一般缴款书、银行电子回单和银行电子对账单等电子凭证会计数据标准（试行版），便于企业在信息化条件下对相关业务进行会计处理并完成归档工作。

以数电票为例，《电子凭证会计数据标准——全面数字化的电子发票（试行版）》明确了接收方取得数电票报销归档的保存方式：第一，仅使用数电票含有数字签名的 XML 文件进行报销入账归档，可不再另以纸质形式保存；第二，接收方如果需要以数电票的 PDF、OFD 格式文件的纸质打印件作为报销入账归档依据的，应同时保存数电票含有数字签名的 XML 格式电子文件。

2. 内部电子会计凭证的传递和保管

伴随信息化建设在企业中，尤其是大型企业中的开展与实施，企业会计核算系统与业务环节系统平台集成，数据贯穿业务、财务，融合业务流、单据流、数据流"三流合一"。业务部门发起经济业务在业务系统平台录入业务信息，伴随业务流转，信息传递到相关环节自动生成据以入账的原始"电子单据"。不仅原始凭证可以由系统自动生成，很多环节的记账凭证也可以由系统自动生成，不需要会计人员进行编制。

三、会计账簿的更换和保管

（一）会计账簿的更换

账簿的更换，是指在年度结账完毕后，以新账簿代替旧账簿。为了便于账簿的使用和管理，一般情况下，总分类账、库存现金日记账和银行存款日记账和大部分明细账应每年更换一次。对于在年度内业务发生量较少，账簿变动不大的部分明细账，如固定资产卡片账，可以连续使用，不必每年更换；有些财产物资明细账和债权债务明细账，由于材料品种、规格和往来单位较多，更换新账，重抄一遍工作量较大，因此，也可以跨年度使用，不必每年更换；各种备查账簿也可以连续使用。

（二）会计账簿的管理

账簿管理主要包括日常管理和旧账归档保管。

1. 会计账簿的日常管理

（1）各种账簿要分工明确，并指定专人管理，一般谁负责登记，谁负责管理。

（2）会计账簿未经本单位领导或会计负责人或有关人员批准，非经管人员不得翻阅查看会计账簿。

（3）会计账簿除需要与外单位核对账目外，一律不准携带外出。对需要携带外出的账簿，必须经本单位领导和会计部门负责人批准，并指定专人负责，不能随意给其他人员管理，以保证账簿安全和防止任意涂改账簿等现象的发生。

2. 会计账簿的归档保管

归档前应检查和补齐旧账应办的手续，如改错盖章、注销空行及空页、结转余额等。活页账和卡片账使用完毕后必须装订成册，归档保管。活页账应撤出未使用的空白账页，再编定页码，装订成册。

装订时应检查账簿扉页的内容是否填列齐全，要将账簿经管人员一览表及账户目录附在账页前面，并加封面封底。装订时，应将账页整齐牢固地装订在一起，并将装订线用纸封口，由经办人员及装订人员、会计主管人员在封口处签名或盖章。活页账一般按账户分类装订成册，一个账户装订成一册或数册；某些账户账页较少，也可以合并装订成一册。

旧账装订完毕后，应当编制目录和编写移交清单，并按期移交档案部门保管。

四、会计档案的保管要求、期限和销毁

（一）保管要求和期限

单位的会计机构或会计人员所属机构（单位会计管理机构）按照归档范围和归档要求，负责定期将应当归档的会计资料整理立卷，编制会计档案保管清册。

当年形成的会计档案，年度终了时可暂由单位会计管理机构保管一年，期满后应当移交本单位档案管理机构统一保管；因工作需要确需推迟移交的，应当经单位档案管理机构同意，且最长不超过三年；未设立档案机构的，应当在会计机构内部指定专人保管，出纳人员不得兼管会计档案。

会计档案的保管期限分为永久、定期两类。定期保管期限一般分为 10 年和 30 年。会计档案的保管期限，从会计年度终了后的第一天算起。单位应严格遵守会计档案的保管期限要求。各类会计资料的保管期限如表 5-24 所示。

表 5-24   会计资料保管期限

序号	档案名称	保管期限	备注
一	会计凭证		
1	原始凭证	30 年	
2	记账凭证	30 年	
二	会计账簿		
3	总账	30 年	
4	明细账	30 年	
5	日记账	30 年	
6	固定资产卡片		固定资产报废清理后保管 5 年
7	其他辅助性账簿	30 年	

续表

序号	档案名称	保管期限	备注
三	财务会计报告		
8	月度、季度、半年度财务会计报告	10 年	
9	年度财务会计报告	永久	
四	其他会计资料		
10	银行存款余额调节表	10 年	
11	银行对账单	10 年	
12	纳税申报表	10 年	
13	会计档案移交清册	30 年	
14	会计档案保管清册	永久	
15	会计档案销毁清册	永久	
16	会计档案鉴定意见书	永久	

（二）会计档案的销毁

会计档案达到保管期限时，单位应当组织对会计档案进行鉴定，并形成会计档案鉴定意见书。经鉴定，仍需继续保存的会计档案，应当重新划定保管期限；对保管期满、确无保存价值的会计档案，严格按照有关程序销毁。涉及未了事项（如未结清的债权债务）的会计凭证不得销毁，纸质会计档案单独抽出立卷，电子会计档案单独转存，保管到未了事项完结。

经鉴定可销毁的会计档案，应当按照以下程序销毁。

（1）单位档案管理机构编制会计档案销毁清册，列明拟销毁会计档案的名称、卷号、册数、起止年度、档案编号、应保管期限、已保管期限和销毁时间等内容。

（2）单位负责人、档案管理机构负责人、会计管理机构负责人、档案管理机构经办人、会计管理机构经办人在会计档案销毁清册上签署意见。

（3）单位档案管理机构负责组织会计档案销毁工作，并与会计管理机构共同派员监销。监销人在会计档案销毁前，应当按照会计档案销毁清册所列内容进行清点核对；在会计档案销毁后，应当在会计档案销毁清册上签名或盖章。

（4）电子会计档案的销毁还应当符合国家有关电子档案的规定，并由单位档案管理机构、会计管理机构和信息系统管理机构共同派员监销。

五、电子会计档案

2022 年我国制定实施了《电子会计档案管理规范》。

（一）电子会计资料和电子会计档案

电子会计资料是单位在进行会计核算过程中通过计算机等电子设备形成、

传输、存储的记录和反映单位经济业务事项的电子形式的各种会计信息记录。电子会计资料包括以电子形式存在的会计凭证、会计账簿、财务会计报告和其他会计资料。

电子会计档案是在会计核算工作中由电子计算机直接形成或接收、传输、存储并归档，记录和反映单位经济业务事项，具有凭证、查考和保存价值的电子会计资料。

同时满足下列条件的，单位内部形成的属于归档范围的电子会计资料可仅以电子形式保存，形成电子会计档案。

（1）形成的电子会计资料来源真实有效，由计算机等电子设备形成和传输。

（2）使用的会计核算系统能够准确、完整、有效接收和读取电子会计资料，能够输出符合国家标准归档格式的会计凭证、会计账簿、财务会计报表等会计资料，设定了经办、审核、审批等必要的审签程序。

（3）使用的电子档案管理系统能够有效接收、管理、利用电子会计档案，符合电子档案的长期保管要求，并建立了电子会计档案与相关联的其他纸质会计档案的检索关系。

（4）采取有效措施，防止电子会计档案被篡改。

（5）建立电子会计档案备份制度，能够有效防范自然灾害、意外事故和人为破坏的影响。

（6）形成的电子会计资料不属于具有永久保存价值或者其他重要保存价值的会计档案。

同时满足上述条件的，单位从外部接收的电子会计资料附有符合《电子签名法》规定的电子签名的，可仅以电子形式归档保存，形成电子会计档案。

不能同时满足上述条件的单位，应同时保存打印出的纸质会计档案。

（二）电子会计资料的形成、收集和整理

1. 电子会计资料的形成

电子会计档案管理先要规范电子会计资料的形成。

（1）内部形成的电子会计资料应经过经办、审核、审批等必要的审签程序，内容及元数据齐全完整。

（2）电子会计资料应形成相应格式的独立的电子文件进行归档。

（3）内部形成的电子会计资料应按一定的时间和单元输出归档电子会计资料，文件大小应便于管理和利用，各类电子会计资料输出时间及格式应符合以下要求。

①内部形成的电子会计凭证应在办理完毕后输出为归档电子会计凭证，并在输出信息中体现相关联电子会计凭证间的关联关系。从外部接收的电子会计凭证一般以原格式归档。如原格式不符合归档要求，应将专用软件一并归档，或将原格式转换为符合归档要求的格式，原格式与符合归档要求格式的电子会

计资料一并归档。

②电子会计账簿可按月、季、年等周期定期输出归档电子会计账簿，输出周期可根据数据量大小确定。

③电子财务会计报告可按会计期间输出归档电子财务会计报告。

（4）电子会计资料归档版式推荐使用 OFD 格式，不具备应用 OFD 格式条件的单位可使用 PDF 格式或其他符合长期保存要求的版式格式。为方便解析和统计，可同步输出类 XML 描述文件归档。

2. 电子会计资料的收集

电子会计资料可能通过手工登记、在线接收或离线接收方式接收。属于归档范围的电子会计资料及其元数据应由会计核算系统、业务系统传输至电子会计档案管理信息系统，传输过程安全可控。电子会计档案元数据方案应符合规定。

电子会计资料收集一般通过接口在线自动收集。归档电子会计资料与来源系统对照关系如表 5 – 25 所示。

表 5 – 25　　　　　　　　归档电子会计资料与来源系统对照关系

归档电子会计资料			来源系统（企业）
电子会计凭证	原始凭证	销售订单	企业资源计划系统
		出库单	
		销售发票	税务系统
		采购订单	企业资源计划系统
		入库单	
		采购发票	税务系统
		报销单	报销系统
		银行回单	银企互联系统/网上银行系统
		合同	合同管理系统
		报告	办公自动化系统
		其他原始单据	票据管理系统
	记账凭证	记账凭证	会计核算系统
电子会计账簿		总账、明细账、现金日记账、银行存款日记账等	
		固定资产卡片	
		其他辅助性账簿	
电子财务会计报告		年报	
		月报、季报、半年报	

归档电子会计资料		来源系统（企业）
其他电子会计资料	银行存款余额调节表、银行对账单	银企互联系统
	纳税申报表	税务系统

电子会计资料收集时应按照相关要求进行真实性、完整性、可用性和安全性检测。经检测合格的电子会计资料方可登记进入电子会计档案管理信息系统。检测不合格的，应重新收集并在检测合格后登记进入电子会计档案管理信息系统。

3. 电子会计资料的整理

（1）整理时间。电子会计资料收集完成后应及时整理。其中，电子会计凭证、电子会计账簿、电子固定资产卡片、电子财务会计报告及其他电子会计资料应分别在会计年度结束后 1 个月内、会计决算后 1 个月内、固定资产报废后 1 年内、电子财务会计报告生成后 1 个月内、会计年度结束后 3 个月内完成整理。

（2）整理原则。整理电子会计资料应按照其自然形成规律和固有特点，保持电子会计资料之间的有机联系，区别不同的保存价值，便于保管和利用。

（3）制定分类方案。电子会计资料整理时应按照电子会计档案分类方案进行分类。大多数单位采用会计资料形式·会计年度·保管期限分类法，具体分类方法如下。

会计凭证

　2020 年

　　30 年（收款凭证、付款凭证、转账凭证）

　2021 年

　　30 年（收款凭证、付款凭证、转 账凭证）

会计账簿

　2020 年

　　1. 30 年（总账、明细分类账、银行存款日记账、现金日记账、其他辅助账簿）

　　2. 30 年或固定资产报废后 5 年（固定资产卡片）

　2021 年

　　1. ……

　　2. ……

财务会计报告

　2020 年

　　1. 永久（年度财务会计报告〈决算〉）

2. 10 年（月度财务会计报告、季度财务会计报告、半年财务会计报告）

2021 年

……

其他会计资料

2020 年

1. 永久（年度内部控制评价报告、年度内部控制审计报告、会计档案保管清册、会计档案销毁清册）

2. 30 年（会计档案移交清册）

3. 10 年（银行余额调节表、银行对账单）

2021 年

……

（三）电子会计资料的归档、存储和销毁

（1）电子会计资料的归档和保管期限与纸质会计档案要求一致。

（2）单位档案管理机构在接收电子会计档案时应按照有关要求进行检测，检测合格后方可接收。

（3）电子会计档案移交与接收时，双方应通过线上或线下及时办理交接手续。

（4）单位档案管理机构应每年对电子会计档案的可读性进行评估，如存在不可读取风险，应对电子会计档案进行迁移。

（5）电子会计档案应实施在线和离线存储。

（四）电子会计档案的利用

（1）单位应制定利用电子会计档案的权限规定，权限设置应科学、合理，并在电子会计档案管理信息系统中实施。当超出权限利用档案时，应进行审批。

（2）单位应保证电子会计档案在利用过程中不被篡改。

（3）电子会计档案可根据授权提供在线或离线利用，利用过程应通过日志或其他方式形成记录。利用过程信息应作为电子会计档案元数据进行保存。

（五）电子会计档案管理系统

电子会计档案管理信息系统是单位用于电子会计资料收集、整理、归档以及电子会计档案保管、统计、利用、鉴定、处置等业务的电子档案管理信息系统或软件功能模块。

电子会计档案管理由会计人员、档案人员分工负责，涉及会计核算系统、业务系统、电子会计档案管理系统等信息系统，管理过程包括电子会计资料的形成、收集、整理、归档和电子会计档案的保管、统计、利用、鉴定、处置等，管理流程如图 5-2 所示。

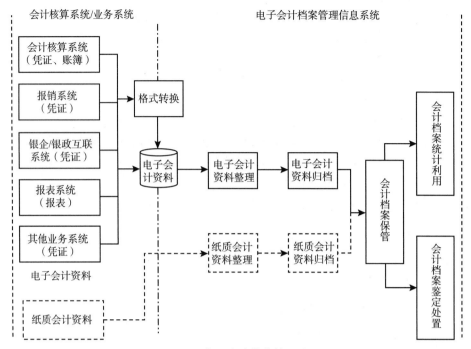

图 5 - 2　电子会计档案管理流程

本 章 小 结

在实务中，若干张"原始凭证"从不同的角度"证明"着某一笔经济业务的发生和完成情况；"记账凭证"则从"原始凭证"中抽丝剥茧，将纷繁复杂的资金运动转化为"会计语言"；"会计账簿"又将成千上万的"会计语言""分门别类"记录下来。从"原始凭证"到"记账凭证"，再到"会计账簿"，环环相扣，会计信息就这样被记载在不同的会计载体之中，而每一个"载体"都发挥着不可替代的作用。

经济业务类型多种多样，原始凭证的来源、填制手续、适用范围各有不同，但原始凭证的基本要素相同。填制原始凭证时要遵循相关要求。原始凭证填制后需要审核其真实性、合法性、合理性、正确性和完整性。只有审核无误的原始凭证，才能据此编制记账凭证。

记账凭证是"借贷记账法"在实务中的具体体现。实务中填制"记账凭证"比"会计分录"承载了更多的信息，如填制凭证的日期和编号、经济业务摘要等。记账凭证的填制除了要做到内容填写完整、书写清楚和规范及按规定程序办理签章手续外，还需要满足其他填制要求。记账凭证填制后也需要进行审核，审核无误的原始凭证和记账凭证是登记账簿的依据。

会计科目、会计账户和会计账簿是相互关联的三个概念。会计科目是会计账户的名称，会计账簿中的每一页账页是会计账户的存在形式和载体。按账簿的用途、外表形式和账页格式不同，会计账簿有不同的分类。根据不同会计科目反映的经济业务的特点，企业会设置不同种类的账簿。企业会对所有会计科目设置总分类账户，总分类账户采用三栏式账页格式；对库存现金和银行存款设置特种日记账进行明细核算；对其他明细账户根据账户所反映的经济业务的特点和要求设置三栏式、多栏式等不同的账页格式；个别会计科目还需要设置"备查簿"进行补充记录。企业因各种各样的原因导致账簿记录错误时，应根据不同差错采用划线更正法、红字更正法或补充登记法予以更正。

会计资料包括会计凭证、会计账簿、财务会计报告和其他会计资料。会计凭证的传递要及时、方法要合理，既要体现内部控制原则又要提高核算效率。企业应定期对会计账簿进行更换，对会计资料进行归档，形成会计档案。

伴随信息技术在会计领域的应用，原始凭证的存储介质和取得方式、记账凭证的填制和审核、凭证的传递和保管、账簿的登记方式、错账更正、会计资料归档，会计档案储存形式等均发生了巨大的变化。

会计凭证从"纸质"到"电子"再到"全面数字化"；会计账簿从"手工"存档到"机打"存档再到"电子"存档；会计档案从"纸质会计档案"到"电子会计档案"。会计资料和会计档案迭代升级的进程中面临很多困难和挑战。我国相继发布了相关会计数据标准、会计资料存档和电子会计档案管理等相关法律法规，对电子会计资料的形成、收集、整理、归档、存储、销毁、统计、利用等进行了规范。道阻且长，"电子化"必是大势所趋，企业在"电子化"的进程中，应遵循相关法律法规，保证会计数据安全性的基础上，最大化信息技术带来的数据价值优势。

本 章 习 题

一、单项选择题

1. 在会计实务中，原始凭证按照填制手续和内容不同，可以分为（　　）。

A. 通用凭证和专用凭证

B. 收款凭证、付款凭证和转账凭证

C. 外来原始凭证和自制原始凭证

D. 一次凭证、累计凭证和汇总原始凭证

2. 下列原始凭证中，属于累计凭证的是（　　）。

A. 收料单　　　　B. 发票　　　　C. 领料单　　　　D. 限额领料单

3. 原始凭证按其取得的来源不同，分为（　　）。

A. 外来原始凭证和自制原始凭证　　B. 累计凭证和汇总原始凭证

C. 专用凭证和通用凭证　　　　　　D. 一次凭证和累计凭证

4. 在原始凭证上书写阿拉伯数字，错误的是（　　）。

A. 金额数字前要书写货币币种符号

B. 币种符号与金额数字之间要留有空白

C. 小写金额用阿拉伯数字逐个书写，不得写连笔字

D. 数字金额一律写到角、分，无角分的，写"00"或符号"－"

5. 填制原始凭证时，以下数字书写符合要求的是（　　）。

A. 叁仟叁拾捌元　　　　　　　　B. 叁仟肆佰捌拾陆元捌角捌分整

C. 叁仟捌元整　　　　　　　　　　D. 叁仟零伍拾捌元整

6. 关于原始凭证的填制，下列说法不正确的是（　　）。

A. 不得以虚假的交易填制原始凭证

B. 从外单位取得的原始凭证必须盖章

C. 各种凭证必须连续编号

D. 发现外来原始凭证有错误的，会计人员可以用划线更正法更正

7. 下列内容不属于原始凭证审核的是（　　）。

A. 凭证是否有填制单位的公章和填制人员签章

B. 凭证要素是否齐全

C. 凭证本身的真实性

D. 会计科目使用是否正确

8. 会计人员在审核原始凭证时，发现某原始凭证内容合理、合法，但不够完整，下列处理方法中，正确的是（　　）。

A. 拒绝办理　　　　　　　　　　B. 及时处理

C. 交给上级　　　　　　　　　　D. 予以退回，要求补办手续

9. 记账凭证是根据审核无误的（　　）填制。

A. 会计科目　　　　　　　　　　B. 借贷记账法

C. 会计要素　　　　　　　　　　D. 原始凭证

10. 记账凭证按其用途不同，分为（　　）。

A. 专用记账凭证和通用记账凭证　　B. 收款凭证、付款凭证和转账凭证

C. 一次凭证、累计凭证和汇总凭证　D. 外来凭证和自制凭证

11. 对于将现金送存银行的业务，会计人员应填制的专用记账凭证是（　　）。

A. 银行收款凭证　　　　　　　　B. 现金付款凭证

C. 银行收款凭证和现金付款凭证　　D. 转账凭证

12. 收款凭证左上角的"借方科目"可能登记的科目是（　　）。

A. 预收账款　　B. 银行存款　　C. 其他应收款　　D. 应收账款

13. 企业购进原材料20 000元，款项未付。该笔经济业务应编制的专用记账凭证是（　　）。

A. 收款凭证　　B. 付款凭证　　C. 转账凭证　　D. 以上均可

14. 企业采购原材料50 000元，用银行存款支付货款30 000元，其余款项暂欠，该笔业务应填制（　　）。

A. 一张转账凭证和一张付款凭证　　B. 两张转账凭证

C. 一张银行付款凭证　　　　　　　D. 一张收款凭证和一张付款凭证

15. 企业采用专用记账凭证，发生从银行提取现金或将现金存入银行的经济业务时，（   ）。

A. 只填制付款凭证，不填制收款凭证

B. 只填制收款凭证，不填制付款凭证

C. 既填制收款凭证，又填制付款凭证

D. 既填制转款凭证，又填制收款、付款凭证

16. 为保证会计账簿记录的正确性，会计人员编制记账凭证时必须依据（   ）。

A. 金额计算正确的原始凭证

B. 填写齐全的原始凭证

C. 审核无误的原始凭证

D. 盖有填制单位财务公章的原始凭证

17. 下列记账凭证可以不附原始凭证的是（   ）。

A. 计提利息费用的会计分录   B. 更正差错的会计分录

C. 确认收入的会计分录   D. 计提固定资产折旧的会计分录

18. 填制记账凭证时，如发现错误，正确的处理方法是（   ）。

A. 划线更正并签名   B. 划线更正并加盖单位公章

C. 重新填制记账凭证   D. 划线更正并签名加盖单位公章

19. 下列内容不属于记账凭证审核的是（   ）。

A. 凭证是否符合有关的计划和预算

B. 会计科目使用是否正确

C. 凭证的内容与所附原始凭证的内容是否一致

D. 凭证的金额与所附原始凭证的金额是否一致

20. 特种日记账按用途属于（   ）。

A. 序时账簿   B. 分类账簿   C. 备查账簿   D. 订本式账簿

21. 债权债务类明细分类账一般采用（   ）。

A. 多栏式账簿   B. 数量金额式账簿

C. 三栏式账簿   D. 以上三种都可以

22. 收入、费用类明细分类账一般采用（   ）。

A. 多栏式账簿   B. 日记账

C. 三栏式账簿   D. 数量金额式账簿

23. 下列各项中，关于银行存款日记账的表述正确的是（   ）。

A. 应按实际发生的经济业务定期汇总登记

B. 根据银行存款收款凭证和银行存款付款凭证进行登记

C. 应按企业在银行开立的账户和币种分别设置

D. 不需要"日清月结"

24. 下列各项中，应设置备查账簿进行登记的是（   ）。

A. 原材料   B. 委托加工物资

C. 无形资产   D. 资本公积

25. "生产成本"账户一般采用（   ）。

A. 三栏式明细账   B. 数量金额式明细账

C. 借方多栏式明细账   D. 贷方多栏式明细账

26. 下列账簿中，可以采用卡片式账簿的是（   ）。

A. 固定资产总账   B. 固定资产明细账

C. 原材料总账   D. 原材料明细账

27. 下列明细分类账中，应采用数量金额式账页格式的是（   ）。

A. 应收账款明细账   B. 库存商品明细账

C. 主营业务收入明细账   D. 管理费用明细账

28. 下列明细分类账中，可以采用三栏式账页格式的是（   ）。

A. 管理费用明细账   B. 原材料明细账

C. 在途物资明细账   D. 应付账款明细账

29. 下列明细账中，不宜采用三栏式账页格式的是（   ）。

A. 应收账款明细账   B. 实收资本明细账

C. 管理费用明细账   D. 短期借款明细账

30. 记账人员根据记账凭证登记完毕账簿后，要在记账凭证上注明已记账的符号，主要是为了（   ）。

A. 便于明确记账责任   B. 避免错行或隔页

C. 避免重记或漏记   D. 防止凭证丢失

31. 若记账凭证编制正确，但记账时将 1 100 元误记为 11 000 元，更正时应采用（   ）。

A. 划线更正法   B. 红字（全数）冲销法

C. 补充登记法   D. 红字（部分）冲销法

32. 企业填制记账凭证时，将金额 600 元误记为 6 000 元，并已登记入账。当年发现记账错误，更正时应采用的更正方法是（   ）。

A. 重编正确的记账凭证   B. 划线更正法

C. 红字更正法   D. 补充登记法

33. 记账人员在登记账簿后，发现所依据的记账凭证中使用的会计科目有误，则更正时应采用的更正方法是（   ）。

A. 涂改更正法   B. 划线更正法   C. 红字更正法   D. 补充登记法

34. 下列有关会计凭证归档保管和销毁的说法中，错误的是（   ）。

A. 依据会计凭证记账后，应定期对会计凭证进行分类整理

B. 会计凭证可以转借外单位使用

C. 一般会计凭证保管期限为 30 年

D. 会计凭证销毁前，要填制"会计档案销毁清册"

35. 下列会计档案需要保管 30 年的是（   ）。

A. 半年度财务会计报告   B. 银行对账单

C. 总账 D. 固定资产卡片

二、多项选择题

1. 会计凭证的作用有（ ）。

A. 反映各项经济业务的发生和完成情况

B. 为登记账簿提供依据

C. 可以发挥会计的监督作用

D. 便于加强岗位责任制

2. 下列各项中，不属于原始凭证的有（ ）。

A. 火车票 B. 银行对账单

C. 购货合同 D. 材料采购计划

3. 下列各项中，属于原始凭证的有（ ）。

A. 制造费用分配表 B. 工资结算汇总表

C. 银行收款通知单 D. 增值税专用发票

4. "限额领料单"属于（ ）。

A. 转账凭证 B. 自制原始凭证

C. 一次凭证 D. 累计凭证

5. 下列各项中，属于企业自制原始凭证的有（ ）。

A. 产品完工入库填制的产品入库单

B. 生产产品领用材料填制的领料单

C. 职工出差报销的飞机票

D. 发出产品填制的产品出库单

6. 下列各项中，属于原始凭证必须具备的基本内容的有（ ）。

A. 凭证的名称

B. 经济业务内容、数量、单价和金额

C. 经办人员签名或盖章

D. 应记会计科目的名称和方向

7. 下列各项汇总，属于汇总原始凭证的有（ ）。

A. 发料凭证汇总表 B. 收料凭证汇总表

C. 制造费用分配表 D. 限额领料单

8. 下列各项中，属于原始凭证审核内容的有（ ）。

A. 合理性 B. 合法性 C. 科学性 D. 真实性

9. 下列各项中，属于记账凭证应具备的基本内容的有（ ）。

A. 凭证的日期和编号 B. 经济业务摘要

C. 会计科目的名称、方向和金额 D. 所附原始凭证张数

10. 下列关于记账凭证的表述中，正确的有（ ）。

A. 收款凭证的借方科目只能是"库存现金"或"银行存款"

B. 付款凭证的贷方科目只能是"库存现金"或"银行存款"

C. 出纳人员依据收款凭证登记现金日记账或银行存款日记账

D. 转账凭证中也会涉及"库存现金"或"银行存款"科目

11. 下列经济业务中，应填制转账凭证的有（　　　）。

A. 企业接受投资者以厂房对企业投资

B. 企业接受投资者以货币资金对企业投资

C. 购买材料未付款

D. 销售商品收到商业汇票一张

12. 下列经济业务中，应填制付款凭证的有（　　　）。

A. 提取现金备用　　　　　　　　　B. 购买材料预付货款

C. 购买材料未付款　　　　　　　　D. 将现金存入银行

13. 记账凭证的填制要求包括（　　　）。

A. 凭证摘要简明　　　　　　　　　B. 内容填写完整

C. 记账凭证连续编号　　　　　　　D. 所有记账凭证必须附原始凭证

14. 会计账簿按账页格式分类，主要分为（　　　）。

A. 三栏式账簿　　　　　　　　　　B. 多栏式账簿

C. 数量金额式账簿　　　　　　　　D. 活页式账簿

15. 下列账簿中应采用多栏式账簿的有（　　　）。

A. 在途物资明细账　　　　　　　　B. 生产成本明细账

C. 应收账款明细账　　　　　　　　D. 主营业务收入明细账

16. 下列账簿中，应采用数量金额式账簿的有（　　　）。

A. 应收账款明细账　　　　　　　　B. 原材料明细账

C. 库存商品明细账　　　　　　　　D. 固定资产明细账

17. 特种日记账是用来专门记录某一特定类型的经济业务发生情况的日记账。企业常用的特种日记账有（　　　）。

A. 固定资产备查账　　　　　　　　B. 库存现金日记账

C. 银行存款日记账　　　　　　　　D. 原材料明细账

18. 下列关于总分类账簿的表述中，正确的有（　　　）。

A. 分类登记全部交易或事项　　　　B. 一般采用订本式账簿

C. 按总分类账户设置和登记　　　　D. 一般采用多栏式账页

19. 下列适合用借方多栏式明细账的有（　　　）。

A. 制造费用明细账　　　　　　　　B. 主营业务收入明细账

C. 营业外收入明细账　　　　　　　D. 在途物资明细账

20. 下列项目中，属于银行存款日记账登记依据的有（　　　）。

A. 现金收款凭证　　　　　　　　　B. 银行存款付款凭证

C. 现金付款凭证　　　　　　　　　D. 银行存款收款凭证

21. 下列各项中，可以作为明细分类账登记依据的有（　　　）。

A. 原始凭证　　　　　　　　　　　B. 汇总记账凭证

C. 记账凭证　　　　　　　　　　　D. 科目汇总表

22. 下列各项中，符合账簿登记要求的有（　　）。

A. 按照红字冲账的记账凭证，冲销错误记录，可以用红色墨水记账

B. 登记账簿一律使用蓝黑墨水或碳素墨水书写

C. 库存现金和银行存款日记账必须逐日结出余额

D. 发生账簿记录错误不得刮、擦、补、挖

23. 下列情况中，可以使用红色墨水记账的有（　　）。

A. 按照红字冲账的记账凭证，冲销错误记录

B. 在不设借贷等栏的多栏式账页中，登记减少数

C. 在三栏式账户的余额栏前，如未印明余额方面的，在余额栏内登记负数余额

D. 根据补充登记的记账凭证，登记明细分类账簿

24. 对由于记账凭证错误而导致账簿登记错误的，应采用的错账更正方法有（　　）。

A. 划线更正法　　　　　　　　B. 红字更正法

C. 补充登记法　　　　　　　　D. 平行登记法

25. 关于会计凭证保管的下列说法中，错误的有（　　）。

A. 当年形成的会计档案，在会计年度终了后，可由单位档案管理机构临时保管1年

B. 因工作需要确需推迟移交单位档案管理机构的，经会计机构同意，最长可在会计机构保管3年

C. 单位未设立档案机构的，应在会计机构内部指定专人保管

D. 出纳人员可以兼管会计档案

26. 下列各项中，关于会计账簿日常管理的说法中正确的有（　　）。

A. 各种账簿要分工明确，并指定专人管理

B. 一般谁负责登记，谁负责管理

C. 非经管人员未经批准不得翻阅查看会计账簿

D. 会计账簿一律不准携带外出

27. 旧账装订完毕，应当（　　）。

A. 编写移交清单　　　　　　　B. 记账人员保管

C. 编制目录　　　　　　　　　D. 按期移交档案部门保管

28. 电子会计资料包括以电子形式存在的（　　）。

A. 会计凭证　　　　　　　　　B. 会计账簿

C. 财务会计报告　　　　　　　D. 其他会计资料

29. 企业接收的电子会计资料应进行（　　）检测。

A. 真实性　　　B. 完整性　　　C. 可用性　　　D. 安全性

30. 下列归档电子会计资料来自会计核算系统的有（　　）。

A. 现金日记账　　　　　　　　B. 银行回单

C. 固定资产卡片　　　　　　　D. 入库单

三、判断题

1. 原始凭证仅是填制记账凭证的依据，不能作为登记账簿的依据。

（　　）

2. 在证明交易或事项发生，据以填制记账凭证的作用方面，自制原始凭证与外来原始凭证具有同等的效力。（　　）

3. 企业每项交易或事项的发生都必须从外部取得原始凭证。（　　）

4. 原始凭证不能表明交易或事项归类的会计科目和记账方向，记账凭证可以。（　　）

5. 增值税专用发票金额有误的，应当由出具单位重开或更正，并在更正处加盖出具单位印章。（　　）

6. 自制原始凭证必须由单位会计人员自行填制，非会计人员不能填制原始凭证。（　　）

7. 一式多联的原始凭证，应当注明各联的用途，只有一联作为报销凭证。

（　　）

8. 一次凭证，是指一次填制完成，只记录一笔经济业务但多次有效的原始凭证。（　　）

9. 任何会计凭证都必须经过有关人员的严格审核并确认无误后，才能作为记账的依据。（　　）

10. 可以将不同内容和类别的原始凭证合并填制一张记账凭证。（　　）

11. 采用专用记账凭证的企业，涉及库存现金和银行存款增减的业务编制收款凭证或付款凭证，不涉及现金和银行存款的业务编制转账凭证。（　　）

12. 所有记账凭证都必须附有原始凭证，并要填写所附原始凭证的张数。

（　　）

13. 从银行提取现金既可以填制收款凭证，也可以填制付款凭证。（　　）

14. 记账凭证填制时出现错误，应按要求更改。（　　）

15. 在填制记账凭证时，可以只填会计科目的编号，不填会计科目名称，以简化记账凭证的编制。（　　）

16. 各单位不得违反《会计法》和国家统一的会计制度的规定私设会计账簿。（　　）

17. 活页式账簿便于账页的重新排列和记账人员的分工，但账页容易散失和被随意抽换。（　　）

18. 多栏式账簿主要适用于既需要记录金额，又需要记录实物数量的财产物资明细账户。（　　）

19. 登记库存现金日记账的依据是现金收付款凭证和银行收付款凭证。

（　　）

20. 现金收付业务较少的单位，不必单独设置现金日记账，可用银行对账单或其他方法代替现金日记账，以简化核算。（　　）

21. 登记账簿的唯一依据是审核无误的记账凭证。 （　　）

22. 库存现金日记账的日期栏，应填写记账凭证上的日期。 （　　）

23. 会计账簿登记中，如果不慎发生隔页，应立即将空页撕掉，并更改页码。 （　　）

24. 记账凭证正确，因登记时的笔误而引起的账簿记录错误，可以采用划线更正法予以更正。 （　　）

25. 单位以电子会计凭证的纸质打印件作为报销入账归档依据的，不需要保存打印该纸质件的电子会计凭证。 （　　）

26. 固定资产卡片账，可以连续使用，不必每年更换。 （　　）

27. 原始凭证不得外借，其他单位如因特殊原因需要使用原始凭证时，经本单位会计机构负责人、会计主管人员批准，可以复制。 （　　）

28. 会计核算系统中，记账凭证一定由财务人员填制。 （　　）

29. 会计核算系统中，从凭证到账簿由系统自动过账，无须进行账证核对。 （　　）

30. 会计核算系统中，会计凭证和账簿均无须打印保管。 （　　）

31. 电子会计资料的归档和保管期限比纸质会计档案的归档和保管期限长。 （　　）

32. 会计凭证的表现形式只能是纸质会计凭证。 （　　）

33. 已归档的会计账簿不得借出，有特殊需要的经批准后可以提供复印件。 （　　）

34. 年度终了，可仅以电子形式保存，形成电子会计档案的电子会计资料属于具有永久保存价值或者其他重要保存价值的会计档案。 （　　）

35. 符合条件时，企业可以仅使用电子会计凭证进行报销入账归档。 （　　）

四、业务题

业务题一

采购部业务人员制订了本月的采购计划，拟采购甲材料 1 000 件，每件预计采购单价 100 元，采购部部门主管审核了该采购计划。

要求：

1. 分析该项经济活动是否需要进行会计处理，如需要会计处理，请编制相关会计分录。

2. 采购计划是否属于原始凭证，请说明理由。

业务题二

生产车间从仓库领用了甲材料 100 件用于生产 A 产品，甲材料单价为 100 元/件。

要求：

1. 编制相关经济业务的会计分录。

2. 分析该笔经济业务一般需要附哪些原始凭证。

3. 分析该笔经济业务需要登记哪些会计账簿，各账簿应该采用哪种账页格式。

业务题三

某企业使用专用记账凭证，20×3 年 8 月发生下列经济业务。

（1）从银行取得 3 个月到期的借款 500 000 元存入银行。

（2）对外销售商品一批，不含税售价为 20 000 元，增值税税率为 13%，收到 10 000 元存入银行，其余款项尚未收到。

（3）收到上述销售商品的剩余款项，存入银行。

（4）企业从银行提取现金 2 000 元备用。

（5）以现金 200 元购买办公用品。

（6）生产车间为生产 A 产品从仓库领用甲材料 2 000 元。

要求：编制上述经济业务的会计分录并分析应该填制哪种专用记账凭证。

业务题四

某企业 20×3 年 10 月发生下列经济业务。

（1）用银行存款支付管理费用 200 元，记账凭证上编制如下会计分录：

借：管理费用 200

　　贷：库存现金 200

（2）用银行存款偿还短期借款 4 000 元，记账凭证上编制如下会计分录：

借：短期借款 40 000

　　贷：银行存款 40 000

（3）收到甲公司前欠货款 20 000 元，记账凭证上编制如下会计分录：

借：银行存款 2 000

　　贷：应收账款 2 000

（4）计提管理部门固定资产折旧 5 200 元，记账凭证上编制如下会计分录：

借：制造费用 2 500

　　贷：累计折旧 2 500

（5）采购原材料 54 000 元，材料已验收入库，款项通过银行存款支付。记账凭证无误，登记入账时，将"原材料"和"银行存款"的金额误写为 45 000 元。

要求：逐笔分析上述业务出现的错误应采用哪种更正方法进行更正，并详细描述如何更正。

延伸阅读与思维拓展

请阅读下列资料，谈谈如何理解会计信息"载体"与会计信息质量的关系。

"拔电源"对抗证监会调查！设"双系统"数据造假……[*]

证监会公布 2021 年证监稽查 20 起典型违法案例，其中家居企业"宜华生活"信息披露违法违规案，是一起实际控制人指使上市公司实施财务造假的典型案件。2016～2019 年，"宜华生活"通过虚构销售业务等方式，累计虚增收入 71 亿元。

宜华生活是通过哪些手段来编造财务谎言？为了对抗证监会的调查，它又耍了哪些花招？

宜华生活：连续 4 年财务造假隐藏公司重要部门对抗调查

公开资料显示，宜华生活主营业务为家具和木地板等家居产品的设计、生产与销售，其中产品外销占比高达 70% 以上。2019 年 4 月 27 日，宜华生活发布了 2018 年年度报告，在报告期末，宜华生活货币资金余额为 33.89 亿元，长期借款、短期借款、应付债券余额合计为 52.56 亿元，报告期内财务费用为 4.47 亿元，占归母净利润的 115.50%。一边账面上"躺着"数十亿元货币资金；另一边为融资支付高额利息，宜华生活异常的财务数据，引起了监管部门的注意。2020 年 4 月，证监会依法对宜华生活涉嫌信息披露违法违规立案调查。

证监会稽查人员告诉记者，宜华生活有六大生产基地，合并报表的子公司一共有 47 家，为了寻找线索，他们需要将所有公司的财务凭证都调到公司现场。虽然稽查人员心里早有预期，但面对当时会议室堆积如山的财务凭证仍感到了压力。

要从浩如烟海的财务凭证中找到公司财务造假的证据实属不易，更让稽查人员感到棘手的是，虽然公司明面十分配合调查工作，但是实际上却在暗地里对抗。宜华生活提供的所有与境外客户签订的合同，都只有一个框架协议，不提供基础交易资料，公司整个外销流程不透明，而稽查人员想要问询的核心员工或者高管，不是离职就是联系不上，甚至公司整个进出口部门"消失"了。

证监会稽查人员：我们去的时候，财务部，特别是进出口部，基本上都清理得干干净净，计算机都没有，只有一叠很薄的框架合同作为业务资料留在那里供我们检查。公司为了规避调查，把进出口部的工作人员全部隐匿到条件比较差的生产车间的临时办公室，不让主要的业务人员与调查人员接触。

报关货值虚高近 6 倍宜华生活"双系统"伪造数据

证监会稽查人员告诉记者，以往他们查的财务造假案一般是假出口，它没有真正的出口和报关，因此整套数据都是假的。然而宜华生活是真出口、真报关，但是报关价格虚高、货值虚高，以此来虚增企业营收和利润。因此要想找

[*] 资料来源：《典型案例：这家上市公司，"拔电源"对抗证监会调查！设"双系统"数据造假……》，中国证券监督委员会网站，2022 年 5 月 24 日（登录日期：2022 年 8 月 18 日），http://www.csrc.gov.cn/csrc/c100201/c2937748/content.shtml。

到该公司造假的强有力证据，获取它和境外客户真实的报价合同尤为关键。

从表面上来看，宜华生活提供给证监会稽查人员查阅的框架协议，无论是报关单价还是总额，和海关数据都是一致的，它的财务数据跟这些框架协议也相吻合，然而在调查中稽查人员发现，公司竟然暗地里运行着另外一套生产业务系统，每次稽查人员进场，他们就偷偷把这套系统电源给拔了。

通过两个完全独立的生产业务系统，宜华生活分别做出了两套数据，一套数据货值虚高，用于报关；另一套数据则是跟境外客户对账的真实数据。最终，调查组找到了公司出口货物真实价格的相关证据，包括报价、英文发票、装箱单等货运凭证，以及对账、催款明细等。

证监会稽查人员：有一个实例给大家看。这一本是该公司的真实报价记录；另一本是该公司的出口报关记录。这个梳妆台的真实报价，只有205美元，但是在出口报关的时候，梳妆台报价高达1 359美元，差价将近6倍。

宜华生活真实交易资料的查获，为案件的调查打开了一扇大门，为了进一步夯实证据，稽查人员同时申请了跨境执法合作，请境外的监管部门协查一些境外客户的具体情况，从后续协查反馈回来的数据来看，宜华生活财务造假铁证如山。为了具体计算出宜华生活各个年度外销的虚假数据，证监会稽查人员更是将该公司2016～2019年整个出口的12 000多个集装箱号码，都进行了一一核对。

证监会稽查人员：宜华生活系统性长期造假，违法金额巨大，性质也比较恶劣。因为该公司2019年年报是在2020年的4月公布的，适用了新的《证券法》，我们对该公司进行了处罚，罚款600万元。

在全面推行注册制改革的背景下，随着《证券法》的实施，资本市场的监管制度与退市制度进一步完善，宜华生活财务造假案，成为首批适用新《证券法》惩处的恶性案件。2021年3月22日，由于收盘价格连续20个交易日低于1元，宜华生活被上海证券交易所摘牌，正式退出A股市场，它也由此成为退市新规下的首批"1元退市股"之一。

证监会稽查人员：新《证券法》的威力在这个案子里得到了充分体现。首先，新《证券法》赋予了我们更多相应的执法权限。其次，在相应后续的处罚里，新《证券法》提高了违法成本。给上市公司的警示主要体现在：首先上市公司必须完善自己的公司治理；其次是需要遵规守法地经营，不能轻易突破底线，否则就只能自食其果。

第六章 会计信息"生成"：会计循环

☞学 习 目 标☜

1. 掌握会计循环的基本流程和具体内容。

2. 理解会计分期、权责发生制与账项调整的关系，掌握期末账项调整的内容及对报表的影响。

3. 掌握对账、结账的含义和内容。

4. 了解财产清查的含义、分类、清查前的准备工作，掌握财产清查方法和清查结果的账务处理。

5. 了解手工环境和信息化环境账务处理程序的差异，理解不同环境对会计信息生成的基本逻辑和具体流程的影响。

☞本 章 导 入☜

场景一：一家年营业收入只有100万元的小微企业，小王是这家公司唯一的会计，但公司小、业务少，小王得心应手，轻松驾驭。

场景二：一家年营业收入3 000万元的中型企业，小李是这家公司的总账会计，临近年终决算，小李加班加点，核对各种数据。

场景三：一家年营业收入100亿元、下辖50家分子公司的大型企业集团，小张是这家公司负责费用报销业务的会计，自从公司建立财务共享中心，"自动识别票据""自动稽核""自动付款""自动生成凭证"……小张感受到前所未有的"工作压力"。

你能想象，从经济业务发生到财务报表生成，这三家企业经历了哪些环节吗？

无论企业规模大小，每个会计期间会计核算都是从分析经济业务开始，生成财务报表并将相关数据结转到下一期间为止；每个期间周而复始形成会计循环。在这些循环中，我们需要考虑如何体现"按期"提供会计信息，如何将会计信息既"分期"又"延续"，如何保证最终呈现的会计信息的可靠性和相关性。面对不同企业的经营特点、业务规模等，如何设定合理的程序保证提供的会计信息既"可靠和相关"又"高效"。

本章主要介绍会计信息生成的基本流程，会计循环的基本内容，期末账项调整、对账、结账、财产清查等重要环节，手工环境和信息化环境的账务处理程序。

☞ **本 章 概 览** ☜

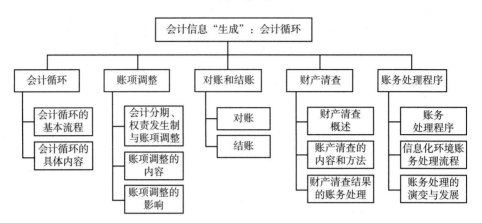

第一节 会 计 循 环

会计系统从日常的交易和业务中收集、识别、筛选、加工、分类、汇总数据，并最终以财务报告的形式呈现给信息使用者。掌握会计信息的生成逻辑、规则及其应用和局限性，可以帮助信息使用者基于信息做出更合理的决策。

一、会计循环的基本流程

经济业务发生是会计系统分析和记录的起点。

1. 分析和识别经济活动

企业发生经济活动，首先需要对交易和事项进行分析，通过会计确认的方式对经济活动进行识别，判断经济活动是否影响会计要素变动，是否需要进行会计核算，纳入会计系统，这是会计上的初始确认。原始凭证是描述进入会计系统的交易和事项的"原始证据"。

2. 以"会计语言"表述经济业务

进入会计系统的经济业务，基于复式记账原理分析经济业务影响的相关账户和金额，并将其转化为"会计语言"。分析和记录经济业务时，确认和计量总是不可分割地联系在一起。记账凭证是经济业务的"会计表述"。

3. 分类汇总

根据编制的会计分录（单项交易或事项的"会计表述"），按"会计账户"进行分类汇总，反映企业一段时间内所有经济业务导致的各会计要素项目变动的结果。账户记录就是登记账簿，也称为过账。

4. 编制报表

企业定期根据账户发生额及余额汇总情况，编制财务报表。财务报表是会计系统最终输出的主要"成果"。

会计循环是指一个会计主体在一定的会计期间内，从经济业务（也称交易或事项）发生取得或填制会计凭证起，到登记账簿，编制会计报表为止的一系列处理程序。

会计循环的基本流程也是对会计主体的交易和事项进行确认、计量、记录和报告的过程。经济业务的发生是会计循环的起点，编制财务报表是会计循环的结果。之所以称为会计循环，是因为每个会计期间需要重复上述处理程序，周而复始，不断循环。

二、会计循环的具体内容

一个完整的会计循环过程可概括为以下内容。

（1）取得或填制原始凭证并审核。取得或填制反映日常经济业务发生和完成情况的原始凭证，并进行审核。

（2）填制并审核记账凭证。分析经济业务，根据审核无误的原始凭证填制记账凭证（采用复式记账法为经济业务编制会计分录），并进行审核。

（3）过账。根据审核无误的原始凭证和记账凭证登记有关账户（日记账、明细分类账和总分类账）。

6-1 会计
循环概述

（4）期末账项调整。期末，为了准确进行损益核算，需要按照权责发生制编制账项调整的会计分录并进行过账，记录平时未进行记录却属于该期间的收入和费用，并反映其对相关账户的影响。如企业到期一次还本付息的长期借款，期末需按照权责发生制计提本期应负担的利息费用。

（5）对账。进行账实核对、账证核对和账账核对；保证账簿资料能够准确地反映企业拥有的资产价值，正确地呈现每一笔经济业务发生对会计要素影响的结果，保证总括信息和详细信息的一致性。

（6）结账。结账的内容通常包括两个方面：①结清各种损益类账户，据以计算确定本期利润；②结出各资产、负债和所有者权益账户的本期发生额和期末余额。

（7）编制财务报表。根据各个账户的发生额和余额进行分析和整理，按照各报表编制规则，确认填列相关报表的项目及金额，完成财务报表的编制。

以上七个环节反映了会计主体在一定会计期间内会计循环的基本过程。会计循环的过程如图6-1所示。

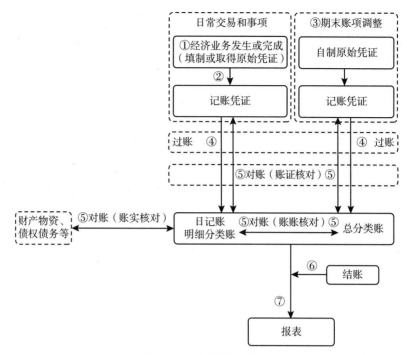

图 6 - 1　会计循环过程

　　会计信息作为经济信息的重要组成部分，实务中一般是通过会计数据，以凭证、账簿、报表等形式予以呈现。

第二节　账项调整

6 - 2　账项
调整

一、会计分期、权责发生制与账项调整

　　信息的价值与其时效性密切相关，为能及时提供信息，会计主体将持续经营的期间划分为一个个首尾相连、间隔相等的会计期间。企业定期编制财务报告，及时进行信息披露。

　　实务中，企业交易或事项发生的时间与货币收支的时间有时一致，有时不一致。企业按会计期间确认收入和费用，需要明确相关确认基础，我国企业会计准则规定以权责发生制为确认基础。

　　以权责发生制为基础意味着：满足收入确认条件的会计期间确认收入，而非实际收款的会计期间；费用和它们所带来的收入在同一会计期间确认（包括因果配比和期间配比），而非实际付款的会计期间。

　　为了在权责发生制的基础上正确反映各会计期间的经营成果，就必须在编

制财务报表和结账前，对这些有跨期影响的经济业务进行账项调整，继而确定本期的收入和费用，从而正确计量本期的财务状况和经营成果。期末结账前，按照权责发生制原则，确认本期的应得收入和应负担的费用，并据以对账簿记录的有关账项做出必要调整的会计处理方法称为账项调整，也称为调账。

二、账项调整的内容

期末账项调整的内容主要归纳为以下四种类型。

（一）应计收入

应计收入，即本期已实现但尚未收到款项的收入，是指企业在本期已经发生且符合收入确认条件，但尚未收到款项而未登记入账的产品销售收入或劳务收入或其他收入，如应收在金融机构的存款利息等。根据权责发生制的要求，凡属于本期的收入不管其款项是否收到，都应作为本期收入处理，期末，应将那些本期已实现但尚未收到款项的收入编制调整分录，借记"应收账款""应收利息"等账户，同时，将确认为本期的收入，贷记有关收入账户。

【例6-1】某企业20×3年12月1日，将其拥有的一项专利出租给A公司使用，双方签订的合同约定，租期半年，期满时A公司一次性支付租金36万元。

截至20×3年12月31日，该企业已经将专利给A公司使用1个月，虽然租期尚未结束，租金尚未收到，但该企业已经赚取了一个月的租金收入6万元。按照权责发生制，企业需要确认一个月的租金收入，并将该收入列示在12月的利润表中。同时，该企业资产负债表中也必须列明该项债权，应收的租金6万元。

编制账项调整分录：

借：应收账款　　　　　　　　　　　　　　　　60 000
　　贷：其他业务收入　　　　　　　　　　　　　　　　60 000

该项调整使企业当期资产增加60 000元，收入增加60 000元。

（二）应计费用

应计费用，又称预提费用，是指本期已发生，但因款项尚未支付因而未登记入账的费用。根据权责发生制的要求，凡属于本期的费用，不管其款项是否支付都应计为本期费用处理。期末应将那些本期已发生但尚未支付款项的费用编制调整分录，确认应由本期负担的费用；同时，将未来会计期间需支付的款项，确认为负债。

【例6-2】某企业20×3年12月1日，取得一笔3个月短期借款，借款本金100 000元，借款年利率6%，到期一次还本付息。

20×3 年 12 月 31 日，企业使用该笔短期借款 1 个月，需要将 1 个月的短期借款应负担的利息确认为利息费用。确认的利息费用需要在下一个会计期间偿还，同时确认一项负债。

20×3 年需确认的利息费用 = 100 000 × 6%/12 = 500（元）

编制账项调整分录：

借：财务费用　　　　　　　　　　　　　　　　　　　500

　　贷：应付利息　　　　　　　　　　　　　　　　　　　500

该调整使企业当期费用增加 500 元，负债增加 500 元。

会计期末，企业应计费用的调整项目较多，包括应付利息、应付职工薪酬、应付税费、应付租金等。编制账项调整分录时，根据具体的经济内容，借记"制造费用""销售费用""管理费用""财务费用"等账户，贷记"应付利息""应付职工薪酬""应交税费""其他应付款"等账户。

（三）预收收入

预收收入，又称递延收入，指已经收取款项入账，但尚未提供产品销售收入或劳务收入，如预收产品销售的货款、预收的租金等。会计主体在收到款项时形成提供商品或劳务的义务，确认负债。本期，伴随提供商品或服务（履行履约义务），负债减少，预收的货款按应属于本期的部分确认为本期收入。

【例 6-3】某培训机构提供英语培训服务，20×3 年 12 月 1 日，开设一期英语培训班，每课时 100 元，一期 50 课时，报名时预收全部课时费 5 000 元。12 月已提供 20 课时的培训。

12 月 1 日预收课时费时，企业需确认"合同负债"5 000 元，通过提供培训课程逐渐实现收入。

截至 12 月 31 日，由于该培训机构已提供了 20 课时的培训，实现了 20 课时的收入 2 000 元，按照权责发生制确认应该属于当期的收入。

编制调整分录：

借：合同负债　　　　　　　　　　　　　　　　　　2 000

　　贷：主营业务收入　　　　　　　　　　　　　　　　2 000

该调整使企业当期减少负债 2 000 元，增加收入 2 000 元。

（四）预付费用

预付费用，即已经付款但不属于本期或部分属于本期的费用，指已经支出款项，但应由本期和以后各期负担的费用。企业预付各项支出时，由于尚未接受相应的服务，因此该项支出就不属于或不完全属于本期费用，也就不能直接全部记入有关费用，应通过资产类的"预付账款"账户核算。待已接受部分服务时，再编制调整分录，按照本期和以后各期受益的程度，分期确认为各期的费用，借记有关费用账户，贷记"预付账款"账户。

【例 6 – 4】某企业 20×3 年 12 月 1 日支付了未来 12 个月（含当月）的报刊费 12 万元。

企业支付的报刊费应由未来的 12 个月共同负担，支付款项时，形成资产，随着时间的推移，预付的报刊费逐渐转变成费用。12 月 31 日，按照权责发生制，确认 12 月应负担的报刊费用 1 万元。

编制账项调整分录：

借：管理费用　　　　　　　　　　　　　　　　　　　10 000

　　贷：预付账款　　　　　　　　　　　　　　　　　　　　10 000

该调整使企业当期费用增加 10 000 元，资产减少 10 000 元。

企业预付的保险费、广告费、促销费等预付费用的调整方法与预付报刊费的处理方法类似，预付的广告费用、促销费用根据业务内容应确认销售费用。

固定资产是一种特殊的预付费用。企业使用固定资产的受益期超过 1 年，伴随资产的使用，资产逐渐磨损，价值逐渐降低。在固定资产的使用寿命内，资产成本逐渐转变成为费用，称为计提折旧。会计期末，按照权责发生制对固定资产计提折旧，按照固定资产的使用部门确认相关成本费用，借记成本、费用类账户，同时减少固定资产的价值，贷记"累计折旧"账户。具体的成本、费用类账户选择和计提折旧的会计处理在前面的章节已经详细介绍，此处不再赘述。

三、账项调整的影响

通过上述的分析可以发现，四类调整分录都会影响一个或多个损益类账户以及一个或多个资产或负债类账户，影响企业当期资产负债表和利润表的相关项目金额，具体影响如表 6 – 1 所示。

表 6 – 1　　　　　　　　　　**账项调整对报表项目及金额的影响**

调整事项类型	调整分录影响要素变动	
	资产或负债	收入或费用
应计收入	资产增加	收入增加
应计费用	费用增加	负债增加
预收收入	负债减少	收入增加
预付费用	资产减少	费用增加

会计期末，基于权责发生制编制账项调整分录并"过账"，调整相关账户金额是编制财务报告前必不可少的环节。

第三节 对账和结账

一、对账

《会计法》规定，各单位应当定期将会计账簿记录与实物、款项及有关资料相互核对，保证会计账簿记录与实物及款项的实有数额相符、会计账簿记录与会计凭证的有关内容相符、会计账簿之间相对应的记录相符、会计账簿记录与会计报表的有关内容相符。

会计系统中，基于复式记账原理，以账簿为中心，账簿与实物、凭证、报表之间，账簿与账簿之间存在勾稽关系。各单位应当定期，一般是在会计期末（月末、季末、年末）检查与核对账证、账账、账实是否相符，保证账簿记录的正确性，称为对账。如有不符，应查明原因，及时处理，并调整账簿记录，为结账和编制报表提供基础。对账工作每年至少进行一次。

对账的内容主要有以下三个方面。

1. 账证核对

账证核对是指将账簿记录与会计凭证核对，即核对会计账簿记录与原始凭证、记账凭证的时间、凭证字号、内容、金额是否一致，记账方向是否相符。这是保证账账相符、账实相符的基础。

2. 账账核对

账账核对是指各种账簿之间有关数字的核对，检查不同会计账簿之间的相关记录是否相符，包括：总账有关账户的余额核对，总账与明细账核对，总账与日记账核对，会计部门的财产物资明细账与财产物资保管和使用部门的有关明细账核对等。

例如，总分类账簿各账户的期初余额、本期发生额和期末余额之间的平衡关系；全部总分类账借方余额合计与贷方余额合计数的平衡关系；总分类各账户期末余额与其所辖各明细账户期末余额之和的平衡关系；"库存现金"与"银行存款"总账账户的期末余额与相对应的日记账期末余额的平衡关系。

3. 账实核对

账实核对是指会计账簿记录与财产物资、债权债务等实有数额的核对。包括：库存现金日记账账面余额逐日与库存现金实际库存数核对；银行存款日记账账面余额定期与银行对账单核对；各种财产物资明细账账面余额与财产物资实存数额核对；各种应收、应付款明细账账面余额与有关债务、债权单位或者个人核对等。

账实核对通过财产清查方式进行，财款核对中的结算款项一般用对账单（询证）的形式核对。账实核对的具体内容和方法在下一节进行详细介绍。

通过上述对账工作，发现问题，查明原因并及时处理。处理完毕，应做到账证相符、账账相符、账实相符，使会计记录提供的会计信息真实、正确、可靠。

会计核算软件中，"过账"通过计算机自动完成，无须进行账证核对；账账核对主要核对总账与明细账、总账与辅助账数据，并在核对基础上进行试算平衡，将所有科目的期末余额按借方余额等于贷方余额进行平衡检验，并输出科目余额表及平衡信息。

二、结账

结账是将账簿记录定期结算清楚的会计工作。主要工作包括两个方面。

第一，会计期末，编制结转损益的会计分录，将反映收入、费用的各类"虚账户"的余额结转到"本年利润"，计算确定本期的"净利润"或"净亏损"，最后将本期"净利润"或"净亏损"结转到"利润分配——未分配利润"账户。损益结转的会计分录也需要过账，登记到对应的账户中。

第二，一定时期（月末、季末或年末）结束时，将本期发生的经济业务全部登记账簿以后，采用专门的格式，将各种账簿记录结算出"本期发生额"和"期末余额"，并将余额结转下期或下年新的账簿。本期发生额和期末余额是编制会计报表的主要资料，因此，各单位应当及时定期结账，不能提前也不能推迟。

账户结算包括月结、季结和年结，分别在月末、季末和年末进行。

1. 月结

每月月末，在本月发生的经济业务全部登记入账的基础上，结算各个账户。

（1）有些账户需要按月结出本月发生额，如库存现金日记账、银行存款日记账、收入类明细账、费用类明细账。此类账户每月结账时，在账簿中最后一笔经济业务记录的下一行，计算出账户的本月发生额和月末余额，在摘要栏内注明"本月合计"字样，并在本行上下通栏画单红线。

（2）有些账户不需要按月结计本月发生额，如各项应收、应付款明细账和各项财产物资明细账。此类账户，每次记账后，都要随时结出余额，每月最后一笔余额就是月末余额。月末结账时，只需要在最后一笔经济业务记录下面通栏划单红线，不需要再结计一次余额。

（3）有些需要结出本年累计发生额的明细账户，在"本月合计"的下一行，计算自年初起至本月末止的累计发生额，在摘要栏内注明"本年累计"字样，并在下面通栏画单红线。

（4）总账账户平时只需结计月末余额。

2. 年结

（1）所有总账账户都应当结出本年发生额及余额；年终结账时，将所有总账账户结计全年发生额和年末余额，在摘要栏内注明"本年合计"字样，并在合计数下通栏画双红线。

（2）需要结出本年累计发生额的明细账户，12 月末的"本年累计"就是全年累计发生额，全年累计发生额下面通栏画双红线。

（3）年结时，有余额的账户，应将其余额结转下年，在"本年合计"的下一行摘要栏内注明"结转下年"字样，余额栏填写金额；更换新账的，同时在新账中有关账户的第一行摘要栏内注明"上年结转"，并将上年余额记入"余额"栏。新旧账户转记余额不需要编制记账凭证。

结账划线的目的是突出本月（本年）合计数及月末（年末）余额，表示本会计期的会计记录已经截止或结束，并将本期与下期的记录明显分开，也称为封账。

会计核算软件中，结转损益和封账都可以通过软件相关功能自动完成。结账后，不能再输入当期凭证，也不能再在当期进行各账户的记账工作。

第四节　财　产　清　查

一、财产清查概述

（一）财产清查的概念

财产清查也叫作财产检查，是指通过对实物资产、现金的实地盘点和对银行存款、往来款项的核对，查明各项财产物资、货币资金、往来款项的实有数，并与账面结存数进行核对以确定账实是否相符的一种会计专门方法。

对账是企业编制报表前的一个重要环节，是保证财务报表信息的完整、准确、可靠的基础。账证相符、账账相符在信息化环境中，通过系统自动校验和系统自动过账等功能很容易实现，保证账实相符成为对账环节最主要的工作。

理论上讲，会计账簿上所记载的财产物资的增减变动和结存情况，应该与实际财产物资的增减变动和结存相符。但在实际工作中，账实不符是很正常的现象。实际工作中，很多原因可能导致账实不符，包括但不限于以下六点。

（1）在收发物资中，由于计量、检验不准确而造成品种、数量或质量上的差错。

（2）在运输、保管、收发过程中，由于自然力的影响使财产物资在数量上发生自然升溢或损耗。

（3）由于没有及时填制财产物资收发凭证或没有及时登账，造成账实不符。

（4）由于管理不善或工作人员失职，造成财产损失、变质或短缺等。

（5）贪污、盗窃、营私舞弊造成的损失。

（6）自然灾害造成财产物资的非常损失。

财产清查不仅是会计核算的一种专门方法，也是财产物资管理的一项重要制度。企业对各种财产物资进行定期或不定期的核对或盘点，具有重要的意义。

（二）财产清查的意义

1. 保证会计核算资料的可靠性

通过财产清查，可以查明各项财产物资的实有数，并与账面核对，以便在账实发生差异时，按规定的手续，合理调整账面，使账实相符，并以此为基础编制财务报告，保证会计信息的可靠性。

2. 在一定程度上防止内部控制制度的失效

财产清查不仅是会计核算的专门方法，也是内部控制制度的一部分。为了解决内部控制制度失效问题，需要定期对内部控制制度执行情况进行检查，财产清查在一定程度上能防止内部控制制度失效问题，主要表现在以下三个方面。

（1）保护了各项财产的安全和完整。建立有效的财产内部控制制度的目的之一是保证财产物资的安全和完整。通过财产清查，可以查明企业单位的财产物资是否完整，有无缺损、霉变现象，是否被盗窃等，并通过分析原因，采取措施，建立和改善财产物资管理制度，切实保证财产的安全和完整。

（2）提高了财产物资的使用效率。通过财产清查，可以查明各项财产物资的储备和利用情况。对于超储积压的财产物资，一方面要防止盲目采购；另一方面应积极利用和处理，充分挖掘物资潜力，加速资金周转，提高财产物资的使用效率。而对储备不足的财产物资，应及时予以补充，以确保生产经营的需要。

（3）有助于各项规章制度的执行。在财产清查过程中，通过对物资的清查，可以查明各项规章制度的执行情况。如对货币资金的清查，可以查明单位有无违反现金管理的规定，各项资金使用是否合理，有关人员有无贪污、挪用公款的情况；对各种往来款项的查询核对，可以查明单位是否遵守结算制度，各种结算款项有无长期拖欠不清等情况。通过适当的财产清查，了解各项规章制度的执行情况，才能够发现问题，并针对问题及时纠正，从而使有关人员更加自觉地维护和遵守规章制度，提升内部控制的有效性和管理水平。

（三）财产清查的分类

财产清查可按清查的范围、清查的时间和清查的执行单位等不同标准进行分类。

1. 财产清查按其清查范围不同，可分为全面清查和局部清查。

（1）全面清查。全面清查是指对全部财产进行盘点与核对。就制造业企业来说，全面清查的对象一般包括：货币资金、存货、固定资产、对外投资及债权债务等。

全面清查的范围广、时间长、工作量大、参加的人员多。一般在以下六种情况下采用全面清查：①年终决算前；②合并、撤销或改变隶属关系前；③中外合资、国内合资前；④股份制改造前；⑤开展全面的资产评估、清产核资前；⑥单位主要负责人调离工作前等。

（2）局部清查。局部清查也称重点清查，是指根据需要对单位的一部分财产进行的清查。局部清查的范围和对象，根据业务需要和具体情况而定，主要对流动性较大、变现能力较强的财产物资和贵重物品进行盘点和核对。例如，对库存现金应每日盘点一次；对银行存款至少要按月同银行核对一次；对各种原材料、在产品、库存商品，除年度全面清查外，应根据需要轮流盘点或重点抽查；对各种贵重物资应至少每月清查一次；对债权债务，应在一个会计年度内至少核对一两次。

2. 财产清查按其清查时间不同，可分为定期清查和不定期清查

（1）定期清查。定期清查是指按计划预先安排的时间对财产进行清查。一般是在月末、季末、年度结账时进行。通常是年终决算前进行全面清查，在月末和季末对贵重财产及货币资金进行盘点和抽查。

（2）不定期清查。不定期清查也称临时清查，是指事前不规定清查时间，根据需要临时进行的财产清查。不定期清查通常在以下情况进行：①更换财产物资保管人员和现金出纳员时；②财产遭受非正常损失时，如发生自然灾害和意外损失等；③上级主管部门、财政、审计、税务、银行等部门等对单位进行检查时；④其他临时性清产核资时。

定期清查和不定期清查的范围应视具体情况而定，可全面清查也可局部清查。

3. 财产清查按执行单位不同，可分为内部清查和外部清查

（1）内部清查。内部清查是指由本单位内部组织有关人员对本单位的财产进行的清查，又称自查。大多数财产清查都是内部清查。

（2）外部清查。外部清查是指由本单位外部的有关部门和人员，主要包括上级主管部门、审计机关、司法部门、注册会计师等根据国家法律或制度的规定对企业财产进行的清查。一般而言，进行外部清查时应有本单位相关人员参加。

二、财产清查的内容和方法

（一）财产清查前的准备

1. 组织准备

财产清查是一项复杂细致的工作，它涉及面广、工作量大，不仅是会计部门的一项重要任务，也是各财产物资管理部门的一项主要职责。为了保证财产清查有效地进行，保证财产清查的质量，成立专门的清查小组是必要的。清查

小组的主要任务有：（1）制订财产清查的工作计划；（2）明确清查范围和工作步骤；（3）确定财产清查人员及其分工；（4）及时解决清查过程中出现的问题；（5）总结清查工作经验，对清查结果提出处理意见。

2. 业务准备

相关业务部门必须做好以下准备工作。

（1）会计部门要在财产清查前将总账、明细账等有关资料登记齐全，核对正确，做到账账相符、账证相符。

（2）财产物资保管部门要在财产清查前对所保管的各种财产物资的出入办好凭证手续，全部登记入账，并与会计部门的有关财产物资账核对相符。同时，将各种财产物资排列整齐，挂上标签，标明品种、规格及结存数量，以备进行实物盘点。

（3）对银行存款、银行借款和结算款项，要取得银行对账单，以便查对。

（4）准备使用的度量器具及各种必要的表册。

（二）财产清查的内容和方法

企业进行财产清查的内容主要包括：货币资金、实物资产和往来款项。对不同的清查内容，应采取不同的方法进行清查。

1. 货币资金的清查方法

（1）库存现金的清查。库存现金的清查采用实地盘点法，即通过对库存现金的盘点实有数与现金日记账的余额进行核对，来查明账实是否相符。

库存现金盘点时，有关业务必须在库存现金日记账中全部登记完毕。库存现金清查一般由主管会计或财务负责人和出纳人员共同清点出各种纸币的张数和硬币的个数，并填制库存现金盘点报告表。为了明确经济责任，清查时出纳员必须在场。盘点时，除注意账实是否相符，还要检查现金管理制度的遵守情况，如有无"白条抵库"、库存现金是否超过限额、挪用舞弊等现象。

库存现金盘点结束后，需及时记录盘点结果，根据盘点结果编制"库存现金盘点报告表"，相关人员签字。该表是明确经济责任的依据，也是调整账实不符的原始凭证。其格式如表6-2所示。

表6-2　　　　　　　　　　　　**库存现金盘点报告表**

单位名称：　　　　　　　　　　20×3年×月×日

实存金额	账存金额	对比结果		备注
		盘盈	盘亏	

盘点人：　　　　　　　　　　　出纳员：

伴随网络支付方式的普遍应用，企业的库存现金以及涉及现金的收付业务极大地减少，现金清查工作量也大幅度减少。

（2）银行存款的清查。银行存款的清查采用与开户银行核对账目的方法，即将单位登记的"银行存款日记账"与银行定期送达的对账单逐笔核对，以查明银行存款收付及余额是否正确。

银行存款的清查一般在月末进行。首先应检查本单位银行存款日记账，保证截至清查日所有涉及银行存款的收付业务登记入账，对发生的错账、漏账应及时更正，力求其正确与完整；其次将银行送来的对账单与本单位的银行存款日记账进行逐笔核对。如果两者余额相符，一般说明无错误；如果两者余额不相符，其主要原因有：一是存在未达账项；二是双方账目可能有错账、漏账。

所谓未达账项，是指在企业与其开户银行之间，由于办理结算手续和凭证传递的原因，一方已接到有关结算凭证登记入账，而另一方由于尚未接到有关结算凭证尚未入账的账项。

未达账项主要有以下四种情况。

①企业已经收款入账，但银行尚未收款入账的账项。

②企业已经付款入账，但银行尚未付款入账的账项。

③银行已经收款入账，但企业尚未收款入账的账项。

④银行已经付款入账，但企业尚未付款入账的账项。

上述任何一种情况的发生，都会使双方的账面存款余额不相一致，在第②、第③种情况下，企业银行存款日记账的余额将小于银行对账单的余额；在第①、第④种情况下，企业银行存款日记账的余额将大于银行对账单的余额。

为了消除未达账项的影响，企业应根据核对发现的未达账项编制"银行存款余额调节表"。在企业和银行对账的基础上，将银行存款日记账的账面余额和银行对账单的余额都调整为银行存款实有数，即在双方账面余额的基础上，加减未达账项，而后核对双方余额是否一致。

银行存款的清查按以下步骤进行：①根据经济业务、结算凭证的种类、号码和金额等资料，逐日逐笔核对银行存款日记账和银行对账单，找出未达账项；②将未达账项的影响金额填入"银行存款余额调节表"，并计算出调整后的金额；③将调整平衡的"银行存款余额调节表"，经主管会计签章后，送达开户银行。

【例6-5】某企业20×3年6月30日银行存款日记账的余额为256 000元，银行对账单的余额为316 000元。经核对发现以下未达账项。

①企业销售商品收到转账支票一张，金额为15 000元，支票送存银行，已登记银行存款增加，但银行尚未记账。

②企业采购原材料开出转账支票一张，金额为58 000元，已登记银行存款减少，但收款单位尚未到银行办理转账手续，银行尚未收到支票而未入账。

③企业委托银行代收甲公司购货款40 000元，银行已收妥并登记入账，但企业尚未收到收款通知，企业未入账。

④银行代企业支付水电费 23 000 元，银行已登记减少，但企业尚未收到付款通知，企业未入账。

根据以上资料，编制"银行存款余额调节表"，如表 6 - 3 所示。

表 6 - 3　　　　　　　　　　**银行存款余额调节表**

20 × 3 年 6 月 30 日

项目	金额	项目	金额
银行存款日记账账面余额	256 000	银行对账单余额	316 000
加：银行已收企业未收款项	40 000	加：企业已收银行未收款项	15 000
减：银行已付企业未付款项	23 000	减：企业已付银行未付款项	58 000
调节后的存款余额	273 000	调节后的存款余额	273 000

经过调节，消除未达账项的影响，使双方记账依据一致，调节后的余额应相等。如果调节后双方余额仍不相符，说明账实不符，需要继续寻找原因。经过调节后的余额，既不等于本企业银行存款账面余额，也不等于银行账面余额，而是银行存款的真正实有数。

对于未达账项，企业无须立即进行会计处理，也不能根据银行存款余额调节表调整账簿记录。企业应当在有关凭证到达后进行会计处理并记账，此时未达账项会自然消失。"银行对账单"和"银行存款余额调节表"只是一种清查资料，不能作为账务处理的原始凭证。

信息化环境下，利用机器人流程自动化（RPA）等技术，可以实现银企自动对账。财务机器人自动检索相关财务数据和对应的银行存款对账单，对未达账项或特殊情况，自动显示异常结果并提醒会计人员手工调整，极大地提升对账效率和准确性。

2. 实物资产的清查方法

（1）实物资产的清查方法。实物财产的清查是指对原材料、半成品、在产品、库存商品、低值易耗品和固定资产等的清查。常用的实物财产的清查方法有以下四种。

①实地盘点法。实地盘点法是通过点数、过磅、量尺等方法来确定财产的实有数。这种方法使用范围较广，一般适用于机器设备、产成品、库存商品及包装好的原材料的清查等。

②技术推算法。技术推算法是利用技术方法对财产的实存数进行推算的一种方法，一些堆垛笨重的、散装的商品，点数、过秤有困难的，适用这种方法。

③函证核对法。函证核对法是对于委托外单位加工或保管的物资，采用向对方单位发函调查，并与本单位的账存数进行核对的方法。

④抽样盘点法。抽样盘点法是对于数量多、重量均匀的实物财产，从总体

中抽取其中一部分进行清查，以其结果推断全部，来确定财产的实有数额。

在盘点时，应先查明每种实物财产的名称、规格，再盘点其数量。同时，根据不同实物的性质或特征，采用物理或化学方法，检查其质量。为了明确经济责任和便于查核，在盘点各种实物财产时，实物财产保管人员和盘点人员必须同时在场。

盘点结束，对各项财产的盘点结果应及时填制"盘存单"（一般格式见表6-4），由盘点人和实物保管人签字或盖章。"盘存单"是财产盘点结果的书面证明，也是反映财产物资实有数额的原始凭证。

表6-4 盘存单

单位名称：
编号：
盘点时间： 财产类别： 存放地点：

编号	名称	规格型号	计量单位	数量	单价	金额	备注

盘点人： 保管人：

为了进一步查明盘点结果同账簿余额是否一致，还应根据"盘存单"和账簿记录编制"实存账存对比表"。通过对比，确定各种实物财产的账面结存数与实际结存数之间的差异，以便据以查明产生差异的原因和明确经济责任。

在实际中，为了简化编表工作，"实存账存对比表"上通常只编列账实不符的物资，对于账实完全符合的物资并不列入账存实存对比表，这样的对比表主要是反映盘盈、盘亏情况的，因此，又称为"盘点盈亏处理报告表"。

存货的盘盈盘亏处理报告表一般格式，如表6-5所示。

表6-5 存货盘盈盘亏处理报告表

单位名称： 年 月 日

编号	类别	计量单位	单价	实存		账存		对比结果				差异原因
								盘盈		盘亏		
				数量	金额	数量	金额	数量	金额	数量	金额	

财务部门建议处理意见	
单位主管部门批复处理意见	

批准人： 审批人： 部门负责人： 制单：

固定资产的盘盈盘亏报告表一般格式，如表6-6所示。

表6-6　　　　　　　　　　　　固定资产盘盈盘亏报告表

年　月　日　　　　　　　　　　　单位：

类别	名称规格	单位	存放地点	账面数量	实物数量	盘盈		盘亏				原因
						数量	重置成本	数量	原值	已提折旧	已提减值	

使用部门：　　　　　　　　会计：　　　　　　　　主管：

盘盈盘亏报告表是重要的原始凭证，是经批示后调整账簿记录的依据。

（2）存货的盘存制度。存货的清查是财产清查的重要内容，存货收入发出非常频繁，如何确定存货的账面结存数量，在日常会计核算中，企业会结合实际情况建立一定的盘存制度。存货的盘存制度有两种：永续盘存制和实地盘存制。

①永续盘存制。永续盘存制又称账面盘存制，是指对存货的增减变动根据会计凭证在账簿中逐笔登记并随时结出其账面结存额的一种盘存方法。采用这种盘存制度，存货的收入和发出都要有严密的手续，对各项存货应分别设置数量金额式明细账并连续记录，以便及时反映各项存货的收、发、结存情况，从而有利于存货的管理。

其计算公式为：

账面期末结存数额＝账面期初余额＋本期增加数额－本期减少数额

采用永续盘存制，可能会出现账实不符的情况，需要定期或不定期对存货进行清查盘点（至少每年实地盘点一次），进行账实核对。

②实地盘存制。实地盘存制又称以存计销制，是指平时根据有关会计凭证，只登记存货的增加数，不登记减少数，期末通过实地盘点实物，确定各种存货的期末结存数量及金额，并据此计算当期存货减少数的一种盘存制度。

实地盘存制的程序有三步。

第一步，期末实地盘点存货，确定存货的实际结存数量。

第二步，用该存货的结存数量乘以适当的单位成本，即为期末存货实际结存数额。

第三步，倒轧出本期减少的存货成本。

其计算公式为：

本期减少数＝账面期初余额＋本期增加数额－期末实际结存数额

③永续盘存制和实地盘存制的对比。永续盘存制在账面上如实记录存货的增减数额及结存数量，保证了账簿记录的真实性与准确性，有利于随时掌握存货的进出及结存情况，便于加强存货管理。但永续盘存制的账簿记录、核算工作量较大。

实地盘存制的优点是平时核算工作简便、工作量小，无须对存货发出及每日结存进行详细记录。但各项存货的减少没有严密的手续，倒轧出的各项存货减少数中成分复杂，除正常耗用外，可能还包括浪费、盗窃、自然损耗等因素造成的，因而既影响本期存货发出金额的正确性，也不利于对存货的控制和管理。实地盘存制只适用于品种多、价值低、交易频繁的商品，数量不稳定、损耗大且难以控制的鲜活商品等。

（3）发出存货的计价方法。企业发出存货时，理论上讲，应该按照发出存货采购时的实际成本作为发出存货的成本。但在实务中，企业通常会以不同的价格采购相同的原材料或商品，从而导致同一存货因不同时间、不同地点、不同方式取得而单位成本各异。当存货品种繁多、流入流出量较大时，企业发出存货的计价很难保证成本流转与实物流转完全一致。基于上述情形，形成了存货成本流转的假设，即按照一个假定的成本流转方式来确定发出存货的成本。企业应当根据各类存货的实物流转方式、企业管理的要求、存货的性质等实际情况，合理选择发出存货成本的计算方法。可以采用的发出存货成本的计算方法包括先进先出法、移动加权平均法、月末一次加权平均法和个别计价法等。

先进先出法，是以先入库存货先发出为前提，对发出存货进行计价，据以确定本期发出存货和期末结存存货的数额。

移动加权平均法，是指以每次进货的成本加上原有库存存货的成本，除以每次进货数量与原有库存存货的数量之和，据以计算加权平均单位成本，作为在下次进货前计算各次发出存货成本的依据。

月末一次加权平均法，是指以当月全部进货数量加上月初存货数量作为权数，去除当月全部进货成本加上月初存货成本，计算出存货的加权平均单位成本，以此为基础计算当月发出存货的成本和期末存货成本的一种方法。

个别计价法，也称为个别认定法，逐一辨认各批发出存货和期末存货所属的购进批别或生产批别，分别按其购入或生产时所确定的单位成本计算各批发出存货和期末存货的成本。

3. 往来账项的清查方法

往来账项主要包括应收、应付款项和预收、预付款项等。对各项往来账项的清查，应采用函证核对法，即同对方单位核对账目的方法。首先，应将本单位往来账目核对清楚，有关会计人员应对本单位的各项往来账项全部登记入账，确保账簿记录事项准确无误。其次，按每一个经济往来单位填制"往来款项对账单"一式两联，其中一联送交对方单位核对账目；另一联作为回单，由对方单位确认并盖章后退回。如对方单位核对后发现不一致，应在对账单中注明情况退回本单位，本单位进一步调查，再行核对。单位之间的往来账项，如有未达账项发生，也可以用编制调节表的方法加以调节。最后，编制"往来账项清查报告单"（一般格式见表6-7）。对于本单位同对方单位有争议的款项、收回希望小和无法支付的款项，应在报告中详细说明，以便有关部门及时采取措施。

表6-7　　　　　　　　　　往来账项清查报告单

单位名称：　　　　　　　　　　年　月　日

总分类账户		明细账户		发生日期	对方结存额	对比结果及差异额	差异原因及金额			备注
名称	金额	名称	金额				未达账项	有争议账项	无法收回账项	

通过往来账项的清查，要及时催收应收回的账款，偿还应偿付的账款，对呆账也应及时处理。

三、财产清查结果的账务处理

财产清查的结果有以下三种情况。

（1）实存数大于账存数，即盘盈。

（2）实存数小于账存数，即盘亏。

（3）实存数等于账存数，账实相符。

前两种情况为账实不符，应分析原因，以有关的法规为依据进行处理。为此，应做好以下三方面的工作。

（一）查明财产盘盈、盘亏的原因

对于财产清查存在的问题，应核实情况，查明原因。一般而言，盘盈可能是由于物资保管过程中发生自然增量，记录时发生错记、漏记，收发中计量不准确等造成。而盘亏可能是由于物资保管过程中发生自然损耗，记录时发生错记、重记，管理不善或管理人员失职而造成财产损失、变质、霉烂，被贪污盗窃、营私舞弊，自然灾害等。对于盘盈、盘亏、多余积压以及逾期债权、债务等，都要认真查明其性质和原因，发现问题并予以妥善处理。

（二）明确责任，加强管理

针对财产清查中所发现的管理问题，应分清责任。对于由于保管人员失职而引起的盘亏和损失，根据实际情况，按规定的程序报请有关领导做出处理；

对于贪污盗窃案件，应会同有关部门或报送有关单位处理。要建立、健全以岗位责任制为中心的财产管理制度，切实提出改进工作的措施，加强管理，以保证企业财产的安全和完整。

（三）调整账目，账实相符

查明财产盘盈、盘亏后，财会部门必须及时地进行账簿记录的调整，做到账实相符。盘盈、盘亏产生的损溢，企业应于期末前查明原因，并根据企业的管理权限，经股东大会或董事会，或经理（厂长）会议或类似机构批准后，在期末结账前处理完毕。如果在期末结账前尚未经批准，在对外提供财务报表时，先按相关规定进行相应账务处理，并在附注中做出说明，其后如果批准处理的金额与已处理金额不一致的，调整财务报表的相关项目期初数。

企业设置"待处理财产损溢"账户，反映盘盈、盘亏等账簿记录的调整及结果处理。"待处理财产损溢"的账户结构如图 6 – 2 所示。

借方	待处理财产损溢	贷方
待处理财产物资的盘亏数		待处理财产物资的盘盈数
经批准后的盘盈转销数		经批准后的盘亏转销数

图 6 – 2 "待处理财产损溢"账户

运用"待处理财产损溢"账户进行账务处理，具体分两步进行：第一步，根据财产盘盈、盘亏情况，向有关部门办理报批手续，并将已查明的财产盘盈、盘亏，根据有关原始凭证（如存货盘盈盘亏处理报告表等）编制记账凭证，记入"待处理财产损溢"账户，同时调整资产账面记录，使各项财产的账存数与实存数相等。第二步，按照报经批准的结果或期末按相关规定，将"待处理财产损溢"账户金额转入有关账户。批准后或期末按规定处理后，该账户无余额。

该账户下可以设置"待处理流动资产损溢"和"待处理非流动资产损溢"两个明细科目。

1. 库存资金清查结果的处理

库存现金盘盈，按盘盈的金额借记"库存现金"，贷记"待处理财产损溢——待处理流动资产损溢"。报经处理后，借记"待处理财产损溢——待处理流动资产损溢"，属于应支付给有关单位或人员的，贷记"其他应付款"，无法查明原因的库存现金盘盈，贷记"营业外收入"。

库存现金盘亏，按盘亏的金额借记"待处理财产损溢——待处理流动资产损溢"，贷记"库存现金"。报经处理后，属于应由责任人赔偿的部分，借记"其他应收款"；属于无法查明原因的部分，借记"管理费用"，贷记"待处理财产损溢——待处理流动资产损溢"。

【例 6 - 6】某企业 20 × 3 年 7 月 31 日，发现现金短缺 300 元。查明原因后，应由责任人赔偿。

　　借：待处理财产损溢——待处理流动资产损溢　　　　　　　300
　　　　贷：库存现金　　　　　　　　　　　　　　　　　　　　　　300
　　借：其他应收款　　　　　　　　　　　　　　　　　　　300
　　　　贷：待处理财产损溢——待处理流动资产损溢　　　　　　300

2. 存货清查结果的处理

对于财产清查中各种材料、在产品和库存商品等存货的盘盈，按其重置成本作为入账价值，借记"原材料""库存商品"等科目，贷记"待处理财产损溢——待处理流动资产损溢"科目；按管理权限报经批准后，借记"待处理财产损溢——待处理流动资产损溢"，贷记"管理费用"科目。

对于存货的盘亏，冲减盘亏存货的账面价值，借记"待处理财产损溢——待处理流动资产损溢"科目，贷记"原材料""库存商品"等科目；按管理权限报经批准后处理时，按残料价值，借记"原材料"等科目，按可以收回的保险赔偿和过失人赔偿借记"其他应收款"科目，扣除残料价值和赔偿后的净损失分别以下情况进行处理。

（1）属于收发计量差错和管理不善等原因造成的存货短缺，扣除残料价值、可以收回的保险赔偿及过失人赔偿后的净损失记入"管理费用"科目。

（2）属于自然灾害等非常原因造成的存货毁损，扣除处置收入（如残料价值）、可以收回的保险赔偿及过失人赔偿后的净损失记入"营业外支出"科目。

因存货盘亏或毁损，按规定不能抵扣的增值税进项税额应当予以转出。

【例 6 - 7】某企业在财产清查中，盘盈甲材料 100 千克，每千克 250 元，价值 25 000 元。

报批前，根据实存账存对比表的记录，编制会计分录如下：

　　借：原材料——甲材料　　　　　　　　　　　　　　　25 000
　　　　贷：待处理财产损溢——待处理流动资产损溢　　　　　　25 000

经查明，该盘盈甲材料是因计量仪器不准造成生产领用少付多算，经批准冲减本期"管理费用"，编制会计分录如下：

　　借：待处理财产损溢——待处理流动资产损溢　　　　　　25 000
　　　　贷：管理费用　　　　　　　　　　　　　　　　　　　　25 000

【例 6 - 8】某企业在财产清查中，发现购进的甲材料实际库存较账面库存短缺 6 000 元。（不考虑增值税）

报经批准前，先调整账面余额，编制会计分录如下：

　　借：待处理财产损溢——待处理流动资产损溢　　　　　　6 000
　　　　贷：原材料——甲材料　　　　　　　　　　　　　　　　6 000

（1）如属于定额范围内的自然损耗，经批准列作"管理费用"，编制会计分录如下：

借：管理费用　　　　　　　　　　　　　　　　　　6 000

　　贷：待处理财产损溢——待处理流动资产损溢　　　　6 000

（2）如属于管理人员过失造成的短缺，应由过失人张某赔偿，编制会计分录如下：

借：其他应收款——张某　　　　　　　　　　　　　6 000

　　贷：待处理财产损溢——待处理流动资产损溢　　　　6 000

（3）如属于自然灾害造成的损失，无保险公司赔偿和残料价值，应列作"营业外支出"，编制会计分录如下：

借：营业外支出　　　　　　　　　　　　　　　　　6 000

　　贷：待处理财产损溢——待处理流动资产损溢　　　　6 000

3. 固定资产清查结果的处理

与其他资产不同，固定资产盘盈，不通过"待处理财产损溢"科目处理。一般来说，固定资产出现盘盈的原因主要是以前会计期间少记或漏记固定资产，形成会计差错造成的，应按照前期会计差错更正进行处理。报经批准处理前先通过"以前年度损益调整"科目核算，盘盈的固定资产按重置成本确定其入账价值。

固定资产盘亏时，冲减固定资产的账面价值。按盘亏固定资产的账面价值借记"待处理财产损溢——待处理非流动资产损溢"；按已计提的固定资产减值准备，借记"固定资产减值准备"；按已计提的折旧，借记"累计折旧"；按固定资产原值，贷记"固定资产"。报经处理后，按可收回的保险赔偿或过失人赔偿，借记"其他应收款"；按扣除赔偿后的净损失，借记"营业外支出"；贷记"待处理财产损溢——待处理非流动资产损溢"。

【例6-9】某企业在财产清查中，发现一台设备短缺，该设备原价70 000元，已提折旧20 000元。

在审批之前，编制会计分录如下：

借：待处理财产损溢——待处理非流动资产损溢　　　50 000

　　累计折旧　　　　　　　　　　　　　　　　　　20 000

　　　贷：固定资产　　　　　　　　　　　　　　　　　70 000

经查，该设备短缺的原因在于保管员看管不当。经批准，由保管员王某赔偿5 000元，其余列作营业外支出，编制会计分录如下：

借：其他应收款——王某　　　　　　　　　　　　　5 000

　　营业外支出　　　　　　　　　　　　　　　　　45 000

　　　贷：待处理财产损溢——待处理非流动资产损溢　　50 000

4. 往来款项清查结果的处理

（1）无法收回的应收款项。按我国企业会计准则规定，会计期末，企业需要根据预期信用损失法估计应收账款未来可能发生的损失，提取坏账准备计入当期损益。企业计提坏账准备时，借记"信用减值损失"科目；贷记"坏账准备"科目。"信用减值损失"账户是费用类账户，借方登记增加数，贷方登记减少数；"坏账准备"账户是"应收账款"账户的备抵账户，用来核算坏账准备的提取和转销情况，贷方登记提取数，借方登记冲销数，余额在贷方，表示已提取尚未冲销的坏账准备。

【例6-10】 20×2年12月31日，某企业应收甲公司的账款余额为200 000元，企业根据会计准则确定应计提的坏账准备的金额为10 000元。编制会计分录如下：

借：信用减值损失——计提的坏账准备   10 000
    贷：坏账准备   10 000

在财产清查中，如查明有确实无法收回的应收账款，即坏账损失，按照规定的手续审批后，以批准的文件为原始凭证，贷记"应收账款"账户；同时，冲减坏账准备，借记"坏账准备"账户。确属无法收回的应收账款，经批准进行会计处理时，不通过"待处理财产损溢"账户核算。

【例6-11】 延续〖例6-10〗，20×3年12月31日，财产清查中，查明应收甲公司的账款发生损失5 000元，经批准作为坏账损失处理。编制会计分录如下：

借：坏账准备   5 000
    贷：应收账款   5 000

（2）无法支付的应付款项。由于债权单位撤销或其他原因造成的确实无法支付的应付账款，经批准予以转销，直接转入"营业外收入"账户，不需要通过"待处理财产损溢"账户核算。按应付账款账面余额借记"应付账款"科目，贷记"营业外收入"科目。

第五节　账务处理程序

会计账务处理程序，也称会计核算组织程序或会计核算形式，是指在会计循环中，会计主体采用的会计凭证、会计账簿、会计报表的种类和格式与记账程序有机结合的方法和步骤。记账程序是运用一定的记账方法，从填制和审核会计凭证，登记账簿到编制会计报表的工作程序。科学合理的会计账务处理程序，对于保证能够准确、及时提供系统而完整的会计信息，保证会计核算质量、节约会计核算工作成本具有十分重要的意义。

一、账务处理程序

（一）账务处理程序概述

手工环境下，如果企业经济业务多，会计核算工作量大，在核算过程中容易发生差错。通过建立科学的账务处理程序，可以减轻财会人员记账的工作量，提高会计核算工作效率，降低会计核算成本，保证会计核算质量。经过长期的会计实践，主要有以下账务处理形式。

（1）记账凭证账务处理程序，指经济业务发生后，根据原始凭证或汇总原始凭证填制记账凭证，再根据记账凭证登记总分类账的一种账务处理程序。

（2）汇总记账凭证账务处理程序，指经济业务发生后，根据原始凭证或汇总原始凭证填制记账凭证，定期根据记账凭证分类编制汇总收款凭证、汇总付款凭证和汇总转账凭证（三类统称为汇总记账凭证），再根据汇总记账凭证登记总分类账的一种账务处理程序。

（3）科目汇总表账务处理程序，指经济业务发生后，根据原始凭证或汇总原始凭证填制记账凭证，定期根据记账凭证编制科目汇总表，再根据科目汇总表登记总分类账的一种账务处理程序。根据企业规模不同，可以每10天或每15天，或每月编制一次科目汇总表。

（二）各账务处理程序的异同

从前述介绍中可以看出，不同账务处理程序的基本程序是相同的，主要差别在于登记总账的方法和依据不同。

1. 各种账务处理程序的具体应用

（1）记账凭证账务处理程序。具体应用如图6-3所示。

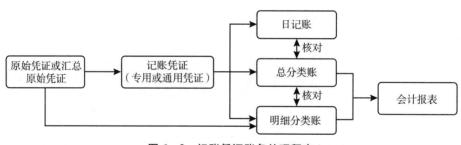

图6-3　记账凭证账务处理程序

（2）汇总记账凭证账务处理程序。具体应用如图6-4所示。

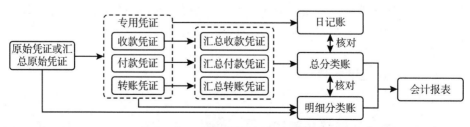

图6-4　汇总记账凭证账务处理程序

其中,汇总收款凭证按日常核算工作中所填制的"收款凭证"上会计分录的借方科目设置,汇总付款凭证按日常核算工作中所填制的"付款凭证"上会计分录的贷方科目设置,汇总转账凭证按日常核算工作中所填制的"转账凭证"上会计分录的贷方科目设置。汇总收款凭证、汇总付款凭证和汇总转账凭证的格式分别如表6-8、表6-9和表6-10所示。

表6-8 　　　　　　　　　　　　　汇总收款凭证

借方科目:库存现金　　　　　　　　　　年 月　　　　　　　　　　汇收第 号

贷方科目	金额				总账页数	
	1~10日收款凭证第 号至第 号	11~20日收款凭证第 号至第 号	21~30日收款凭证第 号至第 号	合计	借方	贷方
合计						

表6-9 　　　　　　　　　　　　　汇总付款凭证

贷方科目:银行存款　　　　　　　　　　年 月　　　　　　　　　　汇付第 号

借方科目	金额				总账页数	
	1~10日付款凭证第 号至第 号	11~20日付款凭证第 号至第 号	21~30日付款凭证第 号至第 号	合计	借方	贷方
合计						

表6-10 　　　　　　　　　　　　　汇总转账凭证

贷方科目:原材料　　　　　　　　　　年 月　　　　　　　　　　汇转第 号

借方科目	金额				总账页数	
	1~10日转账凭证第 号至第 号	11~20日转账凭证第 号至第 号	21~30日转账凭证第 号至第 号	合计	借方	贷方
合计						

(3)科目汇总表账务处理程序。科目汇总表账务处理程序如图6-5所示。

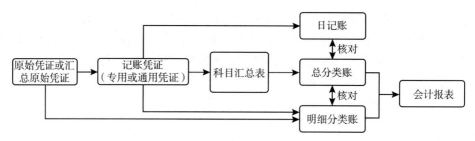

图 6 - 5 科目汇总表账务处理程序

科目汇总表按照相同会计科目进行分类，定期（每 10 天或每 15 天，或每月一次）分别汇总每一个账户的借、贷双方的发生额，并将其填列在科目汇总表的相应栏内，借以反映全部账户的借、贷方发生额。

科目汇总表一般有两种形式，如表 6 - 11、表 6 - 12 所示。

表 6 - 11　　　　　　　　　　　　　　科目汇总表　　　　　　　　　　　　　　起止日期

会计科目	账页	本期发生额		记账凭证起讫号数
		借方	贷方	
合计				

表 6 - 12　　　　　　　　　　　　　　　科目汇总表

会计科目	账页	1 ~ 10 日		11 ~ 20 日		21 ~ 30 日		本月合计	
		借方	贷方	借方	贷方	借方	贷方	借方	贷方
合计									

2. 各种账务处理程序比较

记账凭证账务处理程序是最基本的账务处理程序，其他账务处理程序是在会计实践中，在记账凭证账务处理程序基础上发展和演变而来的。三种账务处理程序的差异主要体现在以下两方面。

（1）登记总账的程序和依据不同：记账凭证账务处理程序依据记账凭证逐笔登记总账；汇总记账凭证账务处理程序定期依据汇总记账凭证登记总分类账；科目汇总表账务处理程序定期依据科目汇总表的数据登记总账。汇总记账凭证和科目汇总表账务处理程序在记账凭证与总分类账之间都增加了对于记账凭证汇总的环节，也导致两种账务处理程序登记的依据发生变化。

（2）凭证设置不同：汇总记账凭证账务处理程序因需要定期分类对记账凭证进行汇总，企业应采用专用记账凭证，并增加汇总收款凭证、汇总付款凭证和汇总转账凭证三个具有汇总性质的记账凭证；科目汇总表账务处理程序下需增加"科目汇总表"这种具有汇总性质的记账凭证。

可以看出，记账凭证账务处理程序简单明了，易于理解，总分类账可以反映经济业务的详细情况，但是登记总分类账的工作量较大。记账凭证账务处理程序适用于规模较小、经济业务量较少的单位。

汇总记账凭证账务处理程序减轻了登记总分类账的工作量。汇总记账凭证编制时按照会计科目的对应关系进行分类、汇总编制，也可以清晰地反映科目之间的对应关系。当转账凭证较多时，编制汇总转账凭证的工作量较大，并且按每一贷方账户编制汇总转账凭证，不利于会计核算的分工。汇总记账凭证账务处理程序适用于规模较大、经济业务较多的单位。

根据科目汇总表登记总账，大大减少了登记总账的次数，减轻了登记总账的工作量。科目汇总表根据各个科目的发生额进行汇总，形成一张表格，既可以用来登记总账，也可以起到试算平衡的作用。同时，财务人员也可以通过科目汇总表汇总的各科目发生额合计情况分析异常变动。但科目汇总表不能反映各个账户之间的对应关系，不利于对账目进行检查。科目汇总表账务处理程序适用于经济业务较多的单位。

通过对三种账务处理程序的比较，可以发现不同账务处理程序不仅仅是登记总账的程序和方法的差异，也涉及会计凭证的设置和选择。企业应从实际情况出发，充分考虑会计主体经济活动的性质、经济管理的特点、规模的大小、经济业务的繁简以及会计机构和会计人员的设置等因素选择与本企业匹配的账务处理程序。

想一想：三种账务处理程序下，记账凭证设置有何不同？

二、信息化环境下账务处理流程

（一）会计信息化概述

会计信息化，是指企业利用计算机、网络通信等现代信息技术手段开展会计核算，以及利用上述技术手段将会计核算与其他经营管理活动有机结合的过程。

信息化环境下的会计账务处理是指企业运用会计软件进行账务处理的过程。会计软件，是指企业使用的且专门用于会计核算和财务管理的计算机软件、软件系统或者其功能模块。会计软件一般具有以下功能。

（1）为会计核算和财务管理直接采集数据。

（2）生成会计凭证、账簿、报表等会计资料。

（3）对会计资料进行转换、输出、分析、利用。

会计信息系统，是指由会计软件及其运行所依赖的软硬件环境组成的集合体。按其发展程度，大致可以分为会计核算信息化、决策支持信息化、财务共享中心三种情况。

（二）信息化环境会计账务处理的基本要求

根据《企业会计信息化工作规范》的相关规定，企业信息化环境下会计账务处理应满足以下要求。

（1）会计软件应当保障企业按照国家统一的会计准则制度开展会计核算，设定经办、审核、审批等必要的审签手续，能够有效防止电子凭证重复入账，不得有违背国家统一的会计准则制度的功能设计。

（2）企业会计资料中对经济业务事项的描述应当使用中文，可以同时使用外国文字或者少数民族文字对照。会计软件的界面应当提供满足对上述处理的支持。

（3）会计软件应当提供符合国家统一的会计制度的会计科目分类和编码功能。

（4）会计软件应当提供符合国家统一的会计制度的会计凭证、账簿和报表的显示和打印功能。

（5）会计软件应当提供不可逆的记账功能，确保对同类已记账凭证的连续编号，不得提供对已记账凭证的删除和插入功能，不得提供对已记账凭证日期、金额、科目和操作人的修改功能。

（6）会计软件应当具有符合国家统一标准的数据接口，满足外部会计监督需要。

（7）会计软件应当具有会计资料归档功能，提供导出会计档案的接口，在会计档案存储格式、元数据采集、真实性与完整性保障方面，符合国家有关电子文件归档与电子档案管理的要求。

（8）会计软件应当记录生成用户操作日志，确保日志的安全、完整，提供按操作人员、操作时间和操作内容查询日志的功能，并能以简单易懂的形式输出。

（9）企业应当指定专门机构或者岗位负责会计信息化工作。未设置会计机构和配备会计人员的企业，由其委托的代理记账机构开展会计信息化工作。

（10）企业应当建立电子会计资料备份管理制度，确保会计资料的安全、完整和会计信息系统的持续、稳定运行。企业会计信息系统数据服务器的部署应当符合国家有关规定。数据服务器部署在境外的，应当在境内保存会计资料备份，备份频率不得低于每月一次。境内备份的会计资料应当能够在境外服务器不能正常工作时，独立满足企业开展会计工作的需要以及外部会计监督的需要。

（11）企业不得在非涉密信息系统中存储、处理和传输涉及国家秘密，关系国家经济信息安全的电子会计资料；未经有关主管部门批准，不得将其携带、寄运或者传输至境外。

（三）信息化环境下会计账务处理流程

信息化环境下会计账务处理的基本流程如下。

（1）经济业务发生时，业务人员将业务单据（原始凭证）提交会计部门。

（2）凭证编制人员对原始凭证进行审核，然后根据审核无误的原始凭证编制记账凭证，并保存在凭证文件中。

（3）凭证审核人员从凭证文件中获取记账凭证并进行审核。审核通过，对记账凭证做审核标记；审核未通过，返还给凭证编制人员。

（4）记账人员发出记账指令后，系统自动对已审核凭证进行记账，更新科目汇总文件等信息，并对相关凭证做记账标记。

（5）会计期末，当期记账凭证全部录入、审核、记账完毕后，结账人员发出指令，进行结账操作。

（6）会计信息系统根据凭证文件和科目汇总文件自动、实时生成日记账、明细账和总账，提供内部和外部使用者需要的内部分析表和财务报表。

三、账务处理的演变与发展

企业账务处理经历了从手工核算、电算化到信息化的演变。不同环境下的账务处理都实现了从凭证到账簿的会计数据"传递"、从账簿到报表的会计信息"呈现"。

在手工环境下，记账凭证由不同的财会人员按照选定的账务处理程序，分别登记到不同的账簿中，完成数据处理。手工核算出于核算效率和核算质量的考虑，形成了多种账务处理程序。

与手工核算时代相比，在电算化时代，信息技术是工具，是会计人员手脑功能的延伸。电算化是对手工核算的模拟，其过程对每个企业基本相同。信息化不同于电算化。在信息化时代，信息技术不仅是工具，更是企业经营管理的环境，是企业组织会计工作应当考虑的众多因素之一。而每个企业面临的环境因素是不同的，信息技术和其他环境因素相互影响和适应，共同决定着不同的会计方法、流程、组织结构，以及会计与其他经营管理活动的关系。

从手工核算到信息化，数据处理的起点、数据处理方式、数据存储方式、对账方式以及会计资料查询和调取方式等发生巨大变化。手工环境下，对会计处理过程的追溯完全依靠纸面凭证、账簿、报表形成的完整证据链。为确保会计质量，对凭证、账簿的修改有严格的限制。信息化环境下，会计处理过程除了凭证等证据外，还可以用用户操作日志详细记录每项操作，会计控制方法和手段发生相应变化，在不妨碍会计处理过程可追溯的前提下，会计核算效率得到提高。

信息化环境下，企业无须从提高核算效率的角度选择会计核算组织程序，不需要每个会计人员一遍遍地登记账簿；数据间的运算与归集由计算机自动完成，

"过账"变成了计算机自动处理数据的过程,工作量大大减少。信息化时代需要重视会计与其他业务活动的有机联系,强调会计信息化带来的工作流程和模式的革新,以及信息化与制度环境的互动。凭证、账簿和报表的种类和格式主要考虑信息收集和信息生成的流程、对外披露的要求以及企业管理需要。信息化环境中,会计信息的收集、录入、生成和提取不仅可以实现会计的反映和监督的基本职能,预算管理、成本管理、风险管控、绩效评价等延伸功能也有机融合。会计信息化是财务会计、财务管理、内部控制和信息技术的深度融合。

企业应当促进会计信息系统与业务信息系统的一体化,通过业务处理直接驱动会计记账。业务驱动的记账可以提高会计核算效率、增进会计核算的及时性、避免人工差错、防舞弊及提高系统间数据的一致性。为实现此目标,企业需要统一技术标准和数据字典。

根据《会计信息化发展规划(2021—2025年)》,我国正在加快建立会计数据标准体系,推动会计数据治理能力建设。统筹规划、制定和实施覆盖会计信息系统输入、处理和输出等环节的会计数据标准,为会计数字化转型奠定基础。在输入环节,加快制定、试点和推广电子凭证会计数据标准,统筹解决电子票据接收、入账和归档全流程的自动化、无纸化问题。到"十四五"时期末,实现电子凭证会计数据标准对主要电子票据类型的有效覆盖。在处理环节,探索制定财务会计软件底层会计数据标准,规范会计核算系统的业务规则和技术标准,并在一定范围进行试点,满足各单位对会计信息标准化的需求,提升相关监管部门获取会计数据生产系统底层数据的能力。在输出环节,推广实施企业财务报表会计数据标准,推动企业向不同监管部门报送的各种报表中的会计数据口径尽可能实现统一,降低编制及报送成本、提高报表信息质量,增强会计数据共享水平,提升监管效能。会计数据标准体系如图6-6所示。

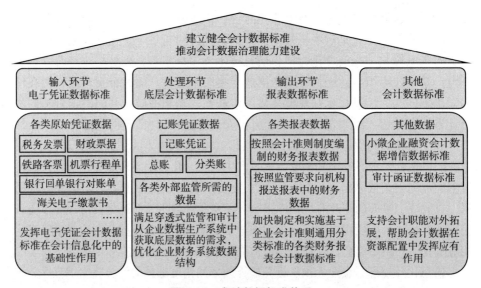

图6-6 会计数据标准体系

本 章 小 结

会计系统从日常的交易和业务中收集、处理、加工数据，并最终以财务报告的形式呈现给信息使用者，体现了会计核算确认、计量、记录和报告的基本逻辑。

经济业务的发生是会计循环的起点，编制财务报表是会计循环的结果。从起点到终点经历多个环节，每个会计期间周而复始，构成会计循环。

我国企业日常会计核算以权责发生制为基础。定期编制财务报告，是会计信息及时性的体现。对有跨期影响的经济业务期末必须进行账项调整，才能确定本期的收入和费用，从而正确计量本期的财务状况和经营成果。

对账和结账是期末编制报表的基础。对账包括账证、账实和账账核对，编制报表后还需要保证账表相符。在账证、账实和账账核对无误的基础上，企业编制结转损益的会计分录，并采用专门的格式，将各种账簿记录结算出"本期发生额"和"期末余额"，将余额结转下期或下年新的账簿，完成结账工作。

信息化环境下，最主要的对账工作是账实核对，通过"财产清查"这一会计专门方法进行。基于不同的清查目的，财产清查的范围、时间、执行单位有所不同。企业中的不同类型资产，应采用不同的财产清查方法；涉及不同行业的同类型的资产，也需要选择适合的清查方法。对于清查结果，应查明原因、明确责任，同时调整账目，做到账实相符。财产清查，一方面保证会计核算资料的可靠性；另一方面在一定程度上防止企业内部控制制度失效。

会计循环中，会计主体采用的会计凭证、会计账簿、会计报表的种类和格式与记账程序有机结合的方法和步骤，构成了会计账务处理程序。常见的账务处理程序包括记账凭证账务处理程序、汇总记账凭证账务处理程序、科目汇总表账务处理程序。企业应根据自身的规模、经营管理的特点、经济业务的繁简、会计机构和会计人员的设置等选择科学合理的账务处理程序。

信息化时代，信息技术不仅是工具，信息技术和其他环境因素相互影响和适应，共同决定着不同的会计方法、流程、组织结构，以及会计与其他经营管理活动的关系。从手工核算到信息化，数据处理的起点、数据处理方式、数据存储方式、对账方式、会计资料查询和调取方式等发生巨大变化。

本 章 习 题

一、单项选择题

1. 会计信息生成的基本流程是（ ）。

A. 确认、计量、记录和报告　　　　B. 记录、确认、计量和报告

C. 报告、记录、确认和计量　　　　D. 记录、报告、确认和计量

2. 企业编制结转损益的会计分录时（　　）。

A. 一定要原始凭证　　　　　　　B. 不需要原始凭证

C. 可以要，也可以不要原始凭证　D. 以上说法都不对

3. 下列各项中，（　　）不是为保证账簿记录的正确性而进行的对账。

A. 账证核对　　B. 账账核对　　C. 账表核对　　D. 账实核对

4. 企业债权债务明细账与往来单位账簿记录的核对属于（　　）。

A. 账实核对　　　B. 账账核对　　　C. 账证核对　　　D. 账表核对

5. 对存货的增减变动，根据会计凭证在账簿中逐笔登记并随时结出其账面结存额的盘存方法是（　　）。

A. 实地盘存制　　B. 应计制　　　C. 永续盘存制　　D. 收付实现制

6. 采用实地盘存制，如果期初存货少计 4 000 元，期末存货多计 7 000 元，则本期利润总额（　　）。

A. 多计 3 000 元　　　　　　　　B. 少计 3 000 元

C. 多计 11 000 元　　　　　　　　D. 少计 11 000 元

7. 某企业期末银行存款日记账余额为 80 000 元，银行送来的对账单余额为 82 425 元，经对未达账项调节平衡后的余额为 83 925 元，则该企业在银行的实有存款是（　　）元。

A. 82 425　　　　B. 80 000　　　　C. 83 925　　　　D. 24 250

8. 在记账无误的情况下，银行对账单与银行存款日记账账面余额不一致的原因是（　　）。

A. 存在应付账款　　　　　　　　B. 存在应收账款

C. 存在外埠存款　　　　　　　　D. 存在未达账项

9. 下列各项中，应采用向有关单位发函证的清查方法的是（　　）。

A. 库存商品　　B. 应收账款　　C. 实收资本　　D. 固定资产

10. 下列各项中，可能采用技术推算法进行清查的是（　　）。

A. 库存现金　　　　　　　　　　B. 固定资产

C. 煤炭等大宗物资　　　　　　　D. 应收账款

11. 下列情况中，适合采用局部清查的方法进行财产清查的是（　　）。

A. 年终决算时　　　　　　　　　B. 进行清产核资时

C. 企业合并时　　　　　　　　　D. 库存现金的清查

12. 对库存现金清查应采用的清查方法是（　　）。

A. 技术推算法　　B. 抽查检验法　　C. 实地盘点法　　D. 发函询证法

13. 对往来款项清查应采用的清查方法是（　　）。

A. 实地盘点法　　B. 核对账目法　　C. 技术推算法　　D. 发函询证法

14. 对银行存款清查应采用的清查方法是（　　）。

A. 定期盘点法　　　　　　　　　B. 实地盘点法

C. 与银行核对账目法　　　　　　D. 发函询证法

15. 下列各项中，属于财产物资盘盈、盘亏和毁损，财会部门进行账务处

理依据的原始凭证是（　　）。

A. 银行存款余额调节表　　　　　B. 实存账存对比表

C. 银行对账单　　　　　　　　　D. 入库单

16. 财产清查中由于保管人员的责任造成的盘亏，按规定应由保管人员赔偿的部分应计入（　　）。

A. 营业外支出　　B. 管理费用　　C. 其他应收款　　D. 生产成本

17. 清查中，由于自然灾害造成的存货或固定资产盘亏，应计入（　　）。

A. 营业外支出　　B. 管理费用　　C. 其他应收款　　D. 生产成本

18. 盘盈的固定资产一般应作为（　　）。

A. 前期会计差错更正处理　　　　B. 冲减管理费用

C. 计入营业外收入　　　　　　　D. 冲减营业外支出

19. 由于收发计量的差错造成的存货盘亏，一般应计入（　　）。

A. 营业外支出　　B. 管理费用　　C. 其他应收款　　D. 生产成本

20. 各种账务处理程序的根本区别是（　　）。

A. 编制的会计报表的依据不同　　B. 登记总分类账的方法和依据不同

C. 采用的记账凭证不同　　　　　D. 账簿格式不同

21. 记账凭证账务处理程序根据（　　）登记总账。

A. 记账凭证　　　　　　　　　　B. 原始凭证

C. 汇总记账凭证　　　　　　　　D. 科目汇总表

22. 记账凭证账务处理程序的缺点是（　　）。

A. 不便于分工记账　　　　　　　B. 程序复杂，不易掌握

C. 登记总账的工作量大　　　　　D. 不便于查账、对账

23. 科目汇总表属于（　　）。

A. 原始凭证　　B. 记账凭证　　C. 账簿　　　　D. 报表

24. 科目汇总表账务处理程序比记账凭证账务处理程序增设了（　　）。

A. 原始凭证汇总表　　　　　　　B. 汇总原始凭证

C. 科目汇总表　　　　　　　　　D. 汇总记账凭证

25. 账务处理程序中，不利于会计核算日常分工的是（　　）。

A. 记账凭证账务处理程序　　　　B. 汇总记账凭证账务处理程序

C. 科目汇总表账务处理程序　　　D. 记账凭证汇总表账务处理程序

二、多项选择题

1. 在编制财务报表前，需要完成的对账工作包括（　　）。

A. 账证核对　　B. 账账核对　　C. 账实核对　　D. 账表核对

2. 企业期末按权责发生制计提利息费用对会计要素的影响有（　　）。

A. 资产减少　　B. 负债增加　　C. 费用增加　　D. 利润减少

3. 下列业务的会计处理属于期末账项调整会计处理的有（　　）。

A. 期末计提短期借款利息

B. 期末计提固定资产折旧

C. 期末计提城市维护建设税和教育费附加

D. 分摊本月应负担的已预付的保险费

4. 下列各项中，属于账账核对内容的有（　　　）。

A. 总账与日记账的核对 　　　　　B. 总账各账户的余额核对

C. 总账与备查账之间的核对 　　　D. 总账与明细账之间的核对

5. 结账就是在会计期末结出（　　　）。

A. 期末余额 　　　　　　　　　　B. 本期发生额

C. 本年累计发生额 　　　　　　　D. 不需要结期末余额

6. 企业一般在（　　　）结账。

A. 年末 　　　　B. 半年末 　　　　C. 月末 　　　　D. 季末

7. 财产清查按照清查时间可分为（　　　）。

A. 定期清查 　　　B. 全面清查 　　　C. 不定期清查 　　　D. 局部清查

8. 财产清查按照清查范围可分为（　　　）。

A. 定期清查 　　　B. 全面清查 　　　C. 不定期清查 　　　D. 局部清查

9. 实地盘存制的不足有（　　　）。

A. 不便于加强存货的管理

B. 不能随时结出账户的账面余额

C. 核算工作比较复杂

D. 无法区分发出存货是正常耗用还是浪费、盗窃等原因造成的

10. 企业进行现金清查时，发现现金短缺，分情况处理可能记入（　　　）。

A. "营业外支出"账户 　　　　　B. "管理费用"账户

C. "其他应收款"账户 　　　　　D. "销售费用"账户

11. 企业财产清查中发现一台已使用过的固定资产盘亏，发现时所做的会计分录涉及的借方账户有（　　　）。

A. "固定资产"账户 　　　　　　B. "累计折旧"账户

C. "以前年度损益调整"账户 　　　D. "待处理财产损溢"账户

12. "待处理财产损溢"账户的借方登记（　　　）。

A. 发生的待处理财产盘亏 　　　　B. 批准处理的待处理财产盘盈

C. 发生的待处理财产盘盈 　　　　D. 批准处理的待处理财产盘亏

13. 盘亏的存货处理时，应分别情况记入（　　　）。

A. "营业外支出"账户 　　　　　B. "财务费用"账户

C. "其他应收款"账户 　　　　　D. "管理费用"账户

14. 永续盘存制与实地盘存制的区别有（　　　）。

A. 期末存货和发出存货的计算方法不同

B. 永续盘存制不需要进行财产清查

C. 实地盘存制不需要登记账簿

D. 永续盘存制与实地盘存制适用范围不同

15. 在编制"银行存款余额调节表"时，企业银行存款日记账的余额应（　　）的款项。

A. 加上银行已收，企业未收　　　B. 减去企业已收，银行未收

C. 加上企业已付，银行未付　　　D. 减去银行已付，企业未付

16. 下列各种资产盘盈盘亏，经批准后在账务处理上可能记入"管理费用"处理的有（　　）。

A. 固定资产盘亏　　　　　　　　B. 原材料自然损耗

C. 现金短缺，原因不明　　　　　D. 原材料盘盈

17. 下列各种资产盘盈盘亏，经批准后在账务处理上可能记入"营业外支出"的有（　　）。

A. 现金短缺，原因不明　　　　　B. 固定资产盘亏净损失

C. 由自然灾害造成的原材料盘亏　D. 应收账款发生坏账

18. 财产清查中查明的各种流动资产盘亏，根据不同的原因，报经批准后可能记入（　　）。

A. "管理费用"账户　　　　　　　B. "营业外收入"账户

C. "营业外支出"账户　　　　　　D. "其他应收款"账户

19. 不定期的清查适用于（　　）。

A. 更换财产保管人时　　　　　　B. 发生自然灾害损失时

C. 发生意外损失时　　　　　　　D. 年终决算时

20. 下列关于财产清查的表述中，正确的有（　　）。

A. 银行存款采用和银行核对账目法核查

B. 应收账款采用发函询证法核查

C. 库存现金采用实地盘点法核查

D. 露天煤炭采用技术推算法核查

21. 股份制改造前的财产清查属于（　　）。

A. 全面清查　　　　　　　　　　B. 不定期清查

C. 定期清查　　　　　　　　　　D. 局部清查

22. 下列各项中，不属于记账凭证账务处理程序优点的有（　　）。

A. 简单明了，易于理解　　　　　B. 登记总分类账的工作量较小

C. 登记总分类账时耗用的账页少　D. 总账反映经济业务的详细情况

23. 下列各项中，属于科目汇总表账务处理程序优点的有（　　）。

A. 可起到试算平衡的作用　　　　B. 有利于账目检查

C. 能反映各账户之间的对应关系　D. 减轻了登记总分类账的工作量

三、判断题

1. 期末账项调整的会计处理是基于权责发生制。　　　　　　　　（　　）

2. 编制账项调整分录依据的原始凭证通常是外来原始凭证。　　　（　　）

3. 利用会计核算软件进行会计核算，无须进行结账。　　　　　　（　　）

4. 需要按月结出本月发生额的账户每月结账时，在账簿中最后一笔经济业务记录的下一行，计算出账户的本月发生额和月末余额，在摘要栏内注明"本月合计"字样，并在本行上下通栏画单红线。　　　　　　　（　　）

5. 一般情况下，全面清查是定期清查，局部清查是不定期清查。（　　）

6. 对于未达账项应编制记账凭证即刻入账。　　　　　　　（　　）

7. 对于财产清查结果的账务处理一般分两步进行，即审批前先调整有关账面记录，审批后记入相关账户。　　　　　　　　　　　　（　　）

8. "待处理财产损溢"账户是损益类账户。　　　　　　　（　　）

9. 对实物资产清查时，主要清查数量，不需要检验质量。　（　　）

10. 通过财产清查，便于正确确定各项财产物资的实存数额，发现资产管理过程中存在的问题。　　　　　　　　　　　　　　　　（　　）

11. 银行存款账实不符肯定是因为存在未达账项。　　　　　（　　）

12. 实物清查和现金清查均应背对背进行，因此，实物保管人员和出纳人员不能在场。　　　　　　　　　　　　　　　　　　　（　　）

13. 银行对账单和银行存款余额调节表是财产清查结果进行账务处理的原始凭证。　　　　　　　　　　　　　　　　　　　　　　（　　）

14. 记账凭证账务处理程序是最基本的账务处理程序。　　　（　　）

15. 根据科目汇总表编制总账的工作量不大，不适用于会计核算软件中使用。　　　　　　　　　　　　　　　　　　　　　　　（　　）

16. 各种账务处理程序的主要区别是总分类账格式的不同。　（　　）

17. 科目汇总表兼有试算平衡的作用。　　　　　　　　　　（　　）

18. 不同的账务处理程序会影响企业会计凭证的设置。　　　（　　）

19. 日记账应逐日逐笔顺序登记，总账必须定期汇总登记。　（　　）

20. 通过会计软件可以对已记账凭证的日期、金额等进行修改。（　　）

21. 企业不得在非涉密信息系统中存储、处理和传输涉及国家秘密，关系国家经济信息安全的电子会计资料。　　　　　　　　　　（　　）

22. 企业应当建立电子会计资料备份管理制度，确保会计资料的安全、完整和会计信息系统的持续、稳定运行。　　　　　　　　　（　　）

四、业务题

业务题一　账项调整

资料：甲公司20×3年12月部分经济业务如下。

（1）12月1日，从乙公司租入一项专利，租期为6个月，一次性支付全部租金30万元。

（2）12月1日，将一台生产用机器设备出租给丙公司，租期为3个月，租金为每个月5万元，丙公司当日支付了全部租金15万元。该机器设备每个月应折旧2万元。

（3）12月15日，支付下一年度生产设备的保险费3.6万元。（甲公司每

年 12 月支付下一年度生产设备的保险费，2022 年 12 月 15 日支付保险费 2.4 万元）

要求：

1. 根据上述资料，编制 20×3 年 12 月 1 日和 15 日相关经济业务的会计分录。

2. 根据上述资料，编制 20×3 年 12 月 31 日的会计分录。

业务题二　财产清查（银行存款余额调节表）

20×3 年 1 月 31 日甲公司银行存款日记账账面余额为 353 490 元，银行对账单余额为 418 170 元。该公司银行存款每旬核对一次，20×3 年 1 月下旬银行存款相关资料如下。

（1）银行存款日记账账面记录：

①21 日开出转账支票#1346，支付购料款 110 280 元；

②23 日开出现金支票#421，提取现金 900 元；

③25 日开出转账支票#1347，支付光明工厂账款 68 358 元；

④26 日收到乙公司货款 73 800 元；

⑤29 日收到转账支票#3467，存入货款 32 400 元；

⑥30 日开出转账支票#1348，支付材料运费 2 535 元；

（2）银行对账单记录：

①22 日代收乙公司货款 73 800 元；

②23 日付现金支票#421，计 900 元；

③23 日付转账支票#1346，购料款 110 280 元；

④25 日代交自来水公司水费 6 255 元；

⑤28 日代收丙公司货款 100 800 元；

⑥30 日付转账支票#1347，购料款 68 358 元；

要求：

1. 将甲公司账面记录与银行对账单逐笔核对，查明未达账项，编制银行存款余额调节表。

2. 计算甲公司 20×3 年 1 月 31 日企业实际可动用的银行存款的金额。

业务题三

资料：甲公司 20×3 年 12 月进行财产清查发现：

（1）产成品盘盈 10 件，单价 800 元，价值 8 000 元。

（2）发现甲材料盘亏，账面余额 255 千克，价值 10 710 元，盘点实际存量 250 千克，经查明为非常损失导致。

（3）发现乙材料盘亏，账面余额 155 千克，价值 5 580 元，盘点实际存量 150 千克，经查明 1 千克为定额内自然损耗，2 千克为收发计量差错，2 千克为保管员私自送人。因保管员损失的部分由保管员赔偿。

（4）盘亏固定资产一台，原价 5 200 元，已提折旧 1 400 元。企业承担全部损失。

（5）库存现金短缺 200 元，是由出纳小王的过失造成。由出纳小王负责赔偿。

上述盘盈、盘亏均已报经领导审核同意处理。

要求：编制相关经济业务的会计处理。

延伸阅读与思维拓展

阅读下列资料，思考以下问题：

1. 该公司的存货与其他公司相比有什么特殊性？
2. 这家公司采用了哪些存货盘点方法？
3. 你认为这家公司采取的存货盘点方法是否合理？
4. 你认为审计机构采取的核查和监盘程序是否可以充分地支持核查结论？

《山东东方海洋科技股份有限公司关于深圳证券交易所 2021 年年报问询函的回复公告》（部分）*

山东东方海洋科技股份有限公司（以下简称"东方海洋"或"公司"）于 2022 年 5 月 6 日收到深圳证券交易所上市公司管理一部下发的《关于对山东东方海洋科技股份有限公司 2021 年年报的问询函》，公司在收到问询函后高度重视，并对相关问题进行了认真核实，现就相关情况说明如下。

……

（三）详细说明你公司对存货的盘点情况，包括但不限于盘点程序、盘点方法、盘点时间、参与人员、涵盖的仓库位置、盘点数量、结果及其准确性，当中应重点说明对消耗性生物资产、涉及海外仓的存货的盘点情况，相关盘点是否受限，是否存在异常等。

公司回复：

1. 盘点情况说明

（1）原材料、库存商品等。公司的存货盘存制度为永续盘存制。年末，公司组织仓库管理人员、财务人员对其存货进行全面盘点，公司存货按规定分类、分区域存放于冷冻库、常温库，盘点人员通过点数与称重量相结合的方式进行盘点，按规格盘点原材料、产成品数量，盘点数量乘以标准重量计算结存数量；周转材料通过逐一盘点数量方式进行盘点。盘点结束后，盘点人员对相关数据进行汇总并与仓库保管账、财务明细账核对，账实相符。海外仓库的存货主要包括试剂盒、采样管等医疗用品，盘点方法如上述。

……

---

* 资料来源：《山东东方海洋科技股份有限公司 关于深圳证券交易所 2021 年年报问询函的回复公告》深圳证券交易所网站，（登录日期 2023 年 12 月 1 日），http：//www. szse. cn/disclosure/listed/bulle-tinDetail/index. html？47e868db－66f6－45ff－988b－1179490bc082。

（2）消耗性生物资产。公司的消耗性生物资产考虑到其生物特殊性，盘点方法一般采用抽盘的方式，具体方法如下。

1. 石斑鱼

石斑鱼采取工厂化方式养殖，对在养鱼的盘点是采用逐池按尾盘点。公司将石斑鱼分为若干规格。期末盘点各车间鱼的尾数，同时对不同规格进行抽标测重，计算出每种规格的单位重量。

2. 海参

海参活动范围较小，多栖息于海藻繁茂、风浪冲击小、水流缓慢、透明度较大、无大量淡水注入的礁石周边或泥沙底地带海区。一般生活在潮间带至水深 30 米的浅海海域，幼小者生活在浅水底，个体较大者生活在深水底，当海水温度过高（≥20℃），海参处于夏眠状态，当海水温度过低（≤4℃）时，海参进入礁石内并停止进食。

受海参的生活习性、年末海水温度太低无法下水等客观条件限制，无法在期末进行盘点，公司选择在海参适温期（水温 10℃ ~20℃），通常在每年春秋季节收获前进行盘点。对于开放式海水养殖盘点方法是按海参数量量多、量中、量少区域所占比例，确定若干个测试点，做 1 米 ×1 米框架 1 个，放到所抽点处，把框架内海参全部潜水捞取，进行计数、测规格、称重量；对于围堰、精养池养殖盘点方法做 1 米 ×1 米框架 1 个，放到所抽点处，把框架内海参全部潜水捞取，在所测点边上地笼网取 1 米，捞取地笼网内海参进行计数、测规格、称重量。根据抽测数据推测出参池的各规格的存养量，进而估算出全部水域的在养海参的数量、规格及重量。

除上述正常盘点程序之外，公司严格执行生产管理制度，加大巡查检查力度，加强海水质量日常监测，对苗种投放、日常经营管理、捕捞收获等情况及时记录。2021 年秋季海参捕捞季节，莱州湾海域持续海水悬浮物量大，水体浑浊，无法达到捕捞条件，该海域捕捞情况不及预期。公司针对此情况于2022 年委托山东省刺参产业技术体系对 2021 ~2022 年莱州湾刺参增殖海区情况进行调查研究，山东省刺参产业技术体系通过资料收集、远程咨询、实地查勘、多方查证等形式，判定莱州湾芙蓉岛等部分海域增殖刺参出现了非人为因素造成的自然损失，受损程度严重，预计会造成大幅减产的阶段性结论，造成减产的主要原因为长期持续低盐和水体异常叠加导致对随后多个因子累加对海域刺参增殖产生较为严重危害。按照海参的生活习性，春季为海参出爬季节，公司人员再次到莱州养殖区域进行查验，同时委托山东海洋与渔业司法鉴定中心鉴定公司莱州芙蓉岛海洋牧场养殖刺参现存量，鉴定中心通过水下视频拍摄方式、定点抽查相结合的方式确定公司莱州芙蓉岛海洋牧场养殖刺参现存量，鉴定结论为莱州芙蓉岛海洋牧场未发现刺参活动痕迹。

……

请你公司年审会计师对上述问题进行核查并发表明确意见，并说明对公司存货所履行的盘点和其他审计程序情况。

回复：

年审会计师核查意见：

1. 针对上述情况事项，执行的核查程序

（1）针对库存商品及原材料等，会计师执行的核查程序：

①评估并测试管理层与存货保管、领用、出入库、盘点、资产减值等有关的内部控制，确认存货管控的安全性和数量计量的准确性。

②编制存货明细表，复核加计与总账数、明细账合计数核对相符。

③实施实质性分析程序，对存货余额、各月生产成本总额、单位生产成本变动情况进行分析。

④对存货中的原材料与库存商品执行了监盘程序，并编制了监盘报告；选取样本双向核对存货明细表与存货盘点结果。

⑤我们选取了资产负债表日前后的凭证与出、入库单据进行双向核对，以确定存货出入库被记录在正确的会计期间。

⑥抽查本期存货增减变动凭证与附件以确定会计处理是否正确。

⑦复核公司存货跌价准备计算过程及相关依据资料。

⑧获取本期存货销售明细、存货跌价准备转销底稿，核查本期存货转回或转销存货跌价准备的会计处理是否符合企业会计准则规定。

⑨检查与存货相关的信息是否已在财务报表中做出恰当列报。

（2）针对消耗性生物资产，会计师执行的核查程序：

①了解和评价管理层与消耗性生物资产的计量和资产减值有关的内部控制的设计，并测试了关键程序的运行有效性。

②与管理层进行沟通，了解并评价日常经营过程中消耗性生物资产安全的防范措施以及风险应对策略。

③编制各养殖场消耗性生物资产明细表，并与总账、明细账核对，与历年投苗汇总表核对。

④编制生产成本明细表，对各月发生额进行分析，编制参苗成本分配测算表，对参苗成本分配、结转成本的金额进行检查。

⑤编制投苗观察计划、投苗观察总结，年末对部分厂区实施抽盘、监盘程序，并取得对海底消耗性生物资产存货状况的影像记录及公司日常监测报告。

⑥核实公司账面苗种采购及投放原始记录、采捕记录等，与相应账面记录进行比较，并对海参苗主要供应商实施函证、访谈及现场勘察等程序。

⑦取得管理层对海底消耗性生物资产存货状况的说明，对是否存在减值迹象进行判断，针对减产严重的莱州芙蓉岛海域刺参存量情况，获取专业机构评定报告进行验证，并于期后实施实地勘察程序。

⑧了解和评价管理层计算存货可变现净值中采用的关键假设及输入值，这些假设和输入值包括市场价格、消耗性生物资产的成活率、至采捕期将要发生的养殖成本等，复核管理层预测可变现净值并对其重新计算。

⑨获取本期存货销售明细、存货跌价准备转销底稿，核查本期存货转回或

转销存货跌价准备的会计处理是否符合企业会计准则规定。

⑩检查与存货相关的信息是否已在财务报表中做出恰当列报。

2. 核查结论

经核查，我们认为，公司报告期对相关存货计提跌价准备充分、合理；报告期内消耗性生物资产跌价准备大额转销具有合理性。

3. 说明对公司存货所履行的盘点和其他审计程序情况

（1）原材料及周转材料、在产品、库存商品。项目组根据存货特点制定了存货监盘计划，于2021年12月28日和2021年12月29日对公司期末存货中的原材料及周转材料、在产品、库存商品实施监盘程序，具体监盘比例如下：

项目	账面余额（万元）	监盘金额（万元）	监盘比例（%）
原材料及周转材料	1 814.44	1 185.58	65.34
在产品	266.69	230.05	86.26
库存商品	10 421.59	8 966.28	86.04
合计	12 502.72	9 395.96	75.15

（2）消耗性生物资产。受海参的生活习性以及年末海水温度太低且风大无法下水等客观条件限制，会计师无法实施常规存货盘点程序，因此采取了对投苗过程实施观察程序、秋捕季节对海参养殖进行抽盘、通过公司影像记录查验其生长状态和对公司外购参苗函证的方式进行替代；对于2021年秋冬季节受赤潮影响减产严重的莱州湾海域，除上述替代程序外，通过获取专业机构评定报告进行验证，并于期后实施实地勘察程序确认其存量。具体情况如下：

①投苗查验情况：

单位：千克

项目	购苗记录	抽查投苗记录	现场查验
海参	189 807.00	189 807.00	93 658.00

②海参苗采购情况

单位：万元

项目	采购金额	实施函证、访谈、实地勘查	查验比例（%）
海参	2 565.84	1 975.16	76.98

③获取专业机构评定报告及期后实施实地勘察情况。

a. 获取山东省刺参产业技术体系出具关于 2021～2022 年莱州湾刺参增值海区调研报告。

b. 山东海洋与渔业司法鉴定中心关于鉴定养殖刺参现存量鉴定意见书。

c. 20×2 年 4 月 19 日会计师对莱州湾养殖海区进行实地勘察，随机抽取若干测试点，查看是否有存量和活动痕迹。

第七章　会计信息"呈现"：财务报告

☞ 学习目标 ☜

1. 理解财务报告的目标。
2. 掌握财务报告概念及其内容体系，财务报表的概念和构成，明确财务报告的编制要求。
3. 掌握资产负债表的定义、作用、结构原理、内容及编制方法。
4. 掌握利润表的定义、作用、结构原理、内容及编制方法。
5. 熟悉现金流量表和所有者权益变动表的定义、作用、结构原理及内容。
6. 了解现金流量表和所有者权益变动表的编制方法。
7. 熟悉财务报表附注的特征及主要内容。

☞ 本 章 导 入 ☜

现代会计诞生时，地中海沿岸诸国的商人们主要从事一些海上短期贸易。每一次贸易结束就利用一些损益账户计算损益。随着海上贸易的迅速发展，客观上产生了对资本的需求，商人们开始寻求海上长期的合伙经营伙伴。于是就有必要定期编制财产目录，这是后来定期提供资产负债表的前驱。商业贸易的发展，推动了借贷活动和银行信用的发展，企业的资金来源就靠银行贷款了。这样，企业的资本结构也就含有一定成分的债务，于是形成了资产负债表的基本框架："资产 = 负债 + 权益"。

进入 19 世纪，由于工业革命的成功和生产技术的改进，工商业活动的迅速发展，促进了企业的持续经营，由此需要大量的资本，于是更多的企业走向合股经营，这就产生了编报投入资本和资本报酬的要求。19 世纪下半叶以后，由于股份公司有了较大发展，投资者日益与经营者分离而更加关心投资报酬，又有了编制收益表（利润表）的要求。财务报表的对象转向不直接参与经营活动的业主，在会计实务中，期间收益的正确计算也越来越受到重视，收益表成为仅次于资产负债表的正式对外会计报表。[①]

1929～1933 年发生了空前经济危机，流动性问题引起人们的关注。但是，当时的会计系统还没有办法完成这一使命。至 20 世纪 80 年代，越来越多的公司，因为现金头寸不足，风险增大，甚至陷入困境，"现金为王"的理念被越

---

① 胡春元：《西方财务报表的演进及启示》，载于《财会月刊》1993 年第 6 期，第 48 页。

来越多的人接受。美国财务会计准则委员于 1987 年底发布第 95 号会计准则公告"现金流量表"，要求企业于 1988 年 7 月起执行。[①]

可见，财务报表的产生与发展与现代会计的历史沿革密切相关。进入 21 世纪，面对经济、社会、技术环境发生的巨大变革，信息使用主体、信息需求、信息获取方式等都发生了巨大的变化。

本章主要内容是从财务会计的角度描述会计信息的"呈现"：财务报告。介绍财务报告的对象、目标、作用、构成、分类和编报的基本要求，以及四张报表的概念、内容、结构原理和编制方法，报表附注的主要内容等。

<h3 align="center">☞ 本 章 概 览 ☜</h3>

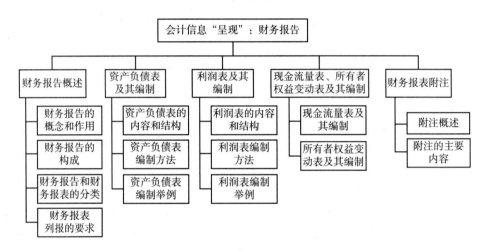

<h2 align="center">第一节　财务报告概述</h2>

一、财务会计报告的概念和作用

财务会计是对外报告会计，企业通过会计信息与外部利益相关者进行交流，而财务会计报告是交流的重要信息载体。财务会计报告（又称"财务报告"）是指企业对外提供的反映企业某一特定日期的财务状况和某一会计期间的经营成果、现金流量等会计信息的文件。经济业务发生后，财务会计运用一系列专门方法，经过确认、计量、记录和报告程序，通过"财务会计报告"呈现会计信息，财务会计报告是企业财务会计核算的最终成果。

财务报告使用者包括投资者、债权人、政府及其有关部门和社会公众等。财务会计报告的目标是向财务会计报告使用者提供与企业财务状况、经营成果和现

---

① 刘峰：《会计学》，清华大学出版社 2019 年版，第 231 页。

金流量等有关的会计信息，反映企业管理层受托责任履行情况，有助于财务会计报告使用者做出经济决策。财务会计报告的作用主要体现在以下四个方面。

1. 财务报告能够反映企业管理当局的受托责任履行情况

公司制企业，财产所有权和经营权分离，财产所有者不直接干预财产的具体运营，企业管理当局受委托方（财产所有者）委托，对其财产负有妥善保管并合理、有效运用的责任，同时应定期向委托方报告其受托责任履行情况。作为资金的提供者股东和债权人，需要经常了解管理当局对受托经济资源的经营管理情况。

财务报告提供的会计信息揭示企业过去的经营活动与财务成果，是相关利益主体评价、考核、监督企业管理当局受托责任履行情况的基本手段，委托方据此可以判断是否需要更换管理层、是否需要加强企业内部控制或改进其他制度等。

2. 财务报告提供的会计信息是投资者、债权人等外部利益主体进行决策的重要依据

在企业外部利益主体中，投资者是财务报告主要的信息使用者。投资者为了选择投资对象、衡量投资风险、做出投资决策等，需要评价企业的资产质量、偿债能力、盈利能力和营运效率，评估与投资有关的未来现金流量的金额、时间和不确定性等，据此做出理性的投资决策。

财务报告虽然是对过去的经营活动与财务成果的反映和总结，但反映过去是为了预测未来。财务报告提供的会计信息是投资者进行上述决策的重要依据。

除投资者外，企业的其他外部利益主体也可以通过财务报告获取决策所需信息。如银行为了选择贷款对象、衡量贷款风险、做出贷款决策；供应商为了决定是否提供商业信用、衡量收款风险、做出赊销决策，都需要评估企业的偿债能力和财务风险，据此做出信贷决策、确定信用政策。其他外部利益主体决策所需的许多信息和投资者需要的信息是共同的。由于投资者是企业资本的主要提供者，一般而言，满足投资者决策的会计信息，也可以满足其他使用者的大部分信息需求。所以，满足投资者的信息需要是企业财务报告编制的首要出发点。

3. 财务报告可以为企业管理当局加强和改善经营管理提供会计信息

企业管理当局是企业内部决策者，负责制定、实施和监督企业的经营策略和运营活动，实现企业的长期稳定发展并增加股东价值。企业管理当局需要通过企业财务报告所提供的信息，随时掌握企业的财务状况和经营成果及现金流量情况，分析企业的经营绩效，帮助企业管理当局制定合理的经营策略；监督企业的运营活动，帮助管理当局发现问题并改进经营管理；做出企业的投融资决策，提高分析的科学性和准确性等。

4. 财务报告为国家经济管理部门提供会计信息

企业是国民经济的"细胞"，政府部门通过对企业提供的财务报告资源进

行汇总分析，可以从宏观上把握经济运行的状况和发展变化趋势，为正确制定国家产业发展、税收等宏观政策、配置社会资源、调控国民经济运行提供重要的决策依据。同时，财务会计报告也是相关政府部门履行监督职能的依据之一。

二、财务报告的构成

财务报告包括财务报表和其他应当在财务报告中披露的相关信息和资料。财务报告具有较完整的体系，其中财务报表是财务会计报告的主体和核心。

（一）财务报表

财务报表是根据公认会计原则或企业会计准则，对企业财务状况、经营成果和现金流量的结构性表述，是会计要素确认、计量的结果和综合性描述。根据《企业会计准则第 30 号——财务报表列报》的规定，财务报表至少应当包括资产负债表、利润表、现金流量表、所有者权益变动表和附注。

企业面对外部利益主体，为展示企业全貌，需要提供"全方位、立体式、多角度"的会计信息。会计信息的呈现方式通过财务报表和报表附注相结合的方式，既反映简练概括的信息，又提供充分的细节信息，满足利益相关主体不同的信息需求。同时，这种呈现方式也有助于提高财务报告的透明度和可读性，加强企业与外部利益相关者之间的沟通和信任。

一般而言，通过财务报表揭示的是以下五方面的会计信息。

（1）财务状况的信息。通过资产负债表反映企业所拥有或者控制的经济资源、对经济资源的要求权以及经济资源及其要求权的变化情况，即企业在某一特定日期的资产、负债及所有者权益三个要素的构成及其数额的信息。

（2）经营成果的信息。通过利润表反映企业在某一会计期间的各项收入、费用、利得和损失的金额及其变动情况。

（3）现金流量的信息。通过现金流量表揭示企业在某一会计期间各项经营活动、投资活动和筹资活动所形成的现金及现金等价物流入和流出的情况，表明企业获得现金和现金等价物的能力。

（4）所有者权益变动的信息。通过所有者权益变动表反映企业某一会计期间所有者权益各组成部分增减变动情况的信息。

（5）财务报表附注。财务报表附注是对在资产负债表、利润表、现金流量表和所有者权益变动表等报表中列示项目的文字描述或明细资料，以及对未能在这些报表中列示项目的说明，是财务报表的补充部分。财务报表附注可以帮助信息使用者更好地理解财务报表的内容。

资产负债表、利润表、现金流量表、所有者权益变动表和财务报表附注具有同等的重要程度。

（二）其他应当在财务会计报告中披露的相关信息和资料

其他应当在财务报告中披露的相关信息和资料是对财务报表的补充和说明，与财务报表一起共同构成财务报告体系。

三、财务报告和财务报表的分类

（一）财务报告的分类

财务报告按照编报时间，分为年度财务报告和中期财务报告。年度财务报告是以会计年度为基础编制的财务报告，中期财务报告是以会计中期为基础编制的财务报告。中期，是指短于一个完整的会计年度的报告期间。中期财务报告分为月度报告、季度报告和半年度报告，也包括年初至本中期末的财务报告。

（二）财务报表的分类

财务报表可按不同的标准分为以下三类。

（1）按财务报表的编报时间，可以分为中期财务报表和年度财务报表。年度财务报表是以会计年度为基础编制的财务报表，至少应当包括资产负债表、利润表、现金流量表、所有者权益变动表和报表附注。中期财务报表是指短于一个完整会计年度的报告期间所编报的财务报表，包括月报、季报、半年报等。中期财务报表至少应当包括资产负债表、利润表、现金流量表和报表附注。其中，中期资产负债表、利润表和现金流量表应当是完整报表，其格式和内容应当与年度财务报表相一致。与年度财务报表相比，中期财务报表的附注披露可适当简略。

（2）按财务报表反映的内容，可以分为静态报表和动态报表。静态报表是反映企业资金运动处于某一相对静止状态的会计报表，如资产负债表，反映的是某一特定日期企业的资产总额和权益总额。动态报表是反映企业一定时期内资金运动状况的报表，利润表、现金流量表和所有者权益变动表都属于动态报表。利润表是反映企业一定会计期间经营成果的报表，现金流量表是反映企业在一定会计期间现金的流入和流出情况的报表，所有者权益变动表是反映企业一定会计期间所有者权益增减变动情况的报表。

（3）按财务报表的编报主体，可以分为个别财务报表和合并财务报表。个别财务报表是企业在自身会计核算基础上对账簿记录进行加工而编制的财务报表，各项目数字仅仅反映个别企业的财务状况、经营成果和现金流量等会计信息；合并财务报表是以母公司和子公司组成的企业集团为会计主体，由母公司编制的，在母公司和子公司个别报表的基础上，对企业集团内部交易进行相互抵销后编制的会计报表，用以向财务报表使用者提供企业集团的财务状况、经营成果和现金流量等会计信息的报表。

四、财务报表列报的要求

（一）财务报表列报的基本要求

7–1　财务报表列报的基本要求

1. 遵循准则为基本前提，持续经营为列报基础，权责发生制为编制基础

（1）企业应当根据实际发生的交易和事项，遵循企业会计准则的规定进行确认和计量，并在此基础上编制财务报表。企业不应以附注披露代替确认和计量，不恰当的确认和计量也不能通过充分披露相关会计政策而纠正。

（2）企业应当以持续经营为列报基础。持续经营是会计核算的基本假设之一，是会计确认、计量及编制财务报表的基础。编制财务报表时，企业管理层应当全面评估企业的持续经营能力，评估涵盖的期间应包括自报告期末起至少12个月。以持续经营为基础编制财务报表不再合理的，应当采用其他基础编制财务报表，如企业决定在当期或将在下一个会计期间进行清算或停止经营的，应采用其他基础编制财务报表，并在附注中声明未以持续经营为基础列报的原因及财务报表的编制基础。

（3）除现金流量表按照收付实现制编制外，企业应当按照权责发生制编制其他财务报表。

2. 分类列示，重点突出，总额列报

（1）财务报表是对企业发生的大量纷繁复杂的交易或事项运用科学的会计核算方法加工的最终成果。这些交易或事项的影响从不同的角度呈现在不同的报表中，并按其性质或功能汇总归类列入财务报表的相关项目。

（2）对报表项目进行重要性判断，性质或功能不同的项目，应当在财务报表中单独列报，但不具有重要性的项目可以汇总列报。性质或功能类似的项目，一般可以汇总列报，但其所属类别具有重要性的，应当按其类别在财务报表中单独列报。

企业进行重要性判断时，应当根据企业所处的具体环境，从项目的性质和金额两方面予以判断：应考虑项目的性质是否属于企业的日常活动、是否显著影响企业的财务状况、经营成果和现金流量等因素；判断金额大小的重要性应通过单项金额占资产总额、负债总额、所有者权益总额、营业收入总额、营业成本总额、净利润总额、综合收益总额等项目金额的比重加以确定。

（3）财务报表应以总额列报，资产和负债、收入和费用、直接计入当期利润的利得和损失项目的金额不能相互抵消，但企业会计准则另有规定的除外。

3. 同步公布，前后可比，要素齐全

（1）财务报表通常与其他信息（如企业年度报告等）一起公布，企业应当将按照企业会计准则编制的财务报告与一起公布的同一文件中的其他信息区分。

（2）报表项目的列报应当在各个会计期间保持一致，不得随意变更。这一要求不仅只针对财务报表中的项目名称，还包括财务报表项目的分类、排列顺序

等方面。如果出现以下特殊情况：①会计准则要求改变；②企业经营业务的性质发生重大变化或对企业经营影响较大的交易或事项发生后，变更财务报表项目的列报能够提供更可靠、更相关的会计信息，财务报表项目可以改变。

（3）财务报表的列报，至少应提供所有列报项目上一可比会计期间的比较数据，以及与理解当期财务报表相关的说明。比较信息的列报，便于向报表使用者提供对比数据，提高信息在会计期间的可比性。

（4）财务报表一般分为表首、正表两部分。表首部分应包括：①编报企业的名称；②资产负债表日或财务报表涵盖的会计期间；③货币名称和单位，我国应当以人民币，列报财务报表并标明人民币金额单位；④财务报表是否是合并财务报表的，应予以标明。

（二）财务报表编制的格式要求

企业编制财务报表，应当依据企业会计准则和相关会计规范中关于信息披露与列报的规定。伴随企业会计准则的持续修订，结合社会经济环境变化，财政部不定期修订并公布新的财务报表格式，企业应遵循最新的财务报表格式要求编制财务报表。对财政部提供的财务报表格式，企业对不存在相应业务的报表项目可结合本企业的实际情况进行必要删减，对确需单独列示的内容增加报表项目。

公开发行证券的公司财务报表及附注中的相关内容还应当满足中国证监会制定的信息披露的相关规定。上市公司应当定期披露年度报告和中期报告，财务会计报告是定期报告中主要的内容之一。为会计信息使用者快速了解企业的主要会计数据和财务指标，我国上市公司在年报中还会披露一个简短的"主要会计数据和财务指标"。

第二节　资产负债表及其编制

一、资产负债表的内容和结构

7-2　资产
负债表

（一）资产负债表的内容

资产负债表是对企业特定日期（如月末、季末、半年末及年末）的资产、负债和所有者权益的结构性表述，是反映企业财务状况的静态报表。资产负债表向报表信息使用者呈现了企业取得资金的方式与来源，以及这些资金的使用状态和去向。

资产负债表可以反映企业特定日期的资产总额以及结构，表明企业拥有或控制的经济资源及其分布情况；可以反映企业特定日期的负债总额以及结构，表明企业所承担的现时义务，并可以进一步反映企业短期和长期需用多少资产或劳务清偿债务；可以反映企业特定日期的所有者权益总额及构成，表明所有者对净资产的要求权，了解权益的结构情况。同时，通过期初、期末数字的比较，可以看出报告主体资产、负债、所有者权益的变化情况。资产负债表有助于报表信息使用者评价企业资产的质量、偿债能力以及利润分配能力等。

（二）资产负债表的结构

资产负债表根据"资产 = 负债 + 所有者权益"的等式关系，按照一定的分类标准和顺序，将某一特定日期的资产、负债、所有者权益项目予以适当的排列编制而成。

1. 资产负债表的格式

资产负债表由表首、正表两部分组成。表首概括地说明报表名称、编制单位、编制日期、报表编号、货币名称、计量单位等。正表的格式有两种：报告式和账户式。

报告式资产负债表为上下结构，报表的上半部分列示资产项目，下半部分列示负债及所有者权益项目，其编制的理论依据是"资产 – 负债 = 所有者权益"这一会计等式，格式如表 7 – 1 所示。

表 7 – 1   资产负债表（报告式）   会企 01 表

编制单位：   年 月 日   金额单位：

项目	期末金额	上年年末余额
资产		
流动资产		
……		
非流动资产		
……		
资产合计		
负债		
流动负债		
……		
非流动负债		
……		
负债合计		
所有者权益		
实收资本		
……		
所有者权益合计		

显然，报告式资产负债表中资产、负债和所有者权益的平衡关系不够清晰。

账户式资产负债表为左右结构，左边列示资产项目，右边列示负债及所有者权益项目，其编制的理论依据是"资产＝负债＋所有者权益"这一会计等式。等式反映出企业在某一特定日期资产余额与负债、所有者权益余额之间的平衡关系，格式如表7-2所示。

表7-2　　　　　　　　　　资产负债表（账户式）　　　　　　　会企01表
编制单位：　　　　　　　　　　　年　月　日　　　　　　　　　金额单位：

资产	期末余额	上年年末余额	负债和所有者权益（或股东权益）	期末余额	上年年末余额
流动资产：			流动负债：		
货币资金			短期借款		
……			……		
			流动负债合计		
			非流动负债：		
			长期借款		
流动资产合计			……		
非流动资产：			非流动负债合计		
债权投资			负债合计		
……			所有者权益：		
			实收资本		
			……		
非流动资产合计			所有者权益合计		
资产总计			负债和所有者权益总计		

我国资产负债表采用账户式结构。为了便于信息使用者通过比较不同时点资产负债表的数据，分析企业财务状况的变动情况及发展趋势，企业需要提供比较资产负债表。账户式资产负债表的两方分别排列"项目名称""期末余额""上年年末余额"。中期资产负债表中的上期比较数据均为"上年年末余额"。

2. 资产负债表项目的排列

资产、负债、所有者权益各项目均按一定的标准排序。

（1）资产的排列。资产按照流动性分为流动资产和非流动资产列示，并对每一部分单独进行合计。通常资产的流动性按资产的变现或耗用时间长短来确定，具体的划分标准在第二章已详细阐述，此处不再赘述。资产项目大体按照资产的流动性强弱排列，流动资产排列在前，非流动资产排列在后。流动资产项目在资产负债表上的排列顺序依次为：货币资金、交易性金融资产、应收票据、应收账款、应收款项融资、预付款项、其他应收款、存货、合同资产、一年内到期的非流动资产以及其他流动资产等；非流动资产项目在资产负债表上的排列顺序为：长期股权投资、固定资产、在建工程、无形资产以及其他非流动资产等。

（2）负债的排列。负债按照流动性分为流动负债和非流动负债列示，并对每一部分单独进行合计。通常负债的流动性按照负债的偿还时间长短来确定，具体的划分标准在第二章已详细阐述，此处不再赘述。负债项目一般按要求清偿期限长短的先后顺序排列，流动负债排列在前，非流动负债排列在后。流动负债项目在资产负债表上的排列顺序依次为：短期借款、应付票据、应付账款、预收款项、合同负债、应付职工薪酬、应交税费、其他应付款、一年内到期的非流动负债以及其他流动负债等。非流动负债项目在资产负债表上的排列顺序依次为：长期借款、应付债券、长期应付款以及其他非流动负债等。

（3）所有者权益的排列。所有者权益项目一般按净资产的不同来源和特定用途进行分类。各所有者权益项目在资产负债表上的排列为：实收资本（或股本）、其他权益工具、资本公积、其他综合收益、盈余公积和未分配利润等。

资产负债表对企业在一定日期的资产、负债、所有者权益各项目的这种列示方式，可以清楚地反映企业资产和负债的流动性，以及所有者权益的构成情况，可以帮助报表信息使用者更好地分析企业的财务状况和偿债能力。

二、资产负债表编制方法

（一）上年年末余额

资产负债表"上年年末余额"栏内各项数字，按上年年末资产负债表有关项目的"期末余额"栏中的金额填列。若本年度资产负债表中规定的各项目的名称和内容与上年度不一致，应对上年年末资产负债表各项目的名称和数字按照本年度的规定进行调整，再将调整后的数额填入表中的"上年年末余额"栏。

（二）期末余额

财务报表的编制依据是会计账簿，报表中各项目的数据应以账簿中有关账户记录为依据进行编制。因为资产负债表反映的是期末这一特定日期的财务状况，所以应依据有关账户的期末余额填列编制。资产负债表有些项目可以直接根据相关科目的期末余额填列，有些项目则应按相关科目的期末余额分析、合并或调整后的金额填列。

1. 主要项目填列方法①

（1）资产类主要项目。

①"货币资金"项目，反映库存现金、银行存款等货币资金的合计数。该项目应根据"库存现金""银行存款""其他货币资金"三个总账科目的期末余额的合计数填列。

②"应收票据"项目，反映资产负债表日以摊余成本计量的，企业因销售商品、提供服务等收到的商业汇票，包括银行承兑汇票和商业承兑汇票。该项目应根据"应收票据"科目的期末余额，减去"坏账准备"科目中相关坏账准备期末余额后的金额分析填列。②

③"应收账款"项目，反映资产负债表日以摊余成本计量的，企业因销售商品、提供服务等经营活动应收取的款项。该项目应根据"应收账款"科目的期末余额，减去"坏账准备"科目中相关坏账准备期末余额后的金额分析填列。

④"预付款项"项目，反映企业按照购货合同规定预付给供应单位的款项等。该项目应根据"预付账款"科目和"应付账款"科目所属各明细科目的期末借方余额合计数，减去"坏账准备"科目中有关预付账款计提的坏账准备期末余额后的净额填列。

⑤"其他应收款"项目③，反映企业除应收票据、应收账款、预付账款等经营活动以外的其他各种应收、暂付的款项。该项目应根据"应收利息""应收股利""其他应收款"科目的期末余额合计数，减去"坏账准备"科目中相关坏账准备期末余额后的金额填列。

⑥"存货"项目，反映企业期末在库、在途和在加工中的各种存货的可变现净值或成本（成本与可变现净值孰低）。存货包括各种材料、商品、在产品、半成品、包装物、低值易耗品等。该项目应根据"材料采购""在途物资""原材料""库存商品""周转材料""生产成本""发出商品""委托加工物资""受托代销商品"等科目的期末余额合计数，减去"受托代销商品款""存货跌价准备"科目期末余额后的净额填列。材料采用计划成本核算，以及库存商品采用计划成本核算或售价核算的企业，还应按加或减材料成本差异、商品进销差价后的金额填列。

⑦"合同资产"项目，反映企业按照《企业会计准则第 14 号——收入》的相关规定，根据本企业履约义务与客户付款之间的关系在资产负债表中列示

---

① 主要项目填列方法依据 2019 年财政部《关于修订印发 2019 年度一般企业财务报表格式的通知》；同时，只列举了部分主要项目的填列方法，其他项目的具体填列方法将在后续课程中详细讲解。

② 实务中，管理"应收票据"的业务模式不仅有"以摊余成本计量"，还可能有"以公允价值计量且其变动计入其他综合收益"等其他业务模式，资产负债表"应收票据"项目仅反映"以摊余成本计量"的应收票据，所以填列该项目期末余额时，应对"应收票据"科目期末余额分析填列。"应收账款"项目也存在类似的情况。

③ 注意报表中的项目名称和会计账户名称的差异。

的合同资产①。该项目应根据"合同资产"科目和"合同负债"科目的明细科目期末余额分析填列,同一合同下的合同资产和合同负债应当以净额列示,其中,净额为借方余额的,应当根据其流动性在"合同资产"或"其他非流动资产"项目中填列,已计提减值准备的,还应减去"合同资产减值准备"科目中相应的期末余额后的金额填列;其中,净额为贷方余额的,应当根据其流动性在"合同负债"或"其他非流动负债"项目中填列。

⑧"一年内到期的非流动资产"项目,通常反映预计自资产负债表日起一年内变现的非流动资产。该项目应根据有关非流动资产的明细科目余额分析填列。

⑨"长期股权投资"项目,反映投资方对被投资单位实施控制、重大影响的权益性投资以及对其合营企业的权益性投资。该项目应根据"长期股权投资"科目的期末余额减去"长期股权投资减值准备"科目的期末余额后的金额填列。

⑩"固定资产"项目,反映资产负债表日企业固定资产的期末账面价值和企业尚未清理完毕的固定资产清理净损益。该项目应根据"固定资产"科目的期末余额,减去"累计折旧"和"固定资产减值准备"科目的期末余额后的金额,以及"固定资产清理"科目的期末余额填列。

⑪"在建工程"项目,反映资产负债表日企业尚未达到预定可使用状态的在建工程的期末账面价值和企业为在建工程准备的各种物资的期末账面价值。该项目应根据"在建工程"科目的期末余额减去"在建工程减值准备"科目的期末余额后的金额,以及"工程物资"科目的期末余额减去"工程物资减值准备"科目的期末余额后的金额填列。

⑫"无形资产"项目,反映资产负债表日企业无形资产的期末账面价值。该项目应根据"无形资产"科目的期末余额,减去"累计摊销"和"无形资产减值准备"科目的期末余额后的金额填列。

(2)负债类主要项目。

①"短期借款"项目,反映企业向银行或其他金融机构等借入的期限在一年以下(含一年)的各种借款。该项目应根据"短期借款"科目的总账科目余额填列。

②"应付票据"项目,反映资产负债表日以摊余成本计量的,企业因购买材料、商品和接受服务等开出、承兑的商业汇票,包括银行承兑汇票和商业承兑汇票。该项目应根据"应付票据"科目的期末余额填列。

③"应付账款"项目,反映资产负债表日以摊余成本计量的,企业因购买材料、商品和接受服务等经营活动应支付的款项。该项目应根据"应付账款"和"预付账款"科目所属的相关明细科目的期末贷方余额合计数填列。

---

① "合同资产"是与收入有关的收款权利,与应收款项的区别在于:应收款项代表的是无条件收取合同对价的权利(企业仅仅随着时间的流逝即可收款);合同资产不是一项无条件收款权,除了时间流逝之外,还取决于其他条件(如履行合同中的其他履约义务)才能收取相应的合同对价。

④"预收款项"项目，反映企业按照合同规定预收的款项。该项目应根据"预收账款"和"应收账款"科目所属各明细科目的期末贷方余额合计数填列。如"预收账款"科目所属明细科目期末为借方余额的，应在资产负债表"应收账款"项目内填列。

⑤"合同负债"项目，反映企业已收或应收客户对价而应向客户转让商品的义务。该项目应根据"合同资产"科目和"合同负债"科目的明细科目期末余额分析填列，同一合同下的合同资产和合同负债应当以净额列示，具体填列方法参照"合同资产"项目。

⑥"应付职工薪酬"项目，反映企业为获得职工提供的服务或解除劳动关系而给予的各种形式的报酬或补偿。该项目应根据"应付职工薪酬"科目的明细科目期末余额分析填列。

⑦"应交税费"项目，反映企业按照税法规定计算应缴纳的各种税费，包括增值税、消费税、城市维护建设税、教育费附加、企业所得税、资源税、土地增值税、房产税、城镇土地使用税、车船税、环境保护税、代扣代缴的个人所得税等①。该项目应根据"应交税费"科目的期末贷方余额填列。但"应交税费"科目下的"应交增值税""未交增值税"等涉及增值税的明细科目，应根据明细科目的期末余额分析填列，其中的借方余额，应当根据其流动性在"其他流动资产"或"其他非流动资产"项目中填列；

⑧"其他应付款"项目，反映企业除应付票据、应付账款、预收账款、应付职工薪酬、应交税费等经营活动以外的其他各项应付、暂收的款项。该项目应根据"应付利息""应付股利"和"其他应付款"科目的期末余额合计数填列。

⑨"一年内到期的非流动负债"项目，反映企业非流动负债中将于资产负债表日后一年内到期的金额。该项目应根据有关非流动负债项目的明细科目余额分析填列，如"长期借款"项目中将在资产负债表日起一年内到期，且企业不能自主地将清偿义务展期的部分填列在此项目下。

⑩"长期借款"项目，反映企业向银行或其他金融机构借入的期限在一年以上（不含一年）的各项借款。该项目应根据"长期借款"总账科目余额扣除"长期借款"科目所属的明细科目中将在资产负债表日起一年内到期，且企业不能自主地将清偿义务展期的部分后的金额计算填列。

（3）所有者权益主要项目。

①"实收资本（或股本）"项目，反映企业各投资者实际投入的资本（或股本）总额。该项目应根据"实收资本（或股本）"科目的总账科目余额填列。

②"资本公积"项目，反映企业收到投资者出资超过其在注册资本或股本中所占的份额以及某些特定情况下直接计入所有者权益的项目。该项目应根据"资本公积"科目的总账科目余额填列。

---

① 企业在"应交税费"项目列示的按照税法规定计算应缴纳的各种税费不覆盖所有税种，如企业所交纳的不需要预计应交数的印花税、耕地占用税等，不通过"应交税费"核算。

③"盈余公积"项目，反映企业按照规定从净利润中提取的各种积累资金。该项目应根据"盈余公积"科目的总账科目余额填列。

④"未分配利润"项目，反映企业尚未分配的利润。该项目应根据"本年利润"和"利润分配"科目的余额计算填列。未弥补的亏损在本项目内以"－"填列。

2. 填列方法总结

综上所述，资产负债表的"期末余额"有以下填列方法。

（1）根据总账科目期末余额直接填列。资产负债表有些项目反映的内容和计算口径与总分类账完全相同，这些项目可以根据有关总账科目期末余额直接填列，如"短期借款""应付票据""实收资本（或股本）""资本公积""盈余公积"等项目，应根据有关总账科目的期末余额直接填列。

（2）根据同类总账科目的期末余额合并计算填列。资产负债表有些项目反映的内容包括几个总账科目反映的内容，这些项目根据几个总账科目的余额计算填列。如"货币资金""其他应付款"等项目。

【例7－1】20×3年12月31日，甲公司"应付利息"科目期末贷方余额为2万元，"应付股利"科目期末贷方余额为100万元，"其他应付款"科目期末贷方余额为10万元。

20×3年12月31日，甲公司资产负债表中"其他应付款"项目"期末余额"栏的列报金额 = 2 + 100 + 10 = 112（万元）。

（3）根据明细账科目余额分析计算填列。资产负债表有些项目不能通过总账科目直接或计算填列，需要分析明细科目余额计算填列。如"应付账款""预收款项""应交税费""应付职工薪酬""未分配利润"等项目。

【例7－2】20×3年12月31日，甲公司"应付账款"所属明细科目期末余额方向及金额如下："应付账款——A公司"期末贷方余额为10万元，"应付账款——B公司"期末借方余额为3万元；"预付账款"所属明细科目期末余额方向及金额如下："预付账款——C公司"期末借方余额为5万元，"预付账款——D公司"期末贷方余额为1万元。

20×3年12月31日，甲公司资产负债表中：

"应付账款"项目"期末余额"栏的列报金额 = 10 + 1 = 11（万元）。

原因解析："应付账款"和"预付账款"都发生在采购环节，反映企业与供应商之间的债权债务关系。对于预付账款业务不多的企业，可以不单独设置"预付账款"账户，而将预付的款项直接记入"应付账款"的借方，此时"应付账款"账户就成为双重性质的账户。而对于预付金额小于实际购买金额，期末尚未进行款项结算的"预付账款"账户，期末余额也可能会出现在贷方。期末余额出现在借方的"应付账款"的明细账户，其性质为债权，属于企业的资产；期末余额出现在贷方的"预付账款"的明细账户，其性质为债务，属于企业的负债。按照"总额列示"的原则，资产和负债不能抵消列示。"应付账款"和"预付账款"所属明细科目的期末余额在借方的，均属于"资产"

性质，应将其汇总填入资产的项目，项目名称为"预付款项"；"应付账款"和"预付账款"所属明细科目的期末余额在贷方的，均属于"负债"性质，应将其汇总填入负债的项目，项目名称为"应付账款"。由于"预付款项"属于资产，期末还需考虑其计提的坏账准备，如若计提，应用汇总后的金额扣除已计提的"坏账准备"后的净额填列。

本例中，假设甲公司预付账款计提的"坏账准备"的金额为 0.2 万元，则"预付款项"项目"期末余额"= 3 + 5 − 0.2 = 7.8（万元）。

"预付款项"的填列方法属于下面的第六种情况：综合运用填列方法分析填列。

（4）根据总账科目和明细账科目的余额分析计算填列，如"长期借款"项目。

【例 7−3】20×3 年 12 月 31 日，甲公司"长期借款"科目贷方余额为 400 万元，所属两个明细科目，"长期借款——A 银行"科目贷方余额为 100 万元（5 年期长期借款，20×4 年 5 月 1 日到期），"长期借款——B 银行"科目贷方余额为 300 万元（20×2 年 12 月 1 日借入，3 年期）。注：企业均不能自主地将长期借款清偿义务展期。

甲公司 20×3 年 12 月 31 日资产负债表中：

"长期借款"项目"期末余额"栏的列报金额 = 300（万元）。

"一年内到期的非流动负债"项目"期末余额"栏的列报金额 = 100（万元）。

原因解析：企业从 A 银行取得的长期借款于 20×4 年 5 月 1 日到期。由于本报告期间资产负债表日为 20×3 年 12 月 31 日，距离到期日不足一年，并且企业不能将该笔借款自主地展期，即该笔长期借款将在未来不超过 12 个月偿还，属于"流动负债"的性质。资产负债表中的"长期借款"项目列示在流动负债之后，属于"非流动负债"的性质。所以企业在填列资产负债表"长期借款"项目时，需要对"长期借款"所属明细科目进行分析填列，将未来不超过 12 个月需要偿还的"长期借款"填列在流动负债中的"一年内到期的非流动负债"项目，将未来超过 12 个月偿还的"长期借款"填列在非流动负债中的"长期借款"项目。

（5）根据有关科目余额减去其备抵科目余额后的净额填列。如"固定资产""无形资产""长期股权投资"等项目。

【例 7−4】20×3 年 12 月 31 日，甲公司"固定资产"科目借方余额为 2 000 万元，"累计折旧"科目贷方余额为 300 万元，"固定资产减值准备"科目贷方余额为 150 万元。

20×3 年 12 月 31 日，甲公司资产负债表中"固定资产"项目"期末余额"栏的列报金额 = 2 000 − 300 − 150 = 1 550（万元）。

原因解析："固定资产"科目的余额，反映的是资产负债表日企业固定资产的原始价值，而资产负债表中"固定资产"项目，反映的是资产负债表日固定资产的净值。"累计折旧"和"固定资产减值准备"两个科目都是"固定资产"科目的备抵科目，其科目余额方向与"固定资产"科目余额方向相反，是对"固定资产"价值的抵减。所以，资产负债表中"固定资产"项目的期末余额填列应按"固定资产"科目的期末余额减去与之相关的备抵科目"累计折旧""固定资产减值准备"科目的期末余额后的净额填列。

企业中的大多数资产期末都可能发生减值，需要计提减值准备。各资产对应的减值准备相关科目都是该资产科目的备抵科目，在填列资产负债表时均应按减去其减值准备科目余额后的净额填列。

（6）综合运用上述填列方法分析填列。如"应收票据""应收账款""其他应收款""预付款项""存货""合同资产""合同负债"等项目。以"存货"项目为例予以说明。

【例 7 - 5】20×3 年 12 月 31 日，甲公司存货有关科目余额如下："在途物资"科目借方余额 30 万元，"原材料"科目借方余额 110 万元，"库存商品"科目借方余额 500 万元，"存货跌价准备"科目贷方余额 40 万元。

资产负债表中"存货"项目的填列需要综合运用两种方法：存货所含项目总账科目的期末余额合计数减去"存货跌价准备"科目（存货的备抵科目）余额后的净额填列。

20×3 年 12 月 31 日，甲公司资产负债表中"存货"项目"期末余额"栏的列报金额 = 30 + 110 + 500 - 40 = 600（万元）。

专栏 7 - 1

讨论："应收票据"和"应收账款""应付票据"和 "应付账款"的"分分合合"

2018 年，财政部发布《关于修订印发 2018 年度一般企业财务报表格式的通知》，将资产负债表中的"应收票据"和"应收账款"两个项目合并为"应收票据及应收账款"。类似地，"应付票据"和"应付账款"项目也进行了合并。

资产负债表

会企 01 表

编制单位：　　　　　　　　　　__年__月__日　　　　　　　　　　单位：元

资产	期末余额	年初余额	负债和所有者权益（或股东权益）	期末余额	年初余额
流动资产：			流动负债：		
货币资金			短期借款		

续表

资产	期末余额	年初余额	负债和所有者权益（或股东权益）	期末余额	年初余额
交易性金融资产			交易性金融负债		
衍生金融资产			衍生金融负债		
应收票据及应收账款			应付票据及应付账款		
预付款项			预收款项		

　　2019 年，财政部再次修订财务报表格式，发布《关于修订印发 2019 年度一般企业财务报表格式的通知》。将"应收票据及应收账款"又重新拆分成两项"应收票据"和"应收账款"。类似地，"应付票据及应付账款"项目也进行了拆分。

资产负债表　　　　　　　　会企 01 表

编制单位：　　　　　　　　__年__月__日　　　　　　　　单位：元

资产	期末余额	上年年末余额	负债和所有者权益（或股东权益）	期末余额	上年年末余额
流动资产：			流动负债：		
货币资金			短期借款		
交易性金融资产			交易性金融负债		
衍生金融资产			衍生金融负债		
应收票据			应付票据		
应收账款			应付账款		
预付款项			预收款项		

　　思考："应收票据"和"应收账款""应付票据"和"应付账款"的"分分合合"背后的原因是什么？

三、资产负债表编制举例

　　【例 7 - 6】甲公司 20×3 年 12 月 31 日有关总账科目余额表如表 7 - 3 所示。假设甲公司适用的所得税税率为 25%。

表7-3　　　　　　　　　甲公司 20×3 年 12 月 31 日科目余额　　　　　单位：元

科目名称	借方余额	科目名称	贷方余额
库存现金	6 000	坏账准备	5 400
银行存款	2 417 493	存货跌价准备	30 000
其他货币资金	21 900	累计折旧	510 000
应收票据	198 000	固定资产减值准备	93 000
应收账款	1 800 000	累计摊销	180 000
预付账款	300 000	短期借款	150 000
应收利息	3 000	应付票据	300 000
应收股利	6 000	应付账款	2 861 400
其他应收款	15 000	其他应付款	127 500
在途物资	825 000	应付职工薪酬	540 000
原材料	147 750	应交税费	680 193
周转材料	114 150	应付利息	6 000
库存商品	6 697 200	应付股利	96 648
长期股权投资	1 350 000	长期借款	3 480 000
固定资产	7 203 000	实收资本	12 000 000
工程物资	900 000	资本公积	3 000 000
在建工程	1 284 000	盈余公积	374 313
无形资产	1 800 000	利润分配（未分配利润）	654 039
合计	25 088 493	合计	25 088 493

说明：

（1）"应收账款"所属明细科目借方余额合计 2 100 000 元，所属明细科目贷方余额合计 300 000 元，总账科目借方余额合计 1 800 000 元；"应付账款"所属明细科目贷方余额合计 3 461 400 元，所属明细科目借方余额合计 600 000 元，总账科目贷方余额合计 2 861 400 元；"预付账款"所属明细科目借方余额合计 450 000 元，所属明细科目贷方余额合计 150 000 元，总账科目借方余额合计 300 000 元。

"坏账准备"科目贷方余额 5 400 元，全部为"应收账款"对应的坏账准备。

（2）"应交税费"所属全部明细科目均为贷方余额。

（3）"长期借款"科目期末贷方余额 3 480 000 元中包括一笔将在一年内到期，且企业不能自主地将清偿义务展期的借款 1 200 000 元，其余借款剩余偿还期限均超过一年。

根据上述资料，甲公司 20×3 年 12 月 31 日资产负债表相关项目分析计算如下：

（1）货币资金："库存现金""银行存款""其他货币资金"科目期末余额合计 2 445 393（6 000 + 2 417 493 + 21 900）元填入"货币资金"项目。

（2）应收票据："应收票据"科目期末借方余额 198 000 元减去对应的"坏账准备"0，得到"应收票据"项目的金额为 198 000 元。

（3）应收账款："应收账款"所属明细科目借方余额合计 2 100 000 元加上"预收账款"所属明细科目借方余额合计 0（本例中"预收账款"所属明细科目没有借方余额）减去"坏账准备"科目贷方余额 5 400 元，得到"应收账款"项目的金额为 2 094 600 元。

（4）预付款项："预付账款"所属明细科目借方余额合计 450 000 元和"应付账款"所属明细科目借方余额合计 600 000 元的合计数 1 050 000 元减去对应的"坏账准备"0，得到"预付款项"项目的金额为 1 050 000 元。

（5）其他应收款："应收利息""应收股利"和"其他应收款"总账科目的期末余额合计数 24 000（3 000 + 6 000 + 15 000）元减去对应的"坏账准备"0，得到"其他应收款"项目的金额为 24 000 元。

（6）存货："在途物资""原材料""周转材料""库存商品"总账科目的期末借方余额合计 7 784 100（825 000 + 147 750 + 114 150 + 6 697 200）元减去备抵科目"存货跌价准备"科目期末贷方余额 30 000 元后的金额 7 754 100 元列入"存货"项目。

（7）长期股权投资："长期股权投资"科目期末借方余额 1 350 000 元减去对应的"长期股权投资减值准备"科目期末余额 0，得到"长期股权投资"项目的金额为 1 350 000 元。

（8）固定资产："固定资产"科目期末借方余额 7 203 000 元减去其备抵科目"累计折旧"科目期末贷方余额 510 000 元、"固定资产减值准备"科目期末贷方余额 93 000 元，得到"固定资产"项目金额为 6 600 000 元。

（9）在建工程："在建工程"科目期末借方余额 1 284 000 元加上"工程物资"科目期末借方余额 900 000 元减去"在建工程减值准备"科目的期末余额 0，减去"工程物资减值准备"科目的期末余额 0，得出"在建工程"项目金额为 2 184 000（1 284 000 + 900 000）元。

（10）无形资产："无形资产"科目期末借方余额 1 800 000 元减去备抵科目"累计摊销"科目期末贷方余额 180 000 元，减去备抵科目"无形资产减值准备"科目期末贷方余额 0，得到"无形资产"项目的金额为 1 620 000（1 800 000 - 180 000）元。

（11）短期借款：将"短期借款"科目期末总账余额 150 000 元列入"短期借款"项目。

（12）应付票据：将"应付票据"科目期末总账余额 300 000 元列入"应付票据"项目。

（13）应付账款：将"应付账款"所属明细科目贷方余额合计 3 461 400 元和"预付账款"所属明细科目贷方余额合计 150 000 元的合计数 3 611 400

元列入"应付账款"项目。

（14）预收款项："预收账款"所属明细科目期末没有余额，将"应收账款"所属明细科目贷方余额300 000元列入"预收款项"项目。

（15）应付职工薪酬：将"应付职工薪酬"科目期末余额540 000元列入"应付职工薪酬"项目。

（16）应交税费："应交税费"科目所属所有明细科目没有借方余额，将"应交税费"科目期末贷方余额680 193元列入"应交税费"项目。

（17）其他应付款："应付利息""应付股利"和"其他应付款"总账科目的期末余额合计数230 148（6 000 + 96 648 + 127 500）元列入"其他应付款"项目。

（18）一年内到期的非流动负债：将"长期借款"科目所属的明细科目中将在资产负债表日起一年内到期，且企业不能自主地将清偿义务展期的部分的金额1 200 000元列入"一年内到期的非流动负债"项目。

（19）长期借款：将"长期借款"总账科目余额3 480 000元，扣除"长期借款"科目所属的明细科目中将在资产负债表日起一年内到期，且企业不能自主地将清偿义务展期的部分的金额1 200 000元，得出"长期借款"项目金额为2 280 000元。

（20）实收资本（或股本）：将"实收资本"科目期末总账余额12 000 000元列入"实收资本"项目。

（21）资本公积：将"资本公积"科目期末总账余额3 000 000元列入"资本公积"项目。

（22）盈余公积：将"盈余公积"科目期末总账余额374 313元列入"盈余公积"项目。

（23）未分配利润：将"利润分配（未分配利润）"明细科目期末余额654 039元列入"未分配利润"项目。

将以上项目计算结果填入资产负债表，如表7 – 4所示。

表7 – 4　　　　　　　　　　　　　资产负债表　　　　　　　　　　　　　会企01表

编制单位：甲公司　　　　　　　　　　20×3年12月31日　　　　　　　　　　单位：元

资产	期末余额	上年年末余额	负债和所有者权益（或股东权益）	期末余额	上年年末余额
流动资产：			流动负债：		
货币资金	2 445 393		短期借款	150 000	
交易性金融资产			交易性金融负债		
衍生金融资产			衍生金融负债		
应收票据	198 000		应付票据	300 000	
应收账款	2 094 600		应付账款	3611 400	
应收款项融资			预收款项	300 000	

续表

资产	期末余额	上年年末余额	负债和所有者权益（或股东权益）	期末余额	上年年末余额
预付款项	1 050 000		合同负债		
其他应收款	24 000		应付职工薪酬	540 000	
存货	7 754 100		应交税费	680 193	
合同资产			其他应付款	230 148	
持有待售资产			持有待售负债		
一年内到期的非流动资产			一年内到期的非流动负债	1 200 000	
其他流动资产			其他流动负债		
流动资产合计	13 566 093		流动负债合计	7 011 741	
非流动资产：			非流动负债：		
债权投资			长期借款	2 280 000	
其他债权投资			应付债券		
长期应收款			其中：优先股		
长期股权投资	1 350 000		永续债		
其他权益工具投资			租赁负债		
其他非流动金融资产			长期应付款		
投资性房地产			预计负债		
固定资产	6 600 000		递延收益		
在建工程	2 184 000		递延所得税负债		
生产性生物资产			其他非流动负债		
油气资产			非流动负债合计	2 280 000	
使用权资产			负债合计	9 291 741	
无形资产	1 620 000		所有者权益（或股东权益）：		
开发支出			实收资本（或股本）	12 000 000	
商誉			其他权益工具		
长期待摊费用			其中：优先股		
递延所得税资产			永续债		
其他非流动资产			资本公积	3 000 000	
非流动资产合计	11 754 000		减：库存股		
			其他综合收益		

续表

资产	期末余额	上年年末余额	负债和所有者权益（或股东权益）	期末余额	上年年末余额
			专项储备		
			盈余公积	374 313	
			未分配利润	654 039	
			所有者权益（或股东权益）合计	16 028 352	
资产总计	25 320 093	略	负债和所有者权益（或股东权益）总计	25 320 093	略

第三节　利润表及其编制

一、利润表的内容和结构

7-3　利润表

（一）利润表的内容

利润表是对企业一定会计期间（月份、季度、半年度或年度）利润的实现过程、利润的来源及构成情况的结构性表述，是反映企业经营成果的动态报表。

利润表是投资者、债权人、企业管理当局等报表信息使用者进行管理与决策的主要依据之一。利润表揭示的经营成果的信息，有助于报表使用者了解企业当期的经营业绩和盈利能力，分析预测未来利润变化趋势；有助于企业管理当局分析利润的增减变化，发现经营过程中存在的问题并采取改进措施，不断提高企业的盈利水平。报表信息使用者还可以将利润表与资产负债表的资料和信息相结合，综合分析企业对其资源运用的能力和效率，对企业未来的盈利和发展做出判断。

（二）利润表的结构

利润表根据"利润＝收入－费用"的等式关系，按照一定的分类标准和顺序，依次将某一会计期间的收入、费用和利润的具体项目予以适当的排列编制而成。

利润表由表首、正表两部分组成。表首概括地说明报表名称、编制单位名称、编制日期、报表编号、货币名称、计量单位等。正表的格式有两种：单步式和多步式。

单步式利润表是将当期所有的收入项目列在一起，所有的费用项目列在一起，然后将当期收入总额减去费用总额，一次计算出当期利润，格式如表 7 – 5 所示。

表 7 – 5   **利润表**   会企 02 表

编制单位：   ___年___月   单位：元

项目	行次	本月数	本年累计数
一、收入			
主营业务收入			
其他业务收入			
投资收益			
营业外收入			
……			
收入合计			
二、费用			
主营业务成本			
其他业务成本			
税金及附加			
销售费用			
管理费用			
财务费用			
营业外支出			
所得税费用			
……			
费用合计			
三、净利润			

单步式利润表编制方法简单，收入支出归类清楚，但缺点是收入、费用的性质不加区分地归为一类，不利于分析利润的结构。

多步式利润表以营业收入为起点，通过对当期的收入、费用、支出项目按性质加以归类，按利润形成的主要环节列示多层利润指标，分步计算当期净损益，格式如表 7 – 6 所示。

表 7-6 利润表（简表） 会企 02 表

编制单位： ___年___月 单位：元

项目	本期金额	上期金额
一、营业收入		
减：营业成本		
税金及附加		
销售费用		
管理费用		
研发费用		
财务费用		
加：其他收益		
投资收益（损失以"－"号填列）		
公允价值变动收益（损失以"－"号填列）		
信用减值损失（损失以"－"号填列）		
资产减值损失（损失以"－"号填列）		
资产处置收益（损失以"－"号填列）		
二、营业利润（亏损以"－"号填列）		
加：营业外收入		
减：营业外支出		
三、利润总额（亏损总额以"－"号填列）		
减：所得税费用		
四、净利润（净亏损以"－"号填列）		
五、其他综合收益的税后净额		
六、综合收益总额		
七、每股收益①		

注：①为了使报表使用者了解企业实现的每股收益，普通股或潜在普通股已公开交易的企业，以及正处于公开发行普通股或潜在普通股过程中的企业，还应当在利润表中列示每股收益信息，包括基本每股收益和稀释每股收益两项指标。

多步式利润表在净利润前，呈现了营业利润和利润总额两个中间性利润指标。营业利润是指企业在一定会计期间通过日常营业活动所实现的利润额，利润总额是指营业利润和非经常性损益净额（即损失和利得）的总和。将营业利润与其他利润分开列示，可以更充分地反映企业经营业绩的主要来源和构成，可使报表使用者分清主次，判断净利润的质量及其风险，预测净利润的持续性。

利润表中对于费用列报通常按照功能进行分类，即分为从事经营业务发生的成本、管理费用、销售费用、研发费用和财务费用等，有助于使用者了解费用发生的活动领域。

多步式利润表按各项目的性质和功能分类并分步计算，列示了经营成果的各个项目和计算过程，体现了各具体项目经济性质及在创造和实现利润的经营业务活动过程中的功能与作用，便于信息使用者更好地理解企业经营成果的不同来源。

我国利润表采用多步式结构。为了便于信息使用者通过比较不同期间利润的实现情况，判断企业经营成果的未来发展趋势，企业需要提供比较利润表，金额栏分为"本期金额"和"上期金额"两栏。

> 思考："营业利润"和"利润总额"哪个指标更能体现企业的持续获利能力？

二、利润表编制方法

（一）上期金额

"上期金额"栏根据上年同期利润表的"本期金额"栏内所列数字填列。中期利润表中的"上期金额"需要列示与"本期金额"相对应的上年度可比期间的发生额。如果上年同期利润表规定的项目名称和内容与本期不一致，应对上年同期利润表各项目的名称和金额按照本期的规定进行调整，填入"上期金额"栏。

中期利润表的"上期金额"——可比期间

合并利润表

2022 年 1~9 月

编制单位：佛山市海天调味食品股份有限公司

单位：元　币种：人民币　审计类型：未经审计

项目	2022 年前三季度（1~9 月）	2021 年前三季度（1~9 月）
一、营业总收入	19 094 298 269.20	17 994 409 674.94
其中：营业收入	19 094 298 269.20	17 994 409 674.94

资料来源：海天味业（603288）2022 年第三季度报告。

(二) 本期金额

"本期金额"栏一般应根据损益类科目和所有者权益类有关科目的发生额填列。"营业收入""营业成本""税金及附加""销售费用""财务费用""其他收益""投资收益""公允价值变动收益""信用减值损失""资产减值损失""资产处置收益""营业外收入""营业外支出""所得税费用"等项目,应根据损益类科目的本期发生额分析填列。"管理费用""研发费用"等项目,应根据"管理费用"科目所属的相关明细科目的发生额分析填列。"营业利润""利润总额""净利润"等项目,应根据本表中相关项目计算填列。

主要项目填列方法①如下。

(1)"营业收入"项目,反映企业经营主要业务和其他业务所取得的收入总额。该项目应根据"主营业务收入"科目和"其他业务收入"科目的发生额分析填列。

(2)"营业成本"项目,反映企业经营主要业务和其他业务所发生的成本总额。该项目应根据"主营业务成本"科目和"其他业务成本"科目的发生额分析填列。

(3)"税金及附加"项目,反映企业经营业务应负担的消费税、城市维护建设税、教育费附加、资源税、土地增值税、房产税、车船税、城镇土地使用税、印花税、环境保护税等相关税费。该项目应根据"税金及附加"科目的发生额分析填列。

(4)"销售费用"项目,反映企业在销售商品过程中发生的包装费、广告费等费用和为销售本企业商品而专设的销售机构的职工薪酬、业务费等经营费用。该项目应根据"销售费用"科目的发生额分析填列。

(5)"管理费用"项目和"研发费用"项目。

"研发费用"项目反映企业进行研究与开发过程中发生的费用化支出,以及计入管理费用的自行开发无形资产的摊销。该项目应根据"管理费用"科目下"研发费用"明细科目和"无形资产摊销"明细科目的发生额分析填列。

"管理费用"项目反映企业为组织经营管理活动而发生的费用。该项目应根据"管理费用"的发生额分析填列,将上述"管理费用"科目中列入"研发费用"的相关明细科目发生额扣除。

(6)"财务费用"项目,反映企业为筹集生产经营所需资金所发生的费用②。该项目应根据"财务费用"科目的发生额分析填列。

其中,"利息费用"项目,反映企业为筹集生产经营所需资金等而发生的

---

① 其他未列举填列方法的项目将在后续课程中详细讲解。

② "财务费用"项目,仅包括为筹集生产经营所需资金而发生的应予费用化的利息支出。"费用化"是与"资本化"相对应的概念,具体内容后续课程中详细讲解。

应予费用化的利息支出。该项目应根据"财务费用"科目的相关明细科目的发生额分析填列。

"利息收入"项目，反映企业确认的应冲减财务费用的利息收入。该项目应根据"财务费用"科目的相关明细科目的发生额分析填列。

（7）"资产减值损失"项目，反映企业有关资产发生的减值损失①。该项目应根据"资产减值损失"科目的发生额分析填列。

（8）"投资收益"项目，反映企业以各种方式对外投资所取得的收益。本项目应根据"投资收益"科目的发生额分析填列；如为投资损失，以"－"号填列。

（9）"营业利润"项目，反映企业实现的营业利润。如为亏损，本项目以"－"号填列。"营业利润"项目金额根据表中相关项目计算填列。

$$营业利润 = 营业收入 - 营业成本 - 税金及附加 - 销售费用 - 管理费用$$
$$- 研发费用 - 财务费用 + 其他收益 + 投资收益（-损失）$$
$$+ 公允价值变动收益（-损失）- 资产减值损失$$
$$- 信用减值损失 + 资产处置收益（-损失）$$

（10）"营业外收入"项目，反映企业发生的除营业利润以外的收益，主要包括非流动资产毁损报废收益、与企业日常活动无关的政府补助、盘盈利得、捐赠利得（企业接受股东或股东的子公司直接或间接的捐赠，经济实质属于股东对企业的资本性投入的除外）等。该项目应根据"营业外收入"科目的发生额分析填列。

（11）"营业外支出"项目，反映企业发生的除营业利润以外的支出，主要包括公益性捐赠支出、非常损失、盘亏损失、非流动资产毁损报废损失等。该项目应根据"营业外支出"科目的发生额分析填列。

（12）"利润总额"项目，反映企业实现的利润总额；如为亏损总额，以"－"号填列。"利润总额"项目金额根据表中相关项目计算填列。

$$利润总额 = 营业利润 + 营业外收入 - 营业外支出$$

（13）"所得税费用"项目，反映企业所确认的应从当期利润总额中扣除的所得税费用。该项目应根据"所得税费用"科目的发生额分析填列。

（14）"净利润"项目，反映企业实现的净利润。如为亏损，本项目以"－"号填列。"净利润"项目金额根据表中相关项目计算填列。

$$净利润 = 利润总额 - 所得税费用$$

三、利润表编制举例

甲公司 20×3 年度有关损益类科目本年累计发生净额如表 7-7 所示。

---

① "资产减值损失"项目并非包含企业所有资产发生的减值损失。如按《企业会计准则第22号——金融工具确认和计量》的要求计提的各项金融工具信用减值准备所确认的信用减值损失，列示在"信用减值损失"项目下。"信用减值损失"的具体内容后续课程进行详细讲解。

表 7 – 7 甲公司损益类科目 20 × 3 年度累计发生净额 单位：元

科目名称	借方发生额	贷方发生额
主营业务收入		3 400 000
其他业务收入		600 000
主营业务成本	1 900 000	
其他业务成本	390 000	
税金及附加	16 000	
销售费用	60 000	
管理费用	459 000	
其中：管理费用——研发费用	114 000	
管理费用——无形资产摊销	45 000	
财务费用	121 500	
其中：利息费用	123 000	
利息收入	1 500	
资产减值损失	91 200	
投资收益		63 000 *
其中：对联营企业和合营企业的投资收益		63 000
营业外收入		90 000
营业外支出	47 100	
所得税费用	267 050	

根据上述资料，编制甲公司 20 × 3 年度利润表，如表 7 – 8 所示。

表 7 – 8 利润表 会企 02 表

编制单位：甲公司 20 × 3 年 单位：元

项目	本期金额	上期金额（略）
一、营业收入	4 000 000	
减：营业成本	2 290 000	
税金及附加	16 000	
销售费用	60 000	
管理费用	300 000	

---

* 本例中"投资收益"科目 20 × 3 年累计发生额为贷方发生额，说明甲公司 20 × 3 年为投资收益；若"投资收益"科目 20 × 3 年累计发生额为借方发生额，则为亏损，填列资产负债表时，需以"－"号列示。

续表

项目	本期金额	上期金额（略）
研发费用	159 000	
财务费用	121 500	
其中：利息费用	123 000	
利息收入	1 500	
加：其他收益		
投资收益（损失以"－"号填列）	63 000	
其中：对联营企业和合营企业的投资收益	63 000	
以摊余成本计量的金融资产终止确认收益（损失以"－"号填列）		
净敞口套期收益（损失以"－"号填列）		
公允价值变动收益（损失以"－"号填列）		
信用减值损失（损失以"－"号填列）		
资产减值损失（损失以"－"号填列）	91 200	
资产处置收益（损失以"－"号填列）		
二、营业利润（亏损以"－"号填列）	1 025 300	
加：营业外收入	90 000	
减：营业外支出	47 100	
三、利润总额（亏损总额以"－"号填列）	1 068 200	
减：所得税费用	267 050	
四、净利润（净亏损以"－"号填列）	801 150	
（一）持续经营净利润（净亏损以"－"号填列）	（略）	
（二）终止经营净利润（净亏损以"－"号填列）	（略）	
五、其他综合收益的税后净额	（略）	
（一）不能重分类进损益的其他综合收益		
1. 重新计量设定受益计划变动额		
2. 权益法下不能转损益的其他综合收益		
3. 其他权益工具投资公允价值变动		
4. 企业自身信用风险公允价值变动		
……		
（二）将重分类进损益的其他综合收益		

项目	本期金额	上期金额（略）
1. 权益法下可转损益的其他综合收益		
2. 其他债权投资公允价值变动		
3. 金融资产重分类计入其他综合收益的金额		
4. 其他债权投资信用减值准备		
5. 现金流量套期储备		
6. 外币财务报表折算差额		
……		
六、综合收益总额	（略）	
七、每股收益	（略）	
（一）基本每股收益	（略）	
（二）稀释每股收益	（略）	

其中，需要分析计算的主要项目填列过程如下：

（1）营业收入 = 3 400 000 + 600 000 = 4 000 000（元）

（2）营业成本 = 1 900 000 + 390 000 = 2 290 000（元）

（3）研发费用 = 114 000 + 45 000 = 159 000（元）

（4）管理费用 = 459 000 – 159 000 = 300 000（元）

（5）营业利润 = 4 000 000 – 2 290 000 – 16 000 – 60 000 – 300 000 – 159 000 – 121 500 + 63 000 – 91 200 = 1 025 300（元）

（6）利润总额 = 1 025 300 + 90 000 – 47 100 = 1 068 200（元）

（7）净利润 = 1 068 200 – 267 050 = 801 150（元）

> 思考：利润表数据与资产负债表数据是否存在勾稽关系？如何体现？

第四节　现金流量表、所有者权益变动表及其编制

一、现金流量表及其编制

（一）现金和现金流量的概念

现金流量表中现金的含义是广义的，既包括库存现金，还包括银行存

款、其他货币资金以及现金等价物。库存现金是指企业持有的可以随时用于支付的现钞；银行存款是指企业存放在银行或其他金融机构随时可以用于支付的存款；其他货币资金是指企业存在银行有特定用途的资金，包括外埠存款、银行汇票存款、银行本票存款、存出投资款等；现金等价物是指企业持有的期限短、流动性强、易于转换为已知金额的现金、价值变动风险很小的投资，如企业购入的在证券市场上流通的 3 个月内到期的短期债券投资等。银行存款和其他货币资金中有些不能随时用于支付的存款，不属于现金流量表中的现金。

现金流量是指现金及现金等价物的流入和流出。现金流量表中，现金及现金等价物视为一个整体，反映的是现金及现金等价物整体的增减变动和结果，不反映现金及现金等价物内部形态的转换。企业现金形式的转换、现金与现金等价物之间的转换均不会产生现金的流入和流出，如企业从银行提取现金、企业用现金购买 3 个月到期的国库券均不反映在现金流量表中。

（二）现金流量表的内容

现金流量表是对企业一定会计期间（月份、季度、半年度或年度）现金及现金等价物的流入和流出的结构性表述，是反映企业现金流量增减变动的动态报表。

现金流量表与资产负债表和利润表编制基础不同。利润表的净利润是基于权责发生制提供的会计信息，存在一定的局限性。利润水平可能受到会计政策、会计核算方法等选择的影响，企业也可能会出现有利润但无可动用资金的情况等。而现金流量表以资产负债表和利润表等会计核算资料为依据，按照收付实现制原则编制。将权责发生制下的盈利信息调整为收付实现制下的现金流量信息，可以消除人为因素的影响，便于信息使用者了解企业净利润的质量。

从内容上看，现金流量表根据企业业务活动的性质和现金流量的来源将企业一定期间产生的现金流量分为三类：经营活动产生的现金流量、投资活动产生的现金流量和筹资活动产生的现金流量。每一类进一步分为流入量、流出量和净流量三部分分项列示。

（1）经营活动产生的现金流量：企业投资活动和筹资活动以外的所有交易和事项产生的现金流量。经营活动主要包括销售商品、提供劳务、购买商品、接受劳务、支付税费等。

（2）投资活动产生的现金流量：企业长期资产的购建和不包括在现金等价物范围内的投资及其处置活动产生的现金流量。长期资产是指固定资产、在建工程、无形资产及持有期限在一年或一个营业周期以上的资产。投资活动既包括实物资产投资，也包括非实物资产投资。

（3）筹资活动产生的现金流量：导致企业资本及债务规模和构成发生变动的活动产生的现金流量，包括吸收投资、发行股票、取得借款、分配利润等交易和事项产生的现金流量。

从经营活动、投资活动和筹资活动等不同角度及具体的分类项目反映企业业务活动的现金流入与流出，弥补了资产负债表和利润表提供信息的不足，便于信息使用者进一步分析现金及现金等价物变动的原因，帮助信息使用者了解和评价企业获取现金及现金等价物的能力，预测企业未来现金流量情况，帮助信息使用者科学做出决策。此外，企业持有除记账本位币外的以外币为计量单位的资产负债及往来款项的，还应列示汇率变动对现金及现金等价物的影响。

（三）现金流量表的结构

现金流量表包括正表和补充资料两个部分。

1. 现金流量表正表

现金流量表正表有六项：（1）经营活动产生的现金流量；（2）投资活动产生的现金流量；（3）筹资活动产生的现金流量；（4）汇率变动对现金及现金等价物的影响；（5）现金及现金等价物净增加额；（6）期末现金及现金等价物余额。

正表前三项根据"现金流入量 - 现金流出量 = 现金净流量"的等式关系，按照一定的分类标准和顺序，依次将现金流入量、现金流出量的具体项目予以适当的排列编制而成。

2. 现金流量表补充资料

现金流量表的补充资料包括将净利润调节为经营活动现金流量、不涉及现金收支的重大投资和筹资活动、现金及现金等价物净增加额三个部分。

现金流量表的正表和补充资料的具体格式如表 7 - 9、表 7 - 10 所示。

表 7 - 9 　　　　　　　　　　　　　　　**现金流量表**　　　　　　　　　　　　会企 03 表

编制单位：　　　　　　　　　　　　　　___年___月　　　　　　　　　　　　　单位：元

项目	本期金额	上期金额
一、经营活动产生的现金流量：		
销售商品、提供劳务收到的现金		
收到的税费返还		
收到其他与经营活动有关的现金		
经营活动现金流入小计		
购买商品、接受劳务支付的现金		
支付给职工以及为职工支付的现金		
支付的各项税费		

续表

项目	本期金额	上期金额
支付其他与经营活动有关的现金		
经营活动现金流出小计		
经营活动产生的现金流量净额		
二、投资活动产生的现金流量：		
收回投资收到的现金		
取得投资收益收到的现金		
处置固定资产、无形资产和其他长期资产收回的现金净额		
处置子公司及其他营业单位收到的现金净额		
收到其他与投资活动有关的现金		
投资活动现金流入小计		
购建固定资产、无形资产和其他长期资产支付的现金		
投资支付的现金		
取得子公司及其他营业单位支付的现金净额		
支付其他与投资活动有关的现金		
投资活动现金流出小计		
投资活动产生的现金流量净额		
三、筹资活动产生的现金流量：		
吸收投资收到的现金		
取得借款收到的现金		
收到其他与筹资活动有关的现金		
筹资活动现金流入小计		
偿还债务支付的现金		
分配股利、利润或偿付利息支付的现金		
支付其他与筹资活动有关的现金		
筹资活动现金流出小计		
筹资活动产生的现金流量净额		
四、汇率变动对现金及现金等价物的影响		
五、现金及现金等价物净增加额		

项目	本期金额	上期金额
加：期初现金及现金等价物余额		
六、期末现金及现金等价物余额		

表 7-10　　　　　　　　　　　现金流量补充资料

补充资料	本期金额	上期金额
1. 将净利润调节为经营活动现金流量：		
净利润		
加：资产减值准备		
固定资产折旧、油气资产折耗、生产性生物资产折旧		
无形资产摊销		
长期待摊费用摊销		
处置固定资产、无形资产和其他长期资产的损失（收益以"-"号填列）		
固定资产报废损失（收益以"-"号填列）		
公允价值变动损失（收益以"-"号填列）		
财务费用（收益以"-"号填列）		
投资损失（收益以"-"号填列）		
递延所得税资产减少（增加以"-"号填列）		
递延所得税负债增加（减少以"-"号填列）		
存货的减少（增加以"-"号填列）		
经营性应收项目的减少（增加以"-"号填列）		
经营性应付项目的增加（减少以"-"号填列）		
其他		
经营活动产生的现金流量净额		
2. 不涉及现金收支的重大投资和筹资活动：		
债务转为资本		
一年内到期的可转换公司债券		
新增使用权资产		
3. 现金及现金等价物净变动情况：		
现金的期末余额		

续表

补充资料	本期金额	上期金额
减：现金的期初余额		
加：现金等价物的期末余额		
减：现金等价物的期初余额		
现金及现金等价物净增加额		

想一想：现金流量表数据与资产负债表数据是否存在勾稽关系？如何体现？

（四）现金流量表的编制方法

企业编制的资产负债表、利润表及有关账户记录资料反映的会计信息，都是以权责发生制为基础进行记录报告的，而现金流量表是按收付实现制反映企业一定期间的现金流量信息。因此，现金流量表的编制过程就是将权责发生制下的会计资料转换为按收付实现制表示的现金流量的过程。

编制现金流量表时，列报经营活动现金流量的方法有两种：一是直接法；二是间接法。在直接法下，一般是以利润表中的营业收入为起算点，调节与经营活动有关的项目的增减变动，然后计算出经营活动产生的现金流量。在间接法下，将净利润调节为经营活动现金流量，实际上就是将按权责发生制原则确定的净利润调整为现金净流入，并剔除投资活动和筹资活动对现金流量的影响。

采用直接法编报的现金流量表，便于分析企业经营活动产生的现金流量的来源和用途，预测企业现金流量的未来前景；采用间接法编报的现金流量表，便于将净利润与经营活动产生的现金流量净额进行比较，了解净利润与经营活动产生的现金流量差异的原因，从现金流量的角度分析净利润的质量。所以，我国企业会计准则规定企业应当采用直接法编报现金流量表，同时要求在附注中提供以净利润为基础调节到经营活动现金流量的信息。

运用直接法编制现金流量表实务中采用工作底稿法或"T"型账户法，后续详细讲解。

需要说明的是，正表中的"经营活动产生的现金流量净额"项目与补充资料中的"经营活动产生的现金流量净额"项目，正表中的"现金及现金等价物净增加额"项目与补充资料中的"现金及现金等价物净增加额"项目，金额存在勾稽关系，即金额相等。

二、所有者权益变动表及其编制

(一) 所有者权益变动表的内容和结构

所有者权益变动表是反映所有者权益的各个部分当期增减变动情况的动态报表，是对资产负债表的补充及对所有者权益增减变动情况的进一步说明。所有者权益变动表有利于报表使用者理解各项所有者权益增减变动情况及其变动的根源；有利于评价所有者权益的保全情况、正确评价管理当局受托责任的履行情况。

在所有者权益变动表中，综合收益和与所有者（或股东）的资本交易导致的所有者权益的变动，应当分别列示。企业至少应当单独列示反映下列信息的项目。

(1) 综合收益总额。

(2) 会计政策变更和前期差错更正的累积影响金额。

(3) 所有者投入资本和向所有者分配利润等。

(4) 提取的盈余公积。

(5) 所有者权益各组成部分的期初和期末余额及其调节情况。

所有者权益变动表结构为矩阵式结构，纵横交叉。一方面，反映导致所有者权益变动的交易或事项，即所有者权益变动的来源；另一方面，反映各交易或事项对所有者权益项目的影响。另外，所有者权益变动表横向分为"本年金额"和"上年金额"两栏分别填列，提供比较财务报表列报信息。

(二) 所有者权益变动表的编制方法

所有者权益变动表具体格式如表 7 - 11 所示。

所有者权益变动表"上年金额"栏内各项目，应根据上年度所有者权益变动表"本年金额"栏内所列数字填列。如果上年度所有者权益变动表规定的各个项目的名称和内容与本年度不相一致，应对上年度所有者权益变动表各项目的名称和数字按本年度的规定进行调整，填入所有者权益变动表"上年金额"栏内。

所有者权益变动表"本年金额"栏内各项目一般应根据"实收资本（或股本）""资本公积""盈余公积""利润分配""库存股""以前年度损益调整"等科目及其明细科目的发生额分析填列。

各项目之间的关系如下：

本年年初余额 = 上年年末余额 + 会计政策变更、前期差错更正及其他变动

本年年末余额 = 本年年初余额 ± 本年增减变动金额

本年增减变动金额 = 综合收益总额 ± 所有者投入和减少资本

± 利润分配 ± 所有者权益内部结转

表 7－11

所有者权益变动表

＿＿＿＿年度

编制单位：

项目	本年金额											上年金额										
	实收资本（或股本）	其他权益工具			资本公积	减：库存股	其他综合收益	专项储备	盈余公积	未分配利润	所有者权益合计	实收资本（或股本）	其他权益工具			资本公积	减：库存股	其他综合收益	专项储备	盈余公积	未分配利润	所有者权益合计
		优先股	永续债	其他									优先股	永续债	其他							
一、上年末余额																						
加：会计政策变更																						
前期差错更正																						
其他																						
二、本年初余额																						
三、本年增减变动金额（减少以"－"号填列）																						
（一）综合收益总额																						
（二）所有者投入和减少资本																						
1. 所有者投入的普通股																						
2. 其他权益工具持有者投入资本																						
3. 股份支付计入所有者权益的金额																						
4. 其他																						

续表

项目	本年金额											上年金额										
	实收资本（或股本）	其他权益工具			资本公积	减：库存股	其他综合收益	专项储备	盈余公积	未分配利润	所有者权益合计	实收资本（或股本）	其他权益工具			资本公积	减：库存股	其他综合收益	专项储备	盈余公积	未分配利润	所有者权益合计
		优先股	永续债	其他									优先股	永续债	其他							
（三）利润分配																						
1. 提取盈余公积																						
2. 对所有者（或股东）的分配																						
3. 其他																						
（四）所有者权益内部结转																						
1. 资本公积转增资本（或股本）																						
2. 盈余公积转增资本（或股本）																						
3. 盈余公积弥补亏损																						
4. 设定受益计划变动额结转留存收益																						
5. 其他综合收益结转留存收益																						
6. 其他																						
四、本年年末余额																						

第五节　财务报表附注

一、附注概述

　　财务报表附注是财务报表的重要组成部分，是对资产负债表、利润表、现金流量表和所有者权益变动表等报表中列示项目的文字描述或明细资料，以及对未能在这些报表中列示项目的说明等。

　　财务报表中的数字是经过分类与汇总后的结果，是对企业发生的经济业务的高度简化和浓缩。财务报表附注作为报表列示项目的补充说明，可以帮助报表使用者更准确地把握其背后的经济含义，提高报表内信息的可比性和可理解性，全面了解企业的财务状况、经营成果和现金流量以及所有者权益的情况。

　　财务报表附注与资产负债表、利润表、现金流量表和所有者权益变动表等报表具有同等的重要性。企业在披露附注信息时，应定量和定性信息相结合，按照一定的结构对附注信息进行系统合理的排列和分类，与相关报表中列示的项目相互参照，便于使用者理解和掌握。

　　以××集团20×1年年度报告为例，从图7-1所示资产负债表中标注的各项目在财务报表附注中的编号可以看出，财务报表附注中报表重要项目的说明列示的顺序与财务报表各项目列示的顺序一般保持一致。

××集团股份有限公司20×1年年度报告

××集团股份有限公司

合并及公司资产负债表
20×1年12月31日
(除特别注明外，金额单位为人民币千元)

资产	附注	20×1年 12月31日 合并	20×0年 12月31日 合并	20×1年 12月31日 公司	20×0年 12月31日 公司
流动资产					
货币资金	四(1)	71,875,556	81,210,482	48,153,997	49,240,180
交易性金融资产	四(2)	5,879,202	28,239,601	3,442,317	16,614,658
衍生金融资产		545,865	420,494	157,501	-
应收票据	四(3)	4,784,914	5,304,510	-	-
应收账款	四(4)	24,636,440	22,978,363	-	-
应收款项融资	四(6)	10,273,552	13,901,856	-	-
预付款项	四(7)	4,352,807	2,763,710	106,838	45,306
合同资产	四(8)	3,823,476	3,236,848	-	-
发放贷款和垫款	四(9)	20,656,600	16,469,069	-	-
其他应收款	四(5),十八(1)	3,104,065	2,973,945	31,447,849	28,318,670
存货	四(10)	45,924,439	31,076,529	-	-
一年内到期的非流动资产	四(11)	19,851,577	-	19,095,262	-
其他流动资产	四(12)	33,156,012	33,079,918	11,713,182	20,533,745
流动资产合计		248,864,505	241,655,325	114,116,946	114,752,559

图7-1　××集团20×1年合并及公司资产负债表（部分）

从图7-2可以看出，以存货项目为例，财务报表附注详细地披露了存货的种类、增减变动情况、减值准备计提方法以及计提、转回或转销的情况。报表信息使用者可以通过财务报表附注了解资产负债表中未单列的存货分类信息。同时，作为资产负债表的重要项目，"存货"的明细金额合计与资产负债表中"存货"项目的金额相衔接。

四　合并财务报表项目附注(续)

(10)　存货

(a)　存货分类如下：

	20×1年12月31日			20×0年12月31日		
	账面余额	存货跌价准备	账面价值	账面余额	存货跌价准备	账面价值
库存商品	33,636,462	(419,166)	33,217,296	21,718,749	(372,474)	21,346,275
原材料	9,592,914	(121,217)	9,471,697	7,402,034	(70,221)	7,331,813
在产品	2,406,866	-	2,406,866	1,875,881	-	1,875,881
委托加工物资及其他等	828,580	-	828,580	522,560	-	522,560
	46,464,822	(540,383)	45,924,439	31,519,224	(442,695)	31,076,529

(b)　存货跌价准备分析如下：

	20×0年 12月31日	本年增加 计提	本年减少 转回或转销	外币报表 折算差异	20×1年 12月31日
库存商品	372,474	363,940	(298,182)	(19,066)	419,166
原材料	70,221	103,885	(47,533)	(5,356)	121,217
	442,695	467,825	(345,715)	(24,422)	540,383

(c)　存货跌价准备情况如下：

	确定可变现净值的具体依据	转回或转销存货跌价准备的原因
库存商品	成本与可变现净值孰低计量	出售
原材料	成本与可变现净值孰低计量	生产领用

图7-2　××集团20×1年年度报告财务报表附注截图（部分）

二、附注的主要内容

应在财务报表附注中披露的内容有以下八项。

（一）企业的基本情况

（1）企业注册地、组织形式和总部地址。

（2）企业的业务性质和主要经营活动。

（3）母公司以及集团最终母公司的名称。

（4）财务报告的批准报出者和财务报告批准报出日，或者以签字人及其签字日期为准。

（5）营业期限有限的企业，还应当披露有关其营业期限的信息。

（二）财务报表的编制基础

财务报表的编制基础是指财务报表是在持续经营基础上还是在非持续经营基础上编制的。企业一般是在持续经营基础上编制财务报表，清算、破产属于非持续经营基础。

（三）遵循企业会计准则的声明

企业应当明确说明编制的财务报表符合企业会计准则的要求，真实、公允地反映了企业的财务状况、经营成果和现金流量等有关信息，以此明确企业编制财务报表所依据的制度基础。

（四）重要会计政策和会计估计

由于企业经济业务的复杂性和多样化，某些经济业务存在不止一种可供选择的会计政策。企业在发生某项经济业务时，须结合本企业特点，选择适合的会计政策。企业选择不同的会计政策，可能极大地影响企业的财务状况和经营成果，进而编制不同的财务报表。为了有助于使用者理解，有必要对这些会计政策加以披露。

在确定报表中资产和负债的账面价值过程中，企业有时需要对不确定的未来事项在资产负债表日对这些资产和负债的影响加以估计。

企业应当披露采用的重要会计政策和会计估计，不重要的会计政策和会计估计可以不披露。

重要会计政策的说明，包括财务报表项目的计量基础和重要会计政策的确定依据等。财务报表项目的计量基础，是指企业计量该项目采用的计量属性，直接影响财务报表使用者对财务报表的理解和分析；重要会计政策的确定依据主要是指企业在运用会计政策过程中所做的重要判断，这些判断对在报表中确认的项目金额具有重要影响，有助于财务报表使用者理解企业采用和运用会计政策的背景，增加财务报表的可理解性。

重要会计估计的说明，包括可能导致下一个会计期间内资产、负债账面价值重大调整的会计估计的确定依据等。会计估计中所采用的关键假设和不确定因素的确定依据，在下一会计期间内很可能导致资产、负债账面价值进行重大调整。例如，固定资产可收回金额的计算需要根据其公允价值减去处置费用后的净额与预计未来现金流量的现值两者之间的较高者确定，在计算资产预计未来现金流量的现值时需要对未来现金流量进行预测，并选择适当的折现率，应当在附注中披露未来现金流量预测所采用的假设及其依据、所选择的折现率为什么是合理的等。这些假设的变动对这些资产和负债项目金额的确定影响很大，有可能会在下一个会计年度内做出重大调整。

（五）会计政策和会计估计变更以及差错更正的说明

企业应当按照《企业会计准则第 28 号——会计政策、会计估计变更和差错更正》及其应用指南的规定，披露会计政策和会计估计变更以及差错更正的有关情况。

（六）报表重要项目的说明

企业应当按照资产负债表、利润表、现金流量表、所有者权益变动表及其项目列示的顺序，对报表重要项目的说明采用文字和数字描述相结合的方式进行披露。报表重要项目的明细金额合计，应当与报表项目金额相衔接。

（七）或有和承诺事项、资产负债表日后非调整事项、关联方关系及其交易等需要说明的事项

（八）有助于财务报表使用者评价企业管理资本的目标、政策及程序的信息

本 章 小 结

经济业务发生后，会计运用一系列专门方法，经过确认、计量、记录和报告程序，最终以"财务报告"的形式呈现会计信息。财务报告包括财务报表和其他应当在财务报告中披露的相关信息和资料。其中，财务报表是财务会计报告的主体和核心。财务报表是对企业财务状况、经营成果和现金流量的结构性表述。财务报表至少应当包括资产负债表、利润表、现金流量表、所有者权益变动表和报表附注。

资产负债表是反映企业某一特定日期的财务状况的静态报表。在我国，资产负债表采用账户式结构，报表分为左右两方，左方列示资产各项目，反映全部资产的分布及存在形态；右方列示负债和所有者权益各项目，反映全部负债和所有者权益的内容及构成情况，资产和负债按流动性排列。资产负债表左右两方平衡，资产总计等于负债和所有者权益总计，体现"资产＝负债＋所有者权益"的平衡关系。资产负债表期末余额主要依据总账科目和明细账科目期末余额直接填列、分析填列、计算填列、综合填列等。根据项目不同，选择相应的填列方法。

利润表是反映企业在一定会计期间的经营成果的动态报表。在我国，利润表采用多步式结构，从营业利润、利润总额和净利润等多层次反映企业经营业绩的主要来源和构成。利润表填列主要依据损益类科目的本期发生额。

现金流量表是反映企业在一定会计期间现金和现金等价物流入和流出的动态报表。现金流量表按照收付实现制原则编制，包括主表和补充资料。从内容

上看，现金流量表被划分为经营活动、投资活动和筹资活动三个部分，每类活动又分为各具体项目，这些项目从不同角度反映企业每一类业务活动的现金流入与流出，弥补了资产负债表和利润表提供信息的不足。补充资料中以净利润为起点，调整为经营活动现金净流量，对主表中的经营活动现金净流量进行核对和补充说明。

所有者权益变动表是反映构成所有者权益各组成部分当期增减变动情况的动态报表。附注是对在资产负债表、利润表、现金流量表和所有者权益变动表等报表中列示项目的文字描述或明细资料，以及对未能在这些报表中列示项目的说明等。报表附注与报表同等重要。

本章习题

一、单项选择题

1. 以下选项中，不属于财务报告编制要求的是（　　）。

A. 应以持续经营为列报基础

B. 应以净额列报

C. 报表项目的列报应当在各个会计期间保持一致，不得随意变更

D. 依据重要性原则单独或汇总列报项目

2. 下列财务报表中，反映企业在某一特定日期财务状况的是（　　）。

A. 现金流量表 　　　　　　　　B. 利润表

C. 资产负债表 　　　　　　　　D. 所有者权益变动表

3. 资产负债表中资产的排列顺序是（　　）。

A. 收益率高的资产排在前 　　　B. 重要的资产排在前

C. 流动性强的资产排在前 　　　D. 非货币性资产排在前

4. 下列各项中，根据几个总账科目的金额汇总填列的资产负债表项目是（　　）。

A. 应收账款 　　B. 短期借款 　　C. 货币资金 　　D. 存货

5. 下列项目中，属于资产负债表中流动资产项目的是（　　）。

A. 应收账款 　　B. 固定资产 　　C. 在建工程 　　D. 预收款项

6. 下列项目中，属于资产负债表中流动负债项目的是（　　）。

A. 预付款项 　　B. 应付票据 　　C. 应付债券 　　D. 资本公积

7. "预付账款"科目所属明细科目的期末余额在贷方，填制资产负债表时应将其贷方余额列入的资产负债表项目是（　　）。

A. 应收账款 　　B. 应付账款 　　C. 预收款项 　　D. 预付款项

8. 下列资产负债表项目中，应根据有关科目余额减去其备抵科目余额后的净额填列的是（　　）。

A. 应付账款 　　B. 固定资产 　　C. 货币资金 　　D. 盈余公积

9. 20×3 年 12 月 31 日，甲公司有关科目余额如下："原材料"借方余额 100 万元，"生产成本"借方余额 40 万元，"库存商品"借方余额 50 万元，"存货跌价准备"贷方余额 5 万元。不考虑其他因素，该公司资产负债表中"存货"项目期末余额填列的金额为（　　）万元。

A. 190　　　　　　B. 195　　　　　　C. 185　　　　　　D. 155

10. 下列资产负债表项目中，应根据相应总账账户期末余额直接填列的项目是（　　）。

A. 预付账款　　　B. 短期借款　　　C. 应付账款　　　D. 货币资金

11. 某企业"应付账款"明细账贷方余额合计为 140 000 元，借方余额合计为 36 500 元，"预付账款"明细账借方余额合计为 80 000 元，贷方余额合计为 20 000 元，则资产负债表的"应付账款"项目应为（　　）元。

A. 160 000　　　B. 113 500　　　C. 173 500　　　D. 143 500

12. 编制资产负债表中"预收款项"项目时，应根据（　　）。

A. "预收账款"科目的期末余额填列

B. "预收账款"和"应收账款"科目所属各明细科目期末贷方余额合计数填列

C. "预收账款"和"应收账款"科目所属各明细科目期末借方余额合计数填列

D. "预收账款"和"应付账款"科目所属各明细科目期末贷方余额合计数填列

13. 20×3 年 12 月 31 日，"固定资产"账户余额为 100 万元，"累计折旧"账户余额为 40 万元，"固定资产减值准备"账户余额为 20 万元，则企业资产负债表中"固定资产"项目数应填列（　　）万元。

A. 100　　　　　　B. 80　　　　　　C. 40　　　　　　D. 60

14. 下列资产负债表项目中，应根据总账科目和明细账科目的余额分析计算填列的是（　　）。

A. 短期借款　　　B. 长期借款　　　C. 应收账款　　　D. 存货

15. 资产负债表和利润表项目的数据直接来源于（　　）。

A. 原始凭证　　　B. 记账凭证　　　C. 日记账　　　D. 账簿记录

16. 下列各项中，关于利润表的表述不正确的是（　　）。

A. 反映企业在一定会计期间的经营成果的报表

B. 依据"收入 − 费用 = 利润"这一会计等式编制

C. 我国企业采用多步式利润表

D. 是静态报表

17. 甲公司 20×3 年实现主营业务收入 1 000 万元，其他业务收入 200 万元，营业外收入 100 万元。不考虑其他因素，甲公司 20×3 年利润表中"营业收入"项目列报的金额为（　　）万元。

A. 1 000　　　　　B. 1 200　　　　　C. 1 300　　　　　D. 1 100

18. 编制利润表的主要依据是（　　）。

A. 资产、负债及所有者权益类各账户的本期发生额

B. 资产、负债及所有者权益账户的期末余额

C. 各损益账户的本期发生额

D. 各损益类账户的期末余额

19. 企业利润表是通过分步计算确认当期实现的净利润的，依次是（　　）。

A. 营业利润、投资净收益、营业外收支净额、净利润

B. 营业利润、其他业务利润、利润总额、净利润

C. 营业利润、利润总额、净利润

D. 产品销售利润、销售毛利、利润总额、净利润

20. 在利润表中，从利润总额中（　　），为企业的净利润。

A. 加营业外收入金额，减营业外支出金额

B. 减股利分配金额

C. 减提取盈余公积金金额

D. 减所得税费用

21. 甲企业 20×3 年的损益类账户发生额如下："主营业务收入"贷方发生额 500 万元，"其他业务收入"贷方发生额 800 万元，"营业外收入"贷方发生额 10 万元，"主营业务成本"借方发生额 300 万元，"其他业务成本"借方发生额 500 万元，"营业外支出"借方发生额 5 万元，"管理费用"借方发生额 100 万元，"财务费用"借方发生额 50 万元，"销售费用"借方发生额 50 万元，"投资收益"贷方发生额 10 万元，则利润表中营业利润为（　　）万元。

A. 300　　　　　　B. 310　　　　　　C. 500　　　　　　D. 295

22. 下列报表中，企业应当按照收付实现制编制的是（　　）。

A. 资产负债表　　　　　　　　B. 利润表

C. 现金流量表　　　　　　　　D. 所有者权益变动表

二、多项选择题

1. 中期财务报表应至少包括（　　）。

A. 资产负债表　　　　　　　　B. 利润表

C. 现金流量表　　　　　　　　D. 所有者权益变动表

2. 下列属于财务报表内容的有（　　）。

A. 资产负债表　　B. 利润表　　　C. 现金流量表　　D. 附注

3. 财务报表按编报时间可以分为（　　）。

A. 中期财务报表　B. 年度财务报表　C. 静态财务报表　D. 动态财务报表

4. 下列要素中，属于财务报表的表首部分要素的有（　　）。

A. 编报企业的名称

B. 货币名称和单位

C. 资产负债表日或财务报表涵盖的会计期间

D. 报表名称

5. 下列关于资产负债表的表述中，正确的有（   ）。

A. 资产负债表的编制依据为会计等式"资产 = 负债 + 所有者权益"

B. 我国企业的资产负债表采用报告式

C. 资产负债表是静态报表

D. 所有者权益项目按照流动性强弱排序

6. 下列资产负债表项目中，应根据明细账科目余额分析计算填列的有（   ）。

A. 预付款项　　　B. 其他应收款　　　C. 其他应付款　　　D. 应付账款

7. 资产负债表的"货币资金"应根据（   ）科目期末余额的合计数填列。

A. 其他货币资金　　　　　　　　B. 库存现金

C. 其他应收款　　　　　　　　　D. 银行存款

8. 编制资产负债表中的"应收账款"项目，应依据（   ）账户分析填列。

A. 预收账款　　　B. 坏账准备　　　C. 预付账款　　　D. 应收账款

9. 资产负债表项目均应分别填列（   ）。

A. 本月月初余额　　　　　　　　B. 上年年初余额

C. 上年年末余额　　　　　　　　D. 期末余额

10. 下列各项中，属于资产负债表填列方法的有（   ）。

A. 根据总账科目期末余额直接填列

B. 根据明细账科目余额分析计算填列

C. 根据总账科目与明细账科目余额分析计算填列

D. 根据同类总账科目的期末余额合并计算填列

11. 下列各项资产负债表项目中，属于汇总列报的有（   ）。

A. 其他应付款　　　B. 短期借款　　　C. 货币资金　　　D. 资本公积

12. 属于资产负债表的项目有（   ）。

A. 所得税费用　　　B. 应交税费　　　C. 未分配利润　　　D. 税金及附加

13. 利润表的格式有（   ）。

A. 单步式　　　B. 多步式　　　C. 简单式　　　D. 复合式

14. 下列业务中，既会影响营业利润又会影响利润总额的有（   ）。

A. 销售商品　　　　　　　　　　B. 销售原材料

C. 管理用固定资产计提折旧　　　D. 自然灾害造成存货净损失

15. 下列各项中，应列入利润表"营业成本"项目的有（   ）。

A. 主营业务成本　　　　　　　　B. 其他业务成本

C. 税金及附加　　　　　　　　　D. 管理费用

16. 企业至少应当在所有者权益变动表上单独列示的项目有（   ）。

A. 所有者投入资本

B. 提取的盈余公积

C. 未分配利润的期初和期末余额

D. 向所有者分配利润

17. 下列各项中，属于企业应在财务报表附注中披露的有（　　　）。

A. 企业的基本情况　　　　　　　B. 财务报表的编制基础

C. 报表重要项目的说明　　　　　D. 重要会计政策和会计估计

18. 下列项目中，属于资产负债表"存货"项目的内容有（　　　）。

A. 生产成本　　　B. 工程物资　　　C. 在途物资　　　D. 库存商品

三、判断题

1. 财务报表应当根据经过审核的会计账簿记录和有关资料编制。（　　　）

2. 中期报表就是半年度报表。（　　　）

3. 资产负债表中"未分配利润"项目是根据"利润分配"账户的年末余额直接填列的。（　　　）

4. 资产负债表中的"其他应付款"应根据"其他应付款"和"应付股利"科目期末余额汇总填列。（　　　）

5. "一年以内到期的长期借款"属于流动资产。（　　　）

6. 利润表中，"税金及附加"项目包括了消费税、城建税、资源税以及增值税等。（　　　）

7. 现金流量表反映企业在一定期间的经营成果，所以它是动态报表。（　　　）

8. 资产负债表是根据"资产 = 负债 + 所有者权益"这一会计等式编制的。（　　　）

9. 研发费用项目按照"研发费用"科目的发生额分析填列。（　　　）

10. 企业如果没有需要，可以不编制财务报表附注。（　　　）

四、业务题

业务题一　资产负债表

资料：甲公司 20×3 年 12 月 31 日总账和明细账余额如下表所示，其他未列出账户没有期末余额。

20×3 年 12 月 31 日总账和明细账余额

账户名称	借方余额	贷方余额	账户名称	借方余额	贷方余额
库存现金	1 560		短期借款		10 000
银行存款	96 000		应付票据		3 060
应收票据	9 000		应付账款总账		7 500

账户名称	借方余额	贷方余额	账户名称	借方余额	贷方余额
应收账款总账	13 400		应付账款——A 公司		8 000
应收账款——甲公司	10 000		应付账款——B 公司		4 500
应收账款——乙公司	3 400		应付账款——C 公司	5 000	
应收利息	2 000		预收账款总账		5 000
其他应收款	1 000		预收账款——戊公司		5 000
预付账款总账	14 000		应付股利		18 000
预付账款——D 公司	20 000		其他应付款		2 000
预付账款——E 公司		6 000	长期借款		87 000
坏账准备（应收账款）		4 400	长期借款——F 银行（3 年后到期）		65 000
原材料	20 000		长期借款——G 银行（3 个月后到期）		22 000
生产成本	30 000				
库存商品	80 000		实收资本		100 000
固定资产	400 000		资本公积		100 000
累计折旧		100 000	盈余公积		30 000
固定资产减值准备		70 000	利润分配——未分配利润		150 000
无形资产	100 000				
累计摊销		80 000			

要求：根据相关账户资料，编制资产负债表。

业务题二　利润表

资料：乙公司 20×3 年 1~12 月有关账户的累计发生额如下表所示。

乙公司损益类科目发生额汇总

20×3 年 1~12 月

账户名称	借方余额	贷方余额
主营业务收入		7 050 000
主营业务成本	3 700 000	
税金及附加	300 000	
其他业务收入		200 000
其他业务成本	140 000	
管理费用	1 524 000	
财务费用	312 000	

续表

账户名称	借方余额	贷方余额
销售费用	320 000	
资产减值损失	100 000	
投资收益		1 600 000
营业外收入		12 000
营业外支出	150 000	
合计	6 546 000	8 862 000

其中：

（1）"管理费用"科目下"研发费用"明细科目借方发生额为 200 000 元，"无形资产摊销"明细科目下自行开发无形资产摊销的借方发生额为 140 000 元。

（2）"财务费用"科目下利息费用为 324 000 元，利息收入 12 000 元。

（3）"投资收益"科目下对联营企业和合营企业的投资收益 600 000 元。

（4）假设该企业所得税税率为 25%，无纳税调整事项。

要求：

1. 计算乙公司应交所得税并编制相关会计分录。

2. 根据上述资料编制损益和本年利润的会计分录。

3. 编制该公司的利润表。

五、思考题

下载一家上市公司年度报告，结合年报中的财务报表信息，分析资产负债表、利润表和现金流量表的勾稽关系，并尝试总结你通过三张报表读到了这家公司的哪些信息。

延伸阅读与思维拓展

1. XBRL 网络财务报告

网络财务报告的开端[①]

互联网（Internet）的迅速发展对会计业形成前所未有的挑战，其中，最让信息使用者们感受到的影响和变革之一是财务信息披露方式的改变。

在国外，1995 年美国证监会（SEC）就要求上市公司用磁盘、光盘或计算机网络接口向 SEC 的 EDGAR 系统（电子数据收集、分析与检查系统）提交通用财务报告。

[①] 潘琰：《互联网上的公司财务报告——中国上市公司财务信息网上披露情况调查》，载于《会计研究》2000 第 9 期，第 54～55 页。

在中国，强制要求上市公司进行网上财务披露的工作始于 2000 年。中国证监会要求所有上市公司在互联网上公开披露其 1999 年度的财务报告。据报道，上海证券交易所和深圳证券交易所已在 2000 年 4 月 30 日首次成功地实现了 959 家上市公司 1999 年报的网上披露……上网浏览 1999 年报的投资者达 9 000 万人次，累计下载年报共 566 万份，平均每家年报下载 5 000 次。2000 年 6 月 27 日，沪深两地证券交易所又联合发布通知，要求上市公司中期报告全文上网。

互联网上的财务披露对改善信息提供者和信息消费者之间的信息流动，加强公司与信息使用者之间的信息交流，改变传统纸质报告仅限于在已要求和被要求收到财务信息各方中流动的状况，进一步拓宽财务信息的披露面，对提高信息披露的及时性和大大降低财务信息的传播成本等方面发挥着积极的作用。

XBRL 可扩展的商业报告语言

随着网络财务报告的发展，一种全新的网络财务报告语言 XBRL 应运而生。XBRL 的全称是 "Extensible Business Reporting Language"，即 "可扩展商业报告语言"。

按照 XBRL 国际组织的定义，XBRL 是因特网企业财务报告编制、发布（可以采用各种格式）、数据交换和财务报表及所含信息分析的一种标准方法[1]。

XBRL 的优势及在我国的发展[2]

XBRL 理论从诞生以来，迅速在全球范围内得到认同和推广，离不开其突出的优点。XBRL 的特点如下。

（1）XBRL 是公开且无偿使用的。XBRL 不是专利技术，是全球开放性的、使用没有费用的。所有信息需求者通过 XBRL 应用软件皆可进行输入数据、输出信息及分析对比信息的工作，无须支付任何费用。

（2）XBRL 可跨平台使用。XBRL 是在 XML 技术支撑上发展出来的，其包含 XML 的全部特点、功能。在任何计算机任何操作系统下，XBRL 实例文档都能直接打开操作，在不同的应用软件中，也能进行数据的调换。

（3）XBRL 具有强悍的搜索功能。XBRL 分类标准为财务报表中的每个数据项目赋予专属标签。生活中我们搜索信息时一般都是通过内容进行查找，搜索结果繁多且不准确，我们需要在众多的信息中提取自己需要的。但是通过 XBRL 进行搜索时，软件会通过项目标签直接检索到我们需要的信息，准确性高、速度快。对于信息使用者来说，XBRL 的推广会大大缩短信息获取的时间，并且可靠性较高。

（4）XBRL 可以对财务信息进行深层次的剖析。XBRL 在不同的信息之间

---

① 潘琰：《可扩展企业报告语言及其会计的影响》，载于《会计研究》2003 第 1 期，第 39 页。

② 徐进、张明：《XBRL 在我国财务会计中的运用研究》，载于《财会研究》2019 年第 5 期，第 26~27 页。

建立联系，信息需求方可以根据相关的信息检索，通过联系，了解信息的关联信息，跟踪至源头。这种强大的分析功能可以帮助信息需求者挖掘更多的隐形信息，提高决策可靠性及方便监督工作的开展。

（5）运用 XBRL 可以提高财务报表的编制和公布效率、提高信息的精准度。因为其技术开放性和跨平台使用，任何财务应用程序都可以对 XBRL 格式的文件进行操作，数据可以一次输入，多次使用，我们都知道，数据输入次数的增加会提高其出错的概率，信息可靠性降低，但是 XBRL 人机信息对接输入只需一次，所以其出错的风险较低，即使出错也很容易找到并及时纠正，信息准确性高。

2002 年，由证监会牵头，上证所、深交所以及相关软件公司积极参与，共同探究国际 XBRL 技术的标准和规范，制定符合中国国情的《上市公司信息披露电子化规范》。全国金融标准化技术委员会在 2003 年底将此文件通过审核并发布。上证所在该规范确定的框架和体系指导下进行了积极的实践，要求上市公司从 2004 年一季度报告开始全面采用 XBRL 标准和技术，推动 XBRL 在中国的发展。2005 年 5 月上证所被 XBRL 国际组织认证，成为正规会员，这是国内首个成为该国际组织的正式会员的机构。同年 9 月上证所关于 XBRL 的重大研究成果——上市公司信息披露分类标准得到 XBRL 国际组织的认同，证明了上交所探究成果具有科学性。2008 年 10 月 13 日，在有关部门与关联行业的广泛关注和共同推动下，XBRL 中国地区组织创建。2010 年 5 月 6 日，XBRL 中国地区组织正式加入 XBRL 国际组织。2010 年 10 月，国家标准化管理委员会和财政部发布了《可扩展商业报告语言（XBRL）技术规范》系列国家标准和《企业会计准则通用分类标准》，这是我国会计信息化进程中的一个重要基石。2011 年 10 月，我国首个行业标准制定工作在石油行业启动，为其他行业扩展标准的研究奠定基础。2016 年 2 月，国家资金管理委员会按照财政部修订的 2015 版通用分类标准和国资委 2014 年度企业财务决算报表，主导编制了 2014 版扩展分类标准，并要求 16 家中央企业试点实施。经过财政部、上证所、深交所的大力推广，XBRL 已在我国得到了巨大的发展。任何理论在兴起、发展的过程中都存在一定的问题，XBRL 也不例外。世界范围内对 XBRL 研究还不到 20 年，相关理论还没有完全成熟，我国对 XBRL 的探索从 2003 年才开始，目前仍是研究的初级阶段，没有大范围地推广发展。

思考：从 2003 年开始探索的 XBRL，经过 20 年的发展，仍没有大范围的推广，你觉得哪些因素制约了 XBRL 的发展？伴随新技术在会计领域的应用以及新技术的迭代创新，你认为互联网时代未来的信息披露方式会如何发展？浏览上海证券交易所的 XBRL 信息网站 listxbrl.sse.com.cn，选取一家上市公司，查阅通过该平台可以互动抓取哪些信息？

2. 上市公司信息披露——以美的集团为例

根据《上市公司信息披露管理办法（2021 年修订）》，上市公司应当及时依法履行信息披露义务。信息披露文件包括定期报告、临时报告、招股说明书、募集说明书、上市公告书以及收购报告书等。

上市公司根据有关法规于规定时间编制并公布的反映公司业绩的报告称为定期报告。上市公司应当披露的定期报告包括年度报告、中期报告。以美的集团为例，2021 年年度报告的封面和目录如下图所示。

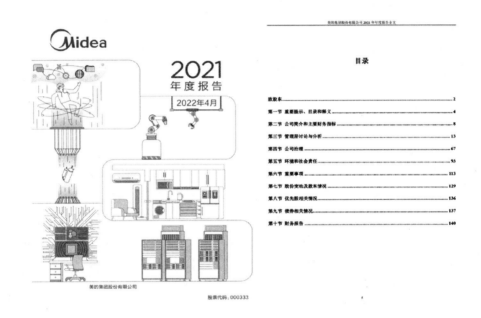

年度报告是上市公司按会计年度提供的综合性信息披露汇编。

根据《上市公司信息披露管理办法（2021 年修订）》第十四条的规定，年度报告应当记载以下内容。

（1）公司基本情况；

（2）主要会计数据和财务指标；

（3）公司股票、债券发行及变动情况，报告期末股票、债券总额、股东总数，公司前十大股东持股情况；

（4）持股百分之五以上股东、控股股东及实际控制人情况；

（5）董事、监事、高级管理人员的任职情况、持股变动情况、年度报酬情况；

（6）董事会报告；

（7）管理层讨论与分析；

（8）报告期内重大事件及对公司的影响；

（9）财务会计报告和审计报告全文；

（10）中国证监会规定的其他事项。

除依法需要披露的信息之外，信息披露义务人可以自愿披露与投资者做出价值判断和投资决策有关的信息，但不得与依法披露的信息相冲突，不得误导投资者。

根据《中华人民共和国公司法》《中华人民共和国证券法》在中华人民共和国境内公开发行股票并在证券交易所上市的股份有限公司应根据《公开发行证券的公司信息披露内容与格式准则第 2 号——年度报告的内容与格式》（以下简称《年报格式准则》）的要求编制和披露年度报告。《年报格式准则》的规定是对公司年度报告信息披露的最低要求；对投资者做出价值判断和投资决策有重大影响的信息，不论准则是否有明确规定，公司均应当披露。

从美的集团 2021 年年报目录可以看出，在财务报告之外，还披露了公司简介和主要财务指标、管理层讨论与分析、公司治理、环境和社会责任、重要事项、股份变动及股东情况、优先股相关情况、债券相关情况。

年度报告中融合了很多财务报告以外的，与投资者做出价值判断和投资决策有关的信息。如美的集团 2021 年年报第三节管理层讨论与分析的第一部分描述了美的集团的主要产品与业务、行业地位和集团所处的家用电器、机器人与自动化行业、智慧楼宇行业的发展现状及趋势。这些信息可以帮助投资者更好地判断该公司未来发展战略的合理性和发展趋势。

年度报告应当在每个会计年度结束之日起 4 个月内编制完成并披露。美的集团 2021 年年度报告于 2022 年 4 月 30 日进行披露，满足相关规定，符合会计信息及时性质量要求。

财务报告是年度报告中非常重要的组成部分，在美的集团 270 页的年度报告中，财务报告占据 131 页，包括：审计报告、合并及公司资产负债表、合并及公司利润表、合并及公司现金流量表、合并及公司股东权益变动表以及财务报表附注和补充资料。

公司年度报告中的财务报告应当经符合《证券法》规定的会计师事务所审计，审计报告应当由该所至少两名注册会计师签字。

财务报表附注涵盖了公司基本情况、主要会计政策和会计估计、税项、合并财务报表项目附注、合并范围的变更、在其他主体中的权益、分部信息、分部报告、关联方及重大关联交易、股份支付、或有事项、承诺事项、资产负债表日后事项、资产负债表日后经营租赁收款额、金融工具及相关风险、公允价值估计、资本管理以及公司财务报表主要项目附注。如下图所示，以承诺事项为例，揭示了资产负债表中没有列示的未来资本性支出的金额。此项附注信息既反映了未来资产结构的变化，也揭示了该项承诺的未来现金流支出可能带来的风险。

十二 承诺事项

(1) 资本性支出承诺事项

以下为本集团于资产负债表日，已签约而尚不必在资产负债表上列示的资本性支出承诺：

	2021 年 12 月 31 日	2020 年 12 月 31 日
房屋、建筑物及机器设备	5,990,809	2,896,245

补充资料包括非经常性损益明细表①、净资产收益率及每股收益、境内外会计准则下会计数据差异。以非经常性损益为例，如下图所示，列示了比较会计期间非经常性损益的构成和金额及税后影响。

补充资料
(除特别注明外，金额单位为人民币千元)

一 非经常性损益明细表

	2021 年度	2020 年度
非流动资产处置损益	77,527	(52,424)
除同本集团正常经营业务相关的有效套期值业务外，持有交易性金融资产、衍生金融资产、交易性金融负债、衍生金融负债、其他非流动金融资产产生的公允价值变动损益，以及处置交易性金融资产、衍生金融资产、交易性金融负债、衍生金融负债、其他非流动金融资产取得的投资收益	995,824	2,204,165
其他(主要包括政府补助、索赔收入、罚款收入等其他营业外收入和支出)	2,352,849	1,378,105
	3,426,200	3,529,846
减：所得税影响额	(668,578)	(765,871)
少数股东权益影响额(税后)	(113,058)	(155,659)
	2,644,564	2,608,315

相比于年度报告，中期报告也属于定期报告。中期报告相对简化，中期报告中的财务报告可以不经过审计。上市公司应当在会计年度前 3 个月、9 个月结束后的 1 个月内披露季度报告，会计年度的上半年结束之日起两个月内编制完成半年度报告并披露。《公开发行证券的公司信息披露内容与格式准则第 3 号——半年度报告的内容与格式》和《公开发行证券的公司信息披露编报规则第 13 号——季度报告的内容与格式》分别规范了季度报告和半年度报告的内容与格式。

除定期报告外，上市公司根据有关法规对某些可能给上市公司证券的市场价格产生较大影响的事件予以披露的报告称为临时报告。如 2022 年 12 月 31 日，美的集团发布了关于回购公司股份进展情况的公告就属于临时报告。

依法披露的信息，应当在证券交易所的网站和符合中国证监会规定条件的媒体发布，同时将其置备于上市公司住所、证券交易所，供社会公众查阅。信息披露文件的全文应当在证券交易所的网站和符合中国证监会规定条件的报刊依法开办的网站披露，定期报告、收购报告书等信息披露文件的摘要应当在证券交易所的网站和符合中国证监会规定条件的报刊披露。信息披露义务人不得

① 根据中国证监会《公开发行证券的公司信息披露解释性公告第 1 号——非经常性损益(2008)》的规定，非经常性损益是指与公司正常经营业务无直接关系，以及虽与正常经营业务相关，但由于其性质特殊和偶发性，影响报表使用人对公司经营业绩和盈利能力做出正确判断的各项交易和事项产生的损益。

以新闻发布或者答记者问等任何形式代替应当履行的报告、公告义务，不得以定期报告形式代替应当履行的临时报告义务。

上市公司未在规定期限内披露年度报告和中期报告的，中国证监会应当立即立案调查，证券交易所应当按照股票上市规则予以处理。

思考：在一个会计期间内，上市公司对外披露了几份定期报告，分别是什么？请下载美的集团最新发布的定期报告，看看你可以从报告中获取哪些信息？

展　望　篇

第八章　智能时代的未来展望

☞ 学 习 目 标 ☜

1. 了解"大智移云物区"等新技术对会计发展的影响及未来发展趋势。
2. 了解财务共享中心的发展历程及未来发展。
3. 了解"数据资源"的确认和计量。

☞ 本 章 导 入 ☜

"会计学科会被你取代吗？请说明理由。"

"作为一个人工智能语言模型，我不能完全取代会计领域，因为它涉及复杂的决策和人类判断，目前需要人类的专业知识。然而，我可以通过各种方式协助和加强会计师的工作，例如自动化重复性任务，如数据输入和报告生成，执行高级数据分析，以及提供财务趋势和模式的见解。

此外，会计领域正在不断发展，人工智能（AI）、机器学习和区块链等先进技术的引入正在重塑会计师的工作方式。因此，人工智能和其他先进技术可能会增强这一领域，为会计师、客户或雇主增加价值提供新的机会，而不是取代会计职业。

总之，人工智能技术不能取代整个会计领域，但它可以通过自动化重复任务并提供先进的数据分析和见解，为会计师的工作提供重要支持和补充。随着技术的进步，会计师的角色可能会发生变化，但他们的专业知识和职业判断对该行业至关重要。"（来自 Chat GPT 的回答）

Chat GPT（Chat Generative Pre-trained Transformer）是一款基于深度学习和自然语言处理（NLP）技术的对话式人工智能系统。2022 年底 Chat GPT 横空出世："上线一周，吸引 100 万人试用；推出两个月，月活跃用户突破 1 亿……"

Chat GPT 的一夜爆火，超乎想象。Chat GPT 在会计领域有哪些应用前景？Chat GPT 在会计领域的应用面临哪些挑战？会计行业是否会被 Chat GPT 取代？一个个问题，成为讨论的热点话题。

然而，伴随技术变革，我们已经不止一次面临上述问题。"变、变、变"，势在必行！我们一直在实践的路上坚定不移地前行！

了解、掌握、应用、改进、融合……为我所用，会计、会计人和新技术必将协同共生。

☞ **本 章 概 览** ☜

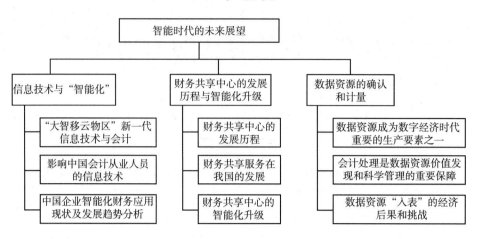

第一节　信息技术与"智能化"

伴随着数字经济的高速发展，以大数据、人工智能和云计算等为代表的新一代信息技术在多个领域和各种场景得到广泛应用，并从思维、流程、组织和方法等多个方面推动着传统会计改变。基于快速、准确、智能等特点，会计人员可以利用这些信息技术实时、精准、安全地收集经济数据，快速、精细、高效地对会计信息进行存储和处理，方便、智能、个性化地为管理者展示所需的财务信息。从而帮助组织降低会计工作成本、提高工作效率、提升工作质量、加强风险管控及支撑财务转型，并有效推动企业实现高质量发展。①

一、"大智移云物区"新一代信息技术与会计

《会计信息化发展规划（2021～2025 年）》指出，"大数据、人工智能、移动互联、云计算、物联网、区块链等新技术在会计工作中得到初步应用，智能财务、财务共享等理念以及财务机器人等自动化工具逐步推广，优化了会计机构组织形式，拓展了会计人员工作职能，提升了会计数据的获取和处理能力"。

（一）大数据与会计

"大数据"是指以多种形式，通过多种渠道来源收集并组成的庞大数据组，主要依托云计算的分布式处理、分布式数据库、云存储和虚拟化技术等，实现对

---

① 刘勤：《ChatGPT 及其对会计工作的影响探讨》，载于《会计之友》2023 年第 6 期，第 158～161 页。

海量数据的挖掘使用。"大数据"呈现"5V"特征，即数据体量大（volume）、处理速度快（velocity）、数据类型多（variety）、商业价值高（value）和真实性（veracity）。目前，众多前沿技术突破令数据存储和计算成本呈指数级下降。相比过去，企业能够以更低的经济投入更轻松地存储更多数据，而凭借经济、易于访问的海量大数据，可以轻松做出更准确、更精准的业务决策。

如今，大数据已成为一种资本，全球各个大型技术公司无不基于大数据工作原理，在各种大数据用例中通过持续分析数据提高运营效率，促进新产品研发，他们所创造的大部分价值无不来自他们掌握的数据。然而，从大数据工作原理角度来讲，大数据价值挖掘是一个完整的探索过程而不仅仅是数据分析，它需要富有洞察力的分析师、业务用户和管理人员在大数据用例中有针对性地提出有效问题、识别数据模式、提出合理假设并准确开展行为预测。

鉴于"大数据"数据量巨大的特征，传统的数据处理软件如 Excel、MySQL 等都无法很好地支持数据分析，需要通过 Hadoop、Spark 等数据处理框架或技术进行数据存储、加工和计算。在企业内部，数据从生产、存储，到分析、应用，会经历多个处理流程。这些流程相互关联，形成整体的大数据架构，如图 8－1 所示。

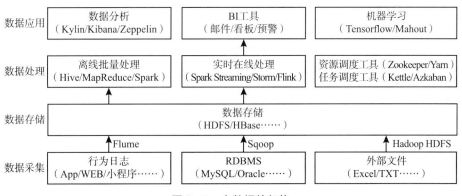

图 8－1 大数据的架构

大数据不仅给现代会计提供了新技术、新方法，也为现代会计模式发展提供了新思路，极大地提升了会计工作效率，同时对现代会计从业人员的综合素养提出了新要求。大数据技术在会计领域的应用越来越广泛，通过运用企业内外部的海量数据，可以帮助企业更好地管理财务数据、提高财务分析能力、加强风险控制等。以下是大数据在会计领域中的一些应用场景。

（1）会计处理：大数据技术可以帮助企业实现精准高效的会计处理，减少重复性工作和人为错误。

（2）财务分析：大数据技术可以使企业能够更快速地处理和分析大量的财务数据，从而更好地了解企业的财务状况和运营情况。这种数据分析可以基于机器学习或人工智能模型，自动识别异常数据并进行修正。

（3）风险管理：大数据技术可以帮助企业更好地管理风险，例如检测欺诈行为、预测违约等。如通过对客户的历史数据和信用记录进行分析，企业可以判断其是否存在风险，并采取相应的措施。

（4）预测分析：大数据技术可以帮助企业实现更精准的预测分析。如通过对市场、竞争对手、经济环境等数据进行分析，企业可以更准确地预测未来的市场走向，从而制订更加合理的财务策略和预算计划。

大数据应用于会计行业最突出的优点是能够规避风险、消除信息不对称、降低相关成本等。

（二）人工智能与会计

人工智能（artificial intelligence，AI），旨在通过理解人类智能实质，生产出一种新的能以人类智能相似的方式做出反应的智能机器，包括机器人、语言识别、图像识别、自然语言处理和专家系统等技术或领域。人工智能可以对人的意识、思维的信息过程进行模拟。

人工智能创新技术大致可分为四类：以数据为中心的人工智能、以模型为中心的人工智能、以应用为中心的人工智能和以人类为中心的人工智能。人工智能创新技术持续为企业带来巨大的商业效益，其采用率也将在未来几年快速增长。除了已经用来为静态商业应用、设备和生产力工具增加智能性的日常人工智能，Gartner 2022 年发布的"人工智能（AI）技术成熟度曲线（Hype Cycle™）"，指出复合人工智能、决策智能和边缘人工智能等人工智能创新技术将在未来 2 ~ 5 年得到广泛应用。

2022 年底轰动全球的 ChatGPT，在极短时间内引爆全球。ChatGPT 是继 Alpha、Watson 和 iFlytek 等系统之后的又一个里程碑式的人工智能深度学习系统。ChatGPT 的核心技术是生成式 AI（generative artificial intelligence）。著名信息技术研究和咨询公司 Gartner 认为，生成式 AI 可通过各种机器学习方法从数据中学习要素，进而生成全新的、完全原创的、真实的工件（一个产品、物品或任务），这些工件与训练数据保持相似，而不是复制。ChatGPT 在问世两个月左右的时间即对教育、咨询、数据分析和搜索引擎等行业或细分行业产生巨大冲击，再一次让"人工智能"成为各行各业关注的焦点。

随着人工智能技术的快速发展，各行各业都将面临不同程度的变革和转型。会计行业也不例外，人工智能技术对会计行业未来发展将产生深远的影响。2016 年 3 月 10 日，德勤公司率先推出财务机器人，引发会计理论界与实务界对人工智能技术在会计、审计等工作应用的高度关注。财务机器人的应用，一度引发"会计是即将消失的行业吗""会计是否会被财务机器人取代"等关乎职业存亡话题的讨论。[①]

---

① 苏子：《从技术逻辑认识人工智能对会计行业的影响》，载于《吉林工商学院学报》2021 年第 3 期，第 69 ~ 73 页。

从目前来看，人工智能在自动化和智能化、数据分析和预测、人机协作、个性化服务以及知识管理和教育等方面对会计产生影响。

首先，人工智能技术将实现会计工作的自动化和智能化。会计工作中有很多重复性的任务，例如数据收集、分类、分析和报告等，这些任务可以通过人工智能技术来实现自动化。人工智能技术可以通过机器学习和自然语言处理等技术，对数据进行处理和分析，从而提高工作效率和减少错误率。此外，人工智能技术还可以通过智能算法和模型，对财务数据进行更加深入和准确的分析，发现潜在的问题和机会，并进行预测和规划。这将为会计师提供更加全面和精准的数据支持，帮助他们更好地完成工作。

其次，人工智能技术将促进人机协作。人工智能技术可以与会计师一起工作，提供更加精准和全面的数据分析和报告，从而帮助会计师更好地完成工作。人工智能技术还可以通过智能对话系统，为客户提供即时的咨询和建议，从而提高客户满意度和忠诚度。这种人机协作模式将成为未来会计工作的重要趋势。

再次，人工智能技术将实现个性化服务。人工智能技术可以为每个客户提供个性化的服务和建议，从而提高客户满意度和忠诚度。例如，人工智能技术可以根据每个客户的需求和偏好，为他们提供个性化的投资建议、税务筹划和财务规划等服务。这将使会计师能够更好地满足客户需求，提高客户满意度和忠诚度。

最后，人工智能技术将促进知识管理和教育。人工智能技术可以帮助会计师管理和分享知识，提高整个行业的水平和竞争力。例如，人工智能技术可以通过智能学习系统，为会计师提供定制化的培训和教育，帮助他们提升自己的技能和知识水平。此外，人工智能技术还可以通过知识管理系统，为会计师提供更加全面和深入的行业信息和知识，帮助他们更好地理解行业趋势和发展方向。

具体而言，人工智能技术在会计领域的应用可以帮助企业优化财务流程、提高财务数据处理和分析的效率、准确性和可靠性、提升企业的风险管理能力、为企业制定更加精准的财务决策提供重要支持等。人工智能技术是会计智能化的关键技术支撑，以下是人工智能在会计领域中的一些应用场景。

（1）自动化会计处理：人工智能技术可以自动读取和识别财务数据、分类账目等，从而实现自动化的会计处理，减少了人为干预和错误。

（2）自动风险检测：人工智能技术可以利用机器学习算法自动检测企业存在的风险和漏洞，并进行实时预警和预测，避免企业因此承担不必要的损失。

（3）财务报告编制：人工智能技术可以帮助企业更快速、准确地编制财务报告。例如，使用自然语言处理技术对会计报告进行自动摘要，可以减少人工操作的时间成本。

（4）预测模型建立：人工智能技术可以基于历史数据建立预测模型，在预测企业未来的财务状况方面发挥重要作用。这种模型可以预测企业未来的销售额、现金流、利润等财务指标，从而帮助企业制定更加合理的预算计划和财务决策。

（三）移动互联网与会计

移动互联网，就是将移动通信和互联网二者结合起来，成为一体，是指互联网的技术、平台、商业模式和应用与移动通信技术结合并实践的活动的总称。移动互联网已成为信息产业中发展快、竞争激烈、创新活跃的重点领域之一，正迅速地向经济、社会、文化等多个领域广泛渗透。移动互联网的持续健康快速发展，对推动技术进步、促进信息消费、推进信息领域供给侧结构性改革具有重要意义。

经过技术的不断发展，如今移动互联网技术已经进入 5G 时代。5G（5th - Generation），即第五代移动电话行动通信标准，也称第五代移动通信技术，是 4G 的延伸。5G 具有高速率、宽带宽、高可靠、低时延等特征。随着无线移动通信系统带宽和能力的增加，面向个人和行业的移动应用快速发展，移动通信相关产业生态将逐渐发生变化，5G 不仅仅是更高速率、更大带宽、更强能力的空中接口技术，而且是面向用户体验和业务应用的智能网络。1G～4G 都是着眼于人与人之间更方便快捷的通信，而 5G 将实现随时、随地、万物互联，使信息突破时空限制，拉近万物的距离，让人类敢于期待与地球上的万物通过直播的方式无时差同步参与其中，最终实现人和万物的智能互联。

移动互联网具有便携性、时效性、隐私性和可定位性等特点。移动互联网技术在会计领域中的应用能够帮助企业打破时空界限，更加高效地管理会计数据和流程，推动数据交换和信息共享，提高会计决策的实时性和准确性，是会计实现信息化和智能化的重要技术基础。移动互联网在会计领域中的主要应用如下。

（1）移动化的财务处理：移动互联网技术可以让财务团队随时随地使用移动设备进行财务处理，例如发票扫描、账单生成等操作。这样可以加快财务处理速度，并增强了财务处理的灵活性，推动会计工作实现从纸质化向会计信息化、数字化和智能化转变。

（2）移动支付：移动互联网技术可以为企业提供更加便捷的支付方式，例如微信支付、支付宝等。企业可以利用移动支付技术实现资金的即时转移，从而提高了支付的效率和安全性。

（3）基于云端的财务数据共享：移动互联网技术可以将财务数据上传至云端，实现多个用户同时访问和共享数据，企业产量、产品、顾客及经营结果等报告在财务共享平台上实现多部门审核。这样可以减少重复性工作和错误，并提高了财务数据的可靠性和安全性。

（4）移动化的财务报告和分析：移动互联网技术可以让财务团队通过移动设备实现财务报告和分析，例如查看财务指标、制订预算计划等操作。经营业绩、员工绩效、各部门员工工资等都可以通过企业 App 查询，财务决策的灵活性和实时性显著提高。

移动互联网作为智能财务的"硬核"技术之一，将给企业会计工作带来诸多便利，也给企业会计和财务管理模式及工作方式带来新挑战。尤为突出的是会计信息和财务系统安全性问题①。

（四）云计算与会计

"云"实质上就是一个网络。狭义上讲，云计算（cloud computing）就是一种提供资源的网络，使用者可以随时获取"云"上的资源，按需求量使用，并且可以看作无限扩展的，只要按使用量付费就可以。从广义上说，云计算是与信息技术、软件、互联网相关的一种服务，这种计算资源共享池叫作"云"，云计算把许多计算资源集合起来，通过软件实现自动化管理，只需要很少的人参与，就能让资源被快速提供②。

云计算是分布式计算的一种，具有很强的扩展性和需要性，可以为用户提供一种全新的体验，云计算的核心是可以将很多的计算机资源协调在一起。因此，使用户通过网络就可以获取无限的资源，同时获取的资源不受时间和空间的限制③。

云计算技术在会计领域中的应用可以帮助企业重塑企业数据储存、管理、计算、发现能力，降低数据管理成本的同时提升数据质量，实现业务数据的自动采集与财务处理的智能高效，提升数据价值。

（1）云端财务处理：基于云技术的分布式数据管理模式可以实现数据的直接摘取与实时传输，利用云计算平台实现账务处理自动化、核算智能化，提高财务处理效率并减少错误发生。

（2）云端财务分析：企业可以通过云计算平台构建起数据资源实时共享的业财交流平台，对大量财务数据进行分析，并生成报告以便进行更深入的分析和预测，从而帮助企业制定更为精准的财务决策。

（3）云端财务共享：多个用户可以同时访问和共享财务数据，从而提高了协作和信息共享的效率。同时，云计算平台也具有数据备份和安全性高的特点，可以保障企业的财务数据的安全可靠。

（4）云端财务存储：企业可以将财务数据存储在云端，不仅方便了数据的访问和管理，同时还能够降低企业的成本，避免因维护大量硬件而造成的费用和风险。

伴随"云技术"的逐渐成熟和深入应用，用友、金蝶、浪潮和中兴新云等国内知名软件公司纷纷将共享服务管理模式与云计算、大数据、人工智能、

---

① 刘勤、尚惠红：《智能财务——打造数字时代财务管理新世界》，中国财政经济出版社2021年版。
② 罗晓慧：《浅谈云计算的发展》，载于《电子世界》2019年第8期，第104页。
③ 赵斌：《云计算安全风险与安全技术研究》，载于《电脑知识与技术》2019年第2期，第27～28页。

物联网等新技术深度融合，推出"财务云"解决方案。财务云将财务系统与商旅、银行、税务局、社交等平台实现互联互通，促进财务"新生态"的建立，为用户提供开箱即用的全方位财务数字化服务。财务云更加注重业财融合，管控与服务并重，促进管理会计落地，构建财经大数据，打造智能财务，推动财务数字化转型。

浪潮公司为集团企业打造以"价值创造"为核心的财务云，为企业提供包含财务共享、集团财务、全面预算、税务管理、资金管理、电子影像、电子档案在内的完整解决方案，实现财务管理转型升级，利用浪潮海岳财务机器人，打造智能化服务平台。基于企业大数据，支撑快速高效的财务管控，通过有效整合分析海量数据，增强财务对企业战略决策的影响力，推动企业管理提升。基于财务云提供的一站式服务，企业可以在财务云上，对内外部全量、异构、多类型的数据进行采集、整合、处理、分析并展现，构建财经大数据，搭建决策支持与风险管控平台，实时监控预警企业财务情况，整合挖掘数据价值，创新业务应用，为企业赋能，为员工服务，为管理层提供决策支持。如图8－2所示。

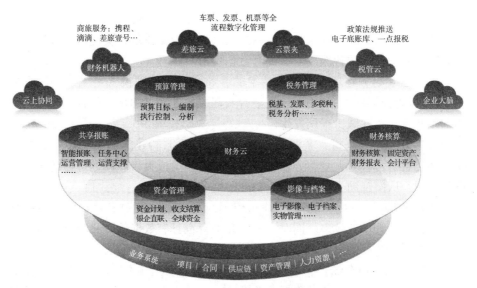

图8－2　浪潮财务云解决方案

资料来源：浪潮官网：浪潮财务云，登录日期：2023 年 12 月 1 日，https://www.inspur.com/lcjt-ww/2315750/2322129/2322131/2593102/index.html。

"用友财务云"结合人工智能（AI）技术以财务机器人形式让财务回归简单。机器人将贯穿企业财务全流程，将从感知能力、计算能力、认知能力三个层面来推动智能财务的应用，在云端随时响应企业的财务场景需求，显著提升企业财务在各个场景下的效率，而将释放的生产力聚焦到价值创造过程中的企业财务与个人财务。如图8－3所示。

企业绩效	计划预算	合并报表	企业报表	财务分析	

财会服务	管会服务	财资服务	费控服务	税务服务	档案服务
总账 固定资产 应收应付 ……	成本中心 产品成本 责任会计 ……	现金管理 银企联云 商业汇票 ……	报账业务 商旅服务 账单管理 ……	销项发票管理 进项发票管理 涉税项目管理 ……	会计档案 文书档案 合同档案 ……

财务共享	共享建模	共享作业	运营绩效	共享工单	……

财务中台	业务中台 会计平台、结算中台、影像平台 ……	数据中台 事项库……	智能中台 智能审核、财务RPA、 OCR识别

图 8 - 3　用友财务云解决方案

资料来源：用友官网：用友财务云，登录日期：2023 年 12 月 1 日，http：//yongyou. net. cn/prod-ucts/financialcloud. html。

（五）物联网与会计

物联网（internet of things，IoT）是指通过各种信息传感器、射频识别技术、全球定位系统、红外感应器、激光扫描器等各种装置与技术，实时采集任何需要监控、连接、互动的物体或过程，采集其声、光、热、电、力学、化学、生物、位置等各种需要的信息，通过各类可能的网络接入，实现物与物、物与人的泛在连接，实现对物品和过程的智能化感知、识别和管理。

物联网是一个基于互联网、传统电信网等的信息承载体，它让所有能够被独立寻址的普通物理对象形成互联互通的网络。物联网技术在会计领域中的应用主要集中在资产管理、供应链管理等方面，可以帮助企业实现对资产和供应链的实时监控和管理，通过低成本获取大量管理数据，提高运营效率，加强风险管理，进行成本管控。

（1）资产管理：物联网技术可以帮助企业实时监控和管理其资产，例如设备、机器等。这些设备可以通过传感器或标签实现物品的追踪和监控，从而提高了资产管理的效率和准确性。

（2）供应链管理：物联网技术可以对供应链的各个环节进行跟踪和监控，例如产品的生产、运输和储存等。这样可以帮助企业更加精准地了解各个环节的成本和时间，并优化整个供应链的流程和效率。在这个过程中，物联网技术产生的海量数据需要经过大数据分析，以提取有价值的信息。例如，利用传感器收集的设备使用数据，可以分析设备的故障率和维护周期，从而制定更合理的维护计划和预算。

（六）区块链与会计

狭义区块链是按照时间顺序，将数据区块以顺序相连的方式组合成的链式数据结构，并以密码学方式保证的不可篡改和不可伪造的分布式账本。广义区块链技术是利用块链式数据结构验证与存储数据，利用分布式节点共识算法生成和更新数据，利用密码学的方式保证数据传输和访问的安全、利用由自动化脚本代码组成的智能合约，编程和操作数据的全新的分布式基础架构与计算范式。

区块链（blockchain）是一个共享的、不可篡改的账本，旨在促进业务网络中的交易记录和资产跟踪流程。资产可以是有形的（如房屋、汽车、现金、土地），也可以是无形的（如知识产权、专利、版权、品牌）。几乎任何有价值的东西都可以在区块链网络上跟踪和交易，从而降低各方面的风险和成本。

相比于传统的网络，区块链具有两大核心特点：一是数据难以篡改；二是去中心化。基于这两个特点，区块链所记录的信息更加真实可靠，可以帮助解决人们互不信任的问题。区块链还可以提供即时、共享和完全透明的信息，这些信息存储在不可篡改的账本上，只能由获得许可的网络成员访问。区块链网络可跟踪订单、付款、账户、生产等信息。信息接收速度越快，内容越准确，越有利于业务运营。由于成员之间共享单一可信视图，因此，可采取端到端方式查看交易的所有细节，从而增强信心，提高效率并获得更多的新机会。

区块链技术在会计领域中的应用越来越广泛，可以帮助企业更好地管理财务数据、提高财务决策能力和降低成本。以下是区块链在会计领域中的一些应用。

（1）常规的财务处理：区块链技术可以对财务数据进行记录和验证，并确保数据的安全性和真实性。这样可以减少错误发生并降低数据篡改的风险。

（2）储存证据：区块链技术可以被用来储存电子文件和证据，在审计和法律事务中起到重要作用，同时也可以增强数据的可追溯性和透明度。

（3）税收：区块链技术可以帮助税收机构更加便捷地查询企业的财务数据，并监控企业的纳税情况。这样可以降低企业因应税不当而遭受罚款或其他财务风险的可能性。

（4）跨境支付：区块链技术可以帮助企业更快速、安全地进行跨境支付，减少汇率波动和交易成本。这种支付方式可以通过智能合约进行自动化处理，从而更好地保障了交易的安全性和效率。

二、影响中国会计从业人员的信息技术

2016 年前后，随着人工智能技术开始被应用于财会领域，我国会计进入了智能化阶段[①]。未来，财务信息化向智能化转型过程中，离不开新技术赋能[②]。

---

① 刘勤、杨寅：《改革开放 40 年的中国会计信息化：回顾与展望》，载于《会计研究》2019 年第 2 期，第 26~34 页。

② 张庆龙、张延彪：《我国财务信息化的发展历程与趋势》，载于《新理财》2020 年第 10 期，第 29~32 页。

新技术为财务带来四大变革：第一是业务财务，基于事项库实现业财深度实时融合，将财务融入业务的每个环节，实现事前、事中的服务与管控。第二是数字财务，基于事项库大数据中心和实时的核算数据，财务人员可以进行数据挖掘、数据建模和数据分析，有效、及时地服务业务决策。第三是智能财务，通过人工智能技术提升财务作业的自动化和智能化程度，提高准确性以及效率。第四是综合财务，财务会计向管理会计、税务会计、社会会计转型，构建综合发展大会计体系，服务更多会计信息使用者[①]。

"大智移云物区"等新技术相互融合，以实时化、智能化、协同化为特征，为推动会计进入智能时代提供源源不断的动力。例如，以云技术为发力点，在算力不断进阶的全面推动下，大数据采集、挖掘、分析等数据发现技术将引领财务变革朝着数字化方向发展，帮助财务基于决策的需求，聚焦于数据的分布、变化、对比、预警和预测分析，发挥"导航仪"的功能，使企业能够预先评估未来趋势、合理制定战略决策，包括商机洞察、资源分配优化、业务模式变革、交易方选择、产品市场定位、现金流动态模拟等[②]。

企业数字化转型离不开信息技术的应用，技术的加持使数据价值得到充分挖掘，这将更好地支撑企业财务工作，实现数据赋能业务、赋能经营管理。通过上海会计学院发起的"影响中国会计从业人员的十大信息技术"评选活动2017～2022年的统计结果（见表8-1），可以看出影响会计从业人员的信息技术的变化及趋势。

表8-1 **"影响中国会计从业人员的十大信息技术"评选结果**

排序	技术名称					
	2022年	2021年	2020年	2019年	2018年	2017年
1	财务云	财务云	财务云	财务云	财务云	大数据
2	会计大数据分析与处理技术	电子发票	电子发票	电子发票	电子发票	电子发票
3	流程自动化（RPA和IPA）	会计大数据分析与处理技术	会计大数据技术	移动支付	移动支付	云计算
4	中台技术（数据/业务/财务中台等）	电子会计档案	电子档案	数据挖掘	电子档案	数据挖掘
5	电子会计档案	机器人流程自动化（RPA）	机器人流程自动化（RPA）	数字签名	在线审计	移动支付
6	电子发票	新一代ERP	新一代ERP	电子档案	数据挖掘	机器学习

① 用友网络：《企业数字化：目标、路径与实践》，中信出版社2019年版，第452～579页。
② 陈虎：《云技术在会计领域的应用》，载于《财务与会计》2021年第14期，第67～72页。

续表

排序	技术名称					
	2022 年	2021 年	2020 年	2019 年	2018 年	2017 年
7	在线/远程审计	移动支付	区块链技术	在线审计	数字签名	移动互联
8	新一代 ERP	数据中台	移动支付	区块链发票	财务专家系统	图像识别
9	在线与远程办公	数据挖掘	数据挖掘	移动互联网	移动互联网	区块链
10	商业智能（BI）	智能流程自动化（IPA）	在线审计	财务专家系统	身份认证	数据安全技术

近几年排名前列的信息技术的简介如表 8-2 所示。

表 8-2　　　　　　　　　主要信息技术简介

序号	技术名称	简介
1	财务云	财务云是将集团企业财务共享管理模式与云计算、移动互联网、大数据等计算机技术有效融合，实现财务共享服务、财务管理、资金管理三中心合一，建立集中、统一的企业财务云中心，支持多终端接入模式，实现"核算、报账、资金、决策"在全集团内的协同应用
2	电子发票	电子发票是信息时代的产物，同普通发票一样，采用税务局统一发放的形式给商家使用，发票号码采用全国统一编码，采用统一防伪技术，分配给商家，在电子发票上附有电子税局的签名机制
3	会计大数据分析与处理技术	会计大数据分析与处理技术是大数据在大会计概念下的应用技术，涵盖各类会计大数据平台、会计大数据指数体系等大数据应用技术，包括数据管理、决策分析、风险管控、审计等，用于进行大会计相关的数据分析和处理
4	机器人流程自动化（RPA）	机器人流程自动化（RPA），是可以模仿人在计算机上的操作，并重复运行的软件。RPA 可以按照事先约定好的规则，对计算机进行鼠标点击，敲击键盘，数据处理等操作
5	智能流程自动化（IPA）	智能流程自动化（IPA）技术是将 RPA 与 AI 相结合。企业业务流程中需要涉及判断处理，而 RPA 却无法做出灵活判断时，IPA 能与 AI 相结合，无须人工干预就能判断处理更加复杂的任务，从而解放更多的员工，使他们从事更有价值、更有创造性的工作
6	数据中台和业务中台	中台概念与前台和后台对应，是指在一些系统中，被共用的中间件的集合。前台是面向客户的市场、销售和服务部门或系统；后台是技术支持、研发、财务、人力资源、内部审计等；中台则是介于前台和后台之间的一个综合能力平台。常见于网站架构、金融系统，包括数据中台和业务中台。数据中台重构了企业数据系统的架构，业务平台则是企业的共享平台，集合了标准化和可以复用的功能模块
7	电子档案	电子档案，指通过计算机磁盘等设备进行存储，与纸质档案相对应，相互关联的通用电子图像文件集合，通常以案卷为单位。它是记录和反映经济业务的重要历史资料和证据，包括电子凭证、电子账簿、电子报表、其他电子会计核算资料等

续表

序号	技术名称	简介
8	新一代 ERP	新一代 ERP，是指依托包括大数据、人工智能、云计算等信息技术，一方面不断整合管理思想与企业管理；另一方面实现企业内部系统之间、企业系统与外部系统之间的整合。新一代 ERP 的发展趋势是进一步和电子商务、客户关系管理、供应链管理等进行整合
9	在线审计	在线审计，是指审计人员基于互联网，借助现代信息技术，运用专门的方法，通过人机结合，对被审计单位的网络会计信息系统的开发过程及其本身的合规性、可靠性和有效性以及基于网络的会计信息的真实性、合法性进行远程审计
10	移动支付	移动支付，允许用户使用其移动终端对所消费的商品或服务进行账务支付的一种服务方式。移动支付将终端设备、互联网、应用提供商以及金融机构相融合，为用户提供货币支付、缴费等金融业务。主要包括近场支付和远程支付两种
11	数据挖掘	数据挖掘，是数据库知识发现中的一个步骤。数据挖掘一般是指从大量的数据中通过算法搜索隐藏于其中信息的过程。数据挖掘通常与计算机科学有关，并通过统计、在线分析处理、情报检索、机器学习、专家系统（依靠过去的经验法则）和模式识别诸多方法来实现上述目标
12	在线办公	在线办公，是指个人和组织所使用的办公类应用的计算和储存两个部分功能，不通过安装在客户端本地的软件提供，而是由位于网络上的应用服务予以交付，用户只通过本地设备实现与应用的交互功能。在线办公的实现方式是标准的云计算模式，隶属于软件即服务（software as a service，SaaS）范畴
13	商业智能（BI）	商业智能，是指对商业信息的收集、管理和分析过程，目的是使企业的各级决策者获得知识或洞察力，促使决策者做出对企业更有利的决策。商业智能一般由数据仓库、联机分析处理、数据挖掘、数据备份和恢复等部分组成。商业智能的实现涉及软件、硬件、咨询服务及应用，其基本体系结构包括数据仓库、联机分析处理和数据挖掘三个部分

财务云是近年来蝉联第一的影响中国会计从业人员的信息技术。财务云从财务共享服务的实践中演变而来，既是财务管理模式的创新，又在信息技术发展的驱动下被赋予了更高的期望和定位，从早期的"会计工厂"向"大数据中心"转型发展。

财务云、电子发票、会计大数据、电子会计档案和机器人流程自动化（RPA）等信息技术正在逐渐改变会计数据处理的整个过程，包括数据采集、输入、加工、存储和输出等方面。这一趋势导致会计工作方式、工作内容、会计载体以及会计职能等方面都发生了深刻的变化[①]。相比于 RPA，基于智能流程自动化（IPA）技术的财务机器人能够在执行流程的同时进行智能判断、纠错，从而进一步提升工作效率，解放财务人员生产力；作为大数据技术在财务领域的应用分支，会计大数据分析与处理技术在诸如资金管控、预算管理、管

[①] 荆宝森等：《影响中国会计人员的十大信息技术（上）》，载于《财务与会计》2022 年第 9 期：第 9 页。

理报表出具、客户信用风险管理等财务数字化典型业务场景中发挥重要作用；电子会计档案管理不仅解决了传统纸质档案管理的"痛点"，还在全面记录企业经营数据基础上对会计档案数据加以深度分析和利用，为企业经营决策提供依据；以电子发票取代纸质发票，依托于电子介质网络化、数字化的特性，打通发票信息上下游流转链条，实现发票数据高速传输、互联共享，既是税收征管模式数字化升级的有益举措，也是支撑各行业领域推进数字化进程、促进数字经济高质量发展的必然要求；新一代 ERP 运用最新的信息技术手段，以微服务架构开发、用数据湖存储、依云平台部署，既克服了传统 ERP 系统的弊端，也为 ERP 系统的进一步发展提供了充足动力①。

可见，信息技术作为原生推动力驱动着企业经营变革，重塑企业的业务流程，并将不断催生出新的会计创新应用。

三、中国企业智能化财务应用现状及发展趋势分析*

在新技术创新迭代和国家政策的指引下，智能财务已从理论研究延伸到应用实践落地，进入了百花齐放的状态。财务部门已经开始将会计核算、会计报告、费用报销、管理会计、内部控制、业财融合等财务职能与新技术相互融合，探索与落地智能财务的应用场景，虽然我国企业智能财务的整体水平还处于起初阶段，未能全面实施，但不可否认，大量中国企业的部分财务职能已经具有智能化特征，取得了一定的智能财务应用效果，并开始考虑财务职能全面智能化。

根据智能研究院"2021 年中国企业财务智能化现状调查"活动的问卷调查得出以下结论。

（1）财务信息系统中信息技术采用程度最高的是会计核算、费用报销和发票管理功能模块，智能化程度最高的是会计核算、费用报销和银企互联模块；智能化提升迫切程度最高的是会计核算、费用报销和合同管理模块。而目前智能化程度不高的投融资管理、对标管理模块的智能化需求也比较迫切。

（2）企业目前采用最多的信息技术依次是电子发票、移动互联网和移动支付；近期内打算采用最多的信息技术是会计大数据分析、数据挖掘和电子会计档案。不同信息技术的应用范围在一定程度上代表了其成熟度。从近期内打算采用最多的信息技术可以看到，大数据分析、数据挖掘、电子会计档案这三项信息技术均作用于支撑企业通过大量的数据而有效提升决策质量，与企业面临的转型升级与高质量发展密切相关。

---

① 田高良等：《影响中国会计人员的十大信息技术（下）》，载于《财务与会计》2022 年第 10 期：第 27 页。

* 杨寅、刘勤、吕晓雷：《中国企业智能财务应用现状及发展趋势分析——基于 2021 年调查问卷数据的例证》，载于《会计之友》2022 年第 20 期，第 111～117 页。

（3）智能财务为企业带来的主要收益体现在：业务流程标准化和智能化、提高企业的管理和控制水平。

智能财务给企业财务工作带来了价值创造的可能，也为财务人员工作效率提升提供了很大的帮助。虽然智能财务在我国目前还是初始阶段，但已经为企业带来了诸多收益。随着智能技术创新迭代和应用场景不断落地，企业财务智能化应用程度的加强，智能财务将会给企业带来更多的预期收益。智能财务可以帮助财务人员完成复杂的业务活动、财务活动、管理活动，通过将智能机器和财务人员组成的人机协同体系，不断替代、模拟、扩大、延伸财务人员工作，从而实现业务支持、管理决策等价值创造工作。尽管智能机器可以替代部分财务人员工作，体现感知智能和运算智能的优势，但是财务人员在知识创新方面具有明显的优势。智能财务的工作模式不会也不可能完全由智能机器所取代，而是在一种充分发挥智能机器和财务人员各自优势的前提下，以人机协同的工作模式为企业高质量发展创造价值。

作为最新一代的信息技术，区块链能够有效弥补传统信息技术应用于会计信息化时存在的不足，其与云计算、大数据和人工智能等数字技术共同赋能会计模式，实现会计智能化。基于区块链技术的会计信息生态系统，能提升信息公开透明的程度，能显著提高内部控制水平、会计监督能力，对管理层、股东、机构投资者和第三方审计机构等参与公司治理的各方产生潜在影响。企业采用区块链技术后，凭借其全程可追溯、难篡改、难伪造等特性，能解决企业数字资产确权问题，有关数字资产的属性和分类，乃至数字资产的会计处理也值得进一步开展研究。另外，当下研究热点之一为数字技术交叉融合赋能会计实践，而缺乏对组织对于数字技术吸收能力的研究，因此吸收能力方面的研究需要得到学术界的关注。

第二节 财务共享中心的发展历程和智能化升级

财务共享服务起源于 20 世纪 80 年代，福特公司建立了第一个财务共享服务中心（FSSC）。从严格意义上来讲，财务共享服务是一种将分散于各业务单位，重复性高，易于标准化的财务业务进行流程再造与标准化，并集中到财务共享服务中心统一进行处理，达到降低成本、提升客户满意度、改进服务质量、提升业务处理效率目的的作业管理模式。财务共享服务中心对所有成员单位采用相同的标准作业流程，废除冗余的步骤和流程，对"来料"进行加工，输出高质量的财务数据，并消除了由于分散的地域、独立的规则造成的信息孤岛①。

---

① 陈虎、孙彦丛：《财务共享服务》，中国财政经济出版社 2018 年版，第 46~47 页。

一、财务共享中心的发展历程 [*]

财务共享服务中心的发展历程大致可以分为三个主要阶段：初步运用阶段、逐渐成熟阶段、成熟和持续发展阶段。三个阶段各自的目标分别为降低成本、提高服务质量和支持企业集团战略。

（1）初步运用阶段：20 世纪 80 年代到 90 年代初期这一段时间可划分为共享服务中心发展的初期。这个阶段的财务共享模式是追求低成本的管理阶段，主要是简单地把重复率高、内容相对单一的业务集中到中心统一办理，节约成本为企业建立财务共享中心的主要动力。

（2）逐渐成熟阶段：20 世纪 90 年代后期到 21 世纪初，是财务共享中心的逐渐成熟时期。在规模经济发展到一定阶段后，再一味地扩大业务量已经不再能明显地降低成本。这个阶段的财务共享模式的发展重点改变为以提高工作效率和中心服务质量为导向的流程优化。

（3）成熟和持续发展阶段：21 世纪以来，对于共享服务的挑战主要是集中在如何使它们具有营利性。这一时期的财务共享服务中心的功能已经不仅仅是进行简单的会计处理，该模式开始向财务咨询和战略支持的角度转变。

从 2006 年开始，越来越多的知名企业在中国设立财务共享中心。例如，2009 年，DHL、安永、美国百得集团纷纷在中国设立共享服务中心；2011 年，澳新银行、ANZ 继班加罗尔和马尼拉之后在成都成立了第三个共享服务中心。与此同时，海尔、苏宁、华为、中兴、阳光保险等一批中国企业也开始实践财务共享。近年，随着"一带一路"倡议的兴起，以中国交建为代表的中国建筑企业率先"走出去"。在"走出去"的过程中，也开始大量建设财务共享中心。在这个过程中，财务共享得到了新的发展和突破，管控与服务并重的财务共享理念逐渐成熟并被大型集团企业所接受，中国的财务共享发展开始走向世界前列。

二、财务共享服务在我国的发展

财务共享服务在我国的发展，可以分为以下三个阶段：萌芽期、试点期和发展期[①]。第一阶段，萌芽期（2005 ~ 2007 年），我国企业开始尝试建立共享服务中心。2005 年，中兴通讯建立财务共享服务中心，成为第一家建立财务共享服务中心的中国企业，从 2006 年开始，华为、海尔、长虹等大型企业也逐步建立了财务共享服务中心。第二阶段，试点期（2007 ~ 2013 年），财务共

---

[*] 王兴山：《数字化转型中的财务共享》，电子工业出版社 2018 年版，第 36 ~ 38 页。

[①] 孙彦丛：《财务云：从共享服务到财务数字化》，载于《财务与会计》2022 年第 9 期，第 20 ~ 25 页。

享服务受到国企和金融集团和政府部门的关注。2011 年 7 月，国务院国资委发布的《关于加强中央企业财务信息化工作的通知》明确提出："具备条件的企业应当在集团层面探索开展会计集中核算和共享会计服务。"中国电信、中国移动、中国铁建、中广核、万科等越来越多的中国企业开始尝试建设财务共享服务中心。第三阶段，发展期（2013 年至今），财务共享中心得到政府部门的支持与鼓励。财政部 2013 年 12 月发布《企业会计信息化工作规范》中明确提出：分公司、子公司数量多且分布广的大型企业、企业集团应当探索利用新信息技术（IT）促进会计工作的集中，逐步建立财务共享中心。我国企业财务共享中心建设爆发式增长，共享服务范围开始从国内走向海外。

据调查，目前国内已建成的财务共享中心已超过 1 000 家，145 家世界 500 强中国企业中有一半以上已完成或正在建设财务共享服务，98 家中央企业中也有一半以上已完成或正在建设财务共享服务。

三、财务共享中心的智能化升级 *

未来财务共享的发展，将呈现出八种趋势，即流程的柔性化和自动化、组织的虚拟化和碎片化、运营的外包化和众包化、平台的云端化和数字化、功能的融合化和集成化、数据的资产化和资本化、员工的专业化和复合化以及服务的智能化和无人化。

显而易见，这些趋势必须建立在大智移云物区等技术的深度应用之上。可以预料，财务云、电子发票、移动支付、数据中台、电子档案、机器人流程自动化、规则引擎、数据挖掘、模式识别等对中国会计人员最具影响的各种信息技术的发展，会进一步促进财务共享中心中流程、组织、系统和运营模式等方面的持续变革，加速共享流程向自动化、智能化乃至无人化运营方向发展，给财务共享模式的创新提供越来越多的机遇。企业财务共享中心将从企业的核算中心、成本中心向经营中心、服务中心、创新中心、数据中心和盈利中心转变。

第三节　数据资源的确认和计量

一、数据资源成为数字经济时代重要的生产要素之一

党的二十大报告指出，要加快建设数字中国，加快发展数字经济。中共中央、国务院《关于构建更加完善的要素市场化配置体制机制的意见》要求加

---

* 刘勤：《财务共享中心的功能定位、成功因素与未来趋势探讨》，载于《管理会计研究》2021 年第 4 期，第 13 ~ 16 页。

快培育数据要素市场。《中华人民共和国国民经济和社会发展第十四个五年规划和 2035 年远景目标纲要》要求发展数据要素市场，激活数据要素潜能。数据已经成为五大生产要素之一，对数据的有效获取和运用不仅关系到企业的竞争力和价值创造，也是数字经济发展和数字中国建设的重要前提和保障。

数据作为一种新型生产要素，已成为数字经济时代驱动经济发展和企业转型升级的关键性因素。伴随着数字技术的广泛应用以及数字化转型的不断深入，企业拥有和控制了几乎无限量的详细信息可供使用。企业决策基础从经营积累的有限信息和经验转变为海量数据资源和信息，企业决策方式从依靠管理者经验和直觉的模糊决策转变为数据辅助经验的科学决策。海量数据不仅减少了管理者由于信息处理能力不足和决策经验惯性产生的选择偏误，也从认知层面重构了管理者的数字化思维。

而在数字技术高速发展环境下，稀缺的关键性资源不仅是数据本身，还包括处理和利用这些数据与信息的能力。一方面，大数据的可得性使更多的决策要素能够被纳入决策方案的制定过程中，使智能化决策变为可能，可以极大地提高决策过程效率并产生更高的一致性与透明度；另一方面，人工智能分析方法和技术可以根据完整数据集综合分析提供智能建议，对决策结果量化展示，在很多情形下可以避免决策者个人的主观理解和解释偏差。

二、会计处理是数据资源价值发现和科学管理的重要保障

对数据资源进行科学、合理、有效的确认和计量，不仅有助于正确反映数据相关业务和经济实质，还能合理反映数据要素价值，引导企业加强数据资源管理，并为监管部门等相关机构完善数字经济治理体系、加强宏观管理提供会计信息支撑，也为投资者了解企业价值、提升决策效率提供有用信息。近年来，国际会计领域对无形资产会计处理的改进日益关注，其中也涉及数据资源会计问题，目前普遍认同通过加强披露来提供有用信息是短期内务实的解决路径。目前，对数据资源相关会计处理问题的讨论，主要集中在数据交易双方如何进行会计处理、数据资源是否可以作为资产入账等。

2023 年 8 月 1 日，为规范企业数据资源相关会计处理，强化相关会计信息披露，财政部根据《中华人民共和国会计法》和企业会计准则等相关规定，发布了《企业数据资源相关会计处理暂行规定》（以下简称《暂行规定》）。

《暂行规定》包括适用范围、数据资源会计处理适用的准则、列示和披露要求、附则四部分内容。首先，结合会计有关资产的属性确定了适用范围，明确《暂行规定》适用于符合企业会计准则规定、可确认为相关资产的数据资源，以及不满足资产确认条件而未予确认的数据资源的相关会计处理。同时指出，后续随着未来数据资源相关理论和实务的发展，可及时跟进调整。

其次，明确现阶段数据资源会计处理应当按照企业会计准则执行，并按照会计上经济利益实现方式，根据企业使用、对外提供服务、日常持有以备出售

等不同业务模式,明确相关会计处理适用的具体准则,同时指出,对实务反映的一些重点问题,结合数据资源业务等实际情况予以细化。企业应当严格按照企业会计准则关于相关资产的定义和确认条件、无形资产研究开发支出的资本化条件等规定以及《暂行规定》的有关要求,结合企业数据资源的实际情况和业务实质,综合所有相关事实和情况,合理做出职业判断并进行会计处理。

再次,要求企业应当根据重要性原则并结合实际情况增设报表子项目,通过表格方式细化披露,并规定企业可根据实际情况自愿披露数据资源(含未作为无形资产或存货确认的数据资源)的应用场景或业务模式、原始数据类型来源、加工维护和安全保护情况、涉及的重大交易事项、相关权利失效和受限等相关信息,引导企业主动加强数据资源相关信息披露。随着产业数字化和数字产业化进程加快,数据资源对于企业特别是数据相关企业的价值创造等日益发挥重要作用,投资者、监管部门、社会公众等有关各方均关注数据资源的利用情况。企业应当充分认识提供有关信息对帮助更好地理解财务报表、揭示数据资源价值的重要意义,主动按照企业会计准则和《暂行规定》的披露要求,持续加强对数据资源相关信息的自愿披露,以全面地反映数据资源对企业财务状况、经营成果等的影响。

最后,规定了施行时间和企业的衔接处理要求。《暂行规定》将自2024年1月1日起施行,需要正确做好前后衔接。《暂行规定》是在现行企业会计准则体系下的细化规范,在会计确认计量方面与现行无形资产、存货、收入等相关准则是一致的,不属于国家统一的会计制度要求变更会计政策。同时,《暂行规定》要求采用未来适用法应用本规定,企业在本规定施行前已费用化计入当期损益的数据资源相关支出不再调整,即不应将前期已经费用化的数据资源重新资本化。

会计是宏观经济管理和市场经济活动的基础,对数据资源相关会计处理进行规范,将有助于完善基础性制度供给,夯实数据要素相关业务的会计基础,切实服务数字经济发展和数字中国建设。《暂行规定》的出台,对于规范数据资源"入表"及其披露具有十分重要的指引性意义和创新探索价值。

三、数据资源"入表"的经济后果和挑战[①]

(一)数据资源"入表"的经济后果

第一,能够有效推动数字经济治理体系建设。数字经济治理是对数据资源、现代信息网络、信息通信技术融合应用及数字经济相关主体、活动、环境的综合治理,是数字时代宏观经济治理的重要内容,也是国家治理体系和治理

---

① 陈俊、李永康、龚启辉:《企业数据资源会计处理研究——基于财会〔2023〕11号文件》,载于《财会月刊》2023年第21期,第13~18页。

能力现代化建设的新要求和新挑战。数据资源"入表"有助于政府部门更好地掌握和利用企业级数据资源信息，增强政府的数字经济治理能力，提升数字治理相关决策的科学合理性；通过将数据资源纳入财务报表，统一和标准化监管规则，优化数据资源监管；通过数据资源明确列示与披露，政府、平台、行业组织、企业和社会公众能够共同参与数字经济治理，形成治理合力。

第二，能够有效促进数据要素市场发展。数据资源确权是数据资源部分"入表"的重要基础和前提，数据资源"入表"提升了企业对于数据权属和数据权益的关注，要求企业对数据资源进行更为详细规范的记录和评估；将数据资源纳入财务报表，有助于发现和识别数据资源经济价值、提高数据交易透明度，进一步推动数据要素的流通；企业数据资源信息披露有助于维护公平有序的数据要素市场竞争环境。

第三，能够提高会计信息决策有用性。数据资源"入表"有助于投资者更加全面和恰当的评估企业价值，特别是能够为投资者和债权人在面对数据密集型行业进行投资与贷款决策时提供支持，提高会计信息的决策有用性，提升数字经济时代资本市场的运转效率。同时，也有助于提升数据密集型行业对资本投入的吸引力，进一步推动行业发展。

第四，助推企业加强数据资源管理。数据资源"入表"以及高效使用，要求企业建立或优化数据治理体系，对数据资源的收集、存储、处理和分析等流程进行全面改造。同时，企业应当进行深入的成本效益分析，确定核心数据资源，并根据数据资源属性制定相应的管理策略和保护措施，确保数据资源的可用性和安全性。

第五，能够提高我国数字经济竞争力。一方面，将进一步推动企业研发和创新投入，提升我国在数字技术领域的自主创新能力；另一方面，通过数据价值显性化提升数据交易的活跃度，促进新型数字经济模式的崛起；此外，数据资源价值量化为国际数据交易与合作提供了清晰的依据，有利于我国企业更好地进入国际市场，在全球范围内进行数据交易和合作。

（二）数据资源"入表"面临的挑战

数据资源全面"入表"仍面临一系列重大挑战，集中表现在数据确权、价值计量、数据资产审计和数据安全等方面。

首先，数据确权面临重大挑战。2022年，《中共中央　国务院关于构建数据基础制度更好发挥数据要素的意见》提出"数据资源持有权、数据加工使用权、数据产品经营权"等分置式产权制度设计思想。但是，由于数据主体难以清晰确定、数据要素确权成本较高、数据要素市场化体系建设和跨领域合作表现不足等因素导致数据确权面临的重大挑战[①]。

其次，数据资源价值计量面临重大挑战。商业模式决定着计量属性的选

---

① 申卫星：《论数据用益权》，载于《中国社会科学》2020年第11期，第110~131，207页。

择。然而，数据资源具有非竞争性，即企业将数据资源的使用权出售后，仍可以在日常经营中使用该数据资源，导致其适用于多种商业模式，无法明确会计计量属性[1]。

再次，数据资源公允价值评估面临挑战。一方面，数据资源成本和价值的不对称性，不同主体对同一数据资源价值预期的差异性[2][3]，导致传统方法（如成本法、市场法和收益法）可能并不完全适用于数据资源价值评估。另一方面，数据资源公允价值具有高度不确定性和波动性，与传统固定资产或非技术类无形资产差异显著[4]。此外，当前数据交易市场不成熟，缺乏统一的交易规范，缺少公认的市场相似参照物，使数据资源价值评估的任务更趋复杂，也增加了公允价值评估过程中的不确定性和风险。

最后，由于复杂性、技术、人才、成本和风险等原因，数据资产审计和数据安全问题进一步加大了数据资源全面"入表"的难度。

本 章 小 结

数智时代，信息技术的广泛应用极大地改变了会计工作的环境、方式、技术和职能，对会计人员的能力和素质也提出了更新的要求。为了适应新时代对于会计职能的新要求，会计人员需要主动"拥抱"大数据、人工智能和云计算等数字技术，形成数字思维，有效地为自己进行"数字赋能"。并借助数字技术这一原生推动力，驱动经营变革，重塑业务流程，推进会计创新。

在互联网和云环境下，企业财务特别是集团财务工作已经更多通过财务共享中心模式开展。财务共享中心具有降低成本、提升客户满意度、改进服务质量、提升业务处理效率等优势。因此，需要了解财务共享中心的运营模式的基本特征、发展历史和演化趋势。

数据作为一种新型生产要素，已成为数字经济时代驱动经济发展和企业转型升级的关键性因素。对数据资源进行科学、合理、有效的确认和计量，不仅有助于正确反映数据相关业务和经济实质，还能合理反映数据要素价值，引导企业加强数据资源管理，并为监管部门等相关机构完善数字经济治理体系、加强宏观管理提供会计信息支撑，也为投资者了解企业价值、提升决策效率提供

① 金骋路、陈荣达：《数据要素价值化及其衍生的金融属性：形成逻辑与未来挑战》，载于《数量经济技术经济研究》2022 年第 7 期，第 69 ~ 89 页。

② 龚强、班铭媛、刘冲：《数据交易之悖论与突破：不完全契约视角》，载于《经济研究》2022 第 7 期，第 172 ~ 188 页。

③ 谢康、夏正豪、肖静华：《大数据成为现实生产要素的企业实现机制：产品创新视角》，载于《中国工业经济》2020 第 5 期，第 42 ~ 60 页。

④ 蔡跃洲、马文君：《数据要素对高质量发展影响与数据流动制约》，载于《数量经济技术经济研究》2021 年第 3 期，第 64 ~ 83 页。

有用信息。与此同时，数据资源"入表"也面临诸多挑战，需要大家共同参与，通过理论研究和实践创新共同攻克。

本 章 习 题

思考题：

1. 你如何看待"技术加持"背景下的会计发展？
2. 你设想的会计"智能化"场景是什么？
3. "数据"是如何成为"资产"的？
4. 如何破解"数据资源"入表面临的诸多挑战？

延伸阅读与思维拓展

查阅数据资源会计处理的相关主题论文，思考数据资源面临哪些挑战和难题。

2023 年 8 月 1 日，财政部发布了《企业数据资源相关会计处理暂行规定》，对企业数据资源的相关会计处理规定的适用范围、数据资源会计处理适用的准则、列示和披露要求等做出了明确规定。但是，由于数据资源的特殊性，数据资源"入表"仍然面临很多挑战和难题，需要更深入的理论研究和方法创新。下面整理了三篇相关主题学术论文，供同学们进行拓展阅读。

1. 数据资产统计与核算问题研究

摘要：伴随着数字化技术与经济社会各领域的深度融合，数据呈现爆发式增长趋势和多元化应用价值。数据作为新型资产，应以何种方式纳入统计和国民经济核算，从而在宏观经济统计数据中客观、科学地体现数据资产在经济社会发展中发挥的重要作用，是统计和国民经济核算理论亟待突破的时代难题。本文基于国民经济核算研究范式，结合理论研究及实地调研，提出描述数据生产过程的"数据价值链"，以明确"数据"作为关键生产要素的概念及生产属性，并结合数据的特征，提出数据资产的概念，进一步基于数据支出资本化核算的基本分类，探索数据资产价值的测度方法和基础统计资料来源。本文试图为中国数据资产统计与核算工作提供理论依据和方法支撑，为数字化转型背景下国民经济核算理论、统计标准和调查方法创新作出贡献。

资料来源：许宪春、张钟文、胡亚茹：《数据资产统计与核算问题研究》，载于《管理世界》2022 年第 2 期，第 16 ~ 30，2 页。

2. 数据资产的确认、计量和报告——基于商业模式视角

摘要：作为与土地、劳动力、资本和技术并列的五大生产要素之一，数据如何通过会计的确认和计量程序入表反映为数据资产一直是困扰会计界的难点热点问题。本文基于商业模式的视角，探讨数据资产的确认、计量和报告问

题，首先概述数据应否入表反映以及如何入表反映的不同观点，指出商业模式在确认、计量和报告中所扮演的重要角色；其次分析如何以商业模式为基础对数据资产进行确认、计量和报告。本文的研究表明，从商业模式的角度探讨数据资产的入表问题，将商业模式贯穿数据资产的确认、计量和报告的各个环节，有助于形成逻辑一致、前后一贯的解决方案，具有较为严谨的逻辑性和较高的操作性。

资料来源：黄世忠、叶丰滢、陈朝琳：《数据资产的确认、计量和报告——基于商业模式视角》，载于《财会月刊》2023年第8期，第3~7页。

3. 企业数据资产化：会计确认与价值评估

摘要：作为新型生产要素，企业持有的数据资源尚无法作为资产得到确认，因而影响数据价值的释放。论文结合企业数据的特征，从会计视角探寻企业数据资产化的途径，构建了企业数据会计确认与计量的方法论框架。文章认为，中央全面深化改革委员会第二十六次会议提出的数据资源的持有权、使用权、经营权构成对数据经济利益的支配，因而这三项权利符合会计意义上对数据资产的控制权。数据资源作为资产的必要条件是来源清晰无争议，企业对其依规持有、使用或经营，其对企业未来经济收益有独有贡献。本文按照数据经营开发成为可交易的产品或提供服务、数据自行开发以支撑企业战略和经营活动、使用或经营但不持有数据这三种情况分别提出数据资产的会计确认方法，并且提出数据资产估值的方案及其适用条件。

资料来源：罗玫、李金璞、汤珂：《企业数据资产化：会计确认与价值评估》，载于《清华大学学报（哲学社会科学版）》2023年第5期，第195~209，226页。

主要参考文献

［1］陈俊，李永康，龚启辉．企业数据资源会计处理研究——基于财会〔2023〕11 号文件［J］．财会月刊，2023，44（21）：13 - 18．

［2］财政部会计财务评价中心．初级会计实务（全国会计专业技术资格考试辅导教材）［M］．北京：经济科学出版社，2023．

［3］财政部会计财务评价中心．经济法基础（全国会计专业技术资格考试辅导教材）［M］．北京：经济科学出版社，2023．

［4］财政部会计司编写组．企业会计准则应用指南汇编［M］．北京：中国财政经济出版社，2024．

［5］财政部会计司．电子凭证会计数据标准（试行版），2024 年 3 月发布。

［6］财政部　国家档案局．关于规范电子会计凭证报销入账归档的通知，2020 年 3 月发布。

［7］财政部．会计改革与发展"十四五"规划纲要，2021 年 11 月发布。

［8］财政部．《会计改革与发展"十四五"规划纲要》系列解读。

［9］财政部．会计基础工作规范，（1996 年公布，2019 年修改）。

［10］财政部．会计信息化发展规划（2021 - 2025 年），2021 年 12 月发布。

［11］财政部．会计人员管理办法，2018 年 12 月发布。

［12］财政部．会计人员职业道德规范，2023 年 1 月发布。

［13］财政部．企业会计信息化工作规范，2013 年 12 月发布（自 2014 年 1 月 6 日起施行）。

［14］财政部．企业数据资源相关会计处理暂行规定，2023 年 8 月发布（2024 年 1 月 1 日起施行）。

［15］财政部．一般企业财务报表格式（2019 版），2019 年 4 月发布。

［16］国家档案局．电子会计档案管理规范，2022 年 4 月发布（自 2022 年 7 月 1 日起实施）。

［17］刘峰．会计学（第 1 版）［M］．北京：清华大学出版社，2019．

［18］刘慧凤．初级会计学（第 2 版）［M］．北京：经济科学出版社，2019．

［19］龚翔，施先旺．会计学原理（第 1 版）［M］．大连：东北财经大学出版社，2019．

［20］李海波．新编会计学原理（第 18 版）［M］．上海：立信会计出版社，2017.

［21］约翰·怀尔德等．会计学原理［M］．崔学刚，译．北京：中国人民大学出版社，2021.

［22］孟晓俊．会计学基础（第 1 版）［M］．北京：经济科学出版社，2018.

［23］全国人民代表大会常委会．中华人民共和国会计法（2024 年 6 月 28 日修改，2024 年 7 月 1 日施行）。

［24］上海国家会计学院等．影响中国会计行业的十大信息技术评选报告（2017 - 2022）。

［25］王建忠，柳士明．会计发展史（第 4 版）［M］．大连：东北财经大学出版社，2016.

［26］吴水澎．会计学原理（第 3 版）［M］．沈阳：辽宁人民出版社，2008.

［27］严行方．会计简史：从结绳记事到信息化［M］．上海：上海财经大学出版社，2017.

［28］中国注册会计师协会．会计［M］．北京：中国财政经济出版社，2023.

［29］中国人民银行《支付结算办法》，（1997 年发布实施，2024 年修改）。

［30］中国证券监督管理委员会．上市公司信息披露管理办法，2021 年 5 月 1 日起施行。

［31］中国证券监督管理委员会．公开发行证券的公司信息披露内容与格式准则第 2 号——年度报告的内容与格式，2017 年修订。

［32］张瑞君，殷建红．会计信息系统（基于用友新道 U8 + V15.0）（第 9 版）［M］．北京：中国人民大学出版社．2021.